ECONOMIA, CONSCIÊNCIA E ABUNDÂNCIA

PAULO ROBERTO DA SILVA

ECONOMIA, CONSCIÊNCIA E ABUNDÂNCIA

De agentes econômicos de destruição a regeneradores da Teia da Vida

2ª EDIÇÃO - REVISTA E AMPLIADA

Copyright © 2006 Paulo Roberto da Silva

1ª edição
1ª tiragem – 2006
2ª tiragem – 2009
3ª tiragem – 2011

2ª edição
1ª tiragem – 2019

Coordenação Editorial
Isabel Valle

Copidesque
Elisabeth Lissovsky

Editoração Eletrônica
Leandro Collares | Selênia Serviços

Capa
André Manoel e João Melhorance,
a partir da pintura "A Morte de Sócrates",
de Jacques-Louis David.

S586

Silva, Paulo Roberto da, 1963 –
    Economia, Consciência e Abundância: de agentes econômicos de destruição a regeneradores da Teia da Vida / Paulo Roberto da Silva. – 2ª ed. – Rio de Janeiro: Bambual Editora, 2019.
    336 p.
    Ilu.

    ISBN 978-85-94461-09-4

    1. Economia. 2. Consciência. 3. Abundância. 4. Inclusão Social. 5. Preservação Ambiental. 6. Autoconhecimento. I. Título.

                                                     CDD   330

www.bambualeditora.com
contato@bambualeditora.com

Aos meus pais,
Maria Aparecida e Candido,
que me ensinaram, com seus
comportamentos cotidianos, a
grande diferença entre pobreza
e indignidade.

À minha querida esposa,
Geisa Paula,
pela ajuda, companheirismo e estímulo
para viver em Consciência e Abundância.

Agradecimentos

Esta obra foi possível graças às contribuições de muitas pessoas. A impossibilidade de nomear todas me motivou a expressar um agradecimento geral na sua primeira edição. Após 13 anos da publicação, percebi que a injustiça desse procedimento seria menor com o destaque de alguns poucos nomes que ofereceram contribuições decisivas para a sua elaboração e divulgação. Peço perdão pela injustiça mantida contra os tantos outros colaboradores conhecidos ou anônimos e agradeço penhoradamente aos seguintes amigos:

Maria Taís Pereira Lima, incentivadora de primeira hora, pela leitura das versões provisórias iniciais, recomendação veemente dos cursos da professora Marcia Mattos, revisão da redação da versão inicial da primeira edição, escolha do título do livro, apoio emocional em momentos difíceis e muitas outras contribuições inestimáveis.

Marcia Mattos, pela partilha de seus conhecimentos que contribuíram sobremaneira para a superação de minhas limitações pessoais que quase inviabilizaram a publicação da primeira edição.

Carolina Honse Lebourg, pelo desencadeamento do desejo profundo de compartilhamento das ideias que só existiam na nossa mente e lançamento do desafio derradeiro para sua concretização.

Cristiana Seixas, Maria Luisa Roxo, José Roberto Kassay, Hugo Penteado, Carmen Aguiar, Luis Antonio Freitas Junior, Carlos Rodrigues Brandão, pela inestimável ajuda na divulgação da primeira edição que proporcionou a oportunidade de conhecer muitas pessoas extraordinárias, inclusive Geisa Paula (esposa).

Todos que direta ou indiretamente, contribuíram para essa jornada e não foram aqui mencionados.

Sumário

PREFÁCIO
Para que todas as pessoas da Terra tenham a consciência que gera
uma Vida de harmonia e abundância – Carlos Rodrigues Brandão   13

APRESENTAÇÃO DA PRIMEIRA EDIÇÃO   17

ESTRANHAMENTOS   21

1. INTRODUÇÃO   25
Problema   27

**2. TEORIA ECONÔMICA PREDOMINANTE E OS PROBLEMAS SOCIAIS
E AMBIENTAIS**   33
Fundamento   33
Expansão da escassez   36
Qualidade de vida   39
Nó civilizatório: concentração de poder social   40
Dilemas contemporâneos   45
(Des)Encaminhamentos para os dilemas contemporâneos   61
Teoria econômica predominante – uma síntese   65

3. CONSCIÊNCIA EMERGENTE   69
Lógica da escassez   82
Felicidade e bem-estar para a consciência emergente   83
Características da consciência emergente – uma síntese   90
Contrastes entre as visões de mundo da era industrial e da era ecológica   92
Comparação entre o estagnante e o mutante   93

4. ECONOMIA PARA A CONSCIÊNCIA EMERGENTE — 95
Definição da Economia Baseada na Abundância (EBA!) — 95
Classificação do conhecimento — 96
Importância das necessidades — 96
Orientação pela abundância — 98
Beneficiários — 98
Economia para a Consciência Emergente – uma síntese — 99

5. NECESSIDADES — 101
Necessidades para a Consciência Dominante — 101
Necessidades para a Consciência Emergente — 102
Necessidades e desejos — 108
Superando a pirâmide das necessidades humanas — 109
Efeitos do consumo e acumulação de recursos sobre o ser interno — 112
Dinâmica das necessidades humanas — 116
Necessidades dos ecossistemas — 119
Necessidades – uma síntese — 121

6. PROPRIEDADE — 123
O que é a propriedade? — 124
Superando a propriedade privada, pública ou mista — 125
Escola solidária — 129
Locadora de livros solidária — 130
Locadora de automóveis diferente — 131
Serviço de transporte diferente — 132
Acolhimento solidário — 133
Alimentação orgânica solidária — 134
Propriedade – uma síntese — 135

7. ESTADO — 137
O que é o Estado? — 137
Estado e Teoria Econômica Predominante — 140
Estado e Economia Baseada na Abundância (EBA!) — 147
Estado – uma síntese — 149

8. INDICADORES DE DESEMPENHO — 151
Concepção de um indicador de desempenho — 151
Indicadores de desempenho e a consciência dominante — 153
Considerando as pessoas e demais seres — 159
Benefícios do processo — 160

Dependência da estrutura de poder vigente — 161
Indicadores para a consciência emergente — 163
Indicadores de desempenho – uma síntese — 168

9. VALOR, PREÇO E DINHEIRO — 171
Existiria relação entre valor, preço e dinheiro? — 172
Valor, preço e dinheiro – uma síntese — 183

10. TRABALHO, ÓCIO CRIATIVO E OBRA-PRIMA — 185
Trabalho na visão dominante — 186
Somos todos um! — 193
Todos pelo ócio criativo! — 196
Obra-prima — 205
Tempo livre? — 210
Trabalho, ócio criativo e obra-prima – uma síntese — 211

11. PROPAGANDA, PUBLICIDADE E CONSUMO — 213
O poder da propaganda e o consumo inconsciente — 213
Consumo para bem viver, crítico e solidário — 220
Propaganda, publicidade e consumo – uma síntese — 225

12. ESCALA DOS EMPREENDIMENTOS — 227
Escala na visão dominante — 227
Resgate do poder pessoal — 232
Considerando o Ser Interno e as virtudes — 233
Escala dos empreendimentos para a consciência emergente — 234
Escala dos empreendimentos – uma síntese — 236

13. CIÊNCIA, TECNOLOGIA E COMPETITIVIDADE — 237
Contexto da ciência e tecnologia — 238
Ciência e tecnologia para a consciência dominante — 240
Ciência e tecnologia para a consciência emergente — 249
Moratória científica? — 257
Movimento Ciência Devagar — 265
Ciência, tecnologia e competitividade – uma síntese — 267

14. TRIBUTOS — 269
Tributos para a consciência dominante — 269
Tributos para a consciência emergente — 273
Tributos – uma síntese — 274

15. POPULAÇÃO — 277
População: abordagem quantitativa — 277
População: abordagem quantitativa e qualitativa — 278
Redução populacional — 284
População: Abordagem Qualitativa – Estilo de Vida — 294
População – uma síntese — 297

16. CULTURA BRASILEIRA — 301
Raízes do Brasil — 302
Cultura brasileira e a consciência emergente — 311
Cultura brasileira – uma síntese — 312

17. LIMITAÇÕES DA ECONOMIA BASEADA NA ABUNDÂNCIA — 315
Como lidar com a multifacetada natureza humana? — 315
Como lidar com Golias? — 316
Como lidar com o outro "de carne e osso"? — 318
Limitações da Economia Baseada na Abundância – uma síntese — 319

18. CONSIDERAÇÕES FINAIS — 321
Como praticar a Economia Baseada na Abundância (EBA!)? — 322

BIBLIOGRAFIA — 329

Prefácio

Para que todas as pessoas da Terra tenham a consciência que gera uma Vida de harmonia e abundância

Já que em seu livro *Economia, Consciência e Abundância* o "baratíssimo" amigo Paulo Roberto da Silva[1] inicia com o tópico "Estranhamento", eu quero começar este prefácio com algo provavelmente "estranhável", na opinião de algumas pessoas. Viajemos, portanto, de onde estamos para alguma ilha dos "Mares do Sul".

Existe um livro publicado em várias línguas, inclusive em português, que tem este estranho nome: O Papalagui – comentários de Tuiávii, chefe da tribo Tiavéa nos Mares do Sul. Ele foi escrito por Tuiávii, um chefe de uma tribo de indígenas da Melanésia, nos "mares do sul". Seus escritos foram recolhidos por um homem branco, um missionário, chamado Erich Scherurmann.

Tuiávii foi levado pelo missionário para conhecer a Europa dos civilizados. Voltando aos seus e a sua aldeia, como era um homem letrado, deixou por escrito o que viu, ouviu e viveu.

O que transcrevo abaixo é parte do capítulo "Deus ficou mais pobre por causa do Papalagui". Claro que no texto de Tuiávii, Papalagui quer dizer: "o homem branco".

Penso que, mesmo sem ter lido *O Papalagui*, Paulo conseguiu traduzir em seu livro a essência do pensamento de um distante e próximo "homem sábio dos Mares do Sul". Por isso quero começar este prefácio dando a palavra a Tuiávii.

> O Papalagui pensa de um modo estranho e muito confuso. Está sempre pensando de que maneira uma coisa pode lhe ser útil. De que forma lhe dá algum direito. Não pensa quase nunca em todos os homens, mas num só, que é ele mesmo.
>
> Quem diz "minha cabeça é minha, não é de mais ninguém", está certo, está realmente certo, ninguém pode negar. Ninguém tem mais direito à sua própria mão do que aquele

---

[1] "Baratíssimo Brandão", é assim que Paulo me cumprimenta quando nos encontramos. E eu devolvo com um "baratíssimo Paulo", quase sempre acompanhado de um abraço. E ele tem motivos para trocar o tradicional "caríssimo" por um estranho "baratíssimo". Afinal, pelo menos dentro do vocabulário da economia capitalista, "caro", "caríssimo" são palavras utilitárias que revelam em geral um valor financeiramente excessivo dado a um produto qualquer. Isso para não falar da "mais valia", admiravelmente desvendada por Marx.

que tem a mão. Até aí dou razão ao Papalagui. Mas é que ele também diz: "A palmeira é minha, só porque está na porta da minha cabana". É como se ele próprio tivesse mandado a palmeira crescer. Mas a palmeira nunca é dele: nunca. A palmeira é a mão que Deus nos estende de sob a terra. Deus tem muitas mãos, muitas mesmo. Toda árvore, toda flor, toda grama, o mar, o céu, as nuvens que o cobrem, tudo isso são mãos de Deus. Podemos pegá-las e nos alegrar, mas não podemos dizer: "A mão de Deus é minha mão". É o que, no entanto, diz o Papalagui.

"Lau" em nossa língua quer dizer "meu" e também "teu": é quase a mesma coisa. Mas na língua do Papalagui quase não existem palavras que signifiquem coisas mais diversas do que "meu" e "teu". Meu é apenas, e nada mais, o que me pertence; teu é só, e nada mais, o que te pertence. É por isto que o Papalagui diz de tudo o que existe por perto de sua cabana: "É meu". Ninguém tem direito a essas coisas, senão ele. Se fores à terra do Papalagui e alguma coisa vires, uma fruta, uma árvore, água, bosque, montinho de terra, hás de ver sempre perto alguém que diz: "Isto é meu! Não pegues no que é meu!"

Tuiávii, O Papalagui, página 55.

Ora, para que uma tal visão do "homem branco do mundo atual" não pareça ser apenas a de um habitante "primitivo" de distantes (e turísticas) ilhas, quero trazer uma passagem de um livro de dois educadores, Hugo Assmann e Jung Mo Sung. Eles lembram que vivemos aprisionados em uma visão de mundo e de sentido de vida humana atrelados a paradigmas centrados em dualidades bem conhecidas de todas e todos nós. Oposições como: competência X consciência; competição X cooperação; poder X partilha; exclusão X inclusão; posse X dádiva, e tantas outras mais. Oposições em que quase sempre, embora o segundo termo de cada par seja apresentado como o ideal humano a atingir, é sempre o primeiro termo aquele que aparece como, ainda, dominante e determinante.

> Todo o pensamento ocidental está atravessado por uma tendência ao predomínio da concepção dos seres humanos como fundamentalmente competitivos, concorrentes e virtualmente inimigos entre si. Esta definição do ser humano como predominantemente competitivo fez com que a dimensão social, isto é, o fato de estarmos sempre convivendo com outros seres humanos, não seja vista como algo que determina a nossa própria natureza ou, se quiserem, a "essência" do ser humano.
>
> É claro que não se alardeia explicitamente que se está defendendo a tese de que podemos viver como seres solidários ou indivíduos isolados. Semelhante tese saltaria logo à vista como bastante absurda, embora muita coisa no mundo dos valores ocidentais tenham precisamente como matriz básica a concepção do indivíduo autônomo, responsável isolado por seus pecados ou méritos. A tese que perpassa o pensamento ocidental é, junto com a do indivíduo isolado, a ideia de que esse indivíduo, na hora em que se encontrar

com o seu semelhante, se transformará inevitavelmente em competidor pelo simples fato de haver encontrado um outro que também é concebido como um competidor.[2]

Eu acho que Paulo é um Tuiávii brasileiro, e carioca, como eu. Seu admirável livro parte de um estranhamento que é também o meu e, creio, de muitíssima gente aqui no Brasil e no Mundo. Afinal, se nos olharmos com os olhos e nos pensarmos com a mente entre Tuiávii e Paulo, a menos que sejamos, ou muito pouco sensíveis, ou muito pouco críticos (ou uma coisa e a outra, o que seria uma lástima), ao olhar ao redor de nós mesmos e pensarmos o mundo em que vivemos, entre o portão de nossa casa e o Alasca ou a Sibéria, teremos que nos perguntar... e perguntar a outros: "afinal, por que somos assim como somos? Por que pensamos como pensamos? Por que agimos como agimos? Produzimos como produzimos? Consumimos como consumimos? Descartamos como descartamos? Poluímos como poluímos? etc. etc.

Há anos participo de inúmeros encontros, congressos, simpósios e cursos associados a questões diretamente ligadas a todas as páginas de *Economia, Consciência e Abundância*. Uma de minhas críticas mais frequentes a esses eventos – em geral reunindo especialistas em cada "tema" – é a de que cada um deles trata de uma "questão social", "educacional", "ambiental", "de saúde" etc. desde o seu exclusivo ponto de vista. E, pior, reunindo em geral pessoas vinculadas "àquela questão" ou ao "tema específico do evento". Tudo bem. No entanto, o que nem todas as pessoas percebem – talvez por serem especialistas demais – é que "questão social, ambiental, econômica, ou de qualquer natureza" não existe isolada e não se resolve apenas através de ações específicas e unidirigidas. Assim, a questão ambiental está organicamente, em interação estreita e interdependente, em todos os sentidos, com a questão agrária, da justiça social, de políticas econômicas, agrícolas, educacionais, de saúde.

Gosto, então, de usar a imagem do cata-vento (e às vezes levo mesmo um cata-vento em algumas de minhas falas). Mostro que, quando está parado, o cata-vento deixa ver a individualidade de cada "pá", suas formas iguais e as suas cores diversas, na maioria deles: a "pá" da economia, a do meio ambiente, a da educação, a da reforma agrária, a da política agrícola, a da saúde (e segurança alimentar, a vigilância sanitária etc.), a da justiça social e distributiva etc.

Ora, mas o cata-vento não foi feito para ficar "parado", a não ser na loja ou como decoração em uma parede. A sua razão de ser é existir em movimento. Ponha um cata-vento nas mãos de uma criança e sabiamente ela fará algo para movê-lo. E então, movendo as suas pás, girando ao vento, ele mostra um círculo em que cada

---

[2] Hugo Assmann e Jung Mo Sung, *Competência e sensibilidade solidária – educar para a esperança*, páginas 170 e 171.

uma e todas as cores se dissolvem porque o mover delas revela, no movimento, a interação entre elas. Cada uma se dissolve no todo que faz o cata-vento ser o que ele é.

Assim também deveria ser a comunicação, a interação, a integração de cada um e de todos os campos de pensamento e a ação através do que sonhamos, pensamos e agimos em nome de um "outro mundo possível", como bradamos nas ruas durante as caminhadas dos nossos "Fóruns Sociais Mundiais".

Este é, também, o grande mérito de Paulo Roberto em *Economia, Consciência e Abundância*. Partindo da economia – seu campo de pensamento e trabalho – ele ousa renová-la, a partir da coragem de reverter olhares e sensibilidades, substituindo uma "lógica da escassez" por uma "lógica da abundância".

Paulo se soma a outras pessoas, entre estudiosos e militantes, na tarefa de sugerir que estamos na aurora de uma "nova consciência emergente". Sim, se são tantos, tão graves e tão urgentes os problemas e dilemas que enfrentamos neste momento, não apenas aqui no Brasil, mas em todo o Mundo, é também grande a esperança que podemos e devemos ter no surgimento de algo novo. Algo que pode estar nascendo entre mim e você, e em todos os cantos e recantos do mundo. E é em nome de tal "nascimento" e de toda a esperança que ele abre diante de nossos passos e no rumo de nosso horizonte comum, que este livro, ao mesmo tempo crítico e esperançosamente inovador, deve não ser apenas lido: deve ser relido e, passo a passo, praticado.

Carlos Rodrigues Brandão
Rosa dos Ventos, Poços de Caldas, MG
Começo da Primavera de 2018

Apresentação da primeira edição[3]

Esta obra se destina a qualquer pessoa que esteja insatisfeita com o rumo que a humanidade está seguindo e decidida a oferecer uma contribuição efetiva para reverter esta situação. Ela não é de interesse apenas para os estudiosos e profissionais de Economia. Muito pelo contrário, ela demonstra o malefício que a nossa ação econômica inconsciente tem causado sobre a sustentação da vida na Terra. O discurso privilegiou a fundamentação teórica, talvez exagerando nas citações, em detrimento da fluência. Entretanto, por se tratar de uma abordagem inovadora, decidimos evidenciar os alicerces conceituais utilizados. Isso não significa distanciamento do nosso cotidiano. O entendimento de que a atenção sobre as decisões diárias de consumo e acumulação de riquezas pode nos auxiliar a alcançar a prosperidade individual e coletiva é uma evidência relevante do pragmatismo da proposta apresentada.

A gestação da primeira versão foi demorada. Experiências desde a infância até as mais recentes contribuíram para a sua elaboração. Aquela que deu início à sistematização da proposta apresentada ocorreu quando estudava na Faculdade de Economia, Administração e Contabilidade da Universidade de São Paulo (FEA/USP). Desenvolvia simultaneamente uma tese de doutorado em auditoria ambiental e colaborava com a organização do livro do professor Eliseu Martins, sobre avaliação de empresas – (Martins, 2001). Num dado momento, ao ler uma citação de Stuart Mill, tive o *insight* de que o princípio da natureza (abundância) era incompatível com o da Economia (escassez). Ficou evidente, então, que a teoria econômica predominante era antinatural, estimuladora dos problemas sociais e ambientais e deveria ser superada.

Concluí o trabalho com o referido livro, desistimos do tema de tese sobre auditoria ambiental e optei por outro relacionado com avaliação de empresas (Silva, 2001). Depois, comecei a expor minhas ideias a pessoas próximas que as

---

3 Esta apresentação foi escrita para a primeira edição do livro Consciência e Abundância, em 2006, marco inicial do pensamento do autor. Optamos em mantê-la pela riqueza de informações e para honrar as etapas na construção da edição atual. (NE)

consideraram interessantes e me incentivaram a divulgá-las. Em 2003, decidi adiar mais um pouco o início de várias atividades profissionais para colocá-las no papel, acreditando que o *"paper"* não ultrapassaria 30 páginas. Todavia, enquanto desenvolvia o primeiro objetivo desta obra (esclarecer o poder destrutivo da teoria econômica predominante), as bases para a elaboração de um arcabouço teórico alternativo (segundo objetivo) foram construídas. Levei quase um ano para concluir a primeira versão.

Nesta segunda versão, a obra está dividida em 17 capítulos. O primeiro esclarece a gravidade dos problemas sociais e ambientais que a humanidade enfrenta e a urgência acerca da mudança de visão de mundo que o momento histórico nos sugere. O segundo demonstra como a teoria econômica predominante agrava os problemas globais contemporâneos. O terceiro representa um esforço para a identificação das principais características da suposta consciência emergente, beneficiária da estrutura conceitual proposta. O quarto define a economia baseada no paradigma da abundância. Os demais abordam temas frequentemente tratados pela teoria econômica predominante (valor, moeda, trabalho, tecnologia, estado, impostos, propriedade, propaganda, necessidades etc.), porém, harmonizados com a definição apresentada.

A obra está incompleta e existe um considerável espaço para aperfeiçoamentos. Decidi divulgá-la no estágio em que se encontra porque os depoimentos dos leitores indicam que o conteúdo atual já contém contribuições significativas. A próxima versão provavelmente conterá um capítulo sobre população e o resultado de uma pesquisa sobre indicadores econômicos. Espero que as suas lacunas e imprecisões inspirem o desenvolvimento de trabalhos complementares. Estou receptivo a crítica e sugestões.

Desejo que a argumentação apresentada seja tocante e proporcione aos leitores, assim como tem ocorrido comigo, uma aproximação significativa de um estado de abundância. É um caminho difícil, mas, no período de transição em que vivemos, talvez não existam mais caminhos fáceis. Temos a oportunidade de aprofundar nosso processo evolutivo imediatamente, sem ter que aguardar revoluções externas (políticas, econômicas, tecnológicas etc.). A revolução proposta é a interna e sob a qual temos poder, desde que o resgatemos das instituições (partidos políticos, governos, nações, empresas, profissões etc.) para as quais, indevida e inconscientemente, o delegamos. Nossos resultados têm sido animadores, isto é, uma existência com mais consciência, significado e sentido. Existiria prêmio mais valioso?

Aproveito o ensejo para manifestar minha profunda gratidão a todos que contribuíram, direta ou indiretamente, consciente ou inconscientemente, para a realização desta obra. Foram depoimentos estimulantes, revisões, sugestões, advertências, mensagens encaminhadas pela internet, fotos, propostas de autoconhecimento, críticas duras, indicações de textos, palestras, carinho, frustrações etc. Os nomes são muitos e decidi não relacioná-los porque certamente incorreríamos em injustas omissões.

Não conto com uma estrutura profissional de divulgação e distribuição. Agradeço contribuições nesse sentido. Caso a obra se mostre tocante, indique, presenteie e empreste para amigos, alunos, professores, colegas de trabalho etc. Esta "corrente da virtude" talvez auxilie no equacionamento dos graves problemas que enfrentamos.

Cabe ainda destacar que será destinado um mínimo de 20% do lucro apurado na venda deste livro para empreendimentos sociais e ambientais. Ao adquirir ou presentear esta obra, você também estará contribuindo para o fortalecimento dessas iniciativas. Para se candidatar aos recursos apurados, entre em contato com o autor. Não é necessário que a entidade esteja juridicamente constituída.

Consciência e abundância para todos.

O Autor.

Estranhamentos

A percepção de que a teoria econômica predominante nos transforma em agentes de destruição das relações sociais e do meio ambiente foi alcançada através de várias experiências ocorridas desde a adolescência até a elaboração da tese de doutoramento (2001).

O primeiro relevante estranhamento de que me recordo foi, na adolescência, a repreensão que Dona Aparecida (mãe) me fez ao deixar ligada a luz do quarto, quando de lá saí. Suas palavras, muito comuns na época, foram: *"Volte e apague a luz porque aqui não tem nenhum sócio da Light* [empresa fornecedora de energia].*"* Enquanto retornava para desligar a luz, ocorreu-me o estranho pensamento de que, se as pessoas economizassem luz (ou qualquer outro recurso), as empresas fornecedoras teriam menores receitas e lucros. A consequência disso seria menos empregos (sabia o que era ficar desempregado porque meus pais ficaram mais de um ano sem conseguir um trabalho, numa época em que não existia seguro-desemprego), recolhimentos de tributos, pagamentos de dividendos e vários outros *"benefícios"* geralmente atribuídos ao crescimento econômico. Se, ao contrário, desperdiçássemos energia, fomentaríamos a economia, apesar dos prejuízos às finanças familiares e ao meio ambiente. Isso significava que as sábias palavras da minha mãe prejudicavam o crescimento econômico, genericamente concebido como desejável. Apaguei a luz, deixei de lado esses pensamentos e fui brincar com os amigos.

Mais tarde, aos 17 anos, já frequentando aulas da disciplina de Economia na faculdade, senti outro desconforto com a afirmação do professor de que a teoria econômica se baseava no comportamento autointeressado (leia-se: egoísta) das pessoas. Contestei tal premissa com base em diversos comportamentos altruístas que presenciei durante minha curta experiência de vida. Muito pacientemente, o professor argumentou que esses eram comportamentos irrelevantes para a compreensão dos fenômenos econômicos de grande escala (empresas privadas e entidades governamentais). Acolhi a ponderação do estimado professor e segui meus estudos com entusiasmo juvenil.

Com o ingresso no mundo do emprego formal, aos 19 anos, deparei-me com dilemas econômicos cujas soluções não seguiram, invariavelmente, o protocolo definido pela Economia predominante, especialmente no que se referia à continuidade em postos com excelentes perspectivas de ascensão profissional, mas que não traziam satisfação e sentido para a vida. Paguei um preço por essas decisões, inclusive no seio da família. Certa vez, uma pessoa com quem mantinha um relacionamento, professora, sentenciou que eu me arrependeria amargamente pela troca do mercado financeiro pelo magistério. Curiosamente, anos mais tarde, de posse de uma importante revista de negócios que estampava na capa uma reportagem sobre pessoas bem-sucedidas que fizeram a mesma escolha, a pessoa manifestou reconhecimento sobre a propriedade da minha decisão de tempos atrás. Todavia, tais comportamentos desviantes da teoria econômica não estavam amparados numa orientação consistente. Havia conflito interno, dúvida, indecisão e um sentimento de inadequação.

Em 02/07/1989, com 26 anos, na função de professor universitário, fiquei incomodado com uma declaração do *ex-superministro* da área econômica (na época deputado federal), Delfim Netto, divulgada num importante jornal da época. A declaração era a seguinte: "Chegaremos a 15 de novembro [eleições sem distúrbios] se o Executivo executar, o Legislativo legislar e se o empresariado empresariar." Meu desconforto foi motivado pela omissão em relação ao Poder Judiciário fazer justiça. Tal fato me estimulou a redigir uma carta para o referido jornal que, a publicou em 11/07/1989 – (Silva, 1989). Na minha santa ingenuidade, concluí o texto da seguinte forma: "[...] Devemos, entretanto, entender a posição do 'nosso' deputado, uma vez que atua há muitos anos num modelo onde a Justiça é considerada um empecilho ao desenvolvimento econômico do país." Naquela ocasião tinha a ilusão de que o culto à injustiça fosse uma peculiaridade do modelo econômico adotado pelo Brasil, não alcançando a teoria econômica predominante como um todo.

No início da década de 1990, lá pelos 30 anos de idade, deparei-me com um livro sobre simplicidade voluntária (Elgin, 1993). Seu conteúdo calou fundo e ofereceu conforto para o sentimento de inadequação. Depois deste, seguiram-se várias obras sobre assuntos similares que foram atenuando o sentimento de incoerência interna em relação às soluções *"desviantes"* para os dilemas econômicos com os quais me deparava.

Em 1997, ingressei no programa de doutoramento da Faculdade de Economia, Administração e Contabilidade da Universidade de São Paulo (FEA/USP). Meu firme propósito era defender a tese de que a auditoria independente de demonstrações contábeis poderia ser empregada para evitar que o conceito de responsabilidade ambiental empresarial continuasse sendo usado como um instrumento de validação da destruição da vida. Para tanto seria necessário mudar radicalmente a visão e a atuação dos auditores independentes. Simultaneamente, envolvi-me com o projeto de um professor do programa de doutoramento que consistia em publicar um livro sobre avaliação de empresas (Martins, 2001). A dedicação ao estudo sobre preservação ambiental (tese) e economia (livro) me descortinou a percepção desconcertante de que a base da teoria econômica predominante é conflitante com a base da vida.

Tal percepção foi marcada por uma forte emoção e uma necessidade urgente de espalhar a *"boa nova"* para todos. Assim, poderíamos transformar radicalmente nossa concepção de riqueza e, com isso, agir de forma completamente diferente, contribuindo para o equacionamento dos problemas sociais e ambientais que enfrentamos. Alguns anos após a conclusão do doutoramento, iniciei o processo de elaboração da primeira edição desta obra. Fui o maior beneficiado por esta decisão. Além das pessoas maravilhosas que conheci através da divulgação do livro, dentre elas minha esposa e companheira de missão, experimentei uma sensação incomum de coerência interna em relação à condução do processo econômico pessoal. A compreensão acerca dos desconfortos relacionados com os nossos comportamentos econômicos cotidianos foi muito facilitada, gerando uma sensação indescritível, que *"não tem preço"*.

Como esta percepção foi uma grande contribuição para a melhoria da minha qualidade de vida, numa concepção abrangente, supus que ela pudesse ser relevante também para outras pessoas. Por isso compartilho adiante a argumentação que a respalda, da forma mais didática e simplificada que consegui expressar.

1. Introdução

> *"Criamos o poder de destruição planetária, mas não criamos uma consciência planetária."*
> Cristovam Buarque

> *"Somos capazes de comportamentos insensatos e dementes; a partir de agora, se pode temer tudo, inclusive a aniquilação da espécie humana; esse seria o preço justo por nossas loucuras e crueldades."*
> Théodore Monod

> *"Acredito que as chances de nossa civilização na Terra sobreviver até o fim do século presente não passam de 50%."*
> Martin Rees

> *"Ou mudamos ou perecemos."*
> Leonardo Boff

A humanidade experimenta uma importante fase de sua história. Enfrenta problemas que podem causar a sua extinção. Aquecimento global, escassez de água doce, guerras, violência, epidemias, poluição e fome são alguns exemplos. O sentimento de impotência diante de questões tão complexas parece crescente. Aproxima-se do consenso o entendimento de que esta situação foi criada pelos comportamentos cotidianos dos seres humanos. O equacionamento dessa difícil situação passa, inexoravelmente, pela mudança radical das nossas atitudes diárias, tarefa para qual temos algum poder. Vários fatores estimulam essas ações destrutivas. Um dos mais significativos é a teoria econômica predominante, como demonstrarei adiante, pois grande parte dos nossos comportamentos cotidianos possui motivações econômicas.

Leonardo Boff (1998), Fritjof Capra (2002a e 2005), Jeremy Rifkin, no artigo de Salgado (2003), dentre outros apresentam evidências de que temos pouco tempo para mudar radicalmente nossos comportamentos, principalmente no que se refere à forma de lidar com a satisfação das nossas necessidades (alimentação, habitação, vestuário, lazer, segurança etc.). A orientação praticada nos últimos séculos (teoria econômica predominante) proporcionou um significativo avanço tecnológico. Todavia também gerou a possibilidade da vida, como a observamos hoje, se tornar inviável na Terra. Logo parece válido considerar que a teoria econômica atual deveria ser superada por algo que incentivasse a reversão do quadro dramático que experimentamos.

Alguns formadores de opinião em Economia colocam em evidência o conceito de desenvolvimento sustentável. Apesar das promessas louváveis e relevantes, demonstrarei, adiante, que ele foi apropriado pela orientação econômica dominante. O resultado da prática deste conceito não está cumprindo as expectativas e, ao contrário, se tornou um instrumento importante para garantir a continuidade da destruição porque veicula uma imagem de responsabilidade socioambiental para grandes destruidores de seres humanos e não humanos.

Inúmeras ações construtivas estão sendo propostas e praticadas ao redor do mundo – simplicidade voluntária, permacultura, ecotarismo,[4] movimento devagar, cidades em transição, cidadania mundial, movimento interreligioso, ecovilas, cooperativismo, consumo consciente, voluntariado, Felicidade Interna Bruta (FIB), economia de emissão zero, ócio criativo, economia da atenção, economia da dádiva, democracia econômica, economia baseada em recursos, economia solidária, economia do amor, entre outras. Porém, algumas delas carecem de um respaldo teórico que as torne mais coerentes e facilite sua integração ao nosso cotidiano. Capra (2005: 23), sobre esse assunto, compartilha que:

> [...] Uma resolução [para a crise contemporânea] só poderá ser implementada se a estrutura da própria teia for mudada, o que envolverá transformações profundas em nossas instituições sociais, em nossos valores e ideias. Quando examinarmos as fontes de nossa crise cultural, ficará evidente que a maioria dos nossos principais pensadores usa modelos conceituais obsoletos e variáveis irrelevantes [...].

A ausência de um arcabouço teórico compatível com as propostas de vanguarda pode tornar algumas delas vulneráveis à apropriação pela visão dominante, como ocorreu com o conceito de desenvolvimento sustentável. Quase todos nós somos orientados, consciente ou inconscientemente, pela escassez. Isso significa que quase todas as nossas atitudes habituais fomentam a própria escassez e insuflam conflitos locais e internacionais. As ideias aqui sumariadas contribuem para

---

4 Atitude de estar atento aos impactos de sua alimentação, desde a origem até os resíduos e descartes (sobras, embalagens etc.). Tem afinidade com a economia circular. (NE)

a superação deste mantra macabro, recitado diariamente por bilhões de pessoas, por outro que nos aproxime de um estado de abundância, base interessante para relações mais cooperativas, solidárias, compassivas e amorosas.

Cabe ainda ressaltar que esta obra é o resultado de várias influências e contribuições. Faço minhas as oportunas palavras de Dalai Lama (2000: 8-9):

> Na verdade, sinto que as preocupações e ideias que expresso aqui são compartilhadas por muitos daqueles que pensam a respeito do assunto e tentam encontrar soluções para os problemas e sofrimentos que nós humanos enfrentamos.

Este comentário também sugere que existem pessoas tentando encontrar soluções para os problemas e sofrimentos humanos. Suponho que o sucesso dessas tentativas está vinculado à mudança de estilo de vida. Chamo de *nova consciência* ou *consciência emergente* o conjunto desses indivíduos dispostos a realizar e inspirar transformações de estilo de vida com o intuito de preservar as condições de existência de seres vivos na Terra, especialmente do ser humano. A proposta de perspectiva econômica alternativa à predominante, apresentada adiante, é dirigida para esta nova consciência. Espero que a argumentação desenvolvida toque fundo as pessoas e favoreça as mudanças comportamentais necessárias.

Problema

O problema abordado nesta obra se consubstancia na redução da capacidade de sustentação da vida na Terra. Isso se refere ao potencial que a natureza possui de corrigir desequilíbrios no ambiente (falta ou excesso de água, aumento ou diminuição da temperatura, aumento excessivo de um determinado ser vivo etc.) que possibilita a existência da vida como a conhecemos hoje. A redução dessa capacidade dificulta a adaptação dos seres vivos e provoca a extinção em massa, podendo, futuramente, inviabilizar a existência do próprio homem. Existiria algo mais relevante?

Muito já se falou sobre o *"fim do mundo"*. Não existe, entre os especialistas, consenso sobre o poder destrutivo derradeiro das ações humanas. Os mais pessimistas acreditam que essas ações já excederam os limites toleráveis pelo Planeta e que agora só resta aguardar o amargo fim – sucessivas catástrofes *"naturais"* que já são observadas. Os otimistas afirmam que a Terra possui uma energia regenerativa incomensurável e que a ação da humanidade nem de leve a consome. Poderíamos, então, continuar o atual desenvolvimento sem a preocupação com a sustentação da vida. Todavia, a maioria dos estudiosos das mais diversas áreas parece estar posicionada entre esses extremos (Gryzinski, 2005: 86). Segundo Boff (1998: 25-26):

> Pela primeira vez no processo conhecido como hominização, o ser humano se deu os instrumentos da sua própria destruição. Criou-se verdadeiramente um princípio, o de

autodestruição, que tem sua contrapartida, o princípio de responsabilidade. De agora em diante a existência da biosfera estará à mercê da decisão humana. Para continuar a viver o ser humano deverá querê-lo. Terá que garantir as condições de sua sobrevida. Tudo depende de sua própria responsabilidade. O risco pode ser fatal e terminal.

[...]

Os indicadores da situação mundial são alarmantes. Deixam transparecer pouco tempo para as mudanças necessárias. Estimativas otimistas estabelecem como data-limite o ano de 2030. A partir daí a sustentabilidade do sistema-Terra não estará mais garantida.

Jeremy Rifkin, um dos mais renomados intelectuais inspiradores da elite norte-americana, na entrevista realizada por Salgado (2003: 9), embora enfatizando a questão da dependência mundial do petróleo, faz uma análise semelhante àquela transcrita anteriormente. Segundo ele:

Há dois futuros possíveis. Um positivo, que contará com a exploração de fontes de energia renováveis e com um novo regime energético baseado no hidrogênio. O segundo cenário é bastante negativo. Poderemos ter o aumento da tensão geopolítica e dos conflitos, o crescimento das desigualdades entre pobres e ricos e o salto da dívida externa dos países do Terceiro Mundo. Sem falar no aquecimento da Terra provocado pela poluição, o que terá efeitos devastadores no clima. Esse embate final entre os dois futuros se dará nos próximos trinta anos. Nesse período, a humanidade poderá enfrentar o maior desafio para a sua sobrevivência. [...]

Capra (2005: 19) faz coro com essas vozes:

As últimas décadas de nosso século [XX] vêm registrando um estado de profunda crise mundial. É uma crise complexa, multidimensional, cujas facetas afetam todos os aspectos de nossa vida – a saúde e o modo de vida, a qualidade do meio ambiente e das relações sociais, da economia, tecnologia e política. É uma crise de dimensões intelectuais, morais e espirituais; uma crise de escala e premência sem precedentes em toda a história da humanidade. Pela primeira vez, temos que nos defrontar com a real ameaça de extinção da raça humana e de toda a vida no planeta.

Estas três últimas citações, vindas de pontos ideológicos diferentes, possuem em comum os seguintes aspectos considerados relevantes:

1) o comportamento da humanidade nos últimos séculos colocou em risco a sustentação da vida na Terra e precisa ser modificado; e
2) a urgência desta modificação de comportamento – até 2030, talvez.

Se considerarmos os textos citados adequados, deveremos dedicar todo nosso esforço para realizar uma profunda e imediata mudança comportamental. Será inconsequente delegar esta tarefa para as próximas gerações, uma vez que elas alcançarão a maturidade em condições extremamente desfavoráveis, talvez irreversíveis. Supondo que o primeiro passo desse urgente processo deva ser a identificação das principais motivações para os nossos comportamentos atuais, Capra (2002b: 169-170) observa a motivação na sociedade norte-americana, a qual exerce forte influência sobre várias outras sociedades:

> Para a maioria dos norte-americanos, o chamado *American way of life* é sua verdadeira religião. Seu deus é o dinheiro, sua liturgia, a maximização dos lucros. A bandeira americana tornou-se o símbolo desse estilo de vida e é adorada com fervor religioso...
>
> A sociedade norte-americana é totalmente voltada para o trabalho, os lucros e o consumo de bens materiais. O objetivo principal das pessoas é ganhar o máximo de dinheiro para comprarem toda essa parafernália que associam a um padrão de vida elevado. Ao mesmo tempo, sentem-se bons cidadãos porque estão contribuindo para a expansão da economia nacional.

Embora essa observação possa não ser representativa para toda a sociedade norte-americana, menos ainda para a humanidade, reconhecendo as grandes disparidades entre as pessoas e as sociedades, parece-me válida a sugestão de que o processo de obter recursos para a satisfação das necessidades e desejos (processo econômico) é o principal motivador dos comportamentos de quase todos os indivíduos. Ribeiro (2004: 175) corrobora esse entendimento da seguinte forma:

> Cheguei a pensar em certa época da minha vida que o homem era o vírus do planeta Terra e que, ao longo da batalha, um dia ele acabaria por destruir sua própria casa. Um vírus que se prolifera muito rapidamente – já somos mais de 7 bilhões de seres – investindo contra as nascentes dos rios, arrasando as florestas, destruindo os ecossistemas, poluindo o ar e despejando lixo nos oceanos. Que vida pode ter esse homem que só se preocupa com a parte econômica?
>
> O ser humano é imediatista e, como não gosta de si, odeia tudo que está ao seu redor, menos o dinheiro, que acha ser a única finalidade da vida. Insensível com sua natureza interna e incoerente em suas atitudes, entrega-se ao desequilíbrio.

Machado (2017: 472) arremata a questão da seguinte forma: *"No contexto da diferenciação funcional hodierna, a esfera econômica possui um claro ascendente sobre as demais esferas de atividade, em virtude da mercadorização das relações sociais."*

Considerando o que foi relatado até aqui, a premissa é de que, atualmente, todo o comportamento humano tem, principalmente, motivações econômicas. Isso permite inferir que a mudança, necessária e urgente, para alterar o rumo de destruição que estamos seguindo deve ser na base e nos fundamentos da Economia e, desta forma, teremos melhores condições para refletir sobre a principal motivação dos nossos comportamentos.

Sobre esse assunto, Capra (2002a: 167) afirma que:

> Nestes últimos anos, os efeitos sociais e ecológicos da nova economia têm sido discutidos à exaustão por acadêmicos e líderes comunitários [...]. As análises deles deixam perfeitamente claro que o capitalismo global, em sua forma atual, é manifestamente insustentável e teria que ser reestruturado desde as bases. Essa reestruturação é defendida até mesmo por alguns 'capitalistas esclarecidos', que, depois de ganhar rios de dinheiro, começam agora a se preocupar com a natureza altamente imprevisível e o enorme potencial autodestrutivo do atual sistema. Tal é o caso do financista George Soros, um dos jogadores que mais ganharam no cassino global, que começou há pouco tempo a chamar a doutrina neoliberal da globalização econômica de 'fundamentalismo de mercado' e a considera tão perigosa quanto qualquer outro tipo de fundamentalismo.
>
> Além da sua instabilidade econômica, a forma atual do capitalismo global é insustentável dos pontos de vista ecológico e social, e por isso não é viável a longo prazo. O ressentimento contra a globalização econômica está crescendo rapidamente em todas as partes do mundo. Pode ser que o destino último do capitalismo global seja, nas palavras de Manuel Castells, 'a rejeição social, cultural e política, por parte de um grande número de pessoas do mundo inteiro, de um Autômato cuja lógica ignora ou desvaloriza a humanidade dessas pessoas'. Como veremos, é muito possível que essa rejeição já tenha começado.

Esta citação, apesar de ter se restringido ao capitalismo global, é importante porque destaca que:

1) a Economia dominante é insustentável ecológica e socialmente, logo precisa ser modificada desde as bases;
2) parece existir um expressivo conjunto de pessoas rejeitando a Economia dominante, aspecto que se harmonizaria com a consciência emergente que o presente estudo pretende atender e recrudescer.

Apesar da relevância do texto citado, cabe uma ressalva sobre a delimitação efetuada pelo autor em relação ao capitalismo global. Isso porque esta manifestação social é apenas o mais recente e sofisticado desdobramento da teoria econômica predominante. O mesmo autor, em outra obra (Capra, 2002b: 194), sintetizando as ideias de Hazel Hendersen, destaca as semelhanças entre as economias capitalistas e socialistas no que se refere à incapacidade de lidar com a desigualdade.

A reflexão aqui proposta inclui o capitalismo global e as demais abordagens que possuem o mesmo fundamento conceitual, tais como: socialista (economia planificada), bem-estar, desenvolvimento sustentável, entre outras, conforme argumentação apresentada no próximo capítulo.

Depreende-se, então, que parece existir a oportunidade para o desenvolvimento de uma teoria econômica alternativa à predominante. Sobre esse aspecto, Abramovay (2012: 15) afirma que:

> O mundo precisa de uma nova economia. A maneira como se organiza hoje o uso dos recursos dos quais depende a reprodução social não atende ao propósito de favorecer a ampliação permanente das liberdades substantivas dos seres humanos, apesar da imensa e crescente prosperidade material. A destruição ou séria ameaça a nada menos que 16 dos 24 serviços prestados pelos ecossistemas à sociedade mostra que a pujança tem pés de barro.

Cattani (2003: 11) também se alinha com este entendimento ao afirmar que:

> As alternativas na esfera produtiva contemporânea são múltiplas, complexas e controversas. O mundo das alternativas abriga, invariavelmente, incontáveis visionários imbuídos de nobres propósitos, porém, não apenas o inferno está cheio de boas intenções. Existem realizações sólidas portadoras de verdadeiras mudanças, como existem projetos inconsistentes e inconsequentes, cujos resultados não contribuem em nada com a transformação progressista. A confusão e as dúvidas existem na prática, mas também nas elaborações e representações intelectuais da realidade. A existência de imprecisões semânticas, de conceitos ambíguos e imprecisos, de teorias lacunares só aumenta a dificuldade de compreensão e de implementação dos processos. Por isso, a necessidade de construção de conceitos e teorias que permitam conhecer, que permitam apropriar-se corretamente da natureza e das potencialidades dos fenômenos.

Estas citações evidenciam a relevância contemporânea inerente ao desenvolvimento de outro arcabouço teórico para a Economia. Entendo que ele deveria, ao contrário do que ocorre atualmente, estimular a cooperação, a preservação da vida, o respeito por todos os seres e a paz. Para orientar o empenho neste sentido, formulei as seguintes questões:

1) por que a teoria econômica predominante estimula os problemas sociais e ambientais?
2) existiria uma alternativa?

Estas questões são abordadas nos demais capítulos desta obra.

2. Teoria econômica predominante e os problemas sociais e ambientais

> "O pensamento econômico contemporâneo é altamente esquizofrênico."
> Hazel Henderson

> "Do ponto de vista econômico, sustenta-se uma teoria que pode ser formulada assim: quanto pior, melhor."
> Leon Tolstói

> "Quando o sangue corre pelas ruas é o melhor tempo para comprar e investir."
> Líder empresarial[5]

> "O atual modelo econômico mundial é um pacto de suicídio global."
> Ban Ki-Moon – secretário-geral das Nações Unidas[6]

O presente capítulo tem o objetivo de demonstrar o caráter destrutivo da teoria econômica predominante. Para tanto esclarecemos sobre o seu paradigma, bem como o seu vínculo com o agravamento dos problemas sociais e ambientais que enfrentamos.

Fundamento

A Economia é percebida, geralmente, como uma área do conhecimento humano que visa à melhoria da qualidade de vida das pessoas (Vasconcellos e Garcia, 2000: 1). Entretanto, Sen (1999: 87), laureado com o Nobel de Economia, afirma que: "Evidentemente, é preciso admitir desde já que direitos morais ou liberdade não são, de fato, conceitos aos quais a moderna economia dá muita atenção."

O confronto dos autores citados sugere a seguinte questão: como uma área do conhecimento que pretende melhorar a qualidade de vida das pessoas pode

---

5 Declaração encontrada em Werlhof e Behmann (2010: 8) – tradução livre.
6 Abramovay (2012: 181).

atribuir pouca atenção aos direitos morais ou liberdade? A resposta para esta questão parece exigir uma análise sobre os fundamentos da teoria econômica predominante. Esse entendimento é corroborado por Capra (2002b: 192), sintetizando afirmações de Hazel Hendersen, da seguinte forma:

> [...] a atual confusão de nossa economia exige que questionemos os conceitos básicos do pensamento econômico contemporâneo. Ela [Henderson] cita uma miríade de provas que corroboram sua tese, inclusive declarações de vários conceituados economistas que reconhecem o fato de sua disciplina ter chegado a um impasse. Porém, o mais importante, talvez, é a observação de Henderson segundo a qual as anomalias que os economistas já não sabem como enfrentar são hoje dolorosamente evidentes para todo e qualquer cidadão. Passados dez anos, e em face dos déficits e endividamentos generalizados, da destruição incessante do meio ambiente e da persistência da pobreza em meio ao progresso mesmo nos países mais ricos, essa afirmação não perdeu nada em sua pertinência.

Confirmada a relevância de uma revisão sobre os fundamentos da teoria econômica predominante, iniciamos esta tarefa a partir da premissa de que qualquer área do conhecimento alcança maior importância social quando seu paradigma se expande. Paradigma, para fins deste texto, "[...] diz respeito às formas básicas de perceber, pensar, avaliar e agir, associadas a uma visão particular da realidade. [...]" (Harman, 1994: 28). Então, seria válido construir o esquema apresentado na ilustração 1.

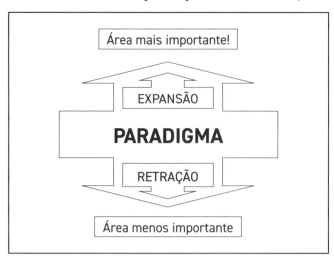

Ilustração 1: *relação entre paradigma e importância social de uma área do conhecimento.*

A observação da ilustração 1 permite deduzir que a elevação da importância social da Economia depende da expansão do paradigma desta área de conhecimento. Em outras palavras, o entendimento generalizado de que o crescimento econômico é desejável (para as pessoas, entidades, cidades, países, blocos de países e mundo) está diretamente vinculado à expansão do paradigma da economia predominante. Mais importante ainda é que significativa parcela dos nossos comportamentos cotidianos está associada ao processo econômico e estimula tal expansão.

Processo econômico, para fins desta obra, significa o conjunto de atividades relacionadas com a obtenção, manutenção e uso dos recursos que satisfazem necessidades e desejos (alimentação, transporte, lazer, segurança, moradia, vestuário etc.). O recurso mais buscado pelas pessoas para satisfazer suas necessidades e desejos costuma ser o dinheiro. O trabalho para obter dinheiro ocupa grande parte das horas acordadas de muitas pessoas. Adicionando o tempo de deslocamento, cursos (profissionalizantes, preparatórios, graduação, pós-graduação, educação continuada etc.) e várias outras ações profissionalmente úteis, constatamos que quase todo o tempo desperto das pessoas é destinado ao processo econômico.[7] Portanto, conhecendo ou não de economia, parcela considerável das atitudes diárias de quase todos os habitantes da Terra contribui para a expansão do paradigma da teoria econômica predominante.

Em virtude do exposto, o esclarecimento sobre o paradigma da teoria econômica se reveste de capital importância para o entendimento da situação atual que a humanidade experimenta. Como é facilmente comprovado em qualquer obra sobre fundamentos da Economia, o paradigma que sustenta a teoria econômica predominante é a **escassez**.

Sobre essa opção, Vasconcellos e Garcia (2000: 3) afirmam que: "Da escassez dos recursos ou fatores de produção, associada às necessidades ilimitadas do homem, originam-se os chamados problemas econômicos fundamentais: O que e quanto produzir? Como produzir? Para quem produzir?" Esta afirmação confirma que a teoria econômica predominante se apoia no conceito da escassez. Abramovay (2012: 171), analisando os bens não rivais,[8] é mais enfático ao informar que: "[...] A própria definição de economia que se encontra nos manuais (a alocação de recursos escassos entre fins alternativos) encontra-se abalada pela presença de bens cuja natureza básica não é a escassez." Estas citações não deixam margem para dúvidas sobre a opção pelo fundamento na escassez efetuada pelos idealizadores da teoria econômica predominante.

Cabe aqui diferenciar: (1) o reconhecimento da escassez onde ela de fato existe e (2) fundamentar uma área de conhecimento no conceito da escassez. Fingir que estamos num estado de abundância não eleva nossa qualidade de vida. Porém, nortear o comportamento das pessoas para a expansão da escassez também não pode gerar bons resultados.

---

7 Levantamento informal com alunos de graduação em Ciências Contábeis e Administração da Universidade Federal Fluminense, entre 2008 e 2015, segundo seus depoimentos, apurou uma média de dedicação ao processo econômico superior a 80% do tempo acordado.
8 Bem cujo "[...] consumo por alguém em nada prejudica o consumo simultâneo ou posterior por outra pessoa. [...]" (Abramovay, 2012: 170). Alguns exemplos seriam: informação e conhecimento.

Mais grave é que os formadores de opinião da área econômica acreditam e/ou nos induzem a crer que esta opção pelo conceito da escassez é natural e inquestionável. Isso pode ser comprovado pelas palavras de Juarez Alexandre Baldini Rizzieri, encontradas na obra de Pinho e Vasconcellos (1998: 12): "Em Economia tudo se resume a uma restrição quase física – a lei da escassez, isto é, produzir o máximo de bens e serviços a partir dos recursos escassos disponíveis a cada sociedade". A consequência direta da adoção da escassez como uma "lei natural", "restrição quase física", "inquestionável", é a desqualificação da análise crítica dos seus nefastos desdobramentos teóricos e concretos, favorecendo a sua perpetuidade.

Expansão da escassez

Após o esclarecimento sobre a adoção do paradigma da escassez pela teoria econômica predominante, apresentamos a ilustração 2, que incorpora esta desconcertante constatação ao esquema apresentado antes.

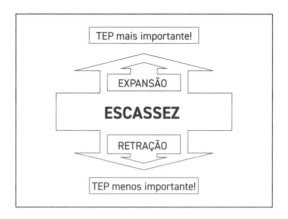

Ilustração 2: *relação entre escassez e importância social da teoria econômica predominante (TEP).*

A ilustração 2 indica que a importância social da teoria econômica predominante cresce quando a escassez (seu paradigma) se expande. Vários autores afirmam que um estado de abundância reduziria a importância social da Economia. Segundo Varian (2000: 47), "A teoria econômica não seria um assunto muito interessante num mundo em que todos tivessem saciados em seu consumo de todos os bens". Esta afirmação confirma que todo o arcabouço teórico da economia predominante depende da existência da escassez. Sem ela não há economia predominante. Rizzieri também confirma esse entendimento da seguinte forma (Pinho e Vasconcellos, 1998: 12):

> Se uma quantidade infinita de cada bem pudesse ser produzida, se os desejos humanos pudessem ser completamente satisfeitos, não importaria que uma quantidade excessiva de certo bem fosse de fato produzida. Nem importaria que os recursos disponíveis,

trabalho, terra e capital (este deve ser entendido como máquinas, edifícios, matérias-primas etc.), fossem combinados irracionalmente para a produção de bens. Não havendo o problema da escassez, não faz sentido se falar em desperdício ou em uso irracional dos recursos e na realidade só existiriam os 'bens livres' [...].

Esta citação também ratifica a dedução de que a importância da economia dominante diminuiria se atingíssemos um estado de abundância, condição importante para a melhoria da nossa qualidade de vida. Sobre esse entendimento, Capra (2002b: 170) se manifesta da seguinte forma:

> A expansão da economia destrói a beleza das paisagens naturais com edifícios medonhos, polui o ar, envenena os rios e os lagos. Mediante um condicionamento psicológico implacável, ela rouba das pessoas o seu senso de beleza, enquanto gradualmente destrói aquilo que há de belo em seu meio ambiente.

Depreende-se, então, que os estudiosos e profissionais da economia predominante empregam seus melhores esforços para estimular as pessoas para a expansão da escassez, objetivando a elevação da relevância social do seu campo de atuação, crescimento econômico. Em outras palavras, toda a estrutura conceitual da economia predominante (teorias, abordagens, sistemas e modelos) nos orienta para a criação de restrições ao acesso aos recursos que satisfazem nossas necessidades e desejos. Exemplo disso é a recomendação constante, citada anteriormente, de que tudo em economia se resume a produzir *o máximo* de bens e serviços a partir dos recursos escassos. Se produzimos o máximo, os recursos escassos existentes acabam. A escassez poderia ser menor se a recomendação fosse produzir os bens e serviços *suficientes*. Machado (2017: 459) é preciso ao afirmar que: "A produção tradicional regida pelo princípio da suficiência cedeu lugar, com o advento da sociedade moderna, à produção mercantil regida pelo princípio da maximização". Abramovay (2012: 57) também se harmoniza com este entendimento ao expressar que: "O mais importante desafio na emergência de uma nova economia consiste em atualizar a formulação da pergunta gandhiana fundamental: quanto é o suficiente? [...]."

Traçando um singelo paralelo com a tarefa de abastecimento do lar num mercado ou feira, deveríamos, segundo a economia predominante, comprar o *máximo* de produtos que nosso dinheiro permitisse. Qual seria o seu provável resultado? Adquiriríamos coisas dispensáveis e não sobraria dinheiro. Existiria uma alternativa? Óbvio que sim. Nossas bisavós recomendariam que buscássemos o *suficiente*, ou seja, inventariássemos nossas reais necessidades, elaborássemos uma lista, encontrássemos as melhores maneiras de obter todos os itens relacionados e evitássemos a compra de algo mais. Assim, satisfaríamos nossas reais carências materiais, não ocorreria desperdício e talvez ainda sobrasse dinheiro.

Em termos simplificados, esta é a mudança de orientação proposta. A observação atenta do mundo parece demonstrar que existem muitos bens e serviços supérfluos (cigarros, bebidas alcoólicas, armas capazes de destruir o Planeta várias vezes, bugigangas eletrônicas, joias etc.) coexistindo com privações inaceitáveis (fome, sede, ausência de teto, medicamentos básicos, educação etc.), bem como a exaustão do nosso último recurso: a natureza preservada. O mais dramático é que desperdício e privação de itens essenciais não raro são experimentados por uma mesma pessoa. Isso parece uma evidência do *sucesso* (não do fracasso) da consciência e pensamento econômico predominantes. Harman (1994: 129-130) corrobora este entendimento da seguinte forma:

> Houve um tempo em que os mais sérios problemas da humanidade eram satisfazer necessidades básicas e vencer as dificuldades apresentadas pelo meio natural. Os mais sérios problemas da sociedade moderna derivam do *sucesso* do paradigma da sociedade industrial. Os horrores da guerra moderna, a espoliação mundial do meio ambiente, a interferência nos sistemas ecológicos que dão sustentação à vida, o progressivo esgotamento dos recursos, fome e pobreza amplamente difundidas, a prevalência de substâncias danosas, doenças relacionadas com o *stress*, a possibilidade de mudanças climáticas prejudiciais derivadas do aumento de dióxido de carbono na atmosfera são, todos, componentes interligados daquilo que podemos chamar de um único macroproblema mundial. São consequências de uma mentalidade estratificada e das posturas e instituições a ela associadas – o paradigma socioindustrial, [...] que trouxe grandes benefícios no passado, mas que agora cria problemas mais depressa do que os resolve. O macroproblema mundial só será resolvido satisfatoriamente através da mudança fundamental dessa mentalidade.

Verificamos, então, que perseguir o crescimento da economia predominante equivale a estimular a expansão da escassez. Tolstói (1994: 206), há mais de cem anos, sintetizou brilhantemente a argumentação apresentada da seguinte forma: "Do ponto de vista econômico, sustenta-se uma teoria que pode ser formulada assim: 'Quanto pior, melhor'. [...]". Esta afirmação se harmoniza e sintetiza todo o esclarecimento prestado sobre o fundamento da teoria econômica predominante. Isso porque "quanto pior, melhor" equivale a "quanto mais escassez, mais crescimento econômico". Estudos desenvolvidos pela Organização das Nações Unidas confirmam tal equivalência. Eles evidenciam que o mundo, inclusive os Estados Unidos da América, está cada vez mais rico e desigual (Abramovay, 2012: 15; Werlhof e Behmann, 2010: 43; Lévesque, 2007: 50; Birdsall, 2006; Rodrigues e Vasconcellos, 2005; Tapscott e Ticoll, 2005: 226). Portanto, a orientação por esta estrutura conceitual tem como resultado inexorável o recrudescimento da desigualdade e da degradação da natureza (grande geradora de abundância, bens livres).

A saúde é um dos principais aspectos da qualidade de vida. Como somos parte da natureza que está sendo impiedosamente degradada, seria válido supor que a orientação pela teoria econômica predominante estaria prejudicando nosso equilíbrio físico, mental e espiritual, base para a expansão das doenças. Capra (2002b: 148) compartilha seu despertar para este relevante tema da seguinte forma:

> Ao mapear meu arcabouço holístico para a saúde e os processos de cura, diante de numerosos ativistas sociais e organizadores de atividades comunitárias, minhas perspectivas sofreram uma mudança significativa. Em minhas discussões com Simonton e com muitos outros profissionais de saúde da Califórnia, eu explorara, antes de mais nada, as dimensões psicológicas da saúde e a natureza psicossomática do processo de cura. Na atmosfera social e cultural de Minnesota, totalmente diferente da de outros lugares em que estive, minha atenção deslocou-se para as dimensões ambientais, sociais e políticas da questão. Comecei fazendo um levantamento das ameaças ambientais à saúde – poluição do ar, chuva ácida, lixos químicos tóxicos, materiais radioativos perigosos, e muitas outras –, e logo verifiquei que essas muitas ameaças não eram meros subprodutos incidentais do progresso tecnológico, e sim características intrínsecas de um sistema econômico obcecado pelo crescimento e pela expansão.
>
> Dessa maneira, fui levado a investigar o contexto econômico, social e político em que o sistema de assistência à saúde opera atualmente. Com isso, fui constatando com uma clareza cada vez maior que o sistema social e econômico em que vivemos se tornou uma ameaça fundamental à nossa saúde.

Pelo exposto, a afirmação de que a teoria econômica predominante visa à melhoria da qualidade de vida das pessoas, numa perspectiva abrangente, parece inválida. Isso porque ela se fundamenta e estimula a expansão da escassez, ambiente que favorece a expressão das características menos elogiáveis da natureza humana e dificulta a experiência de bem-estar.

Qualidade de vida

O significado de qualidade de vida adotado pela teoria econômica predominante merece destaque. Ele parece se restringir à concentração de poder social, isto é, quanto mais poder sobre os outros, melhor a qualidade de vida. Assim, quanto mais poder social uma pessoa concentra, maior é a sua capacidade de auferir benefícios, bem como delegar tarefas indesejáveis. Por exemplo, alguns desejam ter uma casa grande, mas não querem se dedicar à sua limpeza. Ao acumular poder suficiente, pode-se influenciar alguém menos afortunado para realizar a indesejada faxina. Este, provavelmente, não faria tal serviço se não houvesse a submissão ao poder concentrado pelo outro. No afã de delegar para outros as tarefas indesejadas, criamos cada vez mais necessidades de consumo e acumulação irresponsáveis de bens econômicos, intensificando o nosso distanciamento em relação aos impactos socioambientais inerentes. A suposição amplamente disseminada é que o sucesso dessa orientação concorreria para uma vida mais confortável e agradável.

Numa perspectiva reducionista e autointeressada (egoísta), esse entendimento é bastante lógico e harmônico com a visão de mundo que predomina há milênios – competitiva, excludente, estimuladora de conflitos e das características humanas menos elogiáveis. Entretanto, quando ampliamos nosso campo de observação, somos habilitados a supor que raríssimas pessoas se contentariam em concentrar pouco poder social num contexto assim orientado, pois representaria uma baixa qualidade de vida. Quase todos se empenhariam intensamente na busca pelo poder social, dificultando as experiências que parecem atribuir efetivo significado para a vida, notadamente contemplação e amor. Nesse contexto seria previsível uma intensa dedicação ao processo econômico, pois representaria uma das mais *"legítimas"* formas de concentração de poder social. O resultado desse comportamento provavelmente seria o envolvimento cotidiano com conflitos locais e globais (competição), prejudicando sobremaneira o bem-estar individual e coletivo. Logo, numa perspectiva mais abrangente, verificamos que o significado de qualidade de vida restrito à concentração de poder social adotado pela teoria econômica predominante mostra-se inapropriado.

Nó civilizatório: concentração de poder social

O esclarecimento sobre a opção pela qualidade de vida vinculada à concentração de poder social nos encaminha para a reflexão sobre o conceito de poder. A partir do estabelecimento do vínculo entre teoria econômica predominante e escassez, podemos identificar a ligação entre esses conceitos e a busca pelo poder social, embora reconheçamos a complexidade envolvida nesta tarefa. Parece-nos apropriada a seguinte afirmação de Foucault (1979: 75):

> Esta dificuldade – nosso embaraço em encontrar as formas de luta adequadas – não virá de que ainda ignoramos o que é o poder? Afinal de contas, foi preciso esperar o século XIX para saber o que era a exploração, mas talvez ainda não se saiba o que é o poder. E Marx e Freud talvez não sejam suficientes para nos ajudar a conhecer esta coisa tão enigmática, ao mesmo tempo visível e invisível, presente e oculta, investida em toda parte, que se chama poder. [...].

Sem a pretensão de apresentar uma definição consensual, consideramos poder, para fins deste texto, como a capacidade de controlar ou influenciar, direta ou indiretamente, o comportamento de algo ou alguém. Quanto à motivação para a busca pelo poder, Backer (2005: 171-172) faz a seguinte distinção: "A ambição pode levar as pessoas a procurar o poder político e profissional. [...] O poder pessoal, contudo, é motivado pelo amor [...]." Assim, sendo, entendemos que o tipo de poder almejado pela teoria econômica predominante, baseada na escassez e estimuladora das características humanas menos elogiáveis, é o poder motivado pela ambição, aqui denominado de poder social. Ele engloba várias modalidades, tais como: político, profissional, econômico, religioso, acadêmico, bélico etc. De uma forma simplificada, poderíamos dizer que a teoria econômica predominante estimula a busca pela capacidade de controlar ou influenciar o comportamento de outras pessoas – âmbito externo ao ser. Werlhof e Behmann (2010: 108) se harmonizam com este entendimento ao afirmarem que:

> O poder que tem o dinheiro para violentar toda a vida e depois apresentar esta perversão como um ato quase religioso caracteriza nosso sistema [...] econômico patriarcal, especialmente o capitalismo. Isso significa [...] uma forma de exploração dos poderes de vida das pessoas e de sua transformação alquímica em poder ou energia de vida de outros. É, na realidade, um *canibalismo* generalizado.[9]

Esta citação confirma que a teoria econômica predominante busca o poder social, externo, sobre os outros. Tolstói (1994: 170-171) faz o seguinte comentário sobre o objetivo do poder:

> O objetivo do poder e sua razão de ser estão na limitação da liberdade dos homens que gostariam de colocar seus interesses pessoais acima dos interesses da sociedade. Mas, quer o poder seja adquirido pelo exército, por herança ou por eleição, os homens que o possuem em nada se diferenciam dos outros homens e, como eles, estão inclinados a não subordinar o próprio interesse ao interesse geral; muito pelo contrário. Quaisquer que sejam os meios usados, não foi possível, até hoje, concretizar o ideal de só confiar o poder a homens infalíveis, ou de ao menos remover daqueles que o possuem a possibilidade de subordinar a seus interesses os interesses da sociedade.
>
> Todos os procedimentos conhecidos, o direito divino, a eleição, a herança, produzem os mesmos resultados negativos.
>
> Todos sabem que nenhum destes procedimentos é capaz de assegurar a transmissão do poder aos infalíveis, ou ainda de impedir o abuso do poder. Todos sabem que, ao contrário, os que o possuem – sejam soberanos, ministros, prefeitos ou guardas municipais – são sempre, por deterem o poder, mais inclinados à imoralidade, ou seja, a subordinar os interesses gerais aos interesses próprios, do que aqueles que não detêm o poder. Aliás, não pode ser de outro modo.
>
> O conceito social só podia ser justificado enquanto os homens sacrificavam voluntariamente o interesse próprio aos interesses gerais; mas tão logo surgiram alguns que não

---

9   Tradução livre.

sacrificavam voluntariamente o próprio interesse, sentiu-se a necessidade do poder, isto é, da violência, para limitar-lhe a liberdade e, então, entrou no conceito de social no ordenamento dele resultante o germe corruptor do poder, isto é, a violência de uns sobre outros.

Para que o domínio de uns sobre outros alcançasse seu objetivo, para que pudesse limitar a liberdade daqueles que passam seus interesses pessoais à frente dos da sociedade, o poder deveria se encontrar nas mãos de infalíveis, como supõem os chineses, ou como se acreditava na Idade Média, e como creem hoje aqueles que têm fé na graça da unção. Somente nestas condições a ordem social pode ser compreendida.

Posto que tal não existe, mas, ao contrário, os homens que detêm o poder passam sempre ao largo da santidade, exatamente por terem o poder, já não se pode justificar o ordenamento social com base na autoridade.

As palavras de Leon Tolstói, escritas no final do século XIX, parecem atuais. Elas inclusive invalidam a criação de novos agrupamentos concentradores de poder social para superar os grupos dominantes porque seriam contaminados pelo mesmo germe do abuso de poder social. Devido à inédita desigualdade (concentração de poder social) que atingimos, considerando este entendimento apropriado, não restaria outra alternativa para o equacionamento dos problemas socioambientais contemporâneos que não fosse a diluição do poder social concentrado ao longo de séculos pela consciência dominante.

Este entendimento é relevante para a compreensão do vínculo entre a teoria econômica predominante e a busca pelo poder social. Cabe, então, a formulação da seguinte pergunta: o que acontece com o detentor de um recurso que se torna mais escasso? Em outras palavras, o possuidor de uma concessão para explorar uma fonte de água mineral ficará mais poderoso (poder econômico, uma modalidade do poder social) se a escassez de água aumentar ou diminuir? Infelizmente, em termos gerais, ele terá maior sucesso econômico se a água se tornar mais escassa, em virtude da provável elevação do seu preço, dificultando o acesso às pessoas desfavorecidas. A escassez para muitos é festejada como sucesso econômico para poucos. Isso porque o restrito campo de visão da teoria econômica predominante valoriza apenas a falta, a escassez e ignora os bens livres (abundantes). Como praticamente todos nós buscamos o sucesso econômico dos empreendimentos nos quais participamos, consciente ou inconscientemente, estamos promovendo a expansão da escassez, concentração de poder social, desigualdade e degradação do meio ambiente.

Se esta argumentação fosse apropriada, seria lógico inferir que os teóricos de uma área de conhecimento baseada na escassez formulariam um arcabouço conceitual que considerasse e valorizasse somente aquilo que é escasso e desprezasse o que é abundante. Desta forma ele fomentaria a própria escassez, uma vez que a busca pelo maior valor econômico possível se tornaria amplamente legítimo, desejável, quase obrigatório. Por conseguinte, cada indivíduo seria orientado para se transformar num agente de destruição das relações sociais e da natureza preservada, visando expansão da escassez, crescimento econômico e concentração de poder social. Isso ocorre com a teoria econômica predominante, conforme afirmam Werlhof e Behmann (2010: 9): "[...] a vida foi transferida para a 'avaliação' através da exploração, transformação e destruição, sendo definida como uma coisa 'sem valor' [...]."[10] Tal escolha também fica evidente no esclarecimento sobre o objeto da economia predominante, oferecido por Morcillo e Troster (1994: 8), transcrito a seguir.

- *Bem:* é tudo aquilo que satisfaz direta ou indiretamente os desejos e necessidades dos seres humanos.
- *Bens Livres:* são ilimitados em quantidade ou muito abundantes e não são apropriáveis.
- *Bens Econômicos:* são escassos em quantidade, dada sua procura, e apropriáveis. É o objeto de estudo da economia.

As definições citadas delimitam o objeto de estudo da economia, ou seja, os bens econômicos. Suas características são a escassez e a capacidade de apropriação por alguns, em detrimento de outros (exclusão). Isso indica que ela despreza os bens ilimitados, muito abundantes ou incapazes de gerar exclusão – bens livres. Todavia estes também satisfazem desejos e necessidades dos seres humanos, são indispensáveis para a nossa vida e materializam a inclusão porque são acessíveis a todos. Com base nas evidências apresentadas, segundo tal entendimento, os bens livres poderiam ser ignorados, desperdiçados e usados irracionalmente porque estariam excluídos do escopo da economia predominante, pois não oferecem contribuições efetivas para a concentração de poder social.

O objetivo de concentração de poder social inerente à teoria econômica predominante é harmônico com a visão de mundo que parece prevalecer na Terra há séculos. Chegamos até aqui, com tudo que possa ser considerado adequado ou inadequado, graças a essa manifestação histórica. Argumentamos no primeiro capítulo que a humanidade enfrenta um complexo conjunto de problemas socioambientais interligados, cuja evolução poderá resultar no fim da trajetória humana na Terra. Apesar da complexidade inerente, compartilhamos a seguinte questão provocativa: qual seria a origem de todos os problemas sociais e ambientais que enfrentamos? Das muitas possibilidades disponíveis de resposta, adotamos, para a elaboração deste texto, a concentração de poder social como a origem de todos os problemas socioambientais que enfrentamos, constituindo-se no *"nó civilizatório"* que devemos desatar.

---

10 Tradução livre.

Tentando justificar tal simplificação, talvez aparentemente redutora e ingênua, podemos tomar, inicialmente, os problemas ambientais. A natureza preservada possui uma força imensa que torna praticamente impossível a sobrevivência de um ser humano sozinho e sem instrumentos. É quase impossível, por exemplo, um ser humano só e sem ferramentas derrubar uma única grande árvore. Ele precisaria concentrar poder social (mobilizar um grande número de pessoas e/ou munir-se de instrumentos – substâncias tóxicas, tratores, serras, explosivos etc.) para superar essa imensa força natural. Se esta argumentação procede, é evidente que os graves problemas ambientais (degradação de ecossistemas inteiros) causados por ação humana só podem ocorrer através da concretização de uma monumental concentração de poder social (reunião de pessoas influenciadas para a realização de um determinado objetivo e instrumentos).

Quanto aos problemas sociais, o mesmo pode ser argumentado. Um ser humano sozinho e sem instrumentos materiais (armas, de uma forma geral) e imateriais (instituições) dificilmente seria capaz de flagelar um conjunto de pessoas, muito menos povos quase que inteiros. Para tanto, torna-se também necessário concentrar poder social (reunião de pessoas orientadas para um determinado fim e instrumentos) para concretizar a opressão social. Logo, parece apropriado afirmar que a concentração de poder social é também a causa derradeira dos problemas sociais que enfrentamos.

A desigualdade é, por definição, concentração de poder social. As propostas de combate à desigualdade geralmente passam pela criação de instituições (ministérios, secretarias, organismos internacionais, organizações sem fins lucrativos etc.) que, em última instância, são concentradoras de poder social. Essa via, considerando as palavras de Tolstói citadas antes, não nos parece efetiva; pelo contrário. Sob nosso ponto de vista, a desigualdade só diminuirá através da diluição do poder social concentrado em séculos de predomínio de uma visão de mundo competitiva. Vários formadores de opinião sobre economia parecem ignorar este fato quando cogitam a possibilidade de todos nos tornarmos ricos no futuro. Tal idealização nos parece inverossímil porque, na concepção dominante, ser rico implica em ter poder sobre os outros. Se todos nós nos tornássemos igualmente ricos, teríamos poder sobre quem? Quem limparia as residências, desceria às minas, embarcaria nas plataformas submarinas, lutaria nas guerras etc.? Acreditar que tudo isso poderia ser realizado por produtos oriundos da tecnologia sem provocar intensa exclusão social nos parece uma quimera.

Se desejássemos sinceramente a equidade deveríamos adotar uma postura cética em relação a todas as formas de concentração de poder social (político, econômico, acadêmico, tecnológico, religioso, bélico etc.), abrangendo, principalmente, nosso âmbito pessoal. Isso equivale a dizer que a desigualdade só diminuirá quando prevalecerem os nossos comportamentos cotidianos que promovem a diluição de poder social, a inclusão. Este parece ser um desafio possível, porém, nada trivial.

No âmbito da economia, a desigualdade diminuirá quando nos empenharmos, inspirados pela natureza preservada, na geração e conservação de bens livres (acessíveis a todos), em vez de bens econômicos (excludentes por definição). A orientação oposta, inerente à teoria econômica predominante, só intensifica a concentração de poder social, o nó civilizatório que deveríamos desatar. Embora impopular, este é o princípio orientador da proposta compartilhada adiante.

Dilemas contemporâneos

Os tópicos anteriores apresentaram a argumentação sobre a relação direta entre a teoria econômica predominante e o acirramento dos dilemas socioambientais contemporâneos. Não obstante, é quase consensual o entendimento de que a expansão da Economia predominante é desejável para as pessoas e entidades. Por esse motivo, decidimos ilustrar, nos próximos tópicos, as influências nefastas proporcionadas pelo pensamento econômico ordinário sobre alguns dos graves problemas que enfrentamos.

Generalização da injustiça

A teoria econômica predominante orienta os indivíduos (gestores de empresas privadas, de entidades governamentais, empregados, investidores, consumidores, estudantes etc.) para a busca do valor econômico máximo. Argumentamos que este comportamento promove a escassez, a concentração de poder social e a desigualdade, fatores relevantes para a generalização da injustiça. Schumacher (1983: 20), citando Keynes, confirma este entendimento com as seguintes palavras:

> Em vez de dar ouvidos a Gandhi, não nos sentimos mais inclinados a ouvir um dos mais influentes economistas do nosso século, o grande Lord Keynes? Em 1930, durante a depressão em escala mundial, ele sentiu-se impelido a especular a respeito das 'possibilidades econômicas para nossos netos' e concluiu que talvez não estivesse muito longe o dia em que todos seriam ricos. Voltaremos então, disse ele, 'a valorizar mais os fins do que os meios e a preferir o bom ao útil'.
>
> 'Mas, cuidado!' prosseguiu. 'Ainda não chegou o tempo de tudo isso. Por mais cem anos, no mínimo, devemos simular para nós e para todos que o justo é injusto e o injusto é justo; pois o injusto é útil e o justo não o é. Avareza, usura e precaução ainda têm que ser nossos deuses por mais algum tempo. Pois só elas podem tirar-nos do túnel da necessidade econômica para a luz do dia.

As palavras de Keynes indicam que a injustiça, avareza e usura, características associadas às piores facetas da natureza humana, são indispensáveis para o crescimento econômico. Tal vínculo já era defendido séculos atrás. Segundo D'Angelo (2006: 52), Mandeville, no século XVIII, afirmava categoricamente que: "[...] o crescimento da indústria e da economia dependia dos vícios e dos defeitos humanos – o orgulho, a avareza, a inveja, a vaidade –, e não de suas virtudes." (Capra, 2002b: 193), compartilhando o pensamento de Hasel Henderson, ratifica esta insanidade da seguinte forma:

> Os economistas contemporâneos, numa tola tentativa de conferir rigor científico à sua disciplina, negam-se a reconhecer o sistema de valores em que seus modelos estão baseados. Henderson mostra que, ao agirem assim, estão aceitando, tácitos, o conjunto de valores fragorosamente desequilibrado que predomina em nossa cultura e que está incorporado em nossas instituições sociais. 'A economia', sustenta, 'glorificou algumas das nossas predisposições menos louváveis: cobiça material, competitividade, gula, orgulho, egoísmo, imprevidência e ganância pura e simples'.

A expansão da economia predominante é equivalente ao fomento da injustiça. Quando consideramos o crescimento econômico desejável e o buscamos, materializamos a recomendação de Keynes, ou seja, divinizamos expressões humanas abomináveis. Este é o comportamento mais efetivo de simulação para nós e para todos de que o injusto é útil e o justo não o é.

Os formadores de opinião em Economia foram competentes para simular para todos nós que o injusto é útil e o justo não o é porque as injustiças são verificadas em todas as direções para as quais nossos olhares se voltam. Este é mais um indicador do retumbante sucesso da teoria econômica predominante. Um argumento que contribuiu sobremaneira para o cumprimento exemplar desta tarefa macabra foi o disparate de que bilhões de pessoas poderiam expressar livremente a injustiça, avareza, ganância e egoísmo (ou autointeresse, como preferem alguns economistas) porque viria algo sobrenatural (mão invisível do mercado e/ou burocracia governamental) para transformar em benefícios públicos suas inexoráveis e nefastas consequências. Isso nos parece o pior sentido de misticismo e dogma. Abramovay (2012: 178) corrobora este entendimento com as seguintes palavras:

> [...] O Pinguim, do título do livro de Yochai Benkler, simboliza a cooperação humana direta, voluntária e gratuita cuja principal recompensa está no sentimento de que as relações entre as pessoas são justas, estimulam sua inteligência, valorizam sua participação, ampliam seu conhecimento, se apoiam na comunicação e abrem espaço para a resolução conjunta de problemas.
>
> A assimilação entre racionalidade e egoísmo é contestada não por uma metafísica a respeito da natureza humana, mas com base em pesquisa científica. Benkler mobiliza de forma fascinante e didática evidências empíricas e experimentais da biologia da evolução, da neurologia, da psicologia, da economia experimental, da sociologia das redes e da ciência política para trazer à tona o que a vida cotidiana revela e muitas vezes o conhecimento especializado esconde: as pessoas não só são bem mais cooperativas de que a ciência econômica e o senso comum o supõem, mas, sobretudo, os processos de cooperação

fluem tanto melhor quanto mais se apoiam em relações humanas reais, na satisfação do reconhecimento mútuo, no respeito e na confiança.

Portanto, se nossa verdadeira intenção consiste em contribuir para a construção de um mundo mais justo e pacífico, devemos desenvolver um sentimento de ceticismo em relação ao crescimento econômico e orientar nossas decisões econômicas cotidianas pelas virtudes.

Poluição do ar

Argumentamos, anteriormente, que a economia predominante é míope porque valoriza objetos dispensáveis para a sustentação da vida (bens econômicos: cigarro, automóvel, bebidas alcoólicas, armamento etc.) e despreza bens vitais como o ar, temperatura, coesão social, dentre muitos outros (bens livres). Cabe, então, a seguinte pergunta: quando o ar seria valorizado pela economia predominante? A resposta seria: quando ele se tornasse escasso e passível de apropriação.

Um exemplo atual facilmente compreensível e considerado legítimo é o ar capturado na atmosfera, comprimido e injetado em cilindros. Seu uso permite mergulhos prolongados para lazer, manutenção de instalações marítimas, explorações submarinas etc. Esta é uma ilustração perfeita de transformação de um bem livre (ar) em bem econômico porque são alcançadas as características indispensáveis: escassez (ar respirável é indisponível debaixo da água) e apropriação (cilindros que armazenam o ar respirável e possuem proprietários). A produção dos cilindros de ar comprimido se constitui numa atividade econômica percebida pelos indicadores econômicos e, quando se expande, contribui para o amplamente desejável crescimento econômico.

Todavia, o ar respirável abundante é totalmente desprezado pela teoria econômica predominante, pois ele não integra seu objeto de estudo. Poderíamos, então, segundo a orientação dominante, desperdiçá-lo e usá-lo irracionalmente (poluição, por exemplo) porque esses comportamentos não afetariam os indicadores econômicos. Alguns desses aspectos são tratados como "externalidades", ou seja, eventos que causam consequências, mas estão fora do alcance da sua teoria. Ao destacar a ligação entre a economia e direito, Vasconcellos e Garcia (2000: 24) definem externalidades da seguinte forma:

> A justificativa econômica para a intervenção governamental nos mercados se apoia nas chamadas 'imperfeições de mercado' – externalidades, informação imperfeita e poder de monopólio. As externalidades ou economias externas se observam quando a produção ou o consumo de um bem acarreta efeitos sobre outros indivíduos que não se refletem nos preços de mercado. As externalidades dão a base econômica para a criação de leis antipoluição, de restrições quanto ao uso da terra, de proteção ambiental etc.

Esta citação é uma evidência de que o arcabouço teórico da economia predominante é incapaz de alcançar aspectos fundamentais que afetam a todos, como é o exemplo da poluição. Torna-se necessário, segundo os autores citados, a intervenção do Estado para corrigir as suas severas limitações. O problema é que este é formado por pessoas. Elas, por sua vez, são movidas quase que exclusivamente pelos estímulos econômicos baseados na escassez. Logo, o governo é também governado por esses mesmos estímulos destrutivos. Isso significa que, ao delegarmos para uma burocracia governamental a responsabilidade de conter os comportamentos destrutivos das pessoas orientadas pela teoria econômica predominante, "deixamos a guarda do galinheiro com o lobo", ou seja, é tão quimérico quanto a crença numa "mão invisível" que transforma vícios privados em benefícios públicos. A história parece demonstrar que esta ilusão também gera resultados insatisfatórios. Abramovay (2012: 193) se harmoniza com este entendimento quando expressa que:

> [...] Dizer que os mercados são, por natureza, cegos – como se as instâncias estatais de planejamento fossem clarividentes e socialmente menos interessadas que as das firmas – ignora o fato de serem, para usar um termo da nova sociologia econômica, socialmente imersos e, portanto, guiados não apenas por interesses como também por relações sociais, por pressões e, principalmente, por concepções de controle, por uma cultura que vai bem além de uma resposta aos estímulos oferecidos pelos preços.

Assim, explorando um exercício especulativo, a humanidade, contando com mão invisível e/ou burocracia governamental, talvez alcance o tempo em que o ar disponível se torne impróprio para o consumo. Seriam necessários empreendimentos (públicos e/ou privados, não importa) que transformassem o ar tóxico disponível em ar próprio para consumo. Este teria que ser embalado de uma forma tal que não se misturasse com o ar irrespirável. O ar respirável seria escasso, exigiria recursos escassos para a sua obtenção (filtros, imóveis, mão de obra, dinheiro, embalagens etc.) e seria passível de apropriação por alguns em detrimento de outros – bem econômico. Pergunta-se: qual seria a análise econômica dessa situação imaginária? Numa análise econômica ordinária, o destaque seria o surgimento de uma nova indústria – beneficiamento de ar tóxico. Isso traria empregos, impostos, oportunidades de negócios para os fornecedores, lucros para os investidores e, enfim, o "círculo virtuoso" do crescimento econômico. Os indicadores econômicos dominantes, construídos a partir do conceito da escassez (produto interno bruto, por exemplo), captariam esse evento como um crescimento econômico, sugerindo que a sociedade estaria mais próspera. Eduardo Giannetti, na obra de Steiner, Pachauri, Lopes et alii. (2013: 72), corrobora esta especulação da seguinte forma:

> [...] quando tivermos que andar com uma garrafinha de oxigênio para respirar, como está em vias de acontecer em Pequim, o PIB crescerá [...]! Quando necessitamos tratar, em função da poluição, das nossas vias respiratórias, com cuidados médicos e remédios, o PIB aumenta de novo [...].

Parece óbvio que o exemplo proposto exige uma análise mais acurada, ou seja: por que tal catástrofe seria interpretada como crescimento econômico? A resposta, como argumentado anteriormente, é que a escassez aumentaria, provocando a concentração de poder social. Assim, como verificado no exemplo dos cilindros de ar comprimido, um bem livre se transformaria em bem econômico, aspecto captado pelos indicadores econômicos dominantes como crescimento econômico.

Em outras palavras, uma necessidade da sociedade (respirar) era satisfeita com um bem livre; não era necessário pagar nada a ninguém para acessá-lo. Os indicadores econômicos dominantes desprezariam essa extraordinária abundância inerente aos serviços que a natureza generosamente fornece para todos (ricos, pobres, religiosos, ateus, brancos, negros, amarelos, vermelhos, homens, mulheres, idosos, adultos, crianças, heterossexuais, homossexuais, ou quaisquer outras separações que nos venha à mente). Devido ao desperdício e uso irracional do ar (metais pesados lançados pelas chaminés das indústrias, pelos automóveis, pela queima do lixo doméstico, "folhinhas do quintal", capim das margens das estradas etc.) ele se tornaria impróprio para o consumo. Escasso e passível de apropriação, o ar respirável se tornaria um bem econômico, originando uma atividade explorável para gerar riqueza. Depois da tragédia teríamos que pagar para alguém (impostos para o governo ou prestação de serviço para um ente privado) por um bem que antes era gratuito. Óbvio que esse "alguém" concentraria poder social através da exploração do novo e "próspero" segmento econômico de despoluição do ar. Mais uma vez, a escassez para muitos seria festejada como sucesso econômico para poucos.

O exemplo apresentado pode ser entendido como um enredo de filme de ficção científica catastrófica. Infelizmente, as palavras de Rossetti (2000: 205) evidenciam que esta pode não ser uma realidade tão distante como poderíamos acreditar. Segundo ele:

> Se, contrariamente a essas duas realidades [escassez de recursos e ilimitáveis aspirações da sociedade], os recursos à disposição de cada agente econômico fossem ilimitados e suas necessidades e aspirações fossem limitáveis, a economicidade da ação humana perderia sua razão de ser. Dada a abundância relativa dos recursos, quaisquer necessidades seriam plenamente satisfeitas. Na condição limite, todos os bens seriam livres: a disponibilidade ilimitada de recursos seria de tal ordem que a obtenção de quaisquer bens não seria onerosa. Mas, na realidade, são raros os **bens livres**: até mesmo o ar que respiramos vai, pouco a pouco, se transformando num bem econômico. O emprego de recursos para a despoluição

do ar ou para evitar que a poluição ocorra está transformando o ar num **bem econômico** como outro qualquer: um bem cuja existência exige o emprego de recursos.

Além de ratificar que a economia predominante perderia sua razão de ser num contexto de abundância, esta citação também valida a possibilidade da escassez de ar próprio para consumo ocorrer no futuro, catástrofe já em curso. O fato mais frustrante é que o ar que respiramos só passaria a ser valorizado porque se tornaria escasso e capaz de concentrar poder social, não por ser vital. Esta é mais uma evidência de que a expansão da economia predominante depende do aumento da escassez e que sua teoria dificulta a experiência da abundância por desprezar os bens livres. O exposto parece indicar que é imperiosa a tarefa de transformar radicalmente o entendimento de que o crescimento econômico é algo desejável.

Escassez de água doce

Há alguns anos atrás, os organismos internacionais que lidavam com as questões ambientais classificavam a água doce como um bem renovável. Hoje ela é tratada como um bem não renovável. Isso significa que o extraordinário ciclo natural das chuvas (evaporação e precipitação) garantia uma quantidade inesgotável de água doce para suprir as necessidades da humanidade, ressalvadas algumas regiões específicas. Devido ao seu desperdício e uso irracional (desde a poluição industrial até a "inocente varredura hídrica" das calçadas de casas e edifícios), essa garantia foi drasticamente reduzida, gerando um segmento econômico cada vez mais lucrativo. Este vínculo entre aumento da escassez de água doce e crescimento econômico é ratificado por Eduardo Giannetti, na obra de Steiner, Pachauri, Lopes et alii. (2013: 72), da seguinte forma:

> [...] Se uma comunidade tem água potável disponível, isso não entra nas contas nacionais. É como o ar que a gente respira. Se uma comunidade polui todas as fontes de água potável e passa a ter de purificá-la, engarrafá-la, distribuí-la, o PIB aumenta. Essa sociedade piorou: agora precisa trabalhar para obter o que antes era gratuito. O sinal contábil indica aumento da riqueza, o PIB cresceu, mas na verdade a comunidade empobreceu.

O aumento da escassez de água doce é outra catástrofe atualmente em curso. Diniz (2003: 8) a caracteriza da seguinte forma:

> A mais ameaçadora crise ecológica, econômica e política do século XXI é a escassez de água. Um bem essencial ameaçado pelo desmatamento, pela poluição, mas também pela ganância econômica de corporações que estão se apropriando das finitas reservas de água subterrânea e colocando, literalmente, em risco o futuro da humanidade. [...] As notícias ruins são essas: a humanidade está esgotando, desviando e poluindo os recursos

de água doce no Planeta tão depressa e implacavelmente que todas as espécies na Terra, incluindo a nossa, correm perigo mortal. O suprimento de água na Terra é finito. [...]

Esta citação confirma que hoje a água doce é um bem finito e escasso para um número cada vez maior de pessoas. Para tornar-se um bem econômico, objeto de estudo pela economia predominante e fator de crescimento econômico, a água precisaria ser também apropriável. Se o argumento apresentado de que somos incentivados pela teoria econômica predominante para a produção de bens econômicos e concentração de poder social fosse válido, deveria existir um grande movimento global em busca da propriedade da água doce do Planeta. Tony Clarke, um dos líderes canadenses do movimento mundial de consciência e luta pela derrubada do mercantilismo e privatização da água doce, na entrevista realizada por Diniz (2003: 9), faz o seguinte comentário a esse respeito:

> O mundo está ficando sem água doce. A humanidade está poluindo, desviando e esvaziando a fonte de vida em um ritmo surpreendente. A demanda por água doce está crescendo duas vezes mais que a população. Algumas corporações transnacionais, apoiadas pelo Banco Mundial e pelo Fundo Monetário Internacional (FMI), estão ofensivamente assumindo a administração dos serviços públicos de água, enquanto aumentam drasticamente o preço desse bem essencial para a população. Lucram, especialmente, com a busca desesperada do Terceiro Mundo por soluções de combate à crise da água. O declínio no fornecimento e na qualidade da água doce criou uma oportunidade de negócio maravilhosa para as corporações. Ao mesmo tempo, os governos estão transferindo o controle dos suprimentos de água para acordos comerciais como a Associação Norte-Americana de Livre Comércio (Nafta), seu proposto sucessor, a Área de Livre Comércio das Américas (Alca) e a Organização Mundial do Comércio (OMC). Essas instituições comerciais globais dão às corporações globais acesso sem precedentes à água doce dos países signatários. As corporações já começaram a processar os governos para ganhar acesso às fontes domésticas de água, armadas com a proteção desses acordos internacionais.

E complementa na página 10 da seguinte forma:

> A indústria mundial da água gera um negócio anual de US$ 400 bilhões. De acordo com a revista 'Fortune', as receitas dessa indústria chegam a aproximadamente 40% do setor de petróleo e já são 1/3 maiores que as do setor farmacêutico. Em 1998, o Banco Mundial previu que o comércio global da água em breve se tornaria em uma indústria de US$ 800 bilhões e, antes de 2001, essa projeção tinha sido elevada para um trilhão de dólares. <u>A 'Fortune' estima, de modo conservador, que a sua industrialização deve crescer a uma taxa de 10% ao ano e, ao mesmo tempo, o valor econômico da água terá subido.</u>

Em algumas partes do mundo a água já tem o mesmo preço de um barril de petróleo. A água pública é vendida hoje por 11 vezes mais que o seu custo natural.[11]

A relevância destas citações está na evidência de que:

a) o aumento da escassez de um bem é captado pela economia dominante como uma oportunidade de geração de riqueza (quanto mais escassez de água doce, mais próspera se torna a sua exploração econômica), apesar da generalizada perda de qualidade de vida; e
b) está em curso uma guerra de grandes proporções para a apropriação da água doce do Planeta com o objetivo de aproveitar a oportunidade de concentração de poder social que sua exploração econômica proporciona.

A análise das entrelinhas do discurso econômico também deixa isso claro. O trecho grifado da citação anterior expressa que, numa estimativa conservadora (ou seja, pessimista), a taxa de crescimento da industrialização da água doce crescerá 10% e o preço subirá. Pergunta-se: o que aconteceria com as estimativas dessa taxa, preço e escassez de água doce se os analistas adotassem uma postura otimista? Infelizmente, supomos que as estimativas de taxa, preço e escassez seriam maiores se os analistas econômicos da Fortune optassem por uma estimativa "otimista", embora isso representasse o aumento do padecimento geral.

Portanto, se desejamos uma experiência humana na Terra justa e inclusiva, devemos nos emancipar do conceito de crescimento econômico baseado na escassez.

Atividades perniciosas

Se a economia dominante se robustecesse com a escassez, conforme argumentado antes, seria válido supor que a sua teoria incentivaria toda sorte de atividade econômica consumidora de recursos, mesmo que flagelasse a humanidade. Esta suposição é cabalmente confirmada pela famosa "mão invisível", genericamente atribuída a Adam Smith. Esta fantasia foi usada para justificar o disparate de que os vícios privados se transformam em benefícios públicos (Werlhof e Behmann, 2010: 104).

Para ilustrar esse aspecto, exploremos uma situação especulativa. Suponhamos que uma campanha do Ministério da Saúde conseguisse convencer toda a população a deixar o vício do fumo. Pergunta-se: como este acontecimento deveria ser interpretado?

Numa perspectiva sábia, o ocorrido deveria ser comemorado porque melhora nossa qualidade de vida. Numa análise puramente material, uma necessidade

---

11 Grifo nosso

deixou de existir. Esse fato diminuiria a exigência de recursos escassos (dinheiro, fábricas, terras agriculturáveis, trabalho, remédios, hospitais etc.). Em outras palavras, a escassez diminuiria porque os recursos escassos existentes teriam que atender a um conjunto menor de necessidades, tornando-os mais acessíveis. Ademais, a saúde coletiva teria um grande estímulo para se tornar mais qualificada.

Ao contrário, na perspectiva econômica predominante, o ocorrido seria entendido como uma redução da prosperidade porque a escassez diminuiu e uma atividade econômica (indústria do fumo) consumidora de recursos e concentradora de poder social foi extinta. Essa interpretação seria confirmada por uma variação negativa do PIB, que só monitora os bens econômicos. Constatamos, portanto, que a economia dominante despreza a melhoria da qualidade de vida oriunda da extinção de necessidades.[12] Ela premia o aumento da escassez mesmo que ele esteja vinculado a uma atividade econômica prejudicial para a sociedade. Sobre esse assunto, Treiger (1982: 25), médico, entende que:

> Está visto que é necessário buscarmos novos modelos de comportamento, pois os índices de criminalidade, que tanto preocupam a tanta gente, não serão reduzidos enquanto presidentes ou primeiros-ministros de importantes países tiverem que renunciar após comprovação de graves delitos ou vergonhosos atos de corrupção, em que também se incluem príncipes-consortes; ou enquanto companhias de cigarros, fabricantes de produtos comprovadamente venenosos, forem premiadas, como ocorreu entre nós, por serem as que melhor servem aos seus acionistas [...].

Esta citação confirma que a sociedade orientada pela teoria econômica predominante premia o aumento da escassez e a concentração de poder social, não importando as consequências decorrentes. Com base no exposto constatamos que uma sociedade saudável, justa e pacífica é irreconciliável com o crescimento da economia dominante.

(Des)Valorização da vida humana

Se a expansão da economia dominante contribuísse para a construção de uma sociedade abundante, justa e pacífica, sua teoria consideraria o valor da vida absoluto e inestimável. Pelo contrário, ela transforma cada indivíduo orientado para o crescimento econômico num agente de degradação das relações sociais e do ambiente natural, estimulando toda sorte de injustiças verificadas no mundo. Neste contexto, a vida, inclusive a humana, se torna uma mercadoria passível de avaliação econômica e negociação. O caso judicial relatado por Srour (2000: 191) se consubstancia numa ilustração adequada para este argumento:

---

12 Ver capítulo 5.

Em julho de 1999, a GM [General Motors] foi condenada em primeira instância, por um júri de Los Angeles (Califórnia), a pagar a soma astronômica de US$ 4,9 bilhões a seis pessoas que sofreram queimaduras em 1993. A picape Chevrolet Malibu 1979, que ocupavam, pegou fogo, depois de ter sido atingida na traseira por um carro a 80 quilômetros por hora. A motorista saiu relativamente ilesa, mas seus quatro filhos e sua amiga sofreram queimaduras desfiguradoras. Mais tarde, esse valor foi reduzido para US$ 1,2 bilhões.

Os advogados de defesa convenceram os jurados de que a montadora: a) sabia que este tipo de carro não era seguro por causa do tanque de combustível; b) conhecia os meios para torná-lo menos perigoso; c) <u>preferiu poupar entre quatro e 12 dólares a mais por veículo a fazer as modificações necessárias</u>. Para tanto, os advogados valeram-se de documentos internos da própria GM, entre os quais o famoso memorando que estima que cada vida humana 'tem um valor de US$ 200 mil'. Durante anos, a GM lutou para manter o memorando fora dos tribunais, alegando que não refletia a política da corporação.

Depois de 11 semanas de julgamento, o júri concluiu que o tanque de combustíveis do carro, localizado sob o porta-malas, perto do pára-choque traseiro, era perigosamente vulnerável em colisões traseiras. E mais, que <u>o tanque havia sido colocado lá pela GM</u> para economizar custos. O juiz responsável pelo caso escreveu: 'Este tribunal concluiu que evidências claras e convincentes demonstraram que <u>o tanque de combustíveis foi colocado pela ré atrás do eixo dos automóveis</u> do modelo e tipo de carro em questão para maximizar lucros – em prejuízo da segurança das pessoas'.[13]

Esse relevante relato ilustra adequadamente o potencial destrutivo inerente ao arcabouço teórico da economia dominante. Este poder de destruição se concretiza através das nossas ações cotidianas por ele orientadas. Poderíamos concentrar nosso repúdio na empresa GM, como sugerem os trechos sublinhados. Porém, ela é uma ilusão jurídica, não coloca nada em lugar nenhum e não decide nada. Foram seres como nós (economistas, contadores, administradores de empresas, advogados, mecânicos, engenheiros, atuários etc.) que avaliaram a vida humana em US$ 200.000, construíram e venderam um carro perigoso, visando à maximização do valor econômico. Em outras palavras, pessoas concluíram que o lucro gerado por tal decisão superaria os consequentes ferimentos e mortes.

Ao transformar a vida em mercadoria, o pensamento econômico dominante está incentivando a devastação da Terra. A busca pelo crescimento econômico é o comportamento que legitima esta macabra manifestação social.

---

13 Grifos nossos.

Conflitos armados

Uma área do conhecimento que visasse à expansão da escassez deveria estimular os conflitos armados locais e internacionais porque eles consomem recursos, tornando-os mais escassos e gerando oportunidades de concentração de poder social para seus detentores. Em outras palavras, as guerras geram novas necessidades (armas, serviços militares, pesquisa e desenvolvimento de armamentos etc.) que permitem o surgimento de oportunidades de negócios (indústria de armamentos). Causam também a destruição de recursos econômicos (fábricas, moradias, escolas, hospitais etc.), acarretando a necessidade de reposição (indústria da reconstrução dos países vencidos). Sobre esta suposição, Vasconcellos e Garcia (2000: 12), ilustrando a relevância histórica da economia dominante, afirmam que:

> [...] Alguns importantes períodos históricos são associados a fatores econômicos, como os ciclos do ouro e da cana-de-açúcar na História do Brasil, e a Revolução Industrial, a quebra da Bolsa de Nova York (1929), a crise do petróleo etc., que alteraram profundamente a História mundial. Em última análise, as próprias guerras e revoluções têm por detrás motivações econômicas.

Esta citação confirma que a teoria econômica predominante tem nos orientado para o estímulo às guerras e revoluções, objetivando a expansão da escassez e concentração de poder social. O filme *Farenheith – 11 de setembro*, de Michael Moore, EUA, 2004, é muito didático para demonstrar a íntima relação entre a guerra e a expansão econômica predominante ao prestar esclarecimentos sobre os bastidores da invasão dos EUA no Iraque. Werlhof e Behmann (2010: 48) ratificam este entendimento da seguinte forma:

> O neoliberalismo e a guerra são duas faces da mesma moeda [...]. O livre comércio, a pirataria e a guerra são, hoje mais do que nunca, 'um trio inseparável'. A guerra não só é 'boa para a economia' [...] como também constitui sua força motriz e pode-se entendê-la como 'a continuação da economia com outros meios'. Quase que não se pode mais distinguir uma da outra [...]. Já foram iniciadas as guerras pelos 'recursos naturais' [...], especialmente por petróleo e água, como aquelas promovidas no Golfo Pérsico. O militarismo aparece novamente como o 'executor da acumulação de capital' [...], disseminando-se por todos os lugares e de maneira permanente.

Mais adiante (páginas: 142-143), os referidos autores efetuam a relevante conexão entre atitudes econômicas cotidianas das pessoas e a guerra.

> [...] A conduta do *homo economicus* talvez ainda transmita uma sensação pacificadora (o neoliberalismo chega inclusive a apresentar-se como 'garantia de paz'), porém, em

essência, essa conduta é tão 'bélica' como a 'guerra' é econômica, bem como é cínica a concepção de que o sistema econômico praticado pelo 'indivíduo' econômico está a serviço do bem-estar comum [...].

Pelo exposto, nossa busca pelo crescimento econômico (pessoal, familiar, local e global) influencia quase todos nossos comportamentos e estes, por sua vez, fomentam conflitos armados, ainda que tenhamos a ilusão de que somos favoráveis à paz. Armando de Melo Lisboa, na obra organizada por Cattani (2003: 188), também oferece uma contribuição muito importante sobre este tópico. Segundo ele:

> De uma forma incrível, o capitalismo, apesar de ser a mais ampla manifestação do processo civilizatório da modernidade urbana-industrial, macabramente se fortalece e se reproduz com a guerra, as catástrofes ambientais e a fome. Cada vez mais o capital apropria-se de um modo autodestrutivo tanto da força de trabalho quanto da natureza, de forma que hoje a reprodução ampliada do capital é degenerativa. Este caráter tétrico e vampiresco de um capitalismo que se robustece com a decomposição da vida agrava os nossos dilemas. <u>Paradoxalmente</u>, vivemos uma grave crise civilizacional conjugada com uma simultânea 'prosperidade' capitalista, confusão que torna mais trágica a encruzilhada civilizatória em que nos encontramos, pois, diante da maior abundância material da história, fica difícil perceber a profundidade das dores e impasses contemporâneos.[14]

Apesar da análise efetuada se restringir ao capitalismo, este texto contribui para a ratificação de que a economia dominante se robustece com os conflitos armados, catástrofes e fome, todos eventos fomentadores da escassez e da concentração de poder social. Sublinhamos a palavra "paradoxalmente" porque o referido autor desconsiderou a argumentação apresentada nos tópicos anteriores. Se ignoramos o paradigma da escassez, base histórica também das experiências socialistas, o sucesso da economia dominante (inédita disponibilidade de bens econômicos) convivendo com a miséria generalizada pode parecer um resultado paradoxal. Quando integramos que a economia dominante estimula a escassez e a concentração de poder social, esse resultado se torna lógico, coerente e inexorável.

Tal compreensão é de fundamental relevância para todos que estão empenhados na reversão do quadro dramático que experimentamos, como parece ser o caso dos autores da obra citada. Se isso for negligenciado, o risco de frustração com as alternativas à teoria econômica predominante tende a aumentar. As palavras de Schumacher (1983: 27) reforçam esse entendimento da seguinte forma:

---

14 Grifo nosso.

> [...] os alicerces da paz não podem ser assentados pela prosperidade universal, na acepção moderna [crescimento econômico], porque tal prosperidade, se de fato for alcançável, só o será cultivando impulsos tais da natureza humana como a cobiça e inveja, os quais destroem a inteligência, felicidade, serenidade e, por conseguinte, o espírito pacífico do homem. Bem podia ser que as pessoas ricas prezassem a paz mais intensamente que as pobres, mas só se elas se sentissem absolutamente seguras – e esta é uma contradição em termos. A riqueza delas depende de fazerem exigências exorbitantes aos limitados recursos do mundo e, assim, isso coloca-as numa inevitável rota de colisão – não primordialmente com os pobres (que são fracos e indefesos) mas com outras pessoas ricas.

Esta citação demonstra claramente que a doutrina econômica dominante estimula conflitos. O mais provável é que nunca alcançaremos a paz local e global enquanto nos orientarmos por esse arcabouço teórico, qualquer que seja a sua abordagem – capitalista, socialista, neossocialista, bem-estar e desenvolvimento sustentável. Paz e escassez costumam seguir direções opostas. Sobre esse assunto, Dalai Lama (2000: 227), ao propor o desarmamento mundial, faz o seguinte comentário:

> Tendo isso em mente [armas não atiram sozinhas, fornos como o Auschwitz são construídos com a participação de engenheiros, arquitetos, pedreiros, ou seja, nós], todas as pessoas que realizam este tipo de trabalho [na indústria de armamentos] fariam bem em refletir sobre seu envolvimento [nas barbaridades que as guerras provocam]. Sem dúvida, elas sofreriam se sua renúncia fosse unilateral. Sem dúvida, também, as economias dos fabricantes de armas sofreriam se essas indústrias fossem fechadas. Mas será que não valeria a pena pagar o preço? Além disso, aparentemente existem muitos casos no mundo de companhias que deixaram de fabricar armas para produzir outros tipos de produtos. Temos também o exemplo de um país desmilitarizado, que é interessante analisar comparando-o com seus vizinhos: a Costa Rica, que se desarmou em 1949, com enormes benefícios em termos de padrão de vida, saúde e educação.

Esta citação é importante porque:

a) destaca que as guerras não seriam possíveis sem a participação de seres humanos como nós (engenheiros, arquitetos, torneiros mecânicos, pesquisadores, soldados, pedreiros etc.), enfatizando a dimensão universal das nossas ações cotidianas;
b) sugere que a argumentação econômica dominante dificulta as iniciativas pacíficas, pois estas prejudicam a indústria de armamentos e outras; e
c) apresenta um caso concreto de reorientação do foco (extinção das forças armadas nacionais e aplicação de recursos em saúde e educação) que talvez possa servir de exemplo para as pessoas.

É evidente que só a extinção das forças armadas não garante a experiência da abundância. Ela representa uma contribuição efetiva porque poupa recursos escassos (trabalho, imóveis, energia, combustíveis etc.), tornando-os mais acessíveis. Seria relevante, todavia, a integração de uma visão de mundo diferente da dominante para atribuir sentido aos comportamentos cotidianos. Isso significa que todos nós deveríamos fazer um inventário interior para a identificação das nossas atitudes diárias que fomentam os conflitos locais (internos, familiares, profissionais, religiosos etc.) e globais (poluição, desigualdade etc.), bem como envidar esforços para evitá-los. O capítulo sobre Estado, mais adiante, ilustra como realizar esta gratificante tarefa.

Degradação da coesão social

A coesão social é um dos mais preciosos bens livres. Vários benefícios são auferidos sem a necessidade de dinheiro, quando ela é efetiva. Talvez o mais significativo deles seja a proteção contra a violência, tema cada vez mais relevante para as pessoas. Um vizinho com estreitos laços de amizade pode, por exemplo, inibir ações de indivíduos que pretendam sequestrar ou roubar pessoas, furtar ou degradar residências, automóveis etc. O vertiginoso aumento do setor econômico dos serviços de segurança parece ser um indicador de que esse valioso bem livre está em intenso processo de degradação. Muitos tentam substituir a boa vizinhança por porteiros (eletrônicos ou humanos), guarda-costas, circuito interno de TV, cercas eletrificadas, alarmes etc. Estes comportamentos tentam aplacar artificialmente os temores provenientes do nosso estilo de vida egoísta e são computados como crescimento econômico.

Embora a inibição da violência seja um dos mais significativos serviços prestados pela coesão social, muitos outros benefícios podem ser auferidos através deste bem livre. Um exemplo interessante é o que ocorre na aldeia portuguesa de Alhões. Os moradores possuem alguns animais (bovinos, ovinos etc.) que devem ser levados para alimentação num pasto próximo. Além de conduzir os animais, é necessário permanecer no local por várias horas antes de trazê-los de volta. A boa convivência entre os vizinhos permite a organização de um revezamento entre os proprietários dos animais para dispensar que todos realizem esta tarefa diariamente, liberando várias horas semanais para outras atividades.

Tomamos conhecimento também de vizinhos que se reuniram para preparar refeição diária (com direito a entrada, prato principal e sobremesa) para uma jovem recém-chegada na localidade e que havia sido mãe pela primeira vez. Isso aconteceu na Carolina do Norte, EUA. Mais do que dispensar o uso de dinheiro, estas experiências parecem preencher nossa vida de sentido, ingrediente importante na manutenção da nossa saúde física, mental e psicológica.

Vários exemplos como estes são viáveis em comunidades onde as pessoas são unidas. Transportes solidários (alunos para escolas, trabalhadores para empregos etc.), compras coletivas, cuidados de recém-nascidos, idosos e animais domésticos, preparo de refeições e limpezas domésticas são apenas alguns exemplos de benefícios gratuitos (ou quase) que a coesão social pode proporcionar. Como diria o poeta: "um mais um é sempre mais que dois".

A argumentação fornecida sobre a teoria econômica predominante sugeriria que a busca pelo crescimento econômico deveria inibir a coesão social. Isso porque ela proporciona importantes bens livres que dispensam os econômicos, prejudicando os indicadores de desempenho. Esta sugestão é confirmada por Werlhof e Behmann (2010: 55-56) da seguinte forma:

> [...] os elementos – ar, água, terra e fogo (energia) – são cada vez mais transformados em mercadorias, processo que atingiu extremos impensáveis em várias partes do mundo. Lucros são buscados nas necessidades de respirar, beber, levantar-se, caminhar ou mover-se [...]. Na Nicarágua, por exemplo, já existem planos para a privatização da água que incluem multas de até 10 salários para aqueles que proporcionem um balde de água para um vizinho incapaz de custear seu próprio suprimento [...].[15]

Como diria Tolstói: "quanto pior, melhor". Até a solidariedade entre vizinhos pode ser enquadrada como crime quando nos orientamos pela teoria econômica predominante. Tais evidências reforçam a propriedade do sentimento de ceticismo em relação ao crescimento econômico.

Ações sensatas apesar das bússolas inadequadas

Existem várias ações sensatas e desvinculadas do paradigma da escassez sendo implementadas ao redor do mundo. Elas enfrentam, todavia, a tarefa de transcender os ilusórios argumentos oriundos da economia dominante. Algumas delas são mencionadas por Maude Barlow, também líder canadense da luta pela consciência do uso da água doce, no trabalho de Diniz (2003: 11). Segundo ela:

> A Coca-Cola está retirando tanta água do subsolo da Índia que os agricultores estão sem água para molhar suas plantações. Estudantes estão fazendo protestos nas universidades, boicotando o refrigerante a fim de pressionar a multinacional a interromper a exploração gananciosa. Em Michigan, a Nestlé está enfrentando uma pendência jurídica por estar retirando tanta água do subsolo que daria para alimentar os Grandes Lagos localizados entre o Canadá e Estados Unidos.

Esta citação confirma que existem atitudes contrárias à insensatez incentivada pelo arcabouço teórico da economia dominante. Muitas delas, entretanto, são

---

15 Tradução livre.

taxadas de antiprogressistas porque afetam negativamente os indicadores econômicos que monitoram o crescimento econômico (isto é, aumento da escassez e da concentração de poder social). Este entendimento fica evidente nas palavras de Henderson (2003: 11-12), reproduzidas a seguir:

> Para mim, a batalha [de paradigmas de economia e desenvolvimento] teve início nos anos 60, quando ajudei a fundar um grupo cívico na poluída cidade de Nova York, chamado 'Cidadãos pelo Ar Puro' (Citizens for Clean Air). A maioria, composta por jovens mães como eu, estava preocupada com a saúde de nossos filhos, o aumento da asma, o chumbo tóxico presente nas emanações da gasolina e de tintas, a incineração de lixo em milhares de incineradores existentes em apartamentos residenciais, a fumaça das fábricas e instalações de geração de energia, o asbesto na construção – bem como o congestionamento do tráfego, a poluição e o ruído nos aeroportos. Persuadimos os veículos noticiosos e o governo da cidade a divulgarem um índice diário de poluição em todas as previsões de tempo. Tínhamos lideranças de bairro nos cinco subdistritos da cidade de Nova York, e nos tornamos bastante famosas após persuadir uma agência de publicidade conhecida do público, a Carl Ally, Inc., a nos ajudar a veicular anúncios de utilidade pública em toda a mídia de Nova York. Após sacos de correspondência e pequenas doações da população, e muitas cartas de 'ódio' dizendo que nossa campanha abalaria a economia de Nova York, muitos profissionais de relações públicas corporativas me desafiaram. Disseram-me que eu não entendia de economia e que as propostas do Cidadãos pelo Ar Puro (visando fazer cumprir as leis sobre poluição, banir o asbesto, eliminar o chumbo da gasolina e da tinta, aumentar a eficiência dos combustíveis dos veículos, reprojetar a cidade com o maior número de vias para pedestres e transporte público, e eventualmente substituir os combustíveis fósseis por energia e recursos renováveis) eram irrealistas e antieconômicas.

Além da relevante receita de como agir em favor da nossa qualidade de vida, esta citação é uma importante evidência de que o arcabouço teórico da economia dominante inibe as iniciativas comprometidas com o nosso bem-estar. Como foi amplamente difundida a falácia de que os indicadores econômicos ordinários medem apropriadamente a prosperidade da sociedade, torna-se fácil associar as citadas iniciativas amorosas, comunitárias e solidárias à inibição da prosperidade social, logo, condenáveis. Françoise Wautiez, Claudia Lucia Bisaggio Soares e Arnaldo de Melo Lisboa, na obra organizada por Cattani (2003: 177-183), criticam o Produto Interno Bruto (PIB) e vários outros indicadores. Na página 178 da referida obra, eles afirmam que o PIB:

- incentiva comportamentos pouco cívicos e/ou morais, já que destruições ambientais, humanas e sociais são contabilizadas como contribuições para a riqueza;

- desestimula os comportamentos de prevenção ou de reparação 'não-remunerados' (limpeza de praias contaminadas, por exemplo) dessas destruições;
- incentiva comportamentos imediatistas, tanto por parte dos responsáveis políticos como dos empresários, já que reduz o horizonte temporal do acompanhamento ao do ano;
- desestimula todo tipo de comportamento e atividade econômica solidária de produção e reprodução, geradoras de um bem-estar associado à satisfação de necessidades materiais e imateriais; e
- transforma os empresários nos únicos agentes econômicos válidos, já que neste esquema são os únicos 'geradores de riqueza'.

Esta citação indica que as bússolas que usamos para orientar nossos comportamentos, julgamentos e decisões (indicadores econômicos baseados na escassez) estão nos direcionando para o agravamento dos problemas sociais e ambientais. Orientados por eles, mesmo não os conhecendo bem, nós nos tornamos agentes de destruição das relações sociais e da natureza, prejudicando nosso bem-estar. Para mudarmos esta situação seria fundamental facilitar as iniciativas desvinculadas da orientação fornecida pela economia dominante, mais especificamente, desprezar o entendimento de que o crescimento econômico é desejável.

(Des)Encaminhamentos para os dilemas contemporâneos

Os esclarecimentos prestados sobre o mecanismo engendrado pela teoria econômica predominante para nos orientar para a busca pelo poder social, através do incentivo à expansão da escassez (seu paradigma), justificam a inédita intensidade da desigualdade experimentada pela humanidade coexistindo com uma também inédita disponibilidade de bens econômicos. Supomos que os impasses com que alguns críticos da economia dominante se depararam são decorrentes da falta de percepção das conexões aqui destacadas. Werlhof e Behmann (2010: 7) sintetizam esta argumentação da seguinte forma: "[...] o desenvolvimento não elimina o subdesenvolvimento, pelo contrário, ele o gera."[16]

Consideramos esta percepção fulcral porque desloca as opções de encaminhamentos para os graves dilemas humanos contemporâneos para outro conjunto de possibilidades. As soluções que geralmente têm sido propostas podem ser caracterizadas como "crescimento econômico adjetivado", ou seja, crescimento econômico sustentável, seletivo, verde, nulo, negativo, de emissão zero, justo entre Norte e Sul etc. Em outras palavras, a maioria das propostas ainda está vinculada ao comportamento da economia baseada na escassez, orientada por um significado de riqueza gerador de degradação social e ambiental. Isso nos parece inadequado.

---

16 Tradução livre.

Sobre esse assunto, participamos de um debate interessante num grupo da internet sobre Decrescimento.[17] Um dos integrantes compartilhou uma questão sobre o melhor título (em espanhol) para o movimento: *"Decrescimiento"* ou *"Descrescimiento"*. O primeiro estimularia as formas de reduzir a economia que praticamos atualmente. Por exemplo, Abramovay (2012: 27) cita o modelo elaborado por Peter Victor para o Canadá que propõe o declínio da economia desse país por uma década e posterior estabilização. Já o segundo, trilhando outra direção, estimularia diferentes perspectivas de apreensão do fenômeno econômico, desvinculadas da teoria econômica predominante. O conteúdo da presente obra se harmoniza com este último entendimento, ou seja, sugere o abandono da visão que vivifica o pensamento econômico dominante, o paradigma da escassez, a busca pelo poder social (competição), bem como as suas métricas.

Com o intuito de ilustrar a argumentação apresentada, notadamente a incapacidade da teoria econômica predominante de lidar com a desigualdade e a degradação ambiental, analisamos, no próximo tópico, a abordagem que parece ter angariado as maiores esperanças na atualidade, ou seja, o desenvolvimento sustentável.

Desenvolvimento sustentável

O escopo da economia dominante incapacita sua teoria para a formulação de soluções adequadas para o dilema ambiental que experimentamos, conforme esclarecido antes. Os instrumentos indispensáveis para a análise dos serviços ambientais estão indisponíveis, uma vez que eles são bens livres e, por conseguinte, invisíveis para seu arcabouço conceitual. Externalidades, suposição de inexistência do serviço ambiental para estimar o valor de um serviço econômico equivalente e outras tentativas de inclusão da questão ambiental nas análises econômicas geralmente acarretam a expansão da escassez (restrições ao acesso aos bens livres através da criação de tributos, aumentos de preços dos bens econômicos cujos fornecimentos acarretam a degradação dos bens livres valorizados artificialmente etc.). Esta consideração gera ceticismo em relação à maioria das ações amparadas pela abordagem do desenvolvimento sustentável. Não poderia ser diferente porque sua base tem sido a teoria econômica predominante, a escassez, a concentração de poder social.

Ilustrativamente, Morcillo e Troster (1994: 7) destacam o ar que respiramos como exemplo de bem livre. O ar respirável ainda é abundante e impossível de ser inteiramente apropriado. Devido a estas características, ele é desprezado pela economia dominante. Assim, o gestor de uma indústria, geralmente avaliado pelo valor econômico gerado, resiste em colocar um filtro na chaminé e diminuir a emissão de metais pesados porque estaria consumindo um bem econômico (dinheiro) para poupar um bem livre (ar) que não aumenta o valor econômico do

---
17 Grupo Decrescimento, no Yahoo Grupos Brasil.

negócio. Isso seria ilógico para o pensamento econômico dominante, apesar de melhorar a qualidade de vida coletiva.

Considerando a abordagem do desenvolvimento sustentável, o mesmo gestor poderia instalar o filtro, desde que essa decisão acarretasse a melhoria da imagem da empresa, acesso a financiamento subsidiado, acesso a mercados lucrativos exigentes, elevasse o valor de mercado da ação ou qualquer outro tipo de benefício econômico para o empreendimento. Isso fica evidente nas seguintes palavras de Srour (2000: 198):

> Em 1998, o Conselho Empresarial Mundial para o Desenvolvimento Sustentável (WBCSD) lançou na Holanda as bases para o conceito de Responsabilidade Social Corporativa, entendendo com isso o comprometimento permanente dos empresários com comportamentos éticos e com o desenvolvimento econômico. A saber: melhorar a qualidade de vida dos empregados e de suas famílias, bem como da comunidade local e da sociedade como um todo. Em termos práticos, o investimento em responsabilidade social significa uma espécie de 'seguro' contra o impacto de acusações de injustiça social e ambiental, que normalmente levam ao boicote de consumidores, à perda de apoio dos empregados, a gastos extras com o passivo ambiental, à dificuldade para obtenção de empréstimos e a desvio de foco gerencial. Isso implica gerir a imagem e a reputação da empresa – fatores essenciais para a sobrevivência empresarial. Pois a credibilidade é, num mundo globalizado, uma importante vantagem ou um diferencial competitivo.

Esta citação evidencia o estreito vínculo do desenvolvimento sustentável com a perspectiva dominante (competição) e que a "ação responsável" do empresariado é indispensável para a superação de importantes controles sociais que restringem a busca pelo poder econômico. A contribuição para a melhoria da qualidade de vida coletiva é apenas um meio para angariar benefícios econômicos. A verdadeira finalidade é a concentração de poder social. Soffiati (1995: 22) faz um interessante relato histórico sobre esse uso espúrio da abordagem do desenvolvimento sustentável. Segundo ele:

> [...] Para os fundamentalistas, o período entre a criação da Associação Gaúcha de Proteção ao Ambiente Natural – Agapan, em 1971, e a publicação de Nosso futuro comum, em 1987, fora ao mesmo tempo difícil e fácil. Difícil porque, grupo minoritário, coube-nos não apenas a tarefa de criticar os estilos convencionais de desenvolvimento como também a de formular uma proposta alternativa de civilização em meio ao fogo cruzado dos exponencialistas e dos compatibilistas, fossem eles crentes ou ateus, capitalistas ou socialistas. Fácil porque tínhamos diante de nós uma fotografia em preto e branco que nos permitia identificar com clareza o inimigo. Na segunda metade dos anos 80, a fotografia tornou-se colorida, com adversários do movimento ecologista adotando discursos escamoteadores.

A questão não era apenas nossa. Outros atores entravam em cena com propostas novas para a crise. Entre elas, a que ganhou mais destaque foi a do desenvolvimento sustentável. De origem social-democrata, o conceito de desenvolvimento sustentável foi rapidamente adotado pelos liberais e tornou-se uma grande panaceia, ao mesmo tempo em que era esvaziado do seu sentido primordial. Acabou por confundir-se com a proposta do compatibilismo e adornar os hábeis e enganosos discursos dos exponencialistas. Grandes desmatadores, poluidores e especuladores passaram a se intitular desenvolvimento-sustentabilistas, soterrando o conceito de ecodesenvolvimento.

O histórico apresentado se harmoniza com a argumentação de que as atitudes amparadas pelo conceito de desenvolvimento sustentável têm reforçado o mantra macabro da generalização da escassez. As palavras de Cohen (2003: 37), transcritas a seguir, confirmam que parte significativa do discurso sobre responsabilidade social corporativa não passa de propaganda institucional.

> 'A evolução do discurso [sobre a responsabilidade social das corporações] é um problema', diz a socióloga Rosa Maria Fisher, professora da Faculdade de Economia e Administração da USP. 'Se, de um lado, propiciou que as empresas acordassem, de outro criou uma cortina de fumaça que dificulta enxergar a prática real da responsabilidade'. Segundo Cecília Arruda, coordenadora do Centro de Estudos de Ética nas Organizações, da Fundação Getúlio Vargas de São Paulo, existe hoje um discurso que impinge a ética como mercadoria. 'Ações de responsabilidade social vêm sendo usadas como esforço de propaganda, e as verbas normalmente saem do departamento de marketing', diz Cecília. O problema não está, é claro, nas ações sociais [...]. O problema surge quando se confundem essas ações, geralmente externas e marginais ao negócio, com o que é o cerne da atitude ética: o modo de enfrentar os dilemas cotidianos.
>
> Sentindo a crescente pressão da sociedade, a maioria das empresas quer hoje passar uma imagem de 'boa cidadã corporativa'. Há uma maneira fácil e uma maneira difícil de fazer isso. Infelizmente, a correta não é a fácil. 'Muita gente liga para cá e pergunta quanto custa um código de ética', diz Cecília. 'Como se fosse só pagar.' [...].

Esta citação evidencia que conceitos relevantes (ética empresarial, responsabilidade social corporativa, sustentação da vida na Terra etc.) estão sendo apropriados pela economia predominante e subordinados ao todo-poderoso conceito da escassez. Uma interpretação atenta das palavras de Cohen (2003: 35) também estende esse ceticismo às empresas de certificação de comportamento corporativo ético. Segundo ele:

> Em 2000, foi criada a Social Accountability International (SAI), para implementar o selo AS 8000, que certifica a conduta ética das empresas em relação aos trabalhadores e

> o respeito aos direitos humanos, nos moldes da ISO 9000 e da ISO 14000. Outra organização, a AccountAbility, com sede no Reino Unido, lançou há dois meses seu certificado de comportamento ético, o AA 1000 (a primeira empresa brasileira a credenciar-se foi a Souza Cruz, subsidiária da British American Tobacco, BAT).

Esta citação informa que uma certificadora internacional de comportamento ético concedeu seu certificado para uma empresa da indústria do fumo. Esta explora um vício que flagela e leva cinco milhões de pessoas ao óbito a cada ano. Cabe perguntar: como uma empresa cuja finalidade flagela a humanidade pode ser certificada como empresa ética ou cidadã? A provável resposta é que os critérios de certificação são amparados pela teoria econômica predominante que é incapaz de lidar adequadamente com os problemas sociais e ambientais que enfrentamos, mesmo na sua versão denominada de desenvolvimento sustentável.

Consideramos, portanto, que essas iniciativas podem representar um passo para a melhoria da prática cotidiana das pessoas, porém, ainda são mais harmônicas com as causas do que com as soluções dos problemas que enfrentamos. Grave é que elas têm intensificado a destruição socioambiental através de uma charmosa máscara de responsabilidade socioambiental. Cabe-nos prestar qualificada atenção aos nossos comportamentos cotidianos com o objetivo de evitar a participação nesta falácia que coloca em risco a vida humana na Terra.

Teoria econômica predominante – uma síntese

Respondendo a primeira questão orientadora desta obra, formulada no capítulo introdutório, a teoria econômica predominante (reunião de todas as abordagens econômicas baseadas na escassez) agrava os problemas sociais e ambientais da humanidade porque estimula a expansão da escassez, visando à concentração de poder social. Seu potencial destrutivo se concretiza através da transformação de cada indivíduo orientado para o crescimento econômico num agente de destruição das relações sociais e do meio ambiente, prejudicando o bem-estar coletivo. Isso gera muitas das injustiças verificadas na Terra. Devido a essa característica ela pode ser considerada desumana e criminosa. Sobre esse aspecto, Capra (2002a: 217) apresenta uma adequada síntese, transcrita a seguir:

> À medida que entramos neste novo século, vai ficando cada vez mais evidente que o neoliberal 'acordo de Washington' e as políticas e regras econômicas estabelecidas pelo Grupo dos Sete e suas instituições financeiras – Banco Mundial, o FMI e a OMC – estão desencaminhadas. As análises de estudiosos e líderes comunitários citados no decorrer deste livro deixam claro que a 'nova economia' está gerando um sem-número de consequências danosas e relacionadas entre si – um aumento da desigualdade e da exclusão social, um colapso da democracia, uma deterioração mais rápida e extensa do ambiente

natural e uma pobreza e alienação cada vez maiores. O novo capitalismo global criou também uma economia criminosa de amplitude internacional que afeta profundamente a economia e a política nacional e internacional dos diversos países. O mesmo capitalismo põe em risco e destrói inúmeras comunidades locais pelo mundo inteiro; e, no exercício de uma biotecnologia mal-pensada, violou o caráter sagrado da vida e procurou transformar a diversidade em monocultura, a ecologia em engenharia e a própria vida numa mercadoria.

Apesar da síntese perspicaz, consideramos importante efetuar um complemento. O texto citado sugere que o poder destrutivo da "nova economia" é uma manifestação recente e associada ao capitalismo. A obra organizada por Cattani (2003) também segue orientação similar. Se esse entendimento se mostrasse apropriado, a humanidade deveria substituir o capitalismo por outra orientação social qualquer (socialismo, por exemplo). Todavia, o legado de desastres sociais e ambientais deixado pela experiência socialista não é desprezível. Ademais, a escravidão, uma das atividades mais desumanas que se pode imaginar, é uma prática anterior à "nova economia" e ao capitalismo. Portanto, a "nova economia" só representa o desenvolvimento mais recente de uma visão que só valoriza a concentração de poder social e, por isso, se harmoniza perfeitamente com a consciência competitiva, belicosa e dominadora que tem prevalecido na Terra há milênios (Werlhof e Behmann, 2010: 125).

Entendemos que esse aspecto é muito relevante porque experiências com as alternativas ao paradigma da escassez podem causar frustração se a consciência dominante continuar prevalecendo. O relato efetuado por Heloisa Primavera, na obra organizada por Cattani (2003: 195-197), sobre a ascensão e queda das redes de troca na Argentina (1995 até 2002), evidencia que as ações inovadoras que visam à abundância (moeda social, no caso específico) são insustentáveis quando desacompanhadas de uma mudança de mentalidade das pessoas envolvidas. Segundo a autora, a extraordinária iniciativa desenvolvida pelo povo argentino fracassou quando as várias redes que se formaram começaram a disputar a hegemonia no país, os direitos autorais sobre a ideia e o poder social.

Ao analisar a solidariedade em sociedades com menor desenvolvimento econômico, Dalai Lama (2000: 24) faz o seguinte alerta:

> É preciso cuidado, entretanto, para não idealizarmos as velhas maneiras de viver. O alto nível de cooperação que encontramos em comunidades atrasadas pode estar baseado mais em necessidade do que em boa vontade. Em geral, a cooperação aí é vista como uma alternativa a maiores privações. E o comportamento que observamos pode na verdade ter mais a ver com ignorância do que com outra coisa. Essas pessoas talvez não sejam capazes de perceber ou imaginar que seja possível existir outra maneira de viver.

Se imaginassem, é muito provável que a adotassem com grande entusiasmo. O desafio que enfrentamos é, portanto, encontrar meios de desfrutar do mesmo grau de harmonia e tranquilidade dessas comunidades mais tradicionais e, ao mesmo tempo, nos beneficiarmos integralmente dos progressos materiais do mundo desta aurora do novo milênio.

Esta citação talvez explique grande parte dos fracassos ocorridos nas experiências de abandono do paradigma econômico da escassez. Muitas delas nascem e prosperam enquanto os participantes se encontram numa situação difícil, ocasião em que não são vislumbradas oportunidades de inserção privilegiada no contexto dominante. Quando as circunstâncias adversas são atenuadas, as pessoas, ainda movidas por uma consciência competitiva e egoísta, tendem a se emancipar dos princípios solidários. Sobre essa questão, Dalai Lama (2000: 28) conclui que:

[...] Nossos problemas, tanto aqueles que enfrentamos externamente – como as guerras, os crimes e a violência – quanto os que enfrentamos internamente – nossos sofrimentos emocionais e psicológicos –, não podem ser solucionados enquanto não cuidarmos do que foi negligenciado. O descaso pela dimensão interior do homem fez com que todos os grandes movimentos dos últimos cem anos ou mais – democracia, liberalismo, socialismo – tenham deixado de produzir os benefícios que deveriam ter proporcionado ao mundo, apesar de tantas ideias maravilhosas. Uma revolução se faz necessária, com toda certeza. Mas não uma revolução política, ou econômica, ou mesmo tecnológica. Já tivemos experiências demais com todas elas durante o último século para saber que uma abordagem meramente externa não basta [...].

Esta mensagem é relevante porque muda o foco das transformações para o interior de cada indivíduo, uma revolução possível para qualquer pessoa, no momento atual. "Seja você a mudança que quer ver no mundo" é a apropriada orientação atribuída a Mahatma Gandhi. Supomos que o desafio da humanidade não se consubstancia na luta contra o capitalismo, capital internacional, grandes corporações, EUA, muçulmanos, comunistas, terroristas ou outro adversário qualquer. A história demonstra que não existe nada melhor que a visão de mundo e a economia dominantes para lutar, competir, destruir e vencer.

Consideramos, portanto, que a concretização de uma alternativa apropriada exigiria o nosso apaziguamento interno, a plenitude, a cooperação, a "não violência", o desapego e a virtude (constante nos princípios das religiões). É imprescindível uma nova consciência para materializar esses ideais. Tal entendimento respalda o título da presente obra: *Economia, Consciência e Abundância*. O desafio é imenso, porém, ao alcance de todos: o indivíduo em busca do autoconhecimento e resgate do seu poder pessoal indevidamente delegado para outros que usam ilusões para concentrar poder social (empresas, partidos políticos, governos, dentre muitas outras instituições). Através do seu exemplo de vida, ele se tornaria um multiplicador dessa nova visão de mundo construtiva. Num suposto novo contexto, a consciência emergente demandaria uma orientação diferente da predominante para satisfazer as suas necessidades. Esta possibilidade fundamenta o arcabouço teórico divulgado adiante.

Esperamos que o primeiro objetivo desta obra tenha sido adequadamente cumprido, isto é, o esclarecimento sobre a perversidade inerente à teoria econômica predominante. Recomendamos a leitura da *Carta escrita em 2070*.[18] Ela descreve o cenário que poderá ser amplamente generalizado se continuarmos com nossos atuais comportamentos. Nosso segundo e último objetivo (divulgação de um arcabouço teórico alternativo ao predominante) será desenvolvido nos capítulos subsequentes.

---

18 http://www.hpbysandra.com.br/a_carta_de_2070.html.

3. Consciência emergente

> *"Eu vejo um novo começo de era*
> *De gente fina, elegante e sincera*
> *Com habilidade para dizer mais sim*
> *Do que não."*
> Lulu Santos

> *"Somos nós que alimentamos a Alma do Mundo, e a terra onde vivemos será melhor ou pior, se formos melhores ou piores. Aí é que entra a força do Amor, porque quando amamos, sempre desejamos ser melhores do que somos."*
> Paulo Coelho[19]

> *"No meio da confusão caótica da nossa época, está nascendo um novo ser humano, mulher e homem, mais equilibrado e mais capacitado para compreender e enfrentar os desafios da grande transformação que, como tudo indica, já se iniciou. Ele é a primeira pessoa a perguntar o que significa essa desordem e a se preocupar em encontrar respostas e soluções."*
> Pierre Weil[20]

Este capítulo tem o objetivo de reunir indícios sobre o surgimento de uma nova consciência humana na Terra, bem como identificar as suas principais características.

A teoria econômica predominante, baseada e incentivadora da escassez, tem servido à consciência competitiva, egoísta, dominadora e agressiva, conforme visto no capítulo anterior. Ela foi imposta por poucos através de violência e sacrifícios. Gostaríamos que nossa proposta seguisse um caminho diferente, isto é, que ela

---

19 Coelho (1998: 24)
20 Weil (2003: 9).

viesse para atender aos anseios das pessoas. Para tanto, seria necessário identificar as principais características dos seus usuários potenciais – a *Consciência Emergente*. Isso só faria sentido se os indivíduos estivessem dispostos a implementar um estilo de vida diferente daquele que prevalece atualmente, ou seja, cooperativo, participativo, solidário, acolhedor e pacífico. Cabe, então, a seguinte pergunta: estaria surgindo uma nova consciência humana na Terra? Sobre a possibilidade de uma mudança radical no comportamento da humanidade, Capra (2005: 30-31) afirma que:

> A análise de Sorokin sugere, de modo sumamente convincente, que a crise que estamos hoje enfrentando não é uma crise qualquer, mas uma grande fase de transição, como as que ocorreram em ciclos anteriores da história humana. Essas profundas transformações culturais não ocorrem com muita frequência. Segundo Lewis Mumford, podem ter sido menos de meia dúzia em toda a história da civilização ocidental, entre elas, o surgimento da civilização com o advento da agricultura no começo do Neolítico, a ascensão do cristianismo na época da queda do Império Romano e a transição da Idade Média para a Idade Científica.
>
> A transformação que estamos vivenciando agora poderá muito bem ser mais dramática do que qualquer das precedentes, porque o ritmo da mudança é mais célere do que no passado, porque as mudanças são mais amplas, envolvendo o globo inteiro, e porque várias transições importantes estão coincidindo. As recorrências rítmicas e os padrões de ascensão e declínio que parecem dominar a evolução cultural humana conspiraram, de algum modo, para atingir ao mesmo tempo seus respectivos pontos de inversão. O declínio do patriarcado, o final da era do combustível fóssil e a mudança de paradigma que ocorre no crepúsculo da cultura sensualista, tudo está contribuindo para o mesmo processo global. A crise atual, portanto, não é apenas uma crise de indivíduos, governos ou instituições sociais; é uma transição de dimensões planetárias. Como indivíduos, como sociedade, como civilização e como ecossistema planetário, estamos chegando a um momento decisivo.
>
> Transformações culturais dessa magnitude e profundidade não podem ser evitadas. Não devem ser detidas mas, pelo contrário, bem recebidas, pois são a única saída para que se evitem a angústia, o colapso e a mumificação. Necessitamos, a fim de nos prepararmos para a grande transição em que estamos prestes a ingressar, de um profundo reexame das principais premissas e valores de nossa cultura, de uma rejeição daqueles modelos conceituais que duraram mais do que sua utilidade justificava, e de um novo reconhecimento de alguns dos valores descartados em períodos anteriores de nossa história cultural. Uma tão profunda e completa mudança na mentalidade da cultura ocidental deve ser naturalmente acompanhada de uma igualmente profunda alteração nas relações sociais e forma de organização social – transformações que vão muito além das medidas superficiais de reajustamento econômico e político que estão sendo consideradas pelos líderes políticos de hoje.

Esta citação destaca que estamos vivendo uma transição muito significativa, comparável às rupturas entre as eras da história da civilização ocidental. Ela prescreve um profundo reexame das principais premissas e valores de nossa cultura, bem como a rejeição daqueles modelos conceituais que não nos servem mais. Isso parece se harmonizar com a argumentação sobre o caráter destrutivo da teoria econômica predominante efetuada no capítulo anterior. Supomos que se harmoniza também com o processo de tomada de consciência das nossas ações cotidianas. Este comportamento aparentemente insignificante poderia esclarecer a forma pela qual delegamos nosso poder pessoal para governos, empresas, profissões, instituições religiosas, de ensino e pesquisa etc. Em outras palavras, seria o movimento de "desconcentração" de poder social através da superação do medo pelo amor. Talvez esta alteração de visão de mundo seja capaz de produzir a revolução comportamental descrita. Sobre essa hipotética Nova Era, a obra organizada por Cave e Hicks (1994: 145) contém os seguintes esclarecimentos:

> Em novembro de 1967, o elenco americano da peça Hair proclamou a 'aurora da Era de Aquário'. O exuberante bando de hippies cantou uma época de entendimento universal, paz e felicidade e os astrólogos em geral concordam com essa avaliação do futuro. Alegam que a nova era introduzirá níveis nunca sonhados de entendimento e cooperação entre as pessoas – e talvez até mesmo o fim das guerras. Uma nova espiritualidade tomará conta da humanidade, diz a teoria, e haverá um aumento do respeito pelos fenômenos psíquicos e místicos.
> [...]
> A Era de Aquário substitui a Era de Peixes, que começou mais ou menos no tempo de Cristo e da qual, com frequência, fala-se em termos cristãos. Um astrólogo classifica Peixes como 'uma era de lágrimas e pesar, centrada na morte de Cristo'. As diferenças entre as eras pisciana e aquariana não podiam ser mais pronunciadas – aquela, uma época de conformidade, em grande parte estática, passiva e um tanto complacente; esta, um período anticonvencional e de iniciativa individual, de natureza generosa, ativa e expansiva.
> Embora os astrólogos concordem quanto ao caráter das duas eras, podem discordar sobre qual das duas prevalece no momento. Uma era astrológica, que dura cerca de 2.160 anos, é definida pela constelação na qual o Sol aparece no equinócio da primavera [...]. Todavia os astrólogos não estão de acordo acerca de onde começa e termina cada uma das doze constelações do zodíaco. Enquanto alguns insistem que o Sol se deslocou para a constelação de Aquário já em 1904, outros alegam que a nova era apenas surgirá quando o século XXIV estiver bem avançado.

Desta citação destacamos a possibilidade do surgimento de uma nova era de estímulo às virtudes (solidariedade, cooperação, participação ativa, iniciativa individual generosa, espiritualidade, entendimento etc.). A confusão sobre o efetivo início da Era de Aquário parece refletir o contexto transitório que vivemos.

Experiências associadas às duas eras (Peixes e Aquário) são observadas em todos os lugares. Embora essa mudança de visão de mundo seja desejada por muitos, praticá-la no cotidiano não é uma tarefa trivial. As palavras do Dalai Lama (2000: 193), cuja vida foi dedicada ao desenvolvimento das faculdades espirituais, expressam adequadamente essa dificuldade. Elas são as seguintes:

> [...] Na verdade, preciso ir ainda mais longe nessa questão [níveis de compromisso com a visão de mundo emergente]. É verdade que possuo muitos relógios de pulso valiosos. E mesmo sabendo que se os vendesse talvez pudesse construir algumas casas simples para os pobres, até agora não o fiz. Da mesma maneira, estou certo de que, se seguisse uma dieta rigorosamente vegetariana, não só estaria dando bom exemplo como ajudaria a salvar a vida de animais inocentes. Até agora não o fiz e, portanto, tenho de admitir que existe uma discrepância entre meus princípios e a minha prática em algumas áreas. Ao mesmo tempo, não acredito que todos possam ou devam ser como o Mahatma Gandhi e passem a viver como camponeses pobres. Uma dedicação assim é maravilhosa e deve ser grandemente admirada. Mas o lema é: 'Tanto quanto pudermos' – sem chegar a extremos.

Esta citação indica a dificuldade de toda a humanidade agir exclusivamente de forma coerente com a visão de mundo emergente. Todavia podemos implementar uma política individual de busca ativa de integração entre os princípios da nova consciência e as nossas ações cotidianas. Essa atitude pode realizar grandes transformações pessoais e sociais. Sobre a conexão entre política individual e transformações sociais, D'Angelo (2015: 208-209) faz o seguinte comentário:

> [...] A despeito do tanto que se fala das pressões coletivas em prol de determinados modelos de vida, oriundas 'da sociedade e da mídia' (para ficar em um lugar-comum), nada anula a responsabilidade do indivíduo para com a própria existência. Como bem recorda o intelectual britânico Richard Reeves [...]: 'O indivíduo está substituindo firmemente o coletivo como lugar da ação, análise e conflito político. Não que todos estejam se tornando mais egoístas, mas que o eu está se tornando mais importante como unidade política do que a classe ou o grupo. [...] Muitas das maiores batalhas em curso – por exemplo, entre trabalho e vida, saúde e obesidade, boa e má parentalidade – estão sendo travadas no *interior* dos indivíduos, e não *entre* eles' (grifos meus).
>
> Creio que, no caso específico dessas pessoas [entrevistadas porque optaram por um estilo de vida mais simples], flagrou-se um pouco desse fenômeno que, Reeves [...] completa, tem implicações políticas: 'Um maior entendimento dos processos individuais se tornarão mais importantes para os políticos também. Muitas das mudanças que os políticos querem ver promovidas – saúde melhor, vida familiar mais estável, produtividade superior – dependem da ação individual e não da coletiva. Até o momento não há teorias políticas bem articuladas sobre o indivíduo'.

Esta citação sugere que as mudanças que desejamos para o mundo estão sendo gestadas na arena íntima das pessoas, aspecto que em absoluto deveria ser tipificado como egoísmo. Talvez seja uma derivação do lema: pensar globalmente (impactar o coletivo) e agir localmente (a partir das ações individuais). A consciência emergente, se essa argumentação procede, estaria acolhendo a responsabilidade pelos seus atos cotidianos e rejeitando a alienação subjacente à crença em mão invisível, burocracia governamental e ilusões similares. Tal atitude se caracterizaria como um desestímulo à concentração de poder social, uma vez que evitaria a delegação de poder para o ambiente externo, bem como representaria o rompimento com a visão de mundo dominante há séculos.

Este resgate do poder pessoal parece harmônico com o pensamento de Boff (1998: 26-27). Segundo ele:

> Resumidamente, três são os nós problemáticos que, urgentemente, devem ser desatados: o nó da exaustão dos recursos naturais não renováveis, o nó da suportabilidade da Terra (quanto de agressão ela pode suportar?) e o nó da injustiça social mundial.
>
> Não pretendemos detalhar tais problemas amplamente conhecidos. Apenas queremos compartilhar e reforçar a convicção de muitos, segundo a qual a solução para os referidos problemas não se encontra nos recursos da civilização vigente. Pois o eixo estruturador desta civilização reside na vontade de poder e de dominação. Assujeitar a Terra, espoliar ao máximo os seus recursos, conquistar outros povos e apropriar-se das suas riquezas, buscar a prosperidade mesmo à custa da exploração da força de trabalho e da dilapidação da natureza: eis o sonho maior que mobilizou e continua mobilizando o mundo moderno. Ora, esta vontade de poder e de dominação está levando a humanidade e a Terra a um impasse fatal. Ou mudamos ou perecemos.
>
> Temos que mudar nossa forma de pensar, de sentir, de avaliar e de agir. Somos urgidos a fazer uma revolução civilizacional. Sob outra inspiração e a partir de outros princípios mais benevolentes para com a Terra e seus filhos e filhas. Por ela os seres humanos poderão salvar-se e salvar também o seu belo e radiante planeta Terra.
>
> Mais ainda. Esposamos a ideia de que os sofrimentos atuais possuem uma significação que transcende a crise civilizacional. Eles se ordenam a algo maior. Revelam o trabalho de parto em que estamos, sinalizando o nascimento de um novo patamar de hominização. Estão surgindo os primeiros rebentos de um novo pacto social entre os povos e de uma nova aliança de paz e de cooperação com a Terra, nossa casa comum.
>
> Recusamo-nos à ideia de que os 4,5 bilhões de anos de formação da Terra tenham servido à sua destruição. As crises e os sofrimentos se ordenam a uma grande aurora. Ninguém poderá detê-la. De uma época de mudança passamos à mudança de época. Estamos deixando para trás um paradigma que plasmou a história nos últimos quinze mil anos.

Esta citação parece aquilatar adequadamente a amplitude das mudanças comportamentais que são necessárias para incentivar a sustentação da vida na Terra. Conforme as palavras de Dalai Lama (2000: 28), citadas no capítulo anterior, esta é uma tarefa muito mais significativa do que derrotar o capitalismo, a "nova economia", o comunismo, um determinado país ou outro adversário externo qualquer. Trata-se de uma mudança de postura em relação à vida, privilegiando-se os aspectos que proporcionam plenitude ao ser (tranquilidade, compaixão, contemplação, solidariedade, acolhimento, entre outras), em detrimento da busca pelo poder social. Segundo o citado autor (Boff), já existem muitas pessoas orientadas por esse novo norte e que acreditam que a sua extensão para toda a humanidade é inexorável.

Capra (2002a: 272), todavia, entende que o surgimento de uma nova consciência na Terra é apenas uma possibilidade. Segundo ele, os sinais identificáveis atualmente podem ser interpretados, por um lado, como uma mudança planetária inovadora ou, por outro, como um simples colapso das estruturas existentes (perda da capacidade de sustentação da vida). Ao enfatizar a possibilidade de mudança inovadora, ele escreve as seguintes palavras:

> Levanta-se atualmente a questão: será que haverá tempo para que essa profunda mudança de valores detenha e reverta o esgotamento de recursos naturais, a extinção de espécies, a poluição e a mudança climática global que caracterizam a nossa época? Os fatos mencionados nas páginas precedentes não nos fornecem uma resposta inequívoca. Se projetarmos para o futuro as atuais tendências ambientais, as perspectivas são alarmantes. Por outro lado, existem vários sinais de que um número significativo, talvez determinante, de pessoas e instituições pelo mundo afora já deram início à transição para a sustentabilidade ecológica. É essa também a opinião de vários colegas meus do movimento ecológico, como evidenciam as seguintes três vozes, que representam muitas outras:

> 'Creio que existem, agora, alguns sinais claros de que o mundo de fato parece estar se aproximando de uma espécie de mudança de paradigma no que diz respeito à consciência ambiental. Em toda uma série de atividades, lugares e instituições, a atmosfera mudou de modo marcante nos últimos anos.'
>
> Lester Brown

> 'Estou mais esperançoso agora do que há alguns anos. Acho que a rapidez e a importância das coisas que estão melhorando é maior que a rapidez das que estão piorando. Um dos fatos que mais me dão esperança é a cooperação entre Norte e o Sul na sociedade civil global. Atualmente, temos acesso a um campo de especializações muito mais rico que antes.'
>
> Amory Lovins

> 'Estou otimista, porque a vida tem seus próprios caminhos para evitar a extinção; e também os seres humanos têm os seus próprios caminhos. Eles vão dar continuidade à tradição da vida'.
>
> Vandana Shiva

> É verdade que a transição para um mundo sustentável não será fácil. Mudanças graduais não serão suficientes para virar o jogo; vamos precisar também de algumas grandes revoluções. A tarefa parece sobre-humana, mas, na verdade, não é impossível. Nossa nova concepção dos sistemas biológicos e sociais complexos nos mostrou que perturbações significativas podem desencadear múltiplos processos de realimentação que podem produzir rapidamente o surgimento de uma nova ordem. A história recente nos deu alguns exemplos marcantes dessas transformações dramáticas – da queda do Muro de Berlim e da Revolução de Veludo, na Europa, até o fim do Apartheid na África do Sul.

Esta citação é importante porque:

1) indica que muitas pessoas já deram início a um processo de transformação de valores e comportamentos ao redor do mundo;
2) sugere que a velocidade dessas transformações é alta e crescente; e
3) associa acontecimentos dramáticos de nossa história recente a essa massa de pessoas que agem respaldadas em valores solidários e pacíficos, sugerindo a dimensão que ela já alcançou.

Considerando que essa massa de pessoas que agem de forma solidária, acolhedora e pacífica é grande e crescente no mundo inteiro, torna-se relevante a seguinte questão: o que move essas pessoas? A resposta para esta pergunta é fundamental para a elaboração de um arcabouço teórico econômico alternativo. A partir dela é possível criar uma forma de satisfazer as necessidades da humanidade que leve em conta as motivações, aspirações e expectativas dessa consciência emergente. Heilbroner (1994: 116), ao especular sobre o que viria após o capitalismo, faz o seguinte comentário:

> Será preciso acrescentar que não sabemos nada sobre a dinâmica do movimento Para Cima e Para Frente [desenvolvimento social], quando deixamos de lado sua realização através das motivações 'econômicas'? Talvez isso queira apenas dizer que o caráter da civilização pós-capitalista deve depender das motivações a que seus cidadãos irão responder, as restrições que irão aceitar, as metas que irão estabelecer. Nada nos diz sobre a possibilidade dessas sociedades existirem. Como muitas outras coisas na história, isso permanece no campo do desconhecido. No entanto, faz da ideia do socialismo uma perspectiva inspiradora ou assustadora, que depende em grande parte do que julgamos ser as características da própria natureza humana.

Este texto confirma a sugestão de que as motivações, aspirações e expectativas da consciência emergente poderão modelar o substituto do paradigma econômico hoje dominante. Ademais, remete a discussão para um aspecto crucial: a natureza humana. Em outras palavras, seria interessante construir um arcabouço teórico para a Economia voltado para uma humanidade virtuosa? Heilbroner (1994: 116-120) cita dois pensadores que apresentam extremos opostos para a natureza humana: David Hume e Mathilde Neil. Sobre Hume, ele cita as seguintes palavras:

> Se um viajante, retornando de um país distante, nos fizer um relato de homens (...) inteiramente despidos de avareza, ambição ou ódio, que não conhecem outro prazer que não o da amizade, da generosidade e do espírito público; nós imediatamente vamos chamá-lo de mentiroso, com a mesma certeza que teríamos caso ele tivesse enfeitado sua história com centauros e dragões, milagres e prodígios.

Considerando a natureza humana conforme citado não seria interessante construir um arcabouço teórico alternativo para atender a uma humanidade virtuosa porque ela não existiria. Entretanto, Mathilde Neil é citada da seguinte forma:

> Pode-se dizer [...] que o homem liberado é o homem generoso e desinteressado; é também um homem criativo, que pode expressar sua personalidade e seus talentos na ação criativa sem restrições, seja em trabalhos manuais, intelectuais ou artísticos, ou em suas relações com outros homens. [...] Ele é um indivíduo sem ídolos, dogmas, preconceitos ou ideias a priori. Ele é tolerante, inspirado por um profundo sentimento de justiça e de igualdade, e consciente de si mesmo como, ao mesmo tempo, um homem individual e universal.

Para esta outra perspectiva de natureza humana seria interessante construir um arcabouço teórico alternativo para atender a uma humanidade virtuosa, pois a virtude seria a essência do ser humano livre das pressões e deformações da sociedade existente. Entretanto, a questão continua sem resposta, ou seja, qual dos dois pensadores está com a razão? Esta pergunta possui uma resposta difícil de ser obtida. Para fins deste estudo a natureza humana é entendida como algo multifacetado, englobando as ideias dos dois pensadores citados. Recorremos ao extraordinário conto de Machado de Assis, "A Igreja do Diabo", para ilustrar tal entendimento.

A referida obra se inicia com o Diabo fazendo uma reclamação para Deus. Ele exige a fundação da sua igreja, cujos pilares seriam o ódio, a avareza, a trapaça etc. Sua argumentação se fundamenta na constatação de que os humanos, apesar de alardearem o bem e serem adeptos da Igreja de Deus, baseada no amor, frequentemente agem de maneira desonesta, egoísta e avara. Logo, concluiu o Diabo, o homem possui uma natureza nada virtuosa, e sua proposta de igreja era mais coerente com esse fato.

Deus, na sua infinita compaixão, permite que a Igreja do Diabo seja fundada. A humanidade, ao se deparar com a possibilidade de expressar livremente os mais profundos desejos reprimidos, adere integralmente a ela. A extinção da Igreja de Deus e o sucesso da Igreja do Diabo acarretam a proliferação da miséria material e espiritual na Terra, confirmando a argumentação apresentada pelo Diabo.

Contudo, ao observar atentamente o comportamento da humanidade, percebia-se que, apesar dos princípios professados pela Igreja do Diabo, frequentemente as pessoas praticavam atos de caridade – dar escondido um pedaço de pão velho para uma criança faminta, deixar cair uma moeda ao alcance de um idoso enfermo etc.

Essa bela obra literária encerra a possibilidade na qual o presente estudo se sustenta, ou seja, a natureza humana abarca todas as características, boas e más, anteriormente relacionadas. Pode-se construir saberes incentivadores das virtudes ou dos defeitos de caráter. A teoria econômica predominante optou pela escassez, pelas piores características humanas (avareza, injustiça, competitividade, egoísmo e dominação), arrebanhou muitos fiéis (conscientes e inconscientes) e ajudou na realização de façanhas impressionantes (alcance do espaço sideral, comunicação planetária imediata, clonagem da vida, entre outras). Contudo, também foi uma das principais causadoras do atual impasse ecológico e social. As palavras de Juarez A. B. Rizzieri, na obra organizada por Pinho e Vasconcelos (1998: 18), sobre a abordagem econômica de livre iniciativa, fornecem evidências relevantes sobre esta tenebrosa escolha:

> Numa economia privada de livre iniciativa, nenhum agente econômico (indivíduo ou empresa) se preocupa em desempenhar o papel de gerenciar o bom funcionamento do sistema de preços [falta de solidariedade e da percepção das consequências dos seus atos]. Preocupam-se em resolver isoladamente seus próprios negócios [egoísmo]. Procuram apenas sobreviver [medo] na concorrência imposta pelos mercados, tanto na venda e compra de produtos finais como na dos fatores de produção. Esse jogo [agressividade, entendimento dos demais como adversários a serem vencidos] econômico é todo ele baseado nos sinais dados pelos preços formados nos diversos mercados, como um sistema de semáforos para controlar o trânsito. Todos correm riscos [medo], porém, riscos previstos. Futuro é incerto, mas as prospecções se apoiam em probabilidades da ocorrência, daí o risco estimado. O lucro pode ser o prêmio pelo risco assumido.
>
> Acontece que todos agindo dessa forma egoísta, no conjunto se resolvem inconscientemente [alienação] os problemas básicos da coletividade.

Embora se referindo ao sistema privado de preços (livre iniciativa), esta citação sugere que as piores características humanas (alienação, agressividade e egoísmo) são os elementos básicos do arcabouço conceitual da teoria econômica predominante. Transformam-se, inclusive, em virtudes capazes de resolver os problemas da coletividade. Stewart (1999: 1), ao escrever sobre a gestão baseada no valor econômico, confirma este entendimento com as seguintes palavras:

> [...] Quanto mais eficaz o uso e a gestão dos recursos, mais fortes serão o crescimento econômico e o aumento do nosso padrão de vida. A mão invisível [inconsciência] de Adam Smith está trabalhando enquanto o ganho dos investidores privados [usura] transforma-se numa virtude social. Embora existam exceções a esta regra, na maioria das vezes há uma harmonia auspiciosa entre criar valor de mercado para as ações e aumentar a qualidade de vida.

Esta citação confirma que a economia dominante destaca características pouco elogiáveis da natureza humana e as eleva ao status de virtudes motivadoras do crescimento econômico e da elevação do padrão de vida da sociedade. Supomos que inexista mão invisível (livre iniciativa) ou burocracia governamental (economia planificada) capaz de transformar as nossas atitudes egoístas, gananciosas e alienadas em benefícios para a coletividade. Nesses termos, é perfeitamente compreensível a relação da teoria econômica predominante, cuja participação no cotidiano das pessoas é muito significativa e inconsciente, com o quadro dramático no qual a humanidade está inserida.

Contudo, esse não parece ser o único caminho. Várias citações anteriores indicam que existe um conjunto expressivo e crescente de pessoas no mundo inteiro desejando um cotidiano baseado em outras características da natureza humana (solidariedade, acolhimento, paz, respeito pelos demais e justiça). Essas pessoas talvez estejam dispostas a migrar da busca pelo poder social para a busca pelo poder pessoal, baseado no amor – Backer (2005: 72). Sobre o poder pessoal alcançado quando dedicamos atenção amorosa às necessidades do nosso próprio corpo, Ribeiro (2004: 165) faz o seguinte comentário:

> Quando começamos a trabalhar o corpo no sentido de provê-lo de mais energia e saúde, percebemos que aquele mundo social, agressivo e castrador que tanto nos podou e anulou vai perdendo a força e cedendo terreno a um poder maior que começa a surgir dentro de nós.

Esta citação sugere um caminho alternativo para o posicionamento em relação aos riscos, pressões e incertezas inerentes à vida. Enquanto a consciência dominante busca formar um anteparo com bens econômicos para se proteger (poder social), a consciência emergente poderia buscar o desenvolvimento de uma energia interior que proporcionaria condições favoráveis para a sua expressão plena (poder pessoal). A teoria econômica predominante seria inadequada para as pessoas que optassem por este outro caminho. Seria interessante, portanto, a elaboração de um arcabouço teórico alternativo para a Economia que se harmonizasse com seus refinados anseios, isto é, que estimulasse a prática das virtudes. Sobre esse assunto, Schumacher (1983: 230-231), citando R. H. Tawney, esclarece que:

> 'É óbvio, de fato, que nenhuma modificação de sistema ou maquinaria pode evitar as causas de mal-estar social que consistem no egoísmo, cobiça ou belicosidade da natureza humana. O que isso pode gerar é um ambiente onde essas coisas não sejam as estimuladas. Ela não pode garantir que os homens vivam segundo seus princípios. O que pode fazer é estabelecer a ordem social sobre princípios com os quais, se lhes agradar, eles possam viver de acordo em vez de esquecê-los. Ela não pode controlar as ações deles. Pode oferecer-lhes uma finalidade para onde dirijam suas mentes. E, conforme forem suas mentes, assim será, a longo prazo e com exceções, sua atividade prática'.

Estas palavras de R. H. Tawney foram escritas há muitos decênios. Nada perderam de sua atualidade, exceto que hoje estamos interessados não só no mal-estar social como também, com maior urgência, num mal-estar do ecossistema ou biosfera que ameaça a própria sobrevivência da raça humana. Todos os problemas abordados nos capítulos precedentes levam à questão do 'sistema ou maquinaria', apesar de, segundo raciocinei o tempo todo, nenhum sistema, maquinaria, doutrina ou teoria econômica depende de si mesmo: invariavelmente ele se ergue sobre uma fundação metafísica, o que quer dizer sobre a perspectiva básica que o homem tem da vida, seu significado e finalidade. Falei da religião da economia, da idolatria das posses materiais, do consumo e do chamado padrão de vida e da funesta predisposição que se rejubila com o fato de 'o que era luxo para nossos pais converteu-se em necessidade para nós. '

Os sistemas nunca são mais nem menos do que encarnações das atitudes mais básicas do homem. Algumas, com efeito, são mais perfeitas do que outras. Os indícios generalizados do progresso material poderiam insinuar que o sistema moderno de empresa privada seja – ou tenha sido – o mais perfeito instrumento para a busca do enriquecimento pessoal. O sistema moderno de empresa privada engenhosamente emprega os impulsos humanos de cobiça e inveja como sua força motivadora, mas consegue superar as mais gritantes deficiências do laissez-faire por meio da administração econômica keynesiana, um tanto de tributação redistributiva e o 'poder contrabalançante' dos sindicatos.

Pode-se conceber que tal sistema lide com os problemas com que agora nos defrontamos? A resposta é evidente por si mesma: a cobiça e a inveja impõem contínuo e ilimitado crescimento econômico material, sem a devida atenção para a conservação de recursos, e este tipo de crescimento não pode absolutamente ajustar-se a um meio ambiente finito. Devemos, por isso, estudar a natureza essencial do sistema de iniciativa privada e as possibilidades de criar um sistema alternativo que possa ajustar-se à nova situação.

Esta citação, apesar de reconhecer que as doutrinas, os sistemas e a tecnologia são incapazes de determinar as atitudes humanas, sugere que eles podem estimular a prática das virtudes. A proposta conceitual aqui apresentada não tem, em si, a capacidade de erradicar os comportamentos não virtuosos. Todavia, é provável que o mundo se torne melhor se prevalecer uma nova consciência orientada pelas virtudes. Caso isso aconteça, ela necessitará de uma doutrina econômica diferente da dominante e estimuladora das ações cotidianas virtuosas.

Pelo exposto, a virtude seria a principal motivação da consciência emergente. Cabe, então, a seguinte pergunta: por que as pessoas se motivariam pelas virtudes? Além dos sinais de perigo iminente associados ao comportamento da consciência dominante, observáveis em todas as partes, conforme citações anteriores, a consciência emergente poderia se orientar pelas virtudes porque isso representaria um caminho interessante para o alcance da felicidade, do bem-estar duradouro. Sobre esse assunto, Dalai Lama (2000: 13-14) faz o seguinte comentário:

> De minha parte, encontrar tantas outras pessoas do mundo inteiro e que ocupam tantas posições diferentes na sociedade me faz lembrar nossa igualdade fundamental como seres humanos. De fato, quanto mais coisas vejo no mundo, mais claro fica para mim que, não importa qual seja a nossa situação, sejamos ricos ou pobres, instruídos ou não, qualquer que seja a nossa raça, sexo ou religião, todos desejamos ser felizes e evitar os sofrimentos. Cada uma de nossas ações conscientes e, de certa forma, toda a nossa vida – como escolhemos vivê-la dentro do contexto das limitações que as circunstâncias nos impõem – podem ser vistas como resposta à grande pergunta que desafia a todos: 'Como posso ser feliz?'
>
> O que nos sustenta nessa intensa busca pela felicidade, penso eu, é a esperança. Sabemos, mesmo se não quisermos admitir, que não pode haver garantia de uma vida melhor e mais feliz do que a que estamos vivendo hoje. Como diz um velho provérbio tibetano, 'a próxima vida ou o dia de amanhã: nunca se pode saber com certeza o que virá primeiro'. Mas temos sempre a esperança de continuar vivendo. Temos a esperança de, por meio de tal ou tal ação, conseguir obter a felicidade. Tudo o que fazemos, não só como indivíduos mas também como sociedade, pode ser visto em termos dessa aspiração fundamental. Na verdade, é uma aspiração comum a todos os seres sensíveis. O desejo ou inclinação para ser feliz e evitar os sofrimentos não conhece fronteiras. Faz parte da nossa natureza. Como tal não necessita de justificativa e é legitimado pelo simples fato de ser o que nós naturalmente e corretamente queremos.

Esta citação sugere que as ações das pessoas são motivadas pela busca da felicidade e pelo afastamento do sofrimento (bem-estar). Tal motivação é apresentada como inerente à natureza humana. Então, um arcabouço teórico para a Economia que desconsiderasse esses aspectos estaria fadado ao insucesso. A teoria econômica predominante os considera. Isso pode ser identificado nas palavras de Vasconcelos e Garcia (2000: 20), ao abordarem o período recente da história econômica. Elas são as seguintes:

> Todo o corpo teórico da economia avançou consideravelmente. Hoje a análise econômica engloba quase todos os aspectos da vida humana, e o impacto desses estudos na melhoria do padrão de vida e do bem-estar de nossa sociedade é considerável. O controle e o planejamento macroeconômico nos permitem antecipar muitos problemas e evitar algumas flutuações desnecessárias.

Esta citação indica que a teoria econômica predominante se apoia no objetivo essencial da humanidade que se consubstancia na busca da felicidade e afastamento do sofrimento. Contudo, conforme argumentado antes, sua concepção enfatiza o egoísmo e se apoia na generalização de que, se cada indivíduo for competente para obter os recursos para a satisfação das suas necessidades (consumo e acumulação), o bem-estar geral será alcançado. Esta orientação egoísta para a prosperidade econômica garantiria o bem-estar pessoal e coletivo. Isso fica evidente nas palavras de Rossetti (2000: 69), ao explanar sobre a microeconomia. Elas são as seguintes:

> A despeito de sua abordagem microscópica, a microeconomia interessou-se também pelo equilíbrio geral do sistema econômico, a partir da interdependência entre as atividades dos produtores, proprietários de recursos e consumidores. O pressuposto teórico é o equilíbrio geral, sob a situação do ótimo econômico. Pelos mecanismos de livre tensão que se manifesta em cada mercado, via preços, orientam-se as ações convergentes de cada um dos agentes do processo econômico. Os produtores maximizam seus lucros; os consumidores, sua satisfação; os recursos escassos são aplicados de forma mais eficaz possível, maximizando tanto o conceito de retornos privados, quanto o de retorno social como um todo. O funcionamento desse sistema corresponde ao de um jogo não cooperativo, tencionado, no sentido de que cada unidade individual cuida de seus próprios interesses, sem coalizões com as demais. A maximização teórica é tal, sob esse conceito de alocação ótima e eficiente, que nenhum dos participantes do sistema pode, em dado momento, melhorar sua própria posição sem sacrificar os níveis de satisfação, também máximos, de outro ou de outros participantes.

Maris (2000: 19-20), sobre o mesmo assunto, informa que:

> Walras foi o primeiro a conceituar e descrever analiticamente um mercado e a propor a questão da harmonia social quando os indivíduos realizam negociações. O primeiro a colocar matematicamente a questão da 'mão invisível', que Adam Smith e Montesquieu já haviam intuído ao afirmar que é do egoísmo de cada um que nasce o bem-estar de todos

e, a partir daí, a harmonia e a paz social. Que o mercado é 'eficaz'. Que o mercado dá o máximo de felicidade e riqueza. Que o mercado proporciona o melhor dos mundos possíveis: o que os economistas chamam de o <u>optimum</u>, ou seja, a melhor situação possível.

Estas citações indicam que a teoria econômica predominante se baseia na busca do bem-estar pessoal (consumo e/ou acumulação de riqueza). Elas também destacam a suposição de que o comportamento egoísta das pessoas conduz, inconscientemente, ao bem-estar coletivo. Essas conjecturas justificam o comentário que alguns formadores de opinião em Economia fazem sobre a adequação da teoria econômica predominante, principalmente a de mercado, à natureza humana. Todavia, esse entendimento pode ser analisado sobre outros dois ângulos, a saber:

1. lógica intrínseca do paradigma da escassez; e
2. capacidade de consumo e/ou acumulação de riquezas materiais proporcionar um estado de bem-estar duradouro.

Lógica da escassez

Maris (2000: 26-27) questiona a validade da relação entre egoísmo dos agentes e harmonia social. Segundo ele:

> Não, ninguém terá a ideia de incriminar qualquer economista depois de uma rebelião provocada pela fome... Os economistas são irresponsáveis. Na vida, há os que assumem o risco de sujar as mãos, há os que lavam as mãos e os que nem mãos têm. Os economistas não têm. Desculpem; eles têm a 'mão invisível'. E só ela. A ciência econômica há 150 anos repete ad nauseam, a lei da oferta e da procura e esta 'armadilha da razão' (como diria Hegel) que afirma que vícios privados engendram um bem social. Sejam egoístas, e a sociedade irá bem. É tão simples, como princípio explicativo, quanto a luta de classes. A partir daí, podem-se tecer mil considerações. Infinitamente.

Esta citação indica que nossos comportamentos egoístas cotidianos não podem produzir uma sociedade harmoniosa e pacífica. A lógica intrínseca do paradigma da escassez, caracterizada no capítulo anterior, invalida a generalização de que a busca egoísta de consumo e/ou acumulação de riqueza provoca o alcance do bem-estar coletivo. A inédita e crescente desigualdade verificada no mundo inteiro se consubstancia na evidência cabal da impropriedade dessa associação. Se recursos escassos são consumidos ou apropriados por uma pessoa, eles se tornam indisponíveis para os demais, afastando-os do bem-estar. O consumo e a acumulação de riqueza, via de regra, geram o aumento da escassez, concentração de poder social e conflitos locais e globais.

Depreende-se do exposto que a teoria econômica predominante:

a) estimula a busca do bem-estar pessoal através do consumo e/ou acumulação de riquezas materiais e que a sua relação positiva com o bem-estar coletivo é, no mínimo, duvidosa. Se a relação for negativa, conforme sugere a argumentação apresentada, ela seria adequada apenas para uma consciência que se caracteriza pelo egoísmo, competitividade, agressividade, dominação etc.; e
b) se apoia nos comportamentos alienados das pessoas, tornando-se adequada apenas para uma consciência que se caracteriza pela irresponsabilidade.

Pelo exposto, a teoria econômica predominante, embora busque o bem-estar individual, seria inadequada para uma nova consciência que se caracterizasse pela solidariedade, participação ativa nos rumos da sociedade, clareza em relação aos impactos mais abrangentes das atitudes cotidianas, altruísmo, acolhimento, pacifismo e cooperação.

Felicidade e bem-estar para a consciência emergente

Para uma nova consciência com as características relacionadas no parágrafo anterior, a vinculação entre, de um lado, o consumo e a acumulação de riqueza e, de outro, a felicidade e o afastamento do sofrimento parece ser reducionista. Abramovay (2012: 77) afirma que: "O crescimento da produção de bens e serviços é cada vez menos considerado, mesmo entre economistas, o caminho universal para o bem-estar." Precisamos, portanto, compreender a origem da vinculação amplamente difundida entre bens materiais e bem-estar para viabilizar sua superação. Sobre esse tema Happé (1997: 14) faz o seguinte comentário:

> Experimentamos muitos desentendimentos nos últimos dois mil anos, em função das regras impostas por aqueles que detinham o poder. A imposição das religiões cristãs com as ameaças de inferno e danação, caso não seguíssemos as regras, é um exemplo do mesmo enredo se repetindo na história: poderosos controlando multidões.
>
> Este processo de controle e manipulação, que caracteriza nossa história, foi responsável pela absorção de muito medo na psique humana. O medo é dotado de um forte poder que nos força a viver circunscritos aos limites da mente racional e, dentro desses limites, tornamo-nos alienados da intuição.
>
> Quando a mente racional e a mente intuitiva se separam em função do medo e de falsas crenças, ficamos perdidos. Falta-nos, dessa forma, contato com nossa consciência superior, que é amor, e ficamos então buscando pelo amor fora de nós. Tentamos capturá-lo fazendo amigos, tendo amantes e passamos a guardar de forma ciumenta nossas posses, ou tentamos achar o amor em posses materiais. Essas atitudes sinalizam que a mente masculina racional não tem contato com o conhecimento feminino intuitivo da alma.

Esta citação sugere que o bem-estar de uma pessoa está ligado a um algo interno superior – amor. Sob esse entendimento a associação do consumo e acumulação de recursos materiais com o bem-estar individual é precária e está respaldada no medo. Esse medo a que estamos submetidos incentiva o consumo e a acumulação de recursos. Nessas circunstâncias, a esperança de que recursos econômicos atenuem os sintomas associados a esse medo alimenta a ilusão de que nosso bem-estar pessoal está preponderantemente a eles vinculado. No afã de obtê-los, muitos liquidam suas vidas (vendem seu corpo, intelecto, tempo de lazer, de convívio familiar, de desenvolvimento interior etc.). Malthus (1983: 12), um dos expoentes clássicos da economia dominante, reconhecia que: "[...] aplicar a palavra riqueza a todo benefício ou satisfação que o homem pode usufruir corresponde a um uso mais metafórico que estrito do termo; e não poderíamos aceitar a proposição segundo a qual a riqueza é a única fonte da felicidade humana".

Pelo exposto, deduzimos que, ultrapassados certos limites difíceis de serem determinados, a busca de bem-estar através do consumo e acumulação pode se transformar num flagelo pessoal. Segundo Schumacher (1983: 259): "[...] ter o bastante é bom e ter mais do que o bastante é mau". Perdidos e flagelados interiormente pela frustração inerente a essa ilusão parcial, transformamo-nos em massa de dominação. Sobre esse assunto, Dalai Lama (2000: 59-60) expressa que:

> [...] falando de modo geral, porém, mesmo quando a riqueza nos traz felicidade, esta costuma ser a do tipo que o dinheiro pode comprar: coisas materiais e experiências dos sentidos. E logo descobrimos que estas, por sua vez, se tornam elas próprias uma fonte de sofrimentos. No que se refere às nossas posses, por exemplo, temos de admitir que costumam nos causar mais dificuldades do que outra coisa na vida. O carro enguiça, perdemos nosso dinheiro, nossos bens mais preciosos são roubados, nossa casa é destruída pelo fogo, sentimos necessidade de nos cercarmos de dispositivos de segurança. Ou tais coisas acontecem de fato ou vivemos preocupados que aconteçam.
>
> Se não fosse assim – se essas ações e circunstâncias na verdade não trouxessem consigo a semente do sofrimento –, quanto mais nos entregássemos a elas, mais felizes seríamos, da mesma forma que a dor aumenta quanto mais persistem as causas da dor. Mas não é isso o que acontece. A questão é que de vez em quando chegamos a pensar que encontramos essa espécie de felicidade perfeita, até que a aparente perfeição revela-se tão efêmera quanto uma gota de orvalho em uma folha, brilhando intensamente num momento, no outro desaparecendo.
>
> Isso explica por que depositar esperanças demais no desenvolvimento material é um engano. O problema não é o materialismo como tal, mas o fato de pensar que se pode obter satisfação completa unicamente através da gratificação dos sentidos. Ao contrário dos animais, cuja busca da felicidade restringe-se à sobrevivência e à gratificação imediata dos desejos sensoriais, nós, os seres humanos, temos a capacidade de experimentar a felicidade em um grau mais profundo que, quando atingido, tem o poder de sobrepujar as experiências adversas [...].

Esta citação sugere que a vinculação entre bem-estar duradouro e consumo e/ou acumulação de recursos materiais é parcialmente enganosa. Deveríamos, então, buscar outros caminhos mais interessantes para o alcance do bem-estar. Cabe, então, a seguinte pergunta: quais seriam estes caminhos alternativos? Vários autores têm manifestado opiniões a esse respeito. Alguns deles são citados a seguir.

Dalai Lama (2000: 73-74) apresenta o seguinte questionamento:

> [...] Seria a conduta inspirada no desejo de ajudar os outros a maneira mais eficaz de obter a felicidade genuína? Considerem o seguinte. Nós, humanos, somos seres sociais. Viemos ao mundo em consequência de ações dos outros. Sobrevivemos aqui dependendo dos outros. Gostemos ou não, talvez não exista em nossa vida um só momento em que não nos beneficiemos das atividades dos outros. Por esses motivos, não chega a surpreender que a maior parte de nossa felicidade esteja associada ao nosso relacionamento com os outros. Nem é tão extraordinário que nossas maiores alegrias ocorram quando estamos motivados pela consideração pelos outros. Mas isso não é tudo. Verificamos que não só os atos de altruísmo trazem felicidade como também diminuem a nossa sensação de sofrimento. O que não significa que o indivíduo cujas ações são motivadas pelo desejo de proporcionar felicidade aos outros passe por menos infortúnios de que aquele que não o faz. Doenças, velhice e adversidades de um tipo ou de outro acontecem igualmente para todo mundo. No entanto, os sofrimentos que corroem nossa paz interior – a ansiedade, a frustração, a decepção – são seguramente menores. Quando nos preocupamos menos conosco, a experiência de nosso próprio sofrimento é menos intensa.
>
> O que tudo isso nos diz? Primeiro, pelo fato de que cada uma de nossas ações tem uma dimensão universal, um impacto potencial sobre a felicidade alheia, que a ética é necessária como um meio de garantir que não prejudiquemos os outros. Segundo, que a felicidade genuína consiste naquelas qualidades espirituais de amor e compaixão, paciência, tolerância, capacidade de perdoar, humildade, e assim por diante. São elas que proporcionam felicidade tanto para nós quanto para os outros.

Esta citação é importante porque:

a) apresenta uma proposta de comportamento que estaria se consolidando (consciência emergente), baseada nas virtudes;
b) destaca a vinculação entre o bem-estar individual e coletivo – ações individuais conscientes e congruentes com o bem-estar dos outros melhoram a qualidade de vida de todos; e
c) destaca a capacidade de transformação inerente às atitudes cotidianas das pessoas – dimensão universal das ações individuais.

Com base no exposto, a consciência emergente buscaria a felicidade através da manifestação das virtudes, bem como pela consideração explícita pelo bem comum. Isso porque as suas ações cotidianas seriam filtradas por uma ética apoiada na vinculação entre o bem-estar individual e o coletivo, além da percepção das suas consequências próximas e distantes sobre todo o ambiente.

Para Happé (1997: 17-18):

> [...] o redespertar que está ocorrendo no momento presente nos dará assistência para que nos tornemos conscientes de nossa conexão uns com os outros. Assim, como nos mostrará que precisamos nos unir em confiança.
>
> Todos nós somos partes de um processo divino infinito. Somos uma só humanidade, somos um com o todo da vida; não há separação.
>
> Quando falamos sobre mudança, estamos falando, então, de transformar nossos medos novamente em amor; este é o foco central do processo que eleva o nível da nossa consciência.

Esta citação reforça a sugestão de que a consciência emergente ("redespertar que está ocorrendo") está migrando do medo para o amor. Além disso destaca a importância da clareza em relação ao vínculo entre o indivíduo e a coletividade, bem como que a matéria-prima dessa conexão auspiciosa é a confiança. Supomos que as suas consequências seriam a solidariedade, a cooperação e a paz.

Capra (2002a: 270-271) entende que:

> Dentre os muitos movimentos populares que atualmente trabalham pela mudança social, o movimento feminista e o movimento ecológico são os que defendem as mais profundas transformações de valores – o primeiro pela redefinição das relações entre os sexos, o segundo pela redefinição das relações entre os seres humanos e a natureza. Ambos podem contribuir significativamente para a superação da nossa obsessão pelo consumo material.
>
> Desafiando a ordem e o sistema de valores patriarcais, o movimento feminista chegou a uma nova compreensão da masculinidade e da 'pessoalidade' que não depende da associação da virilidade com a posse de bens materiais. No seu nível mais profundo, a consciência feminista baseia-se no conhecimento existencial que as mulheres têm do fato de que todas as formas de vida são interligadas, de que a nossa existência está sempre inserida nos processos cíclicos da natureza. Por isso, a consciência feminista tem por foco a busca de satisfação nos relacionamentos, e não na acumulação de bens materiais.
>
> O movimento ecológico chega à mesma conclusão por um caminho diferente. A alfabetização ecológica estimula o pensamento sistêmico – o pensamento que se estrutura em torno de relações, contextos, padrões e processos –, e os projetistas ecológicos pregam a transição de uma economia baseada nos bens para uma economia de serviço e fluxo. Numa tal economia, a matéria circula continuamente, de modo que o consumo líquido de materiais brutos se reduz drasticamente. [...]

Além de aumentar a produtividade de recursos e diminuir a poluição, a economia de emissão zero também cria novas oportunidades de emprego e revitaliza as comunidades locais. É assim que a ascensão da consciência feminina e o movimento pela sustentabilidade ecológica associam-se para provocar uma profunda mudança no pensamento e dos valores – dos sistemas lineares de extração de recursos e acumulação dos produtos e resíduos para os fluxos cíclicos de matéria e energia; da fixação nos objetos e nos recursos naturais para a fixação nos serviços e nos recursos humanos; da busca da felicidade através dos bens materiais para o encontro da mesma felicidade nos relacionamentos calorosos. Nas palavras eloquentes de David Suzuki:

'A família, os amigos, a comunidade – são essas as maiores fontes de amor e de alegria que temos enquanto seres humanos. Nós visitamos nossos familiares, mantemos contato com nossos professores prediletos, trocamos amabilidades com os amigos. Levamos a cabo projetos árduos para ajudar os outros, salvar uma espécie de rã ou proteger uma área de mata virgem, e nesse processo descobrimos uma extrema satisfação. Encontramos nossa realização espiritual na natureza ou ajudando os outros. Nenhum desses prazeres nos obriga a consumir coisas tiradas da Terra, mas todos eles nos satisfazem profundamente. São prazeres complexos, e nos aproximam muito mais da felicidade verdadeira do que prazeres simples, como o de tomar uma Coca-Cola ou comprar uma nova caminhonete'.

Este belo texto:

a) indica que existem movimentos relevantes envolvidos com a transformação dos valores hoje dominantes;
b) destaca que os novos valores estão relacionados com a busca da verdadeira felicidade através do convívio harmonioso entre o indivíduo, a coletividade e a natureza;
c) sugere que esses novos valores satisfazem profundamente e aproximam mais a pessoa da verdadeira felicidade do que a atual obsessão pelo consumo e/ou acumulação de recursos econômicos; e
d) ressalta que os valores em fortalecimento estão associados com o lado feminino construtivo presente em homens e mulheres, ou seja: acolhimento, nutrição, afeto, partilha, cooperação etc.

Destacando o resgate do lado feminino de homens e mulheres, Whitmont (1991: 9-10), psicólogo da linha junguiana, introduz sua obra com as seguintes palavras:

Na rasante de um desenvolvimento cultural que nos levou ao impasse do materialismo científico, da destrutividade tecnológica, do niilismo religioso e do empobrecimento espiritual, ocorreu um fenômeno espantoso. Um novo mitologema está emergindo em nosso meio e pede para ser integrado a nossas referências contemporâneas. Trata-se do mito da antiga Deusa que governou a terra e o céu antes do advento do patriarcado e das religiões patriarcais.

Agora a Deusa está retornando. Negada e suprimida durante milhares de anos de dominação masculina, reaparece num momento de intensa necessidade, pois caminhamos pelo vale das sombras da aniquilação nuclear, e é fato que tememos o mal. Ansiamos por amor, segurança e proteção, e temos muito pouco desse conforto. A violência no seio de nossas sociedades ameaça nos dominar inteiramente. A própria Mãe Terra foi pressionada ao limite máximo de sua resistência. Por quanto tempo ainda terá condições de enfrentar o vandalismo das políticas industrial e econômica que nos regem? A época do patriarcado está se esgotando. E que novo padrão cultural assegurará à humanidade o ressurgir das esperanças de uma vida para a Terra?

Em meio a convulsões e transições monumentais, a Deusa está voltando. Os papéis masculinos e femininos tradicionais de nossa sociedade estão sendo desafiados. O apelo do feminino para ser novamente reconhecido vem à tona ao mesmo tempo em que a violência corre o risco de escapar ao controle.

E complementa, na página 204, da seguinte forma:

Homens e mulheres não só foram privados de uma parte de sua natureza íntima, como comportamentos 'femininos' como sensorialidade, ludicidade, e a manifestação de sentimentos, passaram a ser julgados atos repreensíveis. A conexão instintiva com a natureza externa também se perdeu. O aspecto destrutivo da existência é, ao mesmo tempo, sua dimensão transformadora e renovadora da vida. Expulsar, mudar, regenerar e renascer são todas fases de um mesmo processo de vida. A experiência de entrega extática, orgiástica e sexual fica muito próxima da experiência da morte. A negação e o medo da sexualidade acabaram levando à negação e ao medo da morte, à perda da percepção unitária que engloba morte e renascimento. O homem se viu preso na armadilha da materialidade física que ele próprio havia privado de divindade. Ficou reduzido à cobiça material, ao hedonismo, ao consumismo em consequência de ter negado a dimensão criativa – aliás, divina – do prazer, da alegria, do brincar, que são manifestações do espírito.

Os homens puderam compensar a perda da força vinculadora natural e instintiva aumentando sua dependência da racionalidade egoica, da ânsia de realizar tudo, de ter poder e controle. Já as mulheres viram-se em posição desvantajosa nos jogos de competição e poder. Acabaram por se sentir progressivamente alienadas de si mesmas, cada vez mais oprimidas [...]

Estas duas últimas citações:

a) destacam o surgimento de uma nova consciência que está resgatando o lado feminino construtivo dos homens e das mulheres (amor, acolhimento, ênfase nas atividades lúdicas, manifestação dos sentimentos etc.); e

b) vinculam a negação desse lado feminino, característica da consciência patriarcal dominante nos últimos séculos, à ênfase na sobrevivência (medo da morte), agressões sociais e ambientais, cobiça material, consumismo, ânsia por realizar tudo, controle e poder (nó civilizatório, como argumentado antes).

Adentrando no escopo da Economia, Heloisa Primavera, na obra organizada por Cattani (2003: 197), identifica algumas manifestações "femininas" ao analisar a rede de trocas desenvolvida há algum tempo na Argentina. Segundo ela:

> [...] O que nos parece fundamental assinalar é que a lógica da abundância [paradigma da suposta economia emergente] – feminina por excelência – continua vigente nos clubes isolados que estão tentando a salvação do sistema [de rede de trocas – moeda social], com inventiva e paciência, próprias de... mãe! [...].

O texto transcrito:

a) enuncia um possível paradigma alternativo para a Economia: abundância;
b) associa a lógica emergente da abundância à faceta feminina construtiva, negada pela consciência dominante há séculos; e
c) menciona, apesar do fracasso do grande sistema de rede de trocas, experiências em curso apoiadas nas características femininas construtivas, embora num porte menor (a questão da escala dos empreendimentos é abordada adiante).

No que se refere à substituição da ênfase sobre a escassez pela abundância, Sams (1993: 309), divulgadora da cultura dos índios norte-americanos, faz o seguinte comentário:

> Não precisa haver escassez no Quinto Mundo [próxima fase da experiência humana na Terra]. A abundância para todos os Filhos da Terra está se manifestando. O pensamento sempre precede a forma. Se ideias de partilha e igualdade precederem aquela realidade no coração dos Duas-Pernas [seres humanos], seguir-se-á a manifestação de que as necessidades físicas estão sendo satisfeitas [...].

Esta mensagem sugere que devemos nos desvincular da escassez, substituindo-a pela partilha e igualdade. Dessa forma seria possível satisfazer as nossas necessidades físicas, pois a parceria harmônica e respeitosa entre o poder de realização do homem, demonstrado pelas conquistas da consciência dominante, e a abundância inerente à Terra é capaz de manifestar no plano material tudo que precisamos.

Em outras palavras, se nos vinculamos à escassez e praticamos o consumo e/ou acumulação de bens e serviços, geramos escassez (fome, guerras, violência etc.), conforme exposto anteriormente. Ao contrário, se nos vinculamos à abundância e praticamos a partilha e a igualdade, geramos abundância (convivência pacífica, fartura de alimentos, moradias, lazer, tranquilidade etc.).

Tal possibilidade parece concreta quando cotejada com um documentário assistido na televisão sobre uma região muito farta de alimentos do oceano pacífico. No referido local, os mergulhadores nadam sem proteção no meio de cardumes de dezenas de temidos tubarões. Esses animais considerados agressivos e vorazes devoradores de tudo que encontram pela frente, lá cruzam as águas tranquilamente, compartilhando-as com homens e seres que fazem parte dos seus hábitos alimentares. Predador e presa nadam juntos porque o tubarão ataca somente quando sente fome. Esta saciada, a agressividade deixa de existir, gerando um ambiente de convívio pacífico, mesmo entre "inimigos" naturais. Assim, sendo, parece plausível que a substituição da escassez pela abundância seja capaz de transformar a Terra num lugar melhor de se viver.

Cabe, aqui, uma observação sobre as citações efetuadas neste tópico. Elas estão relacionadas com pessoas, culturas, facetas da natureza humana etc. que foram subjugadas pela consciência dominante. Dalai Lama é exilado político por um governo comunista. Os povos nativos americanos foram praticamente dizimados por uma dominação orientada pelo capitalismo. Leonardo Boff foi expulso do clero da igreja católica. O lado feminino dos seres humanos foi negado pelo patriarcado. O meio ambiente está sendo implacavelmente explorado e não sabemos se já ultrapassamos seus limites de sustentação da vida. Qual seria o significado disso?

Tais ocorrências parecem ser características dos grandes movimentos (filosóficos, artísticos etc.) da história da humanidade. Quando uma determinada linha dominante de comportamento mostra relevantes sinais de esgotamento, a emergente se apropria dos benefícios gerados pela que está sendo superada e resgata aquilo que foi negado, visando à construção de novas bases de expressão. Talvez seja daquilo que foi negado e reprimido que venha o oxigênio necessário para superar a atual asfixia evolucionária.

Características da consciência emergente – uma síntese

As considerações efetuadas neste capítulo indicam que existe a possibilidade de estar surgindo uma nova consciência humana na Terra. A característica fundamental desta suposta consciência emergente seria a busca da felicidade orientada pelo amor. Diferencia-se, portanto, da dominante que se norteia pelo medo e pela concentração de poder social. Para essas "novas pessoas" o bem-estar pessoal proveniente do consumo e/ou acumulação de recursos econômicos é precário. Elas teriam clareza de que a qualidade de vida individual está diretamente vinculada à coletiva, bem como que o seu refinamento deve ser deliberadamente buscado sem muletas ilusórias – mão invisível ou burocracia governamental. Esse entendimento sustenta a prática de atitudes cotidianas virtuosas. A teoria econômica predominante é desarmônica com as suas aspirações. Portanto, torna-se interessante a elaboração de uma doutrina econômica alternativa e consistente com a perspectiva nascente. Os próximos capítulos se ocupam desta desafiante tarefa.

A ilustração 3, apresentada a seguir, sintetiza algumas diferenças entre as consciências dominante e emergente.

Transcrevemos, abaixo, as sínteses das diferenças entre as consciências dominante e emergente efetuadas por Elgin (1993: 32-33) e Weil (2003: 119-121).

CONSCIÊNCIAS	
DOMINANTE	**EMERGENTE**
Medo	Amor
Alienação	Participação
Apropriação	Fruição
Bem-estar pessoal	Bem-estar pessoal e coletivo
Competição	Cooperação
Consumo e/ou acumulação dos recursos econômicos	Ajuda ao próximo, integração à natureza e fruição parcimoniosa dos bens econômicos e livres
Desconsideração pelas consequências mais distantes das ações cotidianas	Consideração pelas consequências próximas e distantes das ações cotidianas
Dominação	Convivência pacífica
Egoísmo	Equidade (somos todos um)
Ênfase no externo ao indivíduo	Ênfase na relação entre interno e externo
Escassez	Abundância
Exclusão	Acolhimento
Patriarcado (negação do feminino)	Harmonia entre feminino e masculino
Sobrevivência	Plenitude
Utilidade	Justiça
Racionalidade	Consciência
Visão fragmentada (ceteres paribus)	Visão holística

Ilustração 3: *características das consciências predominante e emergente.*

Contrastes entre as visões de mundo da era industrial e da era ecológica (Elgin, 1993: 32-33)

Visão da Era Industrial	Visão da Era Ecológica
A meta de vida é o progresso material.	A meta de vida é o desenvolvimento dos aspectos material e espiritual, com harmonia e equilíbrio.
Ênfase no consumo exagerado – a boa vida depende de se ter dinheiro para comprar o acesso aos prazeres de vida, evitando-se seus desconfortos.	Ênfase na conservação e na moderação – usando-se somente aquilo que é necessário; uma vida satisfatória conseguida com o desenvolvimento equilibrado, centrado na cooperação mútua.
A identidade é definida em termos de posses materiais e posição social	A identidade é revelada por uma atitude amorosa, participando-se criativamente da vida.
O indivíduo é definido pelo seu corpo, estando, em última análise, separado dos demais e solitário.	O indivíduo é único e, ao mesmo tempo, uma parte inseparável de um universo maior; a identidade não é limitada à nossa experiência física
O universo é visto como algo material e, em grande parte, sem vida; é natural que nós seus habitantes, exploremos esse universo morto, para os nossos fins.	O universo é um organismo vivo, sendo impregnado de uma energia vital sutil; é importante agir de maneira a honrar a preciosidade e a dignidade de todas as formas de vida.
Ênfase no comportamento egoísta (obter o máximo que puder para mim mesmo, enquanto retribuo somente com aquilo que me for exigido.	Ênfase no comportamento que visa ao serviço (dar de mim mesmo para a vida tanto quanto eu puder, pedindo em troca apenas o necessário).
Prevalece a competição impiedosa; estar contra os outros e empenhar-se em vencer a qualquer preço.	Prevalece a competição leal; cooperar com os outros e trabalhar para ganhar a vida.
Os meios de comunicação de massa são dominados pelo interesses comercial, sendo usados agressivamente para promover uma cultura de alto consumo.	Os meios de comunicação de massa são usados para promover um regime equilibrado de informação e mensagens, incluindo a importância das abordagens ecológicas da vida
As nações adotam uma ética de bote salva-vida em suas relações internacionais.	As nações adotam uma ética de "nave espacial Terra" em suas relações internacionais.
O bem-estar geral é abandonado aos caprichos do mercado livre e/ou das burocracias governamentais.	Cada pessoa assume responsabilidade pelo bem-estar mundial.
Ênfase na autonomia e mobilidade pessoal.	Ênfase na interação e na comunidade.

Comparação entre o estagnante e o mutante
(Weil, 2003:119-121)

Classificação Aspectos	Estagnante	Mutante
Consciência	Adormecido, inconsciente, autômato.	Vigilante, consciente, desperto.
Cosmovisão	Fantasia da separatividade: eu-cosmos. Universo feito de matéria. Visão mecanicista	Conhecimento da inseparatividade de tudo. Universo feito de espaço/energia/luz. Visão sistêmica.
Funções psíquicas	Separação entre intenso, sensação e sentimento e intuição.	Reintegração, razão, sensação, sentimento, intuição.
[...]	[...]	[...]
Valores	Segurança, sensualidade, poder, competição, consumo.	Amor, inspiração, verdade, transcendência, divino, beleza, sagrado.
Opiniões políticas	Democrático, extremista ou conformista	Senso de responsabilidade política Liberal democrático ou apartidário
Opiniões religiosas	Crença no discurso, na razão ou na fé: "Eu creio". Ou agnóstico e descrente.	Saber fundamentado na experiência interior: "Eu sei".
Deus	Personagem autoritária e culpabilizante ou inexistente.	Experiência de luz divina, sagrada, espaço aberto de luz e força. Inefável.
[...]	[...]	[...]
Vida Visão evolutiva	Limitada aos progressos físicos, das aptidões intelectuais e dos conhecimentos acadêmicos e artísticos.	Mais o equilíbrio, a harmonia, o amor e a vivência do sagrado.
[...]	[...]	[...]
Alimentação	Predominantemente carnívora, em geral desregrada	Natural, sadia, com pouca carne, limitada a frango e peixe, ou vegetariana
Profissão	Qualquer	Se possível, a serviço de seus valores e da sua missão.
Lazer, férias e feriados	Comum, segue o desejo e o prazer.	Lazer e profissão inseparáveis, a serviço da alegria, do amor, da evolução.
Vida amorosa	Encontros ocasionais ou casal tradicional (namoro, noivado, casamento)	Estabelecimento de relação evolutiva. Amor e sexo inseparáveis. Aprendizagem de transformação da energia sexual em êxtase divino.
Gênero	Tendência ao predomínio absoluto do masculino ou do feminino tanto no homem quanto na mulher.	Tendência ao equilíbrio entre o masculino e o feminino tanto no homem quanto na mulher. Casamento entre si.

4. Economia para a consciência emergente

"Que a minha loucura seja perdoada
Porque metade de mim é amor
E a outra metade
Também."
Osvaldo Montenegro

O capítulo que se inicia tem o objetivo de propor uma visão para a Economia que se harmonize com as características da suposta consciência emergente.

Definição da Economia Baseada na Abundância (EBA!)

A caracterização da consciência emergente, efetuada no capítulo anterior, indicou o paradigma que poderia substituir a escassez, ou seja: *a abundância*. O desafio consiste em conceber uma orientação para o atendimento das nossas necessidades que seja o oposto da teoria econômica predominante. Supomos que ela deva combinar harmoniosamente a generosidade da natureza e a força de concretização da humanidade, com ênfase na primeira. Além de evitar a possível arrogância inerente à supremacia humana sobre os demais seres que compartilham conosco o Planeta, esta perspectiva deveria relegar a escassez a uma condição que poderia e deveria ser eliminada ou mitigada, em vez de uma realidade inquestionável ou uma "lei quase física". Esta abordagem, portanto, teria a nobre missão de tornar o acesso aos recursos que satisfazem necessidades mais livre possível, mas também estimular o usufruto parcimonioso dos mesmos para garantir sua conservação. Em outras palavras, em vez de transformar os bens livres em econômicos, esta outra orientação estimularia a transformação dos bens econômicos em livres. Nossos comportamentos cotidianos orientados desta maneira incentivariam a experiência de um estado de suficiência, contribuindo para o alcance do bem-estar duradouro.

Com base no exposto, uma visão econômica harmônica com a consciência emergente, aqui denominada de Economia Baseada na Abundância (EBA!), poderia ser definida da seguinte forma:

> *Área do conhecimento que lida com as formas de satisfação ou eliminação das necessidades de bens e serviços, visando alcançar a abundância para todos os seres que habitam a Terra.*

Detalhamos os significados inseridos nesta proposta de definição para a Economia Baseada na Abundância (EBA!) nos próximos tópicos.

Classificação do conhecimento

A designação de "área do conhecimento" evita a interminável discussão sobre as subdivisões do conhecimento. Uma das mais usuais é a que o divide em: popular (ou senso comum), filosófico, religioso e científico (Lakatos e Marconi, 1985: 76-78). Embora essas classificações possam ser interessantes para algumas circunstâncias, consideramos que os seus limites são imprecisos. Elas provavelmente seriam inadequadas para a holística consciência emergente. Laboratórios farmacêuticos recorrem ao conhecimento popular para desenvolver medicamentos. A ciência interfere nos valores morais e estes aceleram ou retardam o desenvolvimento tecnológico (clonagem, transgênicos, reciclagem etc.). A ciência contemporânea tem fortes raízes na religião[21] e muitos fazem da ciência uma religião. Alguns, apoiados na teoria econômica predominante, defendem certas tipificações para atribuir *status* mais elevado para as áreas em que atuam, visando conquistar verbas de órgãos de fomento à pesquisa científica. Por isso e pelas características da consciência emergente (acolhimento, justiça, humildade etc.) entendemos que nenhuma contribuição para o alcance da abundância deva ser desprezada. Portanto, a segregação do conhecimento se tornaria irrelevante.

Importância das necessidades

A expressão: *que lida com as formas de satisfazer ou eliminar as necessidades de bens e serviços* esclarece o que seria o objeto da Economia Baseada na Abundância (EBA!) ou Economia para a Consciência Emergente. Ela é mais ampla que a teoria econômica predominante porque considera todos os bens e serviços (econômicos e livres) capazes de eliminar ou atender as necessidades e desejos. Com isso, a Economia adquiriria o fundamento indispensável para lidar com a preservação ambiental, inexistente na atualidade devido ao desprezo pelos bens livres (Lebourg, 2005). Assim, uma atividade que tornasse escasso um bem livre para produzir um bem econômico não seria captada como um aumento da prosperidade, como é usual. O importante seria a legitimidade e o efeito líquido da atividade sobre as

---

21 Sobre esse assunto, ver Gleiser (1997: 93-134).

necessidades. Desse modo, empreendimentos poluidores e/ou que deterioram o tecido social teriam dificuldade para justificar sua existência. Seu incentivo para a reorientação do balanço socioambiental provavelmente seria muito significativo. Esse entendimento poderia ser aplicável para todas as instituições (privadas e públicas) porque todas se propõem ao atendimento de necessidades e consomem recursos, tornando interessante a averiguação da validade da sua existência através do confronto entre benefícios e malefícios gerados pela entidade (Silva, 2011).

Ela também destaca a importância do monitoramento das necessidades e considera a possibilidade de ampliação da abundância através de eliminações das mesmas. Abundância seria a facilidade de atendimento das necessidades. Se algumas necessidades fossem eliminadas, as remanescentes seriam mais facilmente atendidas pelos bens livres e econômicos disponíveis. Seu resultado provavelmente seria uma menor pressão sobre a natureza. A perspectiva econômica dominante despreza essa possibilidade, como pode ser confirmado nas palavras de Rizzieri, contidas na obra organizada por Pinho e Vasconcellos (1998: 13). Elas são as seguintes:

> [...] definir-se-á 'necessidade humana' como qualquer manifestação de desejo que envolva a escolha de um bem econômico capaz de contribuir para a sobrevivência ou para a realização social do indivíduo. Assim, sendo, ao economista interesse a existência das necessidades humanas a serem satisfeitas com bens econômicos, e não a validade filosófica das necessidades.

Esta citação evidencia a restrita relevância atribuída pela teoria econômica predominante à questão das necessidades. Além de se circunscrever às humanas (na verdade de alguns humanos, aqueles que têm poder de compra),[22] sua atuação se limita à produção de bens econômicos para atender as necessidades de qualquer natureza, ainda que perniciosas. Esse comentário é perfeitamente lógico para um arcabouço teórico baseado e incentivador da escassez. A filtragem filosófica das necessidades resultaria na demanda por menos recursos escassos, tornando-os mais disponíveis e os seus detentores menos poderosos. Como a consciência emergente parece estar buscando a convivência pacífica e descartando a concentração do poder social, os esforços realizados para a eliminação das necessidades humanas sem o consumo de bens (econômicos ou livres, como no exemplo apresentado

---

22 Eventualmente nos deparamos com matérias apresentadas nos veículos de comunicação sobre a destruição de alimentos (tomate, leite, cebola etc.) pelos próprios produtores. O objetivo é reduzir a oferta desses bens e forçar a subida dos preços. Quando isso acontece, existem pessoas necessitadas desses produtos, mas que não possuem poder de compra. Nesses casos, o mercado é incapaz de sinalizar que existe demanda porque as pessoas necessitadas são excluídas pela ausência de dinheiro. Portanto, a teoria econômica predominante, especialmente a abordagem baseada no mercado, despreza parcela significativa dos seres humanos.

sobre a erradicação do vício do fumo – capítulo 2) deveriam ser priorizados. Por ser de capital importância esse tópico mereceu destaque na definição proposta e é aprofundado no capítulo seguinte.

Orientação pela abundância

A expressão: *visando alcançar a abundância* encerra a função ou o objetivo da Economia Baseada na Abundância (EBA!) ou Economia para a Consciência Emergente, isto é, incentivar a construção de um ambiente em que as necessidades sejam facilmente satisfeitas. Isso seria perseguido, como comentado anteriormente, através da elaboração de meios adequados para:

1. descartar as necessidades que não se vinculem ao bem-estar individual e coletivo; e
2. disponibilizar, com o menor ônus possível, os bens e serviços que satisfaçam as demais.

Isso também representaria uma ampliação de escopo em relação à teoria econômica predominante porque seu objetivo deixaria de se resumir à maximização (ou otimização) da produção de bens e serviços com os recursos escassos existentes e passaria a ser o alcance e a manutenção da abundância. Diferentemente da dominante, esta perspectiva alternativa continuaria interessante, importante e até mais respeitada se não houvesse escassez na Terra. Supomos que ela perderia credibilidade quando a escassez aumentasse porque a sua função não estaria sendo cumprida. Assim, o arcabouço teórico proposto se apoiaria e fomentaria a abundância.

Beneficiários

Abramovay (2012: 195) afirma que:

> [...] É necessário reinserir também a sociedade na natureza, ir além da cisão convencional entre natureza e cultura e, portanto, encarar os ecossistemas não como externalidades, e sim como a base material, energética e biótica da qual dependem as sociedades humanas. Esse é o maior desafio teórico e metodológico das ciências sociais contemporâneas.

A expressão: *para todos os seres que habitam a Terra* se harmoniza com o texto citado e encerra uma ampliação sem precedentes de escopo em relação à teoria econômica predominante. Ela inclui, além de todos os humanos, os demais seres como beneficiários da área de conhecimento proposta. Estes seriam considerados parceiros da humanidade e, por conseguinte, dignos de respeito e consideração. Atualmente vários seres que ajudam a humanidade são apropriados, aprisionados, humilhados, violentados e cruelmente assassinados. Esse comportamento é incongruente com as características inerentes à consciência emergente. Por isso a definição apresentada consagra a interdependência entre o bem-estar do indivíduo e o de todos os seres que compartilham a existência no Planeta.

Em termos mais pragmáticos, o acesso facilitado para as pessoas à água potável, por exemplo, exige a existência de uma incomensurável quantidade e variedade de seres não humanos – árvores, bactérias, minhocas, formigas, pássaros, abelhas, morcegos etc. Fica evidente, portanto, que as necessidades desta infinidade de seres também precisam ser atendidas adequadamente, sob pena da expansão da escassez de água potável. Tal proposta pode soar descabida, porém, Capra (2005: 37), sobre esse aspecto, manifesta-se da seguinte forma:

> [...] Na medida em que nos retiramos para nossas mentes [ênfase exagerada ao pensamento racional], esquecemos como 'pensar' com nossos corpos, de que modo usá-los como agentes de conhecimento. Assim, fazendo, também nos desligamos do nosso meio ambiente natural e esquecemos como comungar e cooperar com sua rica variedade de organismos vivos.

O exposto sugere que o estranhamento em relação à inclusão dos seres não humanos na definição da Economia Baseada na Abundância (EBA!) é fruto de uma opção passada que tenta velar a percepção da unidade entre o animal humano e o ambiente natural através de uma esperança exagerada na sua faculdade racional. Supomos que a consciência emergente possua uma perspectiva mais holística e perceba que dispomos de outras faculdades tão (ou mais) importantes quanto a razão. Sua busca pela plenitude, portanto, deveria integrar as demais faculdades do ser humano (intuição, sensibilidade, entre outras), rumo que restabeleceria a percepção da nossa unidade com a natureza. Nesse contexto, a inclusão das necessidades dos seres não humanos na definição apresentada deveria ser considerada apropriada.[23]

Economia para a Consciência Emergente – uma síntese

A definição proposta para a Economia Baseada na Abundância (EBA!) ou Economia para a Consciência Emergente esclarece os três principais aspectos de uma área de conhecimento, ou seja:

1. objeto: formas de satisfazer ou eliminar as necessidades de bens e serviços;
2. objetivo: alcançar a abundância; e
3. beneficiários: todos os seres que habitam a Terra.

---

[23] Assunto aprofundado no capítulo 5.

O escopo da presente proposta é mais amplo que o da teoria econômica predominante e supostamente harmônico com as características da consciência emergente. Com base na definição apresentada, os estudiosos contemporâneos podem desenvolver um novo conjunto de conceitos que ajude a identificar e superar os problemas relacionados com o atendimento das necessidades, proporcionando abundância e bem-estar individual e coletivo. Os próximos capítulos fornecem algumas contribuições para esta relevante tarefa.

5. Necessidades

> *"Amadurecer deveria ser requintar-se*
> *na busca da simplicidade."*
> Lya Luft[24]

> *"Se eu quiser falar com Deus*
> *Tenho que folgar os nós dos sapatos, da gravata*
> *Dos desejos, dos receios"*
> Gilberto Gil

Este capítulo efetua o confronto entre os significados do conceito de necessidades para a teoria econômica predominante e para a Economia Baseada na Abundância (EBA!). A opção pela escassez vincula-se à expansão das necessidades a qualquer custo, enquanto a opção pela abundância orienta para a delimitação das necessidades ao estritamente essencial para uma vida digna. Seu conteúdo é o cerne da perspectiva econômica proposta.

Necessidades para a Consciência Dominante

A teoria econômica predominante estimula as necessidades humanas e as considera ilimitadas. Isso é coerente para uma área do conhecimento fundamentada no paradigma da escassez porque o aumento do conjunto de necessidades torna os recursos econômicos mais escassos, gerando crescimento econômico e conferindo mais poder social aos seus detentores. Sobre esse assunto, Rossetti (2000: 209) afirma que: "[...] O progresso não elimina necessidades. Contrariamente, ele renova as antigas e cria outras". E complementa, na página 210, da seguinte forma:

> [...] Como C. Gide já observava no início do século, em seu Cours d'économie politique, as necessidades humanas ampliadas são a motivação maior da atividade econômica. 'A logicidade da economia fundamenta-se no atendimento das novas aspirações humanas,

---

24 Luft (2004: 107)

mesmo porque civilizar um povo nada mais é do que despertá-lo para necessidades novas' – concluía o mestre francês.

Estas palavras ratificam que a teoria econômica predominante dificulta o alcance de um estado de satisfação. Ao contrário, ela estimula a criação contínua de novas necessidades. Tal significado de "civilização" cria e intensifica estados de carência que em nada contribuem para o bem-estar individual ou coletivo. Morcillo e Troster (1994: 7) são ainda mais explícitos quando afirmam o seguinte:

> O conceito de necessidade humana, isto é, a sensação de carência de algo unida ao desejo de satisfazê-la é [...] algo relativo, pois os desejos dos indivíduos não são fixos. O ditado popular 'quanto mais se tem, mais se quer' parece refletir fielmente a atitude dos indivíduos em relação aos bens materiais. Assim, pois, o fato real que enfrenta a economia é que em todas as sociedades, tanto nas ricas quanto nas pobres, os desejos dos indivíduos não podem ser completamente satisfeitos. Nesse sentido, bens escassos são aqueles que nunca se tem em quantidade suficiente para satisfazer os desejos dos indivíduos [...].
>
> Quando buscam satisfazer suas necessidades, as pessoas procuram, normalmente, fixar suas preferências. Assim, os primeiros bens desejados são os que satisfazem as necessidades básicas ou primárias, como a alimentação, o vestuário e a saúde. Satisfeitas as necessidades primárias, os indivíduos passam a satisfazer outras necessidades mais refinadas, como o turismo, ou buscam melhor qualidade dos bens que satisfazem suas necessidades primárias, como uma habitação melhor, roupas de determinadas marcas etc.
>
> Por isso, pode-se dizer que as necessidades são ilimitadas ou de outra forma, que sempre existirão necessidades que os indivíduos não poderão satisfazer, ainda que seja somente pelo fato de os desejos tornarem-se 'refinados'.

Esta citação ratifica que a teoria econômica predominante considera a eterna insatisfação material como uma característica da natureza humana, logo inquestionável. Assim, só nos restaria conceber uma orientação econômica que se expanda com o aumento ou "refinamento" das necessidades. Isso é bastante conveniente para uma estrutura teórica que estimula a escassez e busca a concentração de poder social.

Necessidades para a Consciência Emergente

A consciência emergente, ao considerar que a natureza humana é multifacetada (capítulo 3), deve entender que o estado contínuo de carência *é apenas uma das possibilidades disponíveis*. Abramovay (2012: 52) faz o seguinte comentário sobre esse tema:

> O economista chileno Manfred Max-Neef, em trabalho publicado em 1991 pela **Dag Hammarskjöld fundation**, oferece uma das mais importantes contribuições para o estudo da pobreza e das diferentes políticas voltadas a sua superação. Em primeiro lugar ele

estabelece que, ao contrário da maneira habitual como o tema é tratado na ciência econômica, **as necessidades humanas não são infinitas**. Elas podem ser enunciadas e delimitadas com clareza. Ou, nas palavras dele, 'as necessidades humanas são finitas, poucas e classificáveis'. Com base nessa ideia, é a própria pobreza que deve ser redefinida. [...].

A escolha por considerar as necessidades humanas ilimitadas e a eterna insatisfação material como subjacente à natureza humana, como pode ser verificado, se consubstancia numa conveniência para a imposição da teoria econômica predominante. O trágico é que ela estimula o nosso afastamento do bem-estar. Sobre esse assunto Elgin (1993: 37) esclarece que:

> Dados de outra pesquisa, publicados em 1989 num artigo da revista Fortune, sob o título de 'A Ambição Está Morta?', revelaram que 75% da classe trabalhadora nos Estados Unidos, com idades que variam entre 25 e 49 anos, gostariam de 'ver o nosso país retomar um estilo de vida mais simples, sem tanta ênfase no sucesso material'. Somente 10% das pessoas ouvidas acreditavam que 'ganhar muito dinheiro' era um indicador de sucesso. Essa pesquisa indica que grande parte da população norte-americana já experimentou as limitadas recompensas proporcionadas pelas riquezas materiais e está buscando experiências enriquecedoras, que podem ser encontradas, por exemplo, em relacionamentos humanos mais profundos, na harmonia com a natureza e no serviço à humanidade.

Esta citação se consubstancia numa evidência relevante de que os conceitos de crescimento econômico e padrão de vida construídos sob a influência da teoria econômica predominante conflitam com o bem-estar individual e coletivo. Isso porque, segundo os dados apresentados, uma parcela significativa da população do país economicamente mais desenvolvido do Planeta preferiria um modo de vida mais simples, com necessidades materiais menos "refinadas". Isso também reforça a argumentação anterior de que a consciência emergente não pretende depositar a esperança de felicidade na ambição (consumo e acumulação de bens econômicos). Sobre esse assunto Helvécia (2003: 34) informa que:

> [...] Gastar menos é viver mais, creem os militantes da Simplicidade Voluntária, um movimento que cresce nos Estados Unidos pregando a vida frugal, combate ao consumo desprovido de significado e a volta a valores essenciais – 28% da população americana já navega na contramão do consumo exagerado.

Esta informação indica que o desejo de uma vida mais simples e significativa não é apenas um devaneio. Mais de 75 milhões de pessoas residentes nos EUA já agem cotidianamente orientadas pelo modo de vida exteriormente simples e interiormente rico. Portanto, um arcabouço teórico alternativo ao da teoria econômica predominante deveria tratar essa questão de forma diametralmente oposta, isto é, desestimular o surgimento de novas necessidades e tentar satisfazer ou eliminar as existentes. Esse entendimento é ratificado por Schumacher (1983: 27-28):

> Sob um ponto de vista econômico, o conceito central da sabedoria é a permanência. Nada faz sentido economicamente salvo se sua continuidade por longo tempo puder ser projetada sem incorrer em absurdos. Pode haver 'crescimento' rumo a um objetivo limitado, mas não pode haver crescimento ilimitado e generalizado. É mais do que provável, como disse Gandhi, que 'a Terra proporciona o bastante para satisfazer a necessidade de cada homem, mas não a voracidade de todos os homens'. A permanência é incompatível com uma atitude predatória que se rejubila com o fato de 'o que era luxo para nossos pais tornou-se necessidade para nós'.
>
> O cultivo e a expansão das necessidades é a antítese da sabedoria. É igualmente antítese da liberdade e da paz. Cada aumento de necessidades tende a agravar a dependência de uma pessoa de forças externas sobre as quais não pode exercer controle, e, portanto, agrava o medo existencial. Só com uma redução de necessidades pode-se promover uma genuína redução naquelas tensões que são as causas fundamentais da discórdia e da guerra.

Esta citação destaca a ligação entre a expansão das necessidades e fenômenos que nos afastam do bem-estar (medo, dependência, discórdia e guerras). Tal associação procede porque, como argumentado antes, o estímulo à expansão das necessidades está alicerçado nos vícios, nas características humanas menos elogiáveis (inveja, egoísmo, ganância, orgulho, entre outras). Dalai Lama (2000: 100-101) classifica estas características como emoções aflitivas e faz o seguinte comentário sobre os nefastos efeitos do seu cultivo:

> [...] todos os pensamentos, emoções e experiências que refletem um estado de espírito [...] negativo ou desprovido de compaixão abalam inevitavelmente nossa paz interior. Todas as emoções e pensamentos negativos – como o ódio, a raiva, o orgulho, a luxúria, a ganância, a inveja – têm esse sentido de aflição, de inquietação. Essas emoções aflitivas são tão fortes que, quando não se faz nada para detê-las, são capazes de levar a pessoa ao suicídio ou à loucura. Entretanto, pelo fato de tais extremos não serem comuns, costumamos encarar as emoções negativas como uma parte integrante de nossa mente a respeito da qual não podemos fazer muita coisa. Mas, se não reconhecermos seu potencial destrutivo, não veremos a necessidade de enfrentá-las. Na verdade, pelo contrário, chegamos a alimentá-las e estimulá-las, o que lhes dará espaço para crescer. E, no entanto, como veremos, sua natureza é inteiramente destrutiva. São a verdadeira origem da conduta antiética. São também a base da ansiedade, da depressão, da confusão mental e do estresse, traços tão característicos da vida de hoje em dia.
>
> As emoções e pensamentos negativos são o obstáculo à nossa aspiração mais elementar: ser feliz e evitar o sofrimento. Quando agimos sob sua influência, esquecemos o

impacto que nossas ações têm sobre os outros: são, portanto a causa de nosso comportamento destrutivo, não só com relação aos outros como a nós mesmos. Crimes, escândalos e fraudes, todos têm como origem uma emoção aflitiva. É por isso que afirmo que a mente indisciplinada – ou seja, a mente que está sob a influência de sentimentos como a raiva, o ódio, a ganância, o orgulho, o egoísmo – é a fonte de todos os problemas que não pertencem à categoria de sofrimentos inevitáveis, como a doença e a morte. Quando não controlamos nossa reação às emoções aflitivas, abrimos a porta para o sofrimento, nosso e dos outros.

Esta mensagem é inspiradora porque:

a) indica que a insatisfação material pode e deve ser controlada através da disciplina mental, confirmando a premissa de que ela não é inerente à natureza humana; e
b) sugere que as ações cotidianas motivadas por sentimentos e emoções negativas (estimuladoras da expansão das necessidades) são as sementes dos comportamentos antiéticos e nos afastam do bem-estar individual e coletivo.

Pelo exposto, consideramos que a consciência emergente busca a aproximação de um bem-estar duradouro através da simplificação voluntária do estilo de vida. A receita seria singela: devemos evitar as necessidades. A definição da Economia Baseada na Abundância (EBA!) destaca a relevância dessa atitude (capítulo 4). Sobre esse assunto, Elgin (1993: 22-23) ilustra que:

> Viver mais simplesmente é viver com mais determinação e com um mínimo de distração desnecessária. A expressão exterior que essa simplicidade irá assumir é uma questão pessoal. Cada um de nós sabe em que aspectos nossa vida é desnecessariamente complexa. Todos estamos dolorosamente conscientes da confusão e falsidade que pesam sobre nós e tornam a nossa passagem pelo mundo mais incômoda e inadequada. Viver com mais simplicidade é aliviar a nossa carga – viver com mais leveza, clareza e liberdade de movimentos. É estabelecer um relacionamento mais direto, despretensioso e desimpedido com todos os aspectos de nossa vida: aquilo que consumimos, o trabalho que executamos, nossas relações com os semelhantes, nossa ligação com a natureza e com o cosmos, além de outros. Simplicidade no viver significa encarar a vida de frente. Confrontá-la claramente, sem distrações desnecessárias. Significa aceitar a vida como ela é – de forma direta e sem deturpações.
>
> Ao combinar essas ideias, visando integrar os aspectos internos e externos de nossa vida, podemos descrever a simplicidade voluntária como uma maneira de viver que é exteriormente mais simples e interiormente mais rica, um modo de ser no qual nosso eu mais autêntico e vital é posto em contato direto e consciente com a vida. Este modo de

vida não é um estado estático a ser alcançado, mas um equilíbrio dinâmico que deve ser tornado real contínua e conscientemente. A simplicidade, neste sentido, não é simples. Manter o equilíbrio entre os aspectos interno e externo de nossa vida com destreza se constitui num processo profundamente desafiador e que envolve uma mudança constante. O objetivo não é viver com menos de uma maneira dogmática, porém, a intenção mais exigente de viver com equilíbrio, para encontrar uma vida que tenha mais sentido, realização e satisfação.

Destacamos nesta mensagem o afastamento do bem-estar que a distração com o consumo e acumulação pode causar. A busca por uma vida com mais sentido deve considerar a eliminação das necessidades que sejam incoerentes com a singularidade, com as referências íntimas de cada pessoa. Tal comportamento libera recursos materiais (dinheiro, espaço físico etc.) e imateriais (tempo, atenção, expectativas etc.), proporcionando melhores condições para a satisfação daquelas necessidades que realmente são autênticas e relevantes para a realização pessoal. Essa forma de vida voluntariamente simplificada é oposta à orientação fornecida pela teoria econômica predominante e talvez possua um poder transformador incomensurável. Sobre esse assunto, Sams (1993: 341-343) oferece esclarecimentos interessantes sobre a visão de mundo dos povos indígenas norte-americanos. Eles são os seguintes:

> Uma das mais importantes Cerimônias da Tradição Nativa Americana é a da Doação, ou Potlatch. Esse ritual consiste em livrar-se de objetos úteis, que ainda são caros a seus donos, repartindo-os com outras pessoas. O ato da doação também simboliza que o doador está pronto para fazer um sacrifício e abrir mão de um objeto que lhe é caro, sem maiores apegos ou arrependimentos. Para os Nativos Americanos a ideia original de sacrifício engloba o conceito de 'tornar sagrado'. Para tornar qualquer ato ou objeto sagrado, é necessário realizar a doação numa atitude de humildade e com o coração cheio de alegria. O ato de doar em si representa apenas uma etapa do processo; o mais importante é que o doador olhe para dentro de si mesmo tentando avaliar o potencial de crescimento associado àquele ato de entrega.
>
> Há muitos anos atrás, entre os índios Tlingit, do noroeste do país, o Clã do Corvo e o Clã da Águia realizavam cerimônias de Potlatch. Estes dois Clãs tentavam reunir tudo aquilo que lhes fosse possível para distribuir entre os mais necessitados. Cada vez que o Potlatch se realizava, o Clã doador distribuía uma quantidade de objetos maior do que aquela que havia recebido no Potlatch anterior, para demonstrar toda a sua gratidão. No entanto, o governo dos Estados Unidos pôs um fim a este ritual por volta do ano 1900. O governo acreditava que os Potlatches prejudicavam os nativos porque eles doavam coisas demais. Os agentes do governo não conseguiam entender que pessoas aparentemente tão pobres pudessem pegar as poucas coisas que possuíam e doá-las a outros, e seguir

vivendo com quase nada. Esses agentes achavam que a Cerimônia do Potlatch era uma espécie de competição que acabava deixando todo o povo pobre e humilhado. Isto, porém, estava muito longe de ser verdade.

[...] Nós, da Raça Vermelha, temos consciência de que o ato de doar constitui uma forma de liberar o espírito do Povo do apego ao mundo físico. Libertando-nos de bens materiais que amamos muito, estaremos criando um novo canal de abundância e prosperidade em nossas vidas.

Os Duas-pernas [seres humanos] das diversas regiões do Planeta possuem diferentes formas de avaliar a riqueza. Dentro da Tradição Nativa, um dos meios usados para medir a riqueza de uma pessoa é observar a sua predisposição a ajudar os outros. Uma pessoa que desenvolve seus talentos e os emprega para ajudar os mais necessitados é bem diferente das pessoas que só buscam a autossatisfação. Este tipo de indivíduo torna-se um líder em potencial dentro de sua Tribo. O desprendimento é um sinal de que o indivíduo é capaz de se manter distanciado dos apegos do mundo físico. Em geral esse tipo de pessoa apresenta-se muito evoluído espiritualmente, representando a pura Tradição de Cura de nossos Ancestrais.

Esta mensagem evidencia que a partilha e a busca consciente da simplificação do cotidiano também fazem parte da multifacetada natureza humana e podem atribuir mais significado à nossa existência. Ela também destaca a liberação do medo do futuro como um requisito para que essas características (partilha e simplicidade) possam se manifestar. O desapego dos bens materiais e a diminuição do consumo são facilitados quando a sociedade estimula atitudes solidárias, gerando uma vida mais leve e interiormente rica. Deduzimos, então, que abundante seria a pessoa que possuísse necessidades de fácil atendimento. Não seria mais aquela que detém muitos bens econômicos ou que mantém um nível de consumo "refinado". A diferença é significativa. Podemos, por exemplo, imaginar a posição do segundo indivíduo mais rico do Planeta. Não haveria dificuldade de classificá-lo como abastado quando consideramos o conceito dominante de riqueza. Entretanto, se tivesse a necessidade obsessiva de tornar-se o mais rico de todos, ele poderia ser incapaz de usufruir plenamente aquilo que possui, comportar-se como um agente de destruição das pessoas e da natureza, bem como experimentar infelicidade e sofrimento. Ele poderia ser um flagelado interior, apesar de toda a sua riqueza material. Como já se disse: "rico não é quem tem muito; é quem precisa de pouco."

Com base no exposto a Economia Baseada na Abundância (EBA!), em oposição à teoria econômica predominante, estimula a simplicidade voluntária, ou seja, a circunscrição das necessidades de consumo e acumulação de recursos à delimitação do ser singular que é cada pessoa. Não significa viver com menos, porém, somente com aquilo que se harmoniza com os nossos referenciais internos. O autoconhecimento passa a representar um processo indispensável para identificar quem somos e do que essencialmente precisamos para nos expressarmos plenamente. A atenção destinada às ações de consumo e acumulação de recursos também oferece contribuições relevantes para o autoconhecimento. Supomos que esse círculo virtuoso seria um poderoso instrumento para facilitar a experiência do bem-estar duradouro individual e coletivo. Os próximos tópicos fornecem esclarecimentos que podem contribuir para a adoção bem-sucedida desta orientação.

Necessidades e desejos

Os termos necessidades e desejos foram usados de forma livre nas citações anteriores. É comum encontrarmos classificações que associam necessidades à sobrevivência (alimentação, habitação etc.) e desejos a prazeres e refinamentos dispensáveis para a existência (viagens, artes etc.). Sua consequência é a atribuição de um caráter mais justificável às necessidades do que aos desejos.

Embora tal classificação possua méritos, tratamos aqui as necessidades e os desejos de maneira conjunta. O principal motivo desta opção consiste na subjetividade inerente e a decorrente dificuldade de enquadramento de várias situações concretas. Viagens turísticas, por exemplo, são consideradas desejos, enquanto alimentação e habitação são classificadas como necessidades. Todavia, conhecemos uma pessoa que declarava que restringia sua alimentação e morava em condições precárias para economizar dinheiro para as suas viagens turísticas. Indagada sobre a adequação das suas prioridades, ela respondeu o seguinte: "para mim, viajar é tão vital quanto respirar." Quem teria legitimidade para decretar para essa pessoa que alimentação e habitação são mais justificáveis do que as viagens turísticas? Nós entendemos que não temos porque tais decisões são de foro íntimo, subjetivas. As palavras de Sampaio (2009: 6-7), citadas a seguir, sugerem que este entendimento era compartilhado por Abraham Maslow.

> Com esse tipo de posição teórico-metodológica, Maslow abandona a eleição do comportamento humano como unidade de análise, exige do fatorialismo uma interlocução com os sujeitos de pesquisa e articula o entendimento da pessoa a seu entorno social, para fugir do individualismo e, ao mesmo tempo, dos reducionismos sociológicos, que se furtam à compreensão do indivíduo, fazendo análises generalizantes a partir de rótulos de pertença a grupos sociais.
>
> Maslow apoia-se, portanto, em uma visão de homem racional, mas às voltas com seus impulsos e desejos; dotado de corporalidade, não circunscrito, todavia, a ela; possuidor de uma vida interior, que não pode ser reduzida à mera manifestação da cultura ou da sociedade e que não se acha descolada delas; em interação interpessoal, mas também com elementos coletivos, é um 'todo integrado e organizado' e capaz de escolhas e de criação de significado para a realidade. [...]

Outro exemplo de difícil classificação seria a gula. A alimentação é considerada uma necessidade básica, mas como classificar a ingestão exagerada de alimentos? Esse é um tema relevante porque quase metade da população mundial encontra-se acima do que se costuma definir como peso ideal.[25] Parece coerente responder que o excesso de alimentos deveria ser classificado como desejo porque a sua ausência não prejudicaria a sobrevivência. Porém, como definir a quantidade e a qualidade adequadas dos alimentos para cada pessoa? Partindo da premissa de que cada ser humano é um universo peculiar, a resposta consensual para esta pergunta seria difícil.

Além da subjetividade inerente à distinção entre necessidades e desejos, o que mais importa para a Economia Baseada na Abundância (EBA!) é o impacto dos comportamentos sobre o ambiente (nosso próprio corpo, pessoas e ecossistemas). São os nossos comportamentos cotidianos, conforme argumentado no capítulo 1, que estão causando os problemas sociais e ambientais que enfrentamos. Os exemplos mencionados neste tópico indicam que nossas ações possuem variadas e complexas motivações, inclusive necessidades e desejos. A reflexão pessoal sobre as atitudes diárias deveria privilegiar a sua harmonia com nosso referencial íntimo e os seus impactos sobre o ambiente, sejam elas motivadas por definições externas de necessidades, desejos ou outras quaisquer. Supomos que este crivo filosófico seria relevante para atribuir significado à nossa vida, bem como para lidar com a crise civilizacional contemporânea. Tal entendimento, portanto, dispensa a separação entre necessidades e desejos, uma vez que ambos são capazes de motivar comportamentos.

Superando a pirâmide das necessidades humanas

A consideração das necessidades humanas pela teoria econômica predominante recorre com frequência à obra de Abraham Maslow. A apropriação desse conhecimento feita pela literatura econômica dominante parece seguir a tendência de reducionismo. Sobre esse aspecto Sampaio (2009: 7) faz o seguinte comentário:

> A maioria dos autores de comportamento organizacional (por exemplo: ROBBINS, 1999; BOWDITCH e BUONO, 1992), talvez na tentativa de tornar didático seu texto, simplifica ou reduz a teoria de Maslow a uma suposta pirâmide da hierarquia das necessidades. Por reducionismo entende-se aqui não o reducionismo metodológico (OLIVEIRA FILHO, 1995), mas o reducionismo teórico, no qual se decompõe um fenômeno complexo em partes simples e passa-se a valorizar mais a interação dessas partes do que o próprio fenômeno.

Essa suposta pirâmide da hierarquia das necessidades é encontrada, por exemplo, na obra de Rossetti (2000: 208) e reproduzida na ilustração 4.

---

25 A ingestão exagerada de alimentos é apenas uma das várias causas do sobrepeso e da obesidade. Contudo, supomos que isso não invalide o comentário efetuado.

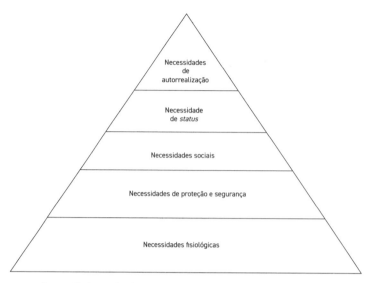

Ilustração 4: *escala das necessidades humanas atribuída a Maslow.*

Rossetti (2000: 209) faz o seguinte comentário sobre essa escala de necessidades humanas:

> A hipótese de que as necessidades são ilimitáveis tem muito a ver com essas escalas hierárquicas. Em todas as nações, há unidades familiares que se encontram nos diferentes estágios da pirâmide de aspirações. E os que se encontram nos estágios inferiores certamente se aplicarão na ascensão para o estágio seguinte. A emulação social, o efeito-demonstração e as relações de vizinhança são estímulos para a busca de padrões mais altos. Esses estímulos individuais se amplificam à medida que consideramos a sociedade como um todo. Por mais altos que sejam os padrões de desenvolvimento econômico e social já alcançados, há sempre mais por fazer, em todos os estágios hierárquicos conjuntamente considerados.

O texto citado sugere a relação entre a escala hierárquica apresentada e a opção de que as necessidades humanas são ilimitadas. Também parece válido afirmar que os estímulos mencionados para o surgimento das necessidades são externos (emulação social, efeito-demonstração e relações de vizinhança), fundamentados nas emoções aflitivas (inveja, orgulho, ganância e egoísmo), bem como desvinculados dos anseios autênticos da pessoa. Desconsidera a questão essencial: o que o ser único que sou precisa para se sentir satisfeito? Podemos inferir, então, que essa apropriação da obra de Maslow estimula a experiência de um estado de permanente insatisfação, contribui para a expansão da escassez, conflita com os interesses da consciência emergente e proporciona uma oportunidade de superação para se harmonizar com a consciência emergente.

Entendemos, adicionalmente, que a forma de apresentação da pirâmide de necessidades humanas apropriada pela literatura econômica dominante seria desarmônica com a consciência emergente pelos seguintes aspectos:

a) a pirâmide (triângulo) é um símbolo associado à concentração de poder social, objetivo da teoria econômica predominante (capítulo 2), porém, uma manifestação que a consciência emergente parece rejeitar (capítulo 3);
b) sugestão de que, tendo sido alcançado um determinado patamar da pirâmide, os inferiores estariam "conquistados" – o pico de uma pirâmide não se sustenta sem a sua base; e
c) os bens econômicos consumidos ou acumulados satisfazem harmonicamente as necessidades das pessoas, inexistindo eventuais conflitos interiores subjacentes a esses comportamentos (satisfação de vícios, ostentação em meio à pobreza, uso de recursos naturais não renováveis e/ou poluentes, entre outros).

Pelo exposto, a referida pirâmide das necessidades humanas poderia ser considerada reducionista e alienante. Com o intuito de adequar a abordagem das necessidades humanas às características da consciência emergente sugerimos a forma de apresentação contida na Ilustração 5. Os próximos tópicos abordam as suas contribuições para a Economia Baseada na Abundância (EBA!).

Ilustração 5: *evolução das necessidades do indivíduo.*

Efeitos do consumo e acumulação de recursos sobre o ser interno

O primeiro aspecto da proposta de evolução das necessidades humanas (ilustração 5) que merece destaque é a relação entre a forma como lidamos com a sua satisfação e o autoconhecimento. É possível que cheguemos ao final de nossa passagem pela Terra com a sensação de inutilidade se destinarmos parte significativa da nossa atenção para as ações de consumo e acumulação de recursos, desprezando suas contribuições para o desvendamento da nossa trama pessoal. Isso porque o consumo deveria ser entendido como um meio para viabilizar nossa existência e a acumulação um conforto precário para nossas inseguranças. Supomos que os esforços realizados para obter meios para a sobrevivência e aplacar precariamente medos não preenchem a vida de significado. Sobre esse assunto, Luft (2004: 99) faz o seguinte comentário:

> Precisamos aprender a lutar contra os modelos absurdos; a descobrir quem sou, do que gosto, como gosto de ser – como fico mais feliz. Isso não está nas revistas, na televisão, nos palpites dos amigos: é íntimo, pessoal, intransferível. Cada um precisa entender e construir.
>
> A felicidade é assim: cada um, a cada dia, aceita a que o mercado lhe oferece... ou determina a sua.

Ribeiro (2004: 158) ratifica esse entendimento com as seguintes palavras:

> Sócrates dizia: 'Conheça a si mesmo e conseguirá dominar suas emoções'. Talvez estejamos nos aproximando dessa antiga sabedoria dos gregos, escapando ao império do deus Logos, que tanto mal fez ao homem, tornando-o mero objeto dessa sociedade materialista, na qual passa a vida vegetando e consumindo supérfluos. [...]
>
> Eu diria até que esse homem não existe. É um termo forte, mas ele não existe dentro da própria vida, sendo guiado por parâmetros externos. Não se interiorizou, não se conheceu, não se descobriu. [...]

Estas passagens evidenciam que o desejo de consumir e se apropriar de tudo que os anunciantes oferecem pode nos afastar de nós mesmos (capítulo 11). Supomos que a orientação harmônica com a consciência emergente seria a destinação sistemática da nossa atenção para os efeitos (internos e externos) causados por cada ação de consumo ou acumulação. Sua contribuição seria o oferecimento de pistas sobre quem de fato somos, bem como sobre o nosso sentido de vida. Deveríamos, então, adotar uma política consciente de consumo e acumulação que promova o autoconhecimento. Este entendimento parece ter sido alcançado por Maslow, segundo as seguintes palavras de Sampaio (2009: 14):

A atenção dada por Maslow, em sua segunda fase, aos valores S [valores do ser – verdade, beleza, justiça, perfeição] e à construção de uma segunda dinâmica da motivação, articulada ao processo de identificação do *self*, parece ser um bom começo para o entendimento de fenômenos como a motivação do trabalhador voluntário. Ele permite que se distinga, inicialmente, o voluntário identificado ou metamotivado do voluntário instrumental, aquele que tem em vista alguma recompensa concreta não financeira em seu trabalho (a realização de um estágio que lhe permita adquirir experiência para a vida profissional, a incorporação de um registro curricular, a aproximação a pessoas que possam ser úteis futuramente etc.).

Partimos da premissa de que a identificação do nosso ser singular é de grande importância. Deveríamos, então, destinar atenção àquilo que nos aproxima do bem-estar duradouro. Explorando um exemplo bastante simplório, algumas pessoas entendem que, após uma semana de trabalho árduo, o ideal seria passar o final de semana descansando num local afastado dos grandes centros urbanos. O essencial aqui é descansar o final de semana num local sossegado, porém, alguns fixam como objetivo comprar uma casa de praia ou campo. Existe um ditado popular que sugere que esses bens proporcionam somente dois momentos de alegria: o da compra e o da venda... Isso porque, considerando os efeitos internos das ações de consumo e acumulação, a aquisição de um imóvel na praia ou no campo não é garantia de que passaremos os finais de semana descansando num lugar sossegado. Muitas vezes esses bens só trazem transtornos, tais como: agressões (furtos, demarcação de divisas com vizinhos, ruídos, fumaça); gastos que nos tornam mais dependentes do trabalho que nos escraviza durante a semana (manutenção, remuneração dos prestadores de serviços relacionados ao imóvel, sustento dos familiares e amigos que frequentam o imóvel de forma irresponsável, impostos, combustível, desgaste do veículo); conflito interno decorrente do abandono temporário quando a vida exige que dediquemos vários finais de semana a outras atividades (trabalho, doenças, viagens, compromissos sociais); entre outros. Isso é consistente com as palavras de Dalai Lama (2000: 59) sobre as dificuldades que as posses materiais costumam nos causar. Portanto, comprar um imóvel no campo ou na praia pode conflitar com o objetivo de usufruir momentos de descanso em locais sossegados. Este intento poderia ser alcançado através da contratação esporádica de serviços de hotéis-fazenda, pousadas, visitação de parques ou praias.

O parágrafo anterior se relaciona com uma das deficiências atribuídas à escala de necessidades humanas, ou seja, a desconsideração dos efeitos das ações de consumo e acumulação sobre o bem-estar individual e coletivo. Esta omissão é oportuna para a teoria econômica predominante porque incentiva a criação de novas necessidades (associadas aos bens adquiridos), acarretando o aumento da escassez.

A evolução das necessidades humanas proposta é diferente porque sugere que as atitudes de consumo e a acumulação podem ser analisadas sob os ângulos externo e interno ao ser. Suponhamos, por exemplo, que o início do processo ocorre no âmbito interno do indivíduo, a partir da identificação de uma necessidade (comprar um imóvel na praia). Objetivando satisfazer essa necessidade o indivíduo voltaria sua atenção para o ambiente externo, reunindo os recursos necessários para efetuar o negócio (este seria o primeiro momento de felicidade...).

Contudo, conforme mencionado, o bem adquirido causa efeitos sobre o ser interno do indivíduo (medo de arrombamentos, receio de desgaste do imóvel por falta de manutenção e preocupação com a garantia dos recursos exigidos para pagar as despesas adicionais). Isso gera aflições e novas necessidades. A atenção do indivíduo retorna ao meio externo para reunir mais recursos escassos para satisfazer essas novas necessidades. Ao satisfazê-las (contratação de serviços de pedreiros, jardineiros, faxineira, compra de equipamentos de segurança, compra de um carro maior e mais novo para tornar as viagens mais confortáveis), a atenção do indivíduo se volta para o seu interior para usufruir a satisfação que o atendimento dessas necessidades de segunda geração proporciona. Ela, todavia, pode ser fugaz porque os novos bens e serviços geram necessidades de terceira geração (fazer trabalhos adicionais e cursos de aperfeiçoamento para obter mais dinheiro para pagar as despesas que insistem em aumentar, tornando a semana ainda mais árdua ou o descanso do final de semana mais curto; dedicar atenção aos problemas de relacionamento associados aos prestadores de serviços contratados – pedreiro que furta materiais e atrasa a entrega da obra, jardineiro que contamina a água com produtos de adubação etc.). Esse processo de aquisição de bens e serviços gerando novas necessidades pode se estender por um longo período.

Alguns, após vários ciclos de geração e satisfação das necessidades derivadas da aquisição de um bem específico, percebem que estão vivendo uma vida diferente da esperada. Muitas vezes eles corajosamente se desfazem (venda, doação ou abandono) dos bens que os desviaram do essencial. Mesmo quando acarretam perdas econômicas consideráveis, essa atitude externa pode afetar favoravelmente o ser interno, tornando-se uma fonte de grande alívio (segundo momento de felicidade...). Supomos que esta experiência, se integrada, gera bem-estar duradouro porque aumenta o autoconhecimento e a sabedoria que protegem de outros desvios similares. Paulatinamente esse processo pode descortinar o ser que realmente somos e o nosso objetivo de vida.

Cabe aqui a seguinte questão: sempre que adquirimos um bem ou serviço nos afastamos do nosso objetivo de vida? Supomos que não. Alguns compram imóveis no campo ou na praia e se identificam tanto com o local que decidem, também corajosamente, abandonar a vida que levavam, transferindo definitivamente a sua moradia. O que diferencia o primeiro caso do segundo? Talvez seja o nível de autoconhecimento. Em geral, ele é menos desenvolvido nos primeiros estágios da existência. Nesse período, o mais provável é que se experimentem mais frequentemente situações desviantes. O aproveitamento das oportunidades proporcionadas pelo processo de atendimento das necessidades, com o passar do tempo, pode refinar a sabedoria e melhorar a efetividade das escolhas.

Deduzimos, então, que a proposta de evolução das necessidades humanas em espiral é coerente com as características da consciência emergente porque destaca a importância da associação das ações externas de consumo e acumulação com os seus efeitos sobre o mundo íntimo da pessoa. Logo, com o evoluir da existência e elevação do nível de autoconhecimento, adquiriríamos, consumiríamos e manteríamos exclusivamente os bens e serviços harmônicos com nossa singularidade. Supomos que esse filtro existencial tenderia a reduzir o conjunto de necessidades, ampliando a abundância.

O processo dialético entre as facetas internas e externas à pessoa parece também harmônico com o pensamento de Maslow. Segundo Sampaio (2009: 14):

> O conceito de necessidade desenvolvido por Maslow possivelmente levou alguns autores a afirmarem que a motivação é interna, ou seja, pertence ao mundo íntimo da pessoa; entretanto, há que considerar-se que ela se acha articulada com o mundo exterior (onde se encontram os objetos de satisfação dos desejos) e mediada pela consciência (de si e do outro) e pelas relações sociais, ou seja, não é possível falar-se em gratificação sem considerar a inserção e o relacionamento humano no mundo social [...].

Esta citação parece confirmar a validade da consideração tanto do mundo íntimo como do ambiente (familiar, profissional, político, religioso, natural etc.) no qual o indivíduo está inserido. Tal separação nos parece meramente didática porque somos um ser integral, porém, sua contribuição reside na lembrança de que a percepção do processo de satisfação das necessidades é abrangente e complexa.

Argumentamos, também, que o consumo causa efeitos sobre o nosso ser interno, aproximando-nos ou afastando-nos de nós mesmos e do nosso objetivo de vida plena. Isso poderia ser questionado porque o item consumido desapareceria, incapacitando-o de causar efeitos posteriores. Entendemos que o consumo também afeta o bem-estar duradouro. Podemos analisar a necessidade de fumar cigarros como ilustração. Este tema parece relevante porque cerca de cinco milhões de pessoas morrem anualmente no mundo por causas associadas a esse comportamento. Acender um cigarro e tragar a sua fumaça deve gerar um efeito temporário de prazer para os viciados em tabaco. Todavia, após longo período de escravidão a esse hábito de consumo, é frequente o surgimento de enfermidades graves. Por recomendação médica alguns tentam, já com o estado físico debilitado, livrar-se desse flagelo. O seu efeito negativo é geralmente muito significativo por causa do desejo de fumar que não deve mais ser satisfeito, gerando carência e agravando a depressão associada ao conhecimento da própria doença. Aqueles que são bem sucedidos nessa empreitada saem fortalecidos com a sabedoria adquirida e reorientados para a busca dos seus objetivos longe dos cigarros. Entretanto, para outros, o resultado não é tão benéfico, gerando um fim de existência melancólico, sofrido e envolvido em arrependimento por um hábito de consumo nocivo dispensável.

O exemplo oferecido só contemplou o final do vício. Outros efeitos negativos sobre o bem-estar duradouro (individual e coletivo) podem ocorrer ao longo da sua prática. Vários conflitos já foram observados envolvendo fumantes ativos e passivos em transportes coletivos, restaurantes, locais de entretenimento, de trabalho, entre outros. Também tivemos a oportunidade de observar pessoas muito humildes, com dificuldades para satisfazerem suas necessidades mais elementares, usando seus parcos recursos para consumir cigarros. Podemos questionar também quais são os efeitos psicológicos sobre as famílias cujos arrimos perdem a saúde e a capacidade de trabalhar por causa das doenças decorrentes desse flagelo, bem como os efeitos dessas situações sobre o bem-estar coletivo. Estas considerações parecem justificar a inclusão do consumo na proposta de evolução das necessidades humanas. Além de cigarros, os comentários efetuados são aplicáveis à bebida alcoólica, às drogas (legais e ilegais), à ingestão excessiva de alimentos, ao uso dispensável de transportes individuais ou qualquer outra atitude de aquisição dispensável e inconsciente de bens e serviços. Pelo exposto, o consumo, identicamente à acumulação de recursos, afeta o nosso ser interno e deve ser realizado de forma consciente, para que proporcione uma aproximação do bem-estar duradouro individual e coletivo.

Dinâmica das necessidades humanas

A referida pirâmide de necessidades humanas sugere que o alcance de um determinado patamar implica na "conquista" dos inferiores. Sua sugestão subliminar é que a autorrealização é um estado reservado exclusivamente para os ricos, isto é, depois que se garantisse o atendimento das necessidades fisiológicas, de proteção e segurança, sociais e de *status*. Tal entendimento nos parece reducionista, preconceituoso e perigoso. Ele é coerente com a teoria econômica predominante porque estimula a concentração de poder social, ou seja, você estará condenado à ausência de realização plena se fracassar na busca pela riqueza.

A proposta apresentada de evolução das necessidades humanas considera que todo o conjunto de necessidades evolui em forma de espiral. Isso significa dizer que todas as necessidades evoluem com a própria pessoa, podendo se manifestar em qualquer fase de vida. Ela inclui a possibilidade da experiência de um estado de satisfação mesmo para aqueles que possuem um estilo de vida simples, bem como a de flagelo interior para pessoas detentoras de muitos recursos materiais. Tomemos a questão da moradia para exemplificar sua dinâmica. Habitação costuma ser considerada uma necessidade básica. Suponhamos que uma pessoa tenha nascido numa família que possua uma boa casa própria que lhe proporcionava um confortável quarto individual. Esta necessidade estaria adequadamente atendida nas primeiras fases da vida.

Porém, ao se tornar um jovem adulto, o indivíduo pode sentir a necessidade de viver a experiência de morar só ou com amigos. Sua família poderia não fornecer um imóvel para satisfazer essa necessidade, exigindo a reunião de recursos para atendê-la. Assim, uma necessidade básica que estava equacionada passa a exigir dedicação numa fase posterior. Suponhamos que ele encontrou um emprego e conseguiu alugar um imóvel, satisfazendo novamente esta necessidade básica.

Tempos depois a pessoa pode ter galgado posições de destaque na sua profissão, satisfazendo necessidades complexas (segurança, status etc.), experimentava um relacionamento afetivo significativo e o contrato de locação terminou. Ela decide se casar, gerando o desejo por um imóvel próprio e maior. Neste contexto a necessidade básica de moradia volta a exigir dedicação. Sua satisfação poderia demandar o sacrifício da "sofisticação" do consumo, mas dificilmente eliminaria completamente o atendimento de todas as necessidades consideradas mais complexas. Por conseguinte o alcance de um patamar mais elevado da pirâmide de necessidades não implica a garantia de atendimento dos inferiores.

Suponhamos, seguindo com o exemplo, que um esforço significativo tenha sido despendido e dívidas imobiliárias contraídas. O casal se empenhou para equilibrar as finanças e voltou a satisfazer outras necessidades complexas depois de algum tempo. Essa situação, porém, poderia ser interrompida com a notícia da vinda de gêmeos. Novas necessidades surgiriam, inclusive a de um imóvel maior para abrigá-los confortavelmente. Mais uma vez, a moradia exigiria dedicação. Isso reforça o argumento de que a satisfação de necessidades complexas não implica a garantia de atendimento das elementares.

Outro aspecto importante é a possibilidade de se viver melhor a partir da redução das necessidades. Depois de alguns anos, prosseguindo com o exemplo, o casal poderia se deparar com a partida dos gêmeos para as suas experiências pessoais. A casa, outrora suficiente para a família, se tornaria grande demais. A partir dessa percepção, a troca do imóvel por outro menor poderia poupar recursos (impostos, manutenção, tempo etc.) e também atender adequadamente a necessidade de moradia do casal. Em outras palavras, o casal experimentaria uma redução de necessidades com a mudança para um imóvel menor e isso poderia não prejudicar seu estado de satisfação. Esta ilustração gera ceticismo em relação à premissa de que nossa qualidade de vida tem relação direta com a complexidade, aumento ou refinamento das nossas necessidades.

Várias outras situações poderiam ser exploradas – mudança voluntária de estilo de vida, falência, desemprego, morte ou doença grave na família, exílio político, dentre outras. Também podemos observar indivíduos que buscam o atendimento de necessidades complexas através do sacrifício de recursos de que não dispõem (devedores compulsivos) ou que passam fome para ostentar um carro de luxo. Tudo isso indica que a vivência simultânea de diversos patamares da referida pirâmide de necessidades humanas é factível, descaracterizando a validade de uma hierarquia. Sampaio (2009: 14) se coaduna com este entendimento ao questionar que:

> [...] Mesmo com as concessões e relativizações feitas por Maslow ou, ainda, uma vez feitas essas concessões, pode-se postular a existência de uma hierarquia de preponderância de necessidades, válida para a maioria das pessoas de um grupo social? Essa controvertida questão continua sem suporte empírico ou fenomenológico, quase meio século após sua proposição. [...]
>
> Há que se valorizar, entretanto, sua contribuição para que se tenha uma visão de homem mais abrangente do que a proposta por Taylor ou pelos autores clássicos de microeconomia. Se não existe preponderância de necessidades, não cabe, portanto, tentar cunhar uma imagem piramidal que alguns autores insistem em utilizar; há que se pensar em um homem que lida com múltiplos anseios, capazes de o mobilizarem, nas diferentes instâncias sociais da vida: a organização laboral, a família e a vida em sociedade.

Pelo exposto, consideramos que a forma de espiral usada na ilustração 5 representa mais adequadamente a dinâmica das necessidades humanas. Ela sugere que o conjunto das necessidades, desde as chamadas básicas até as consideradas complexas, evolui com o indivíduo. Sinaliza também que a coerência entre o conjunto de necessidades e o ser singular deve oferecer relevante contribuição para uma vida com sentido. O bem-estar seria influenciado pela sabedoria adquirida através do processo de surgimento e atendimento das necessidades ao longo da nossa existência. As necessidades seriam consideradas refinadas na medida em que estivessem estritamente alinhadas com nossos referenciais íntimos, ainda que elementares. Este entendimento também reforça a validade do filtro existencial para as necessidades humanas, contribuindo para o aumento da abundância, bem como se harmoniza com o legado deixado pelos mais importantes "economistas" da história da humanidade, tais como: Buda, Sócrates, Epicuro, Jesus, Tolstói, Thoreau e Gandhi.

Em virtude do exposto consideramos que o processo de surgimento e atendimento das necessidades gera a oportunidade para o autoconhecimento e experiência do estado de suficiência. Aquelas necessidades associadas a efeitos negativos provocam o afastamento do bem-estar duradouro porque consomem recursos valiosos (tempo, atenção, dedicação, tranquilidade, vitalidade, saúde, entusiasmo e expectativas) com objetos prejudiciais ou irrelevantes para a plenitude do ser. Cada necessidade que renunciamos sem prejudicar a essência do nosso projeto de vida representa uma contribuição para a abundância equiparável a um ritual religioso, donativo às pessoas carentes, trabalho voluntário, participação em manifestações públicas, entre outras. Isso porque tal atitude torna sagrado o conjunto de recursos poupados (florestas, água, vidas humanas e não-humanas, ar, combustíveis etc.). Sams (1993: 96), ao prestar esclarecimentos sobre a cerimônia nativa norte-americana da Dança do Sol, afirma que:

> Sua sombra está sempre pronta a ser sacrificada. Se você aprendeu com o fato de dançar com as trevas da ignorância, o sacrifício se torna a sua verdade. Se você usa menos papel a fim de poupar as florestas tropicais úmidas, você as torna sagradas. De todas as maneiras, você é instado a desistir de alguma coisa para estar à altura das suas convicções. Renunciar aos aerossóis, à apatia, à amargura, aos amigos gananciosos, ou ao excesso de açúcar pode dar nova dignidade à sua vida.
>
> Lembre-se que o autossacrifício não significa negar as suas necessidades. Trata-se de uma decisão consciente de seu próprio Ser, no sentido de escolher sacrificar as próprias limitações, substituindo-as por ações mais positivas.

Esta citação é relevante porque destaca a consagração dos recursos poupados pela renúncia das aquisições de bens materiais que sejam incongruentes com nossa singularidade. Ela também destaca a importância das ações conscientes e construtivas para a experiência de uma vida internamente digna, fator relevante para a experiência do bem-estar duradouro. Todas estas observações efetuadas sobre a suposta consciência emergente são harmônicas com o significado de necessidades humanas contemplado pela perspectiva econômica proposta nesta obra.

Consideramos, assim, que o conteúdo das necessidades humanas tenha sido adequadamente desenvolvido sob a ótica da Economia Baseada na Abundância (EBA!). Todavia, esta abordagem não deve se restringir à humanidade, conforme definição apresentada antes (capítulo 4) e argumentação desenvolvida no próximo tópico.

Necessidades dos ecossistemas

As necessidades dos demais seres que compartilham a Terra com a humanidade também são abrangidas pela definição da Economia Baseada na Abundância

(EBA!) porque eles contribuem sobremaneira para a manutenção da abundância. Sobre esse assunto, Lovejoy (2002: 69-70) informa que:

> A natureza contribui para o bem-estar humano por meio de vários tipos de serviços prestados pelos ecossistemas. A preservação de ecossistemas das bacias hídricas é um poderoso aliado na manutenção da qualidade da água. A administração da cidade de Nova York percebeu que recuperar o meio ambiente e a vida natural nas áreas de suas fontes custaria apenas 10% do valor necessário para construir estações de tratamento de água nas regiões degradadas. O ex-prefeito de Quito, Roque Sevilla, chama as florestas de "fábricas de água". Os serviços prestados pelos ecossistemas incluem a prevenção de desastres. A China baniu a extração de madeira e iniciou um processo de reflorestamento apenas com o objetivo de conter as enchentes devastadoras. 'Desastre natural' é muitas vezes o nome errado de acontecimento em parte ou de todo provocado pelo homem.
>
> Estima-se que os serviços prestados pelos ecossistemas tenham um valor econômico global de 33 trilhões de dólares por ano – mais que o produto mundial econômico bruto. Não é à toa que levam o assunto a sério – embora ainda não o suficiente – os governos de vários países e agências internacionais como o Banco Mundial [...].

Esta citação é importante porque estima que, se fôssemos pagar pelos serviços que os demais seres fornecem para o bem-estar geral, inclusive da humanidade (prevenção de enchentes, água potável, energia, regulação da temperatura, ar respirável, entre muitos outros), a soma de todos os bens econômicos produzidos por todos os países do Planeta não seria suficiente para honrar nossa dívida. Embora ainda restrito ao paradigma da escassez, esse dado se consubstancia numa evidência relevante de que as necessidades dos ecossistemas são, no mínimo, tão relevantes quanto às humanas para a busca da abundância. Elas são consideradas na definição da Economia Baseada na Abundância (capítulo 4). É lógico que a teoria econômica predominante trate marginalmente (externalidades) os impactos desses e nesses seres que prestam serviços gratuitos para todos. Isso porque esses serviços geralmente não podem ser apropriados por alguns em detrimento de muitos (exclusão, desigualdade), dificultando a concentração de poder social, conforme fartamente argumentado (capítulo 2).

Lovejoy (2002: 70) apresenta outra informação que indica que os serviços prestados pelos demais seres extrapolam a satisfação das necessidades materiais. Segundo ele:

> A situação grave em que está o mundo natural é problema dos mais difíceis e resistentes. É assunto para todas as nações e exige tanto iniciativas nacionais como colaboração internacional. O desafio também é totalmente ligado à condição em que as pessoas vivem, envolvendo a pobreza e a desigualdade. Vai requerer grandes lideranças, vontade política e compreensão pública. Contato com a natureza e experiência viva serão ingredientes

essenciais. Nos Estados Unidos, uma das reações aos ataques de 11 de setembro de 2001 foi o grande aumento na visitação aos parques nacionais. O poder de cura da natureza em tempos conturbados é outra forma de mostrar que ela é nosso recurso final.

Esta citação é fundamental porque reconhece que a natureza é a única instância efetivamente capaz de proporcionar abundância material, psicológica e espiritual. Nós, orientados pela teoria econômica baseada na escassez, temos dilapidado impiedosamente esse maná. O seu resultado é a inédita desigualdade. Supomos que a visão de mundo emergente esteja buscando a convivência harmoniosa e respeitosa com a natureza preservada porque seria o caminho que leva à experiência de satisfação. Temos, todavia, que dedicar especial atenção aos nossos contatos com o ambiente natural porque muitos deles acarretam a sua degradação. Várias atividades denominadas de turismo ecológico causam mais danos à natureza (desrespeito para com as necessidades dos demais seres) do que se deveria esperar de uma experiência de troca harmônica e respeitosa de energias.

Pelo exposto, entendemos que a orientação pela abundância deve considerar as necessidades dos demais seres que compartilham a Terra conosco. Eles são dignos de respeito porque são parceiros indispensáveis para o empreendimento de bem viver. Portanto, eles precisam ter suas necessidades também adequadamente atendidas para que o bem-estar (material, psicológico e espiritual) possa ser alcançado com mais facilidade. Isso significa dizer que os ecossistemas precisam ser preservados e recuperados (talvez somente deixados em paz) para que haja fartura para todos (humanidade e demais seres). A definição de Economia Baseada na Abundância (EBA!) se harmoniza com este entendimento porque consagra que todos os seres que habitam o Planeta são seus beneficiários (capítulo 4).

Necessidades – uma síntese

A argumentação desenvolvida neste capítulo evidencia que o conceito de necessidades é fulcral para a Economia Baseada na Abundância (EBA!) porque seu objeto consiste nas formas de satisfazê-las ou eliminá-las, facilitando o acesso ao estado de satisfação. Como seria esperado, o significado das necessidades para uma abordagem baseada na abundância é diametralmente oposto àquele associado ao paradigma da escassez. Enquanto a teoria econômica predominante estimula a expansão das necessidades para aumentar a escassez e a concentração de poder social, a Economia Baseada na Abundância (EBA!) sugere a circunscrição do atendimento das necessidades à singularidade de cada pessoa, bem como o aproveitamento da oportunidade de autoconhecimento inerente ao processo de consumo e acumulação de recursos.

O quadro apresentado na ilustração 6 destaca as principais diferenças de entendimento sobre as necessidades entre a teoria econômica predominante (TEP) e a Economia Baseada na Abundância (EBA!).

Quesitos	Teoria Econômica Predominante (TEP)	Economia Baseada na Abundância (EBA!)
Postura em relação às necessidades:	Expandir sempre, sem nenhum filtro, pois elas geram escassez, crescimento econômico e concentram poder social.	Destinar atenção para satisfazer somente as que são harmônicas com a singularidade de cada pessoa e aproveitar a oportunidade para autoconhecimento.
Eliminação das necessidades:	Desprezar, porque as necessidades crescentes são o combustível do crescimento econômico.	Estimular, porque uma quantidade menor de necessidades supérfluas ou perniciosas nos aproximam do bem-estar duradouro e geram abundância para todos.
Efeitos dos atos de consumo e acumulação sobre o ser interno:	Desprezar, porque a sua ignorância intensifica a influência dos anunciantes, estimula o consumo e a acumulação, o aumento das necessidades, da escassez, do crescimento econômico e da concentração de poder social.	Destacar, porque representa uma oportunidade para o autoconhecimento, auxiliando a eliminação das necessidades supérfluas e perniciosas, o atendimento das essenciais e o alcance do estado de satisfação.
Abrangência das necessidades:	Restringir às necessidades dos seres humanos que possuem poder de compra.	Abranger as necessidades de todos, inclusive dos seres não humanos porque estes são imprescindíveis para a manifestação da abundância na Terra.

Ilustração 6: *necessidades: diferenças entre a TEP e a EBA!*

6. Propriedade

> "O homem luta para ter. Quando tem,
> luta para não perder."
> Pereira Lima

> "Só sentimos medo de perder aquilo que temos, sejam
> nossas vidas ou nossas plantações. Mas este medo
> passa quando entendemos
> que nossa história e a história do mundo foram
> escritas pela mesma Mão."
> Paulo Coelho[26]

> "O primeiro que, ao cercar um terreno, teve a
> audácia de dizer **isso é meu** e encontrou gente
> bastante simples para acreditar nele foi o verdadeiro
> fundador da sociedade civil. Quantos crimes, guerras
> e assassinatos, quantas misérias e horrores teria
> poupado ao gênero humano aquele que, arrancando
> as estacas e cobrindo o fosso, tivesse gritado a seus
> semelhantes: 'Não escutem a esse impostor! Estarão
> perdidos se esquecerem que os frutos são de todos e a
> terra é de ninguém.'"
> Jean-Jacques Rousseau[27]

Este capítulo pretende esclarecer os diferentes entendimentos sobre a propriedade adotados pela teoria econômica predominante e a Economia Baseada na Abundância (EBA!). A propriedade é indispensável para a exclusão social e expansão da escassez. A ampliação da abundância exige a flexibilização do conceito de propriedade através da prática do compartilhamento.

---

26 Coelho (1988: 115)
27 Rouseeau (2017: 80)

O que é a propriedade?

A propriedade é uma ilusão e só produz efeitos concretos porque muitos nela acreditam. Temos fé, por exemplo, que um determinado pedaço do Planeta (que é de todos e nós dele) é de uma pessoa específica porque existe um papel assinado e carimbado guardado num determinado lugar (cartório, repartição pública ou outro qualquer). Essa criação jurídica por vezes simplesmente desaparece sob a ação de pessoas mais astutas ou poderosas – furtos, desapropriações, confiscos, início de funcionamento de barragens de hidrelétricas etc. Tais desilusões costumam ser impactantes porque percebemos, mesmo por instantes fugazes, que as bases das nossas certezas foram construídas em terreno movediço.

A propriedade sobre os recursos capazes de satisfazer as necessidades foi parcialmente abordada nos capítulos anteriores. Ela é equiparável à escassez para a teoria econômica predominante porque sem ela também não existiria bem econômico, seu objeto (Morcillo e Troster, 1994: 8). Seu objetivo também estaria irremediavelmente comprometido porque essa ficção viabiliza a exclusão, a acumulação e a consequente concentração de poder social.

Considerando que a nova consciência pretende entrar em contato mais direto com a vida (evitar ilusões), rejeitar a concentração de poder social e superar o medo através do amor, parece válido supor que o impulso para a acumulação de riqueza tende a diminuir significativamente, assim como a importância do conceito de propriedade. A associação das ações de aquisição de bens materiais com o objetivo de vida plena (ilustração 5) também produz esse efeito. Um exemplo disso se consubstancia na experiência da empresa Scott Bader Co. Ltd., relatada por Schumacher (1983: 241-248). Destacamos, a seguir, uma parte do texto (página 245) que ilustra adequadamente nossa argumentação.

> [...] conquanto ninguém adquiriu qualquer propriedade, o Sr. Bader e sua família sem embargo se privaram de sua propriedade. Abandonaram voluntariamente a possibilidade de tornarem-se incomumente ricos. Ora, não é preciso a gente ser um crente da igualdade total, seja lá o que isso queira dizer, para ser capaz de ver que a existência de gente incomumente rica em qualquer sociedade hoje em dia é um mal muito grande. Algumas desigualdades de riqueza e renda são sem dúvida 'naturais' e funcionalmente justificáveis, e poucas pessoas não reconhecem isto de bom grado. Mas aqui também, como em todos os assuntos humanos, trata-se de uma questão de escala. A riqueza excessiva, como o poder, tende a corromper. Mesmo que os ricos não sejam ricos 'ociosos', mesmo quando eles trabalham mais arduamente que qualquer outro, trabalham diferente, aplicam padrões diferentes, e são postos à parte da humanidade comum. Eles se corrompem praticando a cobiça e corrompem o resto da sociedade provocando inveja. O Sr. Bader tirou as consequências destes

discernimentos e recusou-se a tornar-se incomumente rico e possibilitou, assim, formar uma verdadeira comunidade."[28]

O relato apresentado evidencia que é possível viver bem sem a busca pela concentração de poder social através da propriedade, característica harmônica com o paradigma da abundância.

A propriedade possui íntima ligação com a escassez e, por isso, o conceito dominante de riqueza é geralmente medido pela quantidade e valor dos recursos apoderados por um indivíduo. Tais recursos, em geral, se tornam indisponíveis para os demais, acarretando exclusão social e desigualdade. A consciência emergente, supostamente comprometida com a inclusão, deve evitar que a propriedade proporcione escassez. Todavia, devido à fase transitória que a humanidade experimenta e os graves efeitos negativos que a propriedade costuma causar, decidimos tecer mais alguns comentários a esse respeito.

Superando a propriedade privada, pública ou mista

A propriedade geralmente é tipificada como: privada, pública ou mista. Essas formas de tratamento são associadas por Rossetti (2000: 197) aos ordenamentos institucionais do processo econômico da Economia de Mercado (propriedade individual ou societária-privada), Economia de Comando Central (propriedade coletiva, socializada – pública) e Sistemas Mistos (coexistência da propriedade privada e pública), respectivamente. Tal classificação, embora útil para algumas circunstâncias, seria essencialmente irrelevante para a busca da abundância.

Supomos que a essência deste tema seria o usufruto do recurso. Em conformidade com a classificação apresentada, poderíamos, com base numa análise superficial, concluir que a abundância estaria associada à propriedade pública, coletiva, socializada. A definição de propriedade pública fornecida por Rizzieri, na obra coordenada por Pinho e Vasconcellos (1998: 27), parece ratificar essa conclusão superficial. Segundo ele, num contexto de propriedade pública: "Os meios de produção – máquinas, edifícios, matérias-primas, instrumentos, tratores e caminhões, terras, minas, bancos etc. – são considerados como pertencentes a todo o povo, isto é, propriedade coletiva". O engodo que essa afirmação poderia gerar é que o usufruto desses recursos estaria ao alcance de todos porque eles são de propriedade governamental. Entretanto, a propriedade governamental não significa necessariamente usufruto coletivo. Sobre esse assunto, Schumacher (1983: 248-249) propõe a seguinte reflexão:

---

28 Concordamos com o autor quando ele afirma que "desigualdades razoáveis" de riqueza e renda seriam "naturais". Porém, não para a funcionalidade dos sistemas, mas pelas diferenças que existem entre os indivíduos. Por exemplo, dependendo de vários outros aspectos, seria mais justificável que uma pessoa com deficiência física possuísse um meio de transporte individual do que outra sem essa restrição. Também a questão do trabalho como justificativa social é abordada no capítulo 10.

Afigura-se haver três principais escolhas para uma sociedade onde os assuntos econômicos obrigatoriamente absorvem a maior atenção – a escolha entre posse privada dos meios de produção e, alternativamente, vários tipos de posse pública ou coletivizada; a escolha entre uma economia de mercado e várias combinações de 'planejamento'; e a escolha entre 'liberdade' e 'totalitarismo'. Não é mister dizer, com referência a esses três pares contrários, que sempre haverá certa dose de mistura na realidade – pois são até certo ponto complementares em vez de contrários – mas a mistura mostrará a preponderância de um ou de outro lado.

Ora, pode ser observado que os com forte preconceito em favor da posse privada quase invariavelmente tendem a argumentar que a posse não-privada inevitável e forçosamente conduzirá a 'planejamento' e 'totalitarismo', ao passo que a 'liberdade' só pode ser pensada na base da posse privada e da economia de mercado. Analogamente, os que favorecem várias formas de posse coletivizada tendem a argumentar, apesar de não tão dogmaticamente, que esta necessariamente impõe planejamento centralizado; a liberdade, alegam, só pode ser conseguida pela posse socializada e pelo planejamento, enquanto a alegada liberdade da posse privada e da economia de mercado nada mais é do que 'liberdade para jantar no Ritz e dormir debaixo das pontes do Tâmisa'. Em outras palavras, todos reivindicam ser capazes de alcançar a liberdade por seu próprio 'sistema' e acusam todos os demais 'sistemas' como inevitavelmente acarretando tirania, totalitarismo, ou anarquia conduzindo a ambos.

As discussões sobre essas linhas quase sempre geram mais calor do que luz, como ocorre em todas as discussões que fazem a 'realidade' derivar de um arcabouço conceitual, em vez de fazer derivar este arcabouço da realidade. Quando há três alternativas principais, há 2³, ou sejam, 8 possíveis combinações. É sempre razoável esperar que a vida real implemente todas as possibilidades – uma vez ou outra, ou até simultaneamente em diferentes lugares. Os oito casos possíveis, quanto às três escolhas que mencionei, são os seguintes (arrumei-os sob o aspecto de liberdade x totalitarismo, por ser esta a principal consideração sob o ponto de vista metafísico adotado neste livro):

Caso 1. Liberdade Economia de mercado Posse privada	Caso 5. Totalitarismo Economia de mercado Posse privada
Caso 2. Liberdade Planejamento Posse privada	Caso 6. Totalitarismo Planejamento Posse privada
Caso 3. Liberdade Economia de mercado Posse coletivizada	Caso 7. Totalitarismo Economia de mercado Posse coletivizada
Caso 4. Liberdade Planejamento Posse coletivizada	Caso 8. Totalitarismo Planejamento Posse coletivizada

É absurdo asseverar que os únicos casos 'possíveis' sejam 1 e 8: estes são apenas os casos mais simples sob o ponto de vista dos propagandistas obsedados por conceitos. A realidade, graças a Deus, é mais imaginativa; mas deixarei à diligência do leitor identificar exemplos concretos ou históricos para cada um dos oito casos acima identificados, e recomendarei aos professores de Ciência Política que proponham este exercício a seus alunos.

Esta citação esclarece didaticamente que as características menos nobres da natureza humana (totalitarismo, usando a palavra do autor) podem ser manifestadas em economias de mercado ou planificadas, bem como nos sistemas de propriedade privada ou coletiva. Várias propriedades públicas possuem usufruto restrito, beneficiando a alguns em detrimento de muitos, contribuindo para a expansão da escassez e da concentração de poder social. Um exemplo notório é a área militar. Nessas áreas de propriedade do governo (geralmente confundida com propriedade coletiva), o usufruto é restrito, devido às questões de segurança nacional, típicas da consciência dominante. É também possível observar as praias localizadas no interior das áreas reservadas da Marinha de Guerra sendo frequentadas por pessoas autorizadas pelos comandantes responsáveis por essas áreas, geralmente seus familiares e amigos. Tal ocorrência se constitui em uso da propriedade pública em benefício privado, individual ou corporativo, ação geradora de escassez. Isso porque a quantidade de áreas que atendem às necessidades de entretenimento da coletividade diminui, conferindo poder social para as pessoas que as controlam. Essa argumentação é aplicável a todas as instalações militares, tais como: hospitais, refeitórios, praças de esportes, dentre outras.

Outro exemplo de propriedade pública que proporciona usufruto restrito é a universidade pública e gratuita que se destine preponderantemente a outorgar licenças para exploração de uma atividade econômica (Medicina, Engenharia, Odontologia, Economia, Direito, Contabilidade etc.) para integrantes das classes mais favorecidas da sociedade. Esse é um exemplo típico de concentração de renda pela iniciativa governamental porque essa escola seria sustentada pelos impostos de todos (inclusive dos pobres) para beneficiar preponderantemente os mais abastados. A destinação de uma parcela das vagas para integrantes de determinados segmentos menos favorecidos seria uma atitude irrelevante (talvez até prejudicial) para o equacionamento da questão essencial da propriedade geradora de escassez. Para justificar sua existência, uma universidade pública e gratuita deveria reunir recursos (materiais, humanos e tecnológicos) para prestar serviços à coletividade e estimular a responsabilidade socioambiental entre todos os participantes. No Brasil, em geral, tais serviços são residuais. Este assunto se vincula aos tributos, tópico abordado adiante.

Mais um exemplo de propriedade pública geradora de escassez tem sido observado nas praças públicas de alguns centros urbanos. Essas áreas de entretenimento tipicamente coletivas têm sido sistematicamente cercadas e franqueadas à população somente em horários determinados. A propriedade coletiva passa a ser governamental. Isso ocorre, inclusive com o aplauso geral, porque os níveis de violência (outro fator relevante de geração de escassez estimulado pela teoria econômica predominante) as tornam perigosas. Para adiar, de forma populista, a solução do problema da insegurança (aumentando-o, é claro), as administrações locais cercam as praças, colocam vigilantes e as fecham em determinados períodos para reduzir gastos. Os usuários potenciais ficam impedidos de usá-las durante os horários de fechamento, tendo que buscar outras formas de entretenimento, possivelmente onerosas. A situação se complica porque a praça pública deixa de ser acessível para todos e passa a ser controlada por funcionários do governo local. Já foram observadas praças públicas fechadas durante horários de alta visitação porque o funcionário da administração local faltou ao serviço ou se atrasou. Uma delas, inclusive, teve sua placa indicativa do horário de abertura deliberadamente danificada pelo funcionário responsável porque ele não possuía transporte coletivo para chegar ao trabalho na hora registrada. Todas essas situações são geradoras de escassez, mesmo envolvendo a propriedade pública.

Estas observações ilustram a inadequação do vínculo entre a propriedade pública e a busca da abundância. Também o vínculo estrito entre a propriedade privada e o aumento da escassez não parece válido. Por mais estranho que possa parecer (relembrando a obra de Machado de Assis – "A Igreja do Diabo" – capítulo 3), alguns indivíduos, mesmo em sociedades capitalistas, subordinam o uso da sua propriedade privada ao interesse coletivo. Um exemplo seria o instituto da Reserva Particular do Patrimônio Natural (RPPN).[29] Ele consiste na renúncia, por parte do proprietário, da exploração predatória das áreas de interesse ambiental. Essa decisão é irreversível (gravada em registro público), proporciona a isenção de impostos e gera abundância para a coletividade – prevenção de enchentes, abastecimento e melhoria da qualidade da água, redução dos rigores climáticos, manutenção da qualidade do ar etc. A escassez associada à restrição de uso inerente à propriedade privada pode ser atenuada pelos benefícios coletivos e difusos proporcionados. Ademais, a gestão privada, em alguns casos, supera a governamental que está inserida num conflito de interesses mais abrangente.[30]

Muitos outros exemplos de usufruto injustificável de recursos apropriados pelas iniciativas privada e governamental poderiam ser explorados. Somente para citar alguns muito frequentes no nosso cotidiano: bares que colocam suas mesas nas calçadas e som alto, prejudicando o trânsito de pedestres e a tranquilidade da vizinhança; pessoas com residência em obra que depositam materiais de construção

---

[29] Programa do Instituto Brasileiro de Meio Ambiente e Recursos Naturais Renováveis de 1990 e Decreto nº 1.922, de 05/06/1996.
[30] Vale lembrar que mesmo instrumentos interessantes podem ser apropriados e usados de forma indevida.

nas calçadas e ruas, prejudicando o trânsito de pedestres e veículos; residências e entidades privadas e governamentais que despejam seu esgoto em recursos hídricos (rios, lagoas e mar); residências e entidades que fazem churrasco ou queimam folhas, restos de podas e/ou resíduos (inclusive tóxicos – plásticos, tintas, entre outros), prejudicando a saúde das pessoas que inalam a fumaça produzida; comércio ambulante, prejudicando o trânsito de pedestres; captura de animais silvestres, impedindo que prestem seus serviços ambientais e que outras pessoas os admirem no seu habitat natural; pessoas que soltam balões, colocando em risco vidas, residências, instalações industriais e áreas de interesse ambiental etc.

A argumentação apresentada é uma evidência de que a classificação da propriedade em pública e privada é irrelevante para a busca da abundância. Tawney, citado por Schumacher (1983: 238), propõe que a organização da sociedade se baseie nas funções, em vez de direitos. A constituição brasileira de 1988 ambiguamente inclui esse entendimento.[31] Isso sugere que a essência da questão da propriedade geradora de escassez é o uso que dela se faz – coletivo e solidário ou privativo e egoísta. O ideal seria a sua inexistência e o usufruto livre, parcimonioso e responsável dos recursos. Em outras palavras, seria integrar a ideia de que os recursos pertencem a todos, em vez de a alguém ou ninguém. Como isso é difícil para o atual momento, suposta fase de transição, poderíamos acionar nossa inventividade para aumentar o usufruto coletivo das propriedades existentes (públicas e privadas). O verbo para ser conjugado seria: *compartilhar*. Os benefícios provenientes desses comportamentos poderiam atenuar o medo e as resistências à flexibilização ou extinção do conceito de propriedade. A seguir são apresentadas algumas sugestões hipotéticas e concretas que podem inspirar o cumprimento desta tarefa.

Escola solidária

A educação é um problema relevante e seu equacionamento, muito complexo. Dois dos inúmeros aspectos envolvidos são: elevado preço do ensino privado e falta de vagas nas escolas públicas e gratuitas. Ambos são harmônicos com o paradigma da escassez. Uma forma complementar para reduzir esses problemas poderia ser o compartilhamento de várias áreas de imóveis residenciais privados que ficam ociosas em vários horários (play ground, salão de festas, dentre outras). Isso se constitui numa oportunidade de uso solidário da propriedade privada. Uma cooperativa de professores e/ou de pais poderia ser constituída para organizar o processo de ensino-aprendizagem nesses locais ociosos. Cada imóvel, por exemplo, poderia desenvolver uma série do ensino fundamental, num horário matutino ou vespertino. Oito ou dez deles seriam equivalentes a uma escola. Isso poderia ser alcançado num único quarteirão em áreas urbanas densamente ocupadas.

---

31 "Art.5 [...] XXII- é garantido o direito de propriedade; XXIII- a propriedade atenderá à sua função social"

Vários grupos poderiam ser beneficiados, dependendo da forma de organização. Em primeiro lugar, toda a sociedade seria beneficiada pelo fato de que mais pessoas teriam acesso facilitado à educação fundamental. Segundo, mais pessoas melhorariam sua qualidade de vida porque receberiam o serviço de educação. Terceiro, os professores cooperados poderiam receber remunerações mais adequadas do que as pagas pelos empresários ou governos. Quarto, os pais dos alunos cooperados poderiam participar ativamente na escola, elevando a sua qualidade e pagando menores mensalidades. Quinto, os moradores dos imóveis poderiam se beneficiar com alguma remuneração (aluguel, isenção tributária etc.). Sexto, alunos carentes poderiam ser beneficiados se algumas vagas fossem destinadas para essa clientela em troca da autorização de funcionamento. Sétimo, os condutores de veículos poderiam se beneficiar com a diminuição do fluxo de veículos nas ruas e avenidas porque os alunos, ao estudarem no próprio prédio ou imediações, dispensariam o deslocamento até as escolas convencionais. Outros benefícios desse empreendimento poderiam ser gerados, tornando a propriedade geradora de abundância líquida, ou seja, benefícios coletivos superiores aos sacrifícios inerentes à restrição de uso.

Locadora de livros solidária

O preço do livro pode restringir o acesso à leitura. Várias pessoas, por outro lado, têm o problema de espaço físico, entre outros, para acondicionar adequadamente seus livros. Isso gera necessidades, tais como: móveis, ampliação das residências etc. Ademais, muitas obras ficam guardadas por anos sem serem consultadas, enquanto outras pessoas não têm acesso a elas.

Buscando ampliar o benefício coletivo dessas obras de propriedade privada, um empreendimento poderia ser implementado para intermediar os proprietários dos livros e os leitores potenciais. Ele armazenaria e zelaria pelos livros de propriedade de terceiros, comprometendo-se a devolvê-los quando solicitado, seguindo regras determinadas. Os livros poderiam ser emprestados para os interessados por preços inferiores aos de compra nas livrarias. Dependendo da forma do empreendimento, ele poderia trazer benefícios para:

a) os proprietários dos livros: liberação de espaço físico, liberação de móveis, facilidade na manutenção da higiene (evitando o acúmulo de poeira, fungos etc.), ganho de alguma remuneração pelos livros locados etc.;
b) os leitores potenciais: usufruto de obras gratuitamente e/ou por preços mais acessíveis;
c) os intermediários: usufruto gratuito das obras armazenadas, remuneração paga pelos proprietários (armazenamento), pelos leitores potenciais (locação), anunciantes, subsídios governamentais etc.; e

d) a sociedade como um todo: pessoas (proprietários e leitores) com menos necessidades exigindo satisfação, maior divulgação de conhecimentos e informações, menores gastos de papel, tinta, horas de trabalho etc.

Esta argumentação pode ser expandida para vários outros tipos de recursos – barcos, automóveis, terras cultiváveis, entre outros. Alguns já existem, como mostram os próximos tópicos.

Locadora de automóveis diferente

Abramovay (2012: 78) compartilha um exemplo que amplia o usufruto de veículos particulares. Segundo ele:

> [...] não é viável, por exemplo, que a produção de automóveis individuais siga como um dos vetores essenciais da expansão econômica, apesar do prejuízo causado por esse meio de transporte ao desenho de cidades sustentáveis, à saúde dos indivíduos e ao vigor das comunidades territoriais. O avanço nos novos materiais e nas fontes de energia para os automóveis só será realmente significativo se acompanhado de formas compartilhadas de uso que reduzam de maneira drástica a quantidade de veículos em circulação e apoiem o aumento da mobilidade em transportes coletivos e, acima de tudo, de desenhos urbanos voltados para as pessoas, e não para os carros. Mais do que uma simples restrição, existe aí uma oportunidade extraordinária de realização de negócios, como mostra o site americano zipcar.com, destinado explicitamente a clientes que querem o conforto de um automóvel individual, mas podem compartilhar seu uso por meio de aluguel. E é interessante observar que não se trata somente de uma forma convencional de alugar um carro: há um código de comportamento no uso do zipcar.com e, por meio dele, as pessoas cuidam dos veículos que alugam, devolvem-no limpo e abastecido, sem que para isso haja controles explícitos. Toda a publicidade do site visa estimular o uso partilhado dos bens e, portanto, a economia que isso traz às pessoas e à sociedade.

Embora o exemplo descrito esteja ainda imerso no contexto da teoria econômica predominante (oportunidade de enriquecimento oriunda de restrições à satisfação de necessidades – escassez), ele contempla características atribuíveis à consciência emergente, notadamente partilha, confiança e responsabilidade. Estas permitem o atendimento de um conjunto maior de necessidades com menos bens materiais, bem como dispensam controles explícitos, consumidores de recursos, tornando as relações das pessoas mais diretas, desimpedidas e leves. Por isso ele pode ser considerado harmônico com o processo de transição que parece estar em curso.

Serviço de transporte diferente

Outro serviço peculiar operando em várias partes do mundo para satisfazer a necessidade de locomoção é o Uber. Ele se baseia numa plataforma virtual que aproxima as pessoas que têm a posse de automóveis e disponibilidade para prestar serviços de transporte daquelas que necessitam de locomoções. Esta modalidade de transporte também está imersa na teoria econômica predominante, mas dispensa a burocracia subjacente à formalização da atividade. Os transportadores formais têm que cumprir numerosas exigências (registro, pagamento de taxas, subordinação às agências governamentais, vistoria periódica, pintura especial do veículo, entre outras) que tornam as relações mais onerosas. As justificativas aparentes para tais encargos seriam segurança, confiabilidade e ordenamento urbano. Apesar das aparentes boas intenções, as falhas são corriqueiras, fato que gera suposições de que as restrições servem mais para atender a máxima: "criar a dificuldade para vender a facilidade". Se este entendimento for apropriado, vários recursos estariam sendo desperdiçados (vidas humanas e não humanas, papel, energia, plástico, tinta etc.), fenômeno que parece ser rejeitado pela consciência emergente. Por isso o Uber poderia ser considerado um serviço interessante para a transição que experimentamos.

Vários profissionais do transporte são contrários ao Uber e aderiram às campanhas desestimuladoras da sua contratação. A argumentação que as sustenta destaca a falta de segurança e confiabilidade dos serviços (insubordinação às exigências das autoridades governamentais), bem como a irresponsabilidade cidadã pela contratação de prestadores de serviços que não pagam tributos.

Quanto à falta de segurança e confiabilidade nos serviços, o Uber conta com um sistema de transparência de informações que parece eficaz para a garantia da segurança e confiabilidade dos serviços, tendo em vista sua popularidade. Quanto à irresponsabilidade cidadã, muitas considerações podem ser tecidas e algumas delas são apresentadas nos capítulos 7 e 14, Estado e Tributos, respectivamente. Por hora vale ratificar que os profissionais formais, diferente daqueles que operam pelo Uber, pagam diversas taxas específicas para terem o direito de explorar uma parcela do mercado de transporte. Contudo, eles também conquistaram vários benefícios fiscais exclusivos, tais como: isenção de impostos sobre a compra de automóveis, tributos reduzidos sobre a propriedade de veículos, entre outros. Ademais, como no Brasil existem inúmeros tributos, nada garante que um transportador formal cumpra integralmente suas obrigações tributárias, bem como que os transportadores Uber soneguem todos os seus tributos.

O exposto parece evidenciar que a questão é complexa. Suspeitamos que o cerne da disputa seja a concentração de poder social. A capacidade de deslocamento rápido e distante é um grande poder sobre os outros. Quem tem acesso fácil a um bom transporte chega na frente (tempo) e em melhores condições (descansado, asseado, disposto) que aqueles que possuem restrições. Essa é uma vantagem relevante num ambiente que estimula a competição. Por esse motivo é muito comum que as pessoas busquem vantagens sobre os demais através do acesso aos meios de transporte adequados. Sabedores disso, os astutos se organizam para enriquecer proporcionando essas vantagens para as pessoas. Os mais astutos ainda criam restrições sobre essa atividade para enriquecer oferecendo concessões para sua exploração. A história do transporte é marcada por intensas disputas; os profissionais formais de hoje foram os marginais de outrora. Isso vale para ônibus, vans, táxis, dentre outros.

Um aspecto relevante desse tema é o impacto da busca pelo transporte rápido e confortável pelas pessoas sobre o ambiente (próprio corpo, sociedade e natureza). Parece razoável supor que os conflitos são mais intensos em comunidades que experimentam forte desorganização urbana (transportes precários, longas distâncias para serem percorridas, longas jornadas de trabalho, elevada densidade demográfica, engarrafamentos, ocupação desordenada etc.). Se esta argumentação procede, deveríamos conectar a polêmica sobre transporte a vários outros aspectos relacionados com nosso estilo de vida. Talvez a melhor forma de lidar holisticamente com esta complicada situação seja intensificar nossa harmonização com a consciência emergente – superar a competição pela cooperação, o medo pelo amor, o poder social pelo pessoal, a complicação pela simplificação. Assim, poderemos atravessar melhor essa suposta fase de transição e conceber maneiras mais interessantes de viver de forma plena.

Acolhimento solidário

Outro serviço que surgiu na esteira das plataformas virtuais foi o *Airbnb*. Ele aproxima pessoas que possuem imóveis total ou parcialmente desocupados e dispostos a compartilhá-los com outras pessoas que necessitam de acomodação. Muito do que foi expresso no tópico anterior é aqui aplicável, inclusive disputas com profissionais formais do setor de hotelaria. Circulam informações sobre mobilizações para a sua proibição em vários locais.

Vale destacar, no entanto, a intensidade da experiência de algumas características da consciência emergente. É comum nesse serviço que as pessoas compartilharem seu lar com estranhos, inclusive deixando-o sob os cuidados dos hóspedes. Vivemos esta experiência no Brasil e no exterior e seus resultados benéficos foram incomensuráveis – "não tem dinheiro que pague".

Os comentários alentadores não terminam aqui. Outro serviço disponível para acolhimento ainda mais solidário é o *CoushSurfing*. Ele se difere do *Airbnb* pelo fato de que os anfitriões não exigem retribuição financeira. Isso é uma evidência de que o autointeresse (egoísmo) não é a única faceta da natureza humana, bem como um estímulo para a esperança de surgimento de uma nova consciência na Terra.

Alimentação orgânica solidária

Supomos que a alimentação se constitui num relevante tema para todos que buscam o refinamento da qualidade de vida. Ele está inserido num contexto controverso e, como seria esperado, fortemente envolvido com a concentração de poder social através da expansão da escassez. Pessoas ligadas aos empreendimentos internacionais desse setor econômico são acusadas de promover a restrição de acesso às sementes dos vegetais que integram os hábitos alimentares da humanidade para enriquecimento incomum. Juntamente com as restrições de acesso à água (inclusive de água coletada da chuva), ao ar (poluição e exploração da energia eólica) e à luz solar (tributação sobre a geração de energia solar doméstica), a dificuldade de acesso às sementes dos vegetais que nos alimentam é uma manifestação tenebrosa e desumana.

A semente é o símbolo da abundância. Ao nos deliciarmos com uma laranja oriunda de um processo tradicional (semente crioula, sem modificações introduzidas pelo homem), seremos agraciados com várias sementes, talvez dezenas delas. Se só uma delas alcançar solo fértil e chegar à idade adulta, ainda assim teremos todos os anos centenas de laranjas iguais a que nos alimentou inicialmente, com talvez dezenas de sementes cada, sem ter que pagar nada nem pedir autorização para ninguém. É um processo exponencial de abundância.

Comentários análogos poderiam ser efetuados sobre a "fertilização" química dos solos, combate químico das "pragas" e seus impactos destrutivos sobre a natureza da qual fazemos parte. Tal percepção nos remete ao entendimento de que a fome que acomete cerca de um bilhão de pessoas no mundo é um problema político, não tecnológico (capítulo 13). Considerando esta argumentação válida, deveríamos desenvolver ceticismo em relação aos empreendimentos que lidam com tecnologia de grande impacto na atividade rural.

Uma das mais efetivas e relevantes maneiras de garantir o bem-estar pessoal e coletivo, portanto, é a opção pelos produtos alimentícios originários de processos tradicionais, preferencialmente em pequena escala (capítulo 12). O conceito amplamente difundido de produção orgânica, se aplicado em conformidade com os critérios exigidos, pode ser considerado uma aproximação razoável. Nosso prato de comida, além de saudável, bonito e saboroso, pode se tornar um poderoso instrumento de ativismo político.

Grupos virtuais, como o *Comida da Gente*,[32] facilitam relações entre produtores de alimentos orgânicos e consumidores. Os benefícios são variados: desde a compra de produtos mais frescos (não passam pelos depósitos de vários intermediários) até o pagamento de preços menores pelos consumidores (eliminação dos custos da intermediação). As principais atividades destes grupos são o gerenciamento das

---

32 <http://comidadagente.com/>

informações sobre oferta e demanda entre os interessados e a logística solidária para a produção chegar ao seu destino. As pessoas aproveitam deslocamentos para o trabalho, escola, visitas aos amigos, encontros de confraternização, atividades físicas, dentre muitos outros para levar os produtos até os consumidores. Isso dispensa necessidades e custos associados aos serviços dos intermediários formais – depósitos, caminhões, motoristas, ajudantes etc. Os participantes ainda são frequentemente brindados com novas amizades e saberes que dificilmente teriam acesso sem essa modalidade de apoio à comercialização de produtos orgânicos, tornando nossos pratos de comida mais amigáveis para as pessoas e para a Terra.

A probabilidade da existência de muitas outras manifestações harmônicas com a Economia Baseada na Abundância (EBA!) é grande. A busca e a interação com elas parecem comportamentos relevantes para nos inspirar para a prática das virtudes e integração com a consciência emergente. Esperamos que estes comentários ilustrativos forneçam contribuições interessantes para esse processo individual e intransferível, mas com impactos coletivos.

Propriedade – uma síntese

A propriedade é uma ilusão criada para excluir e concentrar poder social. Ela se harmoniza com a teoria econômica predominante que depende dela e da escassez para existir e produzir seus efeitos nefastos. A premissa de que a consciência emergente pretende rejeitar a exclusão, a desigualdade e a concentração de poder social torna a propriedade incongruente com seus objetivos. Supomos que seu ideal deveria ser a superação deste conceito pelo entendimento de que todos os recursos são de todos e que o usufruto dos mesmos deve priorizar a moderação para que todos tenham a mesma oportunidade. Lembrando Gandhi: "a Terra pode atender as necessidades de cada homem, mas não a voracidade de todos os homens." Por este motivo, a classificação da propriedade em privada, pública ou mista perde seu sentido.

O desprezo completo pela propriedade, todavia, é dificultado pelo processo transitório que experimentamos. Por esse motivo, sugerimos a dedicação de especial atenção aos comportamentos fundamentados no compartilhamento. Eles têm o potencial de amenizar nosso apego aos bens materiais, desaconselhado pelas principais tradições filosófico-religiosas.

A diversidade de empreendimentos existentes e nascentes que contemplam o uso compartilhado da propriedade talvez esteja reduzindo o poder excludente deste conceito e indicando que uma mudança radical sobre este tema está em curso. A expansão desses empreendimentos ampliadores do usufruto das propriedades depende do nosso desapego em relação à exclusividade de uso dos recursos, bem como zelo por parte dos beneficiários. Assim, seguiríamos dando relevantes passos para evitar que a propriedade (pública ou privada) gerasse mais escassez que a necessária para a presente fase da evolução humana.

7. Estado

> *"Imagine there's no countries."*
> John Lenon

> *"Somos um exército*
> *(o exército de um homem só)*
> *No difícil exercício de viver em paz [...]*
> *Sem bandeira*
> *Sem fronteiras pra defender"*
> Humberto Gessinger e Augusto Licks

O presente capítulo aborda o conceito de Estado e suas diferentes concepções adotadas pela teoria econômica predominante e a Economia Baseada na Abundância (EBA!). A opção pela escassez estimula todas as formas de separação entre as pessoas, pois elas são as principais origens dos conflitos que consomem recursos e multiplicam as necessidades. Separar as pessoas em Estados se inscreve nessa escolha. A opção pela abundância busca, ao contrário, a união de todos.

O que é o Estado?

O conceito de Estado é outra ilusão criada para concentrar poder social. Tolstói (1994: 160), citando Edouard Rod, ratifica este entendimento da seguinte forma:

> A sorte de toda uma geração depende da hora em que algum fúnebre político der o sinal, que será seguido. Sabemos que os melhores de nós serão forçados e que nossa obra será destruída. *Sabemos e trememos de cólera, e nada podemos.* Ficamos presos na rede dos gabinetes e das papeladas, cuja destruição provocaria uma agitação por demais violenta. Pertencemos às leis que fizemos para nos proteger e que nos oprimem. Nada somos além de coisas dessa contraditória abstração, o Estado, que torna o indivíduo escravo em nome de todos, que tomados isoladamente, desejariam exatamente o oposto do que serão obrigados a fazer.

O estado é considerado uma pessoa jurídica de direito público pelo conhecimento jurídico; logo, um papel com carimbos e assinaturas (tratado) arquivado num lugar qualquer. Foi necessária uma violência indescritível para fazer com que as pessoas passassem a acreditar e se comportar como se ele existisse de fato, gerando consequências catastróficas. Tolstói (1994: 153) faz o seguinte comentário sobre esse tema:

> [...] a qualidade própria do governo é comandar e não obedecer. Sempre tende a isso e nunca abandonará o poder voluntariamente. Ora, se o poder lhe é dado pelo exército, ele nunca renunciará ao exército e a sua razão de ser – a guerra.
>
> Daí o erro: doutos juristas – enganando-se e enganando os outros – afirmam em seus livros que o governo não é o que é: uma reunião de homens que exploram os outros, mas, segundo a ciência, a representação do conjunto de cidadãos. Afirmaram-no por tanto tempo que acabaram acreditando eles mesmos; persuadiram-se, assim, que a justiça pode ser obrigatória para os governos. Mas a História demonstra que, de César a Napoleão, e deste a Bismarck, o governo é sempre, em sua essência, uma força que viola a justiça e que não pode ser diferente. A justiça não pode ser obrigatória para aquele ou aqueles que dispõem de homens enganados e treinados na violência – os soldados – e que, graças a eles, dominam os outros [...].

A ampla aceitação da abstração que é o Estado foi conquistada de forma tão cruel e eficaz que muitas pessoas pensam que essa criação relativamente recente na história da humanidade (pouco mais de mil anos) sempre existiu. Tolstói (1994: 122-123) faz o seguinte comentário sobre esse tema:

> Parece-nos, hoje, que as exigências do cristianismo, a fraternidade universal, a supressão da nacionalidade, a supressão da propriedade e o tão estranho preceito da não resistência ao mal com violência são inaceitáveis. Mas pareciam, também, inaceitáveis, há milhares de anos, todas as exigências da vida social e mesmo as da vida doméstica, como a obrigação dos pais de nutrir os filhos e dos jovens de nutrir os velhos, ou mesmo a obrigação dos esposos de serem fiéis um ao outro. Mais estranhas ainda, até insensatas, pareciam as diversas exigências sociais, como a obrigação dos cidadãos de submeter-se ao poder, de pagar impostos, de guerrear em defesa da pátria etc. Todas estas exigências nos parecem, hoje, simples, compreensíveis, naturais e nada vemos nelas de místico ou apavorante. Todavia, há cinco ou três mil anos, pareciam inadmissíveis.
>
> O conceito social servia de base às religiões porque, na época em que foi proposto aos homens, era absolutamente incompreensível, místico e sobrenatural. Hoje, tendo atravessado esta fase da vida humana, compreendemos as causas racionais do agrupamento humano em famílias, comunidade, Estados; mas, na Antiguidade, a necessidade de tais reuniões foi apresentada em nome do sobrenatural e por ele confirmada.

Esta citação se relaciona diretamente com os tópicos Estado, propriedade (capítulo 6) e impostos (capítulo 14). Ela ratifica a natureza abstrata do Estado e esclarece que sua integração ao imaginário das pessoas exigiu, além de muita violência, a apelação para a esfera mística da natureza humana. Tal empresa foi muito bem sucedida porque a crença na sua existência não é abalada pelo fato de que seu processo de formação ainda está em curso (conflitos para criação de novos países em várias regiões do Planeta). Supomos que as guerras para formação de novos países não cessarão se a consciência dominante não for superada. Como já se disse: "A guerra não é para ser ganha; é para ser eternizada."[33]

A separação entre as pessoas é a pior manifestação do conceito de Estado, pois ela gera exclusão, desigualdade, conflito. Holanda (1995: 141-142) faz a seguinte análise sobre este aspecto:

> O Estado não é uma ampliação do círculo familiar e, ainda menos, uma integração de certos agrupamentos, de certas vontades particularistas, de que a família é o melhor exemplo. Não existe, entre o círculo familiar e o Estado, uma gradação, mas antes uma descontinuidade e até uma oposição. A indistinção fundamental entre as duas formas é prejuízo romântico que teve seus adeptos mais entusiastas durante o século XIX. De acordo com esses doutrinadores, o Estado e as instituições descenderiam em linha reta, e por simples evolução, da família. A verdade, bem outra, é que pertencem a ordens diferentes em essência. Só pela transgressão da ordem doméstica e familiar é que nasce o Estado e que o simples indivíduo se faz cidadão, contribuinte, eleitor, elegível, recrutável e responsável, ante as leis da Cidade. Há nesse fato um triunfo do geral sobre o particular, do intelectual sobre o material, do abstrato sobre o corpóreo e não uma depuração sucessiva, uma espiritualização de formas mais naturais e rudimentares [...]. A ordem familiar, em sua forma pura, é abolida por uma transcendência.
>
> Ninguém exprimiu com mais intensidade a oposição e mesmo a incompatibilidade fundamental entre os dois princípios do que Sófocles. Creonte encarna a noção abstrata, impessoal da Cidade em luta contra essa realidade concreta e tangível que é a família. Antígona, sepultando Polinice contra as ordenações do Estado, atrai sobre si a cólera do irmão, que não age em nome de sua vontade pessoal, mas da suposta vontade geral dos cidadãos, da pátria:
>
> *E todo aquele que acima da Pátria*
> *Coloca seu amigo, eu o terei por nulo.*
>
> O conflito entre Antígona e Creonte é de todas as épocas e preserva sua veemência ainda em nossos dias. Em todas as culturas, o processo pelo qual a lei geral suplanta a lei particular faz-se acompanhar de crises mais ou menos graves e prolongadas, que podem afetar profundamente a estrutura da sociedade. [...]

---

[33] George Orwell, em sua obra: *1984*.

Esta citação ratifica que Estado é uma abstração, uma transcendência. Destaca também que ele é um instrumento importante para fazer com que as pessoas queiram aquilo que elas não quereriam se não estivessem embriagadas pelo sentimento de pertencimento à pátria. Isso lhe confere uma capacidade extraordinária de influenciar o comportamento do outro, de concentrar poder social e de intensificar a desigualdade. Este potencial se harmoniza com a teoria econômica predominante e seus vínculos são esclarecidos a seguir.

Estado e Teoria Econômica Predominante

A organização econômica da sociedade está vinculada à política. Hazel Handersen é mais enfática ao afirmar que: "A economia não é uma ciência; é política disfarçada." (Capra, 2002b: 191). O mercantilismo, primeiro passo da teoria econômica predominante como a conhecemos hoje, é contemporâneo do início da formação dos atuais Estados nacionais. Gonçalvez, Baumann, Prado *et al.* (1998: 6) esclarecem que:

> O mundo medieval era ao mesmo tempo particularista, ou seja, baseado no poder local, e universalista, baseado na hegemonia cultural e religiosa da Igreja, que impunha imensas barreiras a mudanças no status quo. O mercantilismo como sistema econômico é uma reação à ordem medieval, opondo-se simultaneamente ao poder local do nobre rural ou da cidade livre e ao poder universal, supranacional da igreja católica e seu aliado temporal, o imperador do Sacro Império Romano-Germânico.
>
> Neste sentido, a política comercial mercantilista, reforçando o poder do monarca absoluto, defende a unificação econômica, jurídica e administrativa nacional e sustenta a necessidade de se reforçar o poder nacional para permitir a sobrevivência do Estado-nação contra ameaças externas. Nacionalismo e absolutismo são, portanto, as contrapartidas políticas do mercantilismo.
>
> O mercantilismo implica a formulação de políticas nacionais, e esse conjunto de doutrinas vislumbra a possibilidade e a necessidade do progresso econômico, que é criado pela ação política do Estado, como fundamento do poder nacional.

O trecho citado destaca que a política comercial mercantilista era necessária para a construção de uma nova organização social. O objetivo essencial da teoria econômica predominante (concentração de poder social) foi fundamental para a consolidação do conceito de Estado-nação de hoje. A mudança da abordagem política (poder absoluto do monarca) e a unificação jurídica e administrativa eram insuficientes. Elas deveriam ser acompanhadas por uma reorganização econômica. Fica evidente, portanto, a obrigatoriedade de coerência entre a organização política e a econômica (Dallabrida, 2011: 297).

A citação anterior também evidencia que Estado (prevenção contra ameaças externas) e teoria econômica predominante (capítulo 2) se fundamentam no medo. Esta emoção aflitiva comumente estimula a manifestação da agressividade. A combinação entre medo, agressividade, Estado e teoria econômica predominante, portanto, deveria resultar no incentivo à guerra, importante geradora de escassez. Sobre esse aspecto, Vasconcellos e Garcia (2000: 15) esclarecem que:

> A partir do século XVI observamos o nascimento da primeira escola econômica: o mercantilismo. Apesar de não representar um conjunto técnico homogêneo, o mercantilismo tinha algumas preocupações explícitas sobre a acumulação de riquezas de uma nação. Continha alguns princípios de como fomentar o comércio exterior e entesourar riquezas. O acúmulo de metais adquire uma grande importância, e aparecem relatos mais elaborados sobre a moeda. Considerava que o governo de um país seria mais forte e poderoso quanto maior fosse seu estoque de metais preciosos. Com isso, o mercantilismo acabou estimulando guerras, exacerbou o nacionalismo e manteve a poderosa e constante presença do Estado em assuntos econômicos.

Esta citação confirma que a origem da teoria econômica predominante se vinculou ao conceito de Estado que proporcionou o aumento da escala de conquista de poder social. Tal conexão estimulou guerras que são geradoras de escassez em massa e, por conseguinte, de grandes indústrias – armamentos, informação, reconstrução dos países arrasados, entre outras que se alimentam do sofrimento.

O passar dos séculos parece ter agravado a situação. A escala de concentração de poder social proporcionada pelo conceito de Estado parece ter se tornado insuficiente. Os indivíduos que concentram imenso poder social o estão complementando com outros conceitos menos restritos para expandir sua influência: empresas transnacionais e capital internacional. Esta combinação está conseguindo manipular quase todas as pessoas e as lançando umas contra as outras em guerras militares, diplomáticas e/ou comerciais, gerando escassez e oportunidades econômicas sem precedentes. Muitos exemplos poderiam ser mencionados. Optamos pela exploração aprofundada de um conflito internacional que envolveu dois povos diferentes e simpáticos, ou seja: a decisão do governo canadense de proibir a importação da carne brasileira em 2001. Dieguez (2001: 34-35) fez a seguinte apresentação do conflito:

> Para a maioria dos brasileiros, o Canadá sempre foi aquele país simpático e sem graça situado ao norte dos Estados Unidos. Uma região que passa a maior parte do ano sob polegadas de neve e de onde, fora os esquimós, os ursos e a polícia montada, o imaginário popular não tem lá muitas imagens concretas. Bem, desde a semana passada o Canadá apareceu com uma cara bem mais feia para os brasileiros. A terra dos ursos, que de tão estável e abúlica se diz ser 'um país à procura de um problema', transformou-se em nosso mais novo e, até segunda ordem, único inimigo externo. A agressão partiu deles. Numa

decisão aparentemente irracional, o Canadá proibiu há dez dias a importação de carne brasileira. A alegação: havia uma remota possibilidade de o produto estar contaminado pelo mal da vaca louca, a temível doença de origem europeia que esfarinha o cérebro do gado e obrigou até agora o abate de milhões de animais no Velho Continente. Desde que a decisão foi conhecida, está sendo cristalizada na cabeça dos brasileiros a certeza de que o Canadá é capaz de usar os mais infames artifícios para vencer uma guerra comercial – uma guerra, aliás, que passa a quilômetros de distância do rebanho brasileiro. Por trás da manobra, está o bilionário mercado de jatos de pequeno porte, no qual a brasileira Embraer desbancou o reinado da canadense Bombardier. Ao misturar gado com avião, o Canadá abriu uma gigantesca crise entre os dois países e envolveu o Brasil na maior contenda comercial e diplomática de sua história.

E complementa, nas páginas 40 e 41, da seguinte forma:

A decisão do boicote à carne brasileira não saiu, como seria de esperar, do Ministério da Agricultura do Canadá. Saiu prontinha de onde? Do Ministério da Indústria e Comércio, comandado por Brian Tobin. Exatamente a pasta que cuida dos interesses da Bombardier. O que está ficando claro nesse imbróglio é que o Canadá transformou a briga entre duas empresas numa contenda comercial entre dois países. A Bombardier é efetivamente uma empresa de grande peso na economia canadense. 'Em termos de Brasil, equivaleria a uma companhia que reunisse o poderio das Organizações Globo com o do grupo Votorantim', afirma um diplomata brasileiro. É óbvio que o Canadá tem todo o direito de defender o interesse de suas empresas, mas, quando essa defesa ultrapassa todas as regras de civilidade do comércio internacional, surgem suspeitas de que outros interesses podem estar por trás de tamanho patriotismo.

O que chama a atenção quando se destrincham as relações entre Bombardier e o governo canadense é uma promiscuidade associada normalmente à mais rastaquera das repúblicas bananeiras. A Bombardier foi a principal financiadora da campanha do Partido Liberal, que elegeu o primeiro-ministro Jean Chrétien. O presidente executivo da empresa foi vice-ministro da Indústria e Comércio. Tem mais. O filho do primeiro-ministro canadense é casado com a filha do ex-presidente da companhia – o que em si não quer dizer nada, mas somado aos outros fatos acentua o tal mau cheiro a que o Globe and Mail se referiu no artigo publicado na semana passada. Ou seja, é o velho favorecimento aos amigos disfarçado de defesa dos interesses nacionais. Nada mais Terceiro Mundo que uma empresa com um poder tão avassalador que é capaz de fazer chover dentro de um governo.

O que toda essa confusão demonstra é que o Brasil está crescendo e tornando-se um competidor incômodo para as grandes potências. Nos últimos anos, principalmente por causa da estabilidade da economia e da abertura para o exterior, o país ocupou um espaço inédito. O embaixador brasileiro nos Estados Unidos, Rubens Barbosa, acha que essas brigas serão cada vez mais frequentes. O motivo é simples. O Brasil está surgindo como um competidor importante no jogo globalizado. 'Temos de estar cada vez mais preparados para enfrentar esses embates comerciais. Nesse mercado não tem freirinha', ironiza. A questão é que, para entrar nessa briga de gente grande, o Brasil precisa dispor das mesmas armas de que dispõem os países desenvolvidos. Estados Unidos, Canadá, Japão e toda a turma da União Europeia têm um batalhão na OMC para defender seus interesses. O Brasil só conta com o corpo diplomático, que, comparado ao time dos grandes, lembra o exército de Brancaleone. Até 1999 o Brasil não tinha sequer uma equipe de assessoramento à diplomacia brasileira na OMC. Foi o BNDES que sugeriu que se montasse um grupo de experts em questões comerciais para brigar pelos interesses das empresas brasileiras. Outra diferença entre o Brasil e seus competidores é que quase todos eles contam com o apoio de empresários para ajudar a levantar as questões. O jogo comercial é pesado, e, se o país não estiver preparado com um arsenal de advogados e especialistas nesses trâmites de comércio internacional, vai perder a parada. O Brasil está passando por um primeiro teste. Mas a guerra está só começando.

Estas citações destacam que a disputa pelo poder social entre pessoas ligadas a duas grandes empresas levou dois povos simpáticos e quase desconhecidos um do outro ao conflito. Embora enfatize a versão brasileira do acontecimento, a questão essencial que poderíamos extrair deste importante texto é a seguinte: seria coerente esperar a paz entre as pessoas com relações de comércio exterior desenvolvidas nas bases apresentadas? Entendemos que não. Detalhando um pouco mais, as citações anteriores indicam que:

a) quando um país cresce economicamente, torna-se rival das demais potências, gerando medo, conflitos e prejudicando o bem-estar duradouro individual e coletivo (capítulos 12 e 17);
b) a teoria econômica predominante prescreve a aplicação de recursos públicos na formação de um "exército" (corpo diplomático, assessores, advogados, especialistas, representantes na OMC etc.) para defender os interesses da classe dominante (empresários), em vez de na saúde, educação e preservação do meio ambiente, descaracterizando a função de redistribuição de renda frequentemente associada aos tributos (capítulo 14); e
c) o conceito de patriotismo foi usado para beneficiar indivíduos vinculados às grandes empresas, jogando pessoas desconhecidas umas contra as outras.

Esse episódio lamentável foi capaz de unir tradicionais rivais da política brasileira para fazer frente ao "único inimigo externo", mesmo princípio das guerras militares. Isso fica evidente nas palavras de Dieguez (2001: 35):

> Na semana passada, a escalada de indignação já atingia tais proporções que até o presidente Fernando Henrique Cardoso trocou seu habitual tom conciliatório por uma

ameaça: 'Se em quinze dias o Canadá não retificar sua posição em relação à carne brasileira, nós vamos engrossar. Que ninguém tenha dúvida em relação a isso', disse o presidente. A refrega provocou uma unidade rara no país. No Congresso, do PT ao PFL os parlamentares se uniram para barrar os interesses canadenses no país. Suspenderam todos os acordos de cooperação em análise na Câmara e no Senado. Nas ruas, o protesto ganhou um tom bem humorado. Os donos de restaurante decidiram boicotar os produtos canadenses, jogando no lixo o que havia em estoque. Em Brasília, a Embaixada do Canadá virou alvo de ataques de estudantes, que levaram uma vaca para dar de presente ao embaixador. Até a Rádio Jovem Pan FM, que atua em rede nacional, decidiu banir todos os artistas canadenses de sua programação. Mas há pouco do que rir nesse episódio. Do ponto de vista comercial, a atitude do Canadá é um golpe baixo. 'O comportamento do Canadá foge a todas as regras civilizadas do comércio internacional', avalia o embaixador Luiz Felipe Lampreia, ex-ministro das Relações Exteriores.

Esta citação informa sobre a rara união nacional ocorrida no Brasil motivada pelo ódio ao simpático e quase desconhecido povo canadense. As reações dos brasileiros não foram menos irracionais. Por que os artistas canadenses, muitos deles críticos do governo do seu país, deveriam ser punidos pelos atos de poucos indivíduos que concentram e usam inadequadamente o poder social? Com tantas pessoas famintas, por que jogar alimentos próprios para consumo no lixo? Como explicar o atraso nos resultados dos projetos de cooperação aos que deles necessitam? Isso tudo demonstra que estamos sendo usados como marionetes para o benefício de indivíduos que acumulam intenso poder social e que o conceito de patriotismo, vinculado ao de Estado, é uma ferramenta relevante para alcançar esse objetivo injustificável. A linguagem usada pelos meios de comunicação, fiéis escudeiros da consciência dominante,[34] gera um clima hostil entre pessoas que nunca se viram. Isso fica evidente na carta do leitor Rodrigo Tosetti Geara,[35] transcrita a seguir:

> É com imensa indignação que recebemos a retaliação canadense à carne bovina brasileira. Trata-se de uma atitude intempestiva, totalmente política e que tem por objetivo prejudicar nosso país indiretamente, por meio da Embraer, uma empresa modelo que domina o setor onde atua, exemplo para um país que visa a uma prosperidade econômica e tecnológica. Podemos chegar a uma conclusão: o Canadá torna-se para nós, a Argentina da América do Norte, ambos colocam no Brasil a responsabilidade por um fracasso, seja na economia, como na Argentina, seja no mercado de aeronaves, como faz o Canadá.

---

34 O poder dos meios de comunicação é abordado no capítulo 11.
35 Divulgada na revista *Veja*, edição: 1688, 21/02/01, São Paulo, Editora Abril, página 27.

Esta manifestação do leitor parece indicar que o referido episódio (e outros) foi interpretado como uma atitude consciente de todas as pessoas que estão virtualmente vinculadas a um determinado país contra as de outro. Essa generalização é imprópria e perigosa porque, na verdade, se trata de ação de uma minoria que concentra poder social travestida de atitude nacional. Esse malefício associado ao conceito de Estado não é exclusividade das competições econômicas. Os eventos internacionais esportivos são também ilustrativos. A agressividade, por exemplo, é tradicional nas partidas de futebol masculino entre as seleções brasileira e argentina. Os boicotes americano e soviético aos jogos olímpicos também prejudicaram vidas (atletas que se dedicaram arduamente) por causa da separação virtual do Planeta em Estados. A suposta confraternização, de fato, é um empreendimento para a manifestação de poder delegado por muitos e concentrado por poucos. Devido à relevância desse tópico para a aproximação do bem-estar duradouro, reproduzimos outra carta de leitor.[36] Ela é a seguinte:

> Frequentei a área social da Embaixada do Canadá durante os dez anos em que minha mãe trabalhou lá e, durante esse tempo, nutri grande simpatia pelos canadenses. Em 1985 fui escolhido para participar de um programa patrocinado pelo governo do Canadá, no qual jovens de vários países em desenvolvimento e também canadenses conheceram empresas de alta tecnologia, das áreas de comunicações e informática, o que aumentou ainda mais a minha afeição pelo país. O objetivo do governo canadense certamente era espalhar pelo mundo uma imagem de nação avançada, sem a arrogância que costumeiramente acompanha o desenvolvimento. Infelizmente, a simpatia transformou-se muito depressa em indignação depois de todas as ações infames praticadas pelo Canadá. É difícil entender como um país tão preocupado com sua imagem no exterior pode, subitamente, ter atitudes tão antipáticas, absurdas e contra qualquer norma de bom relacionamento. Atualmente só tenho uma certeza: a viagem de turismo ao Canadá que eu e minha mulher havíamos planejado para assim que tivéssemos tempo e dinheiro acaba de ser cancelada.

Esse texto evidencia que o conflito internacional gerado por uma minoria foi capaz de reverter uma afeição desenvolvida por mais de dez anos, através da convivência harmônica entre as pessoas. O conceito de Estado cria ilusões que influenciam profundamente as nossas atitudes, veiculando o poderoso, e muitas vezes inconsciente, sentimento de pertencimento. Isso estimula generalizações impróprias (preconceitos) sobre pessoas que não conhecemos. Muitos canadenses discordaram das atitudes do governo e alguns agiram corajosamente para evitar que as injustiças fossem perpetuadas, mesmo que envolvessem

---
36 Idem nota anterior.

interesses estrangeiros. Um exemplo disso foi a atitude de Margaret Haydon, descrita a seguir:[37]

> No mais novo estágio da guerra comercial com o Brasil, o governo canadense revelou uma faceta insuspeitada: a censura. Na semana passada, o Ministério da Saúde do Canadá suspendeu por duas semanas a cientista Margaret Haydon, uma das mais respeitadas do órgão. A ofensa cometida pela cientista, que não receberá salários nesse período, foi afirmar por intermédio da imprensa que, na sua opinião, a carne brasileira não corria risco de estar contaminada com a doença da vaca louca. Para Haydon, conforme declarou logo após o anúncio do boicote, a decisão canadense teve caráter político, e não sanitário. A afirmação da pesquisadora não foi a única entre os canadenses que apontava para os motivos inconfessáveis que estariam por trás do veto à importação da carne brasileira. Para calar as opiniões contrárias à decisão oficial, o governo optou pela punição. Haydon foi acusada de ser 'indiferente e desleal aos interesses nacionais'.
>
> Não é a primeira vez que órgãos públicos canadenses censuram cientistas. Há alguns anos, a própria Haydon passou por situação semelhante. Alertou o país sobre os riscos, para a saúde da população, de um hormônio que vinha sendo aplicado no gado. Foi proibida de se expressar publicamente. Suas opiniões teriam de passar pelo crivo dos burocratas que cuidam das relações públicas do ministério. O caso foi parar na Justiça, num julgamento quase surrealista, especialmente por ter sido montado num país defensor e propagandista da democracia. Em setembro passado, a Justiça canadense chegou a um veredicto: Margaret Haydon e os demais cientistas que trabalham para o governo foram autorizados a dar opiniões consideradas de interesse nacional. Depois dessa vitória, ela se transformou num símbolo da liberdade de expressão no país.

Esta citação evidencia que vários cidadãos canadenses discordavam da atitude tomada por alguns integrantes do seu governo. Mesmo na qualidade de funcionários subalternos do Poder Executivo do Canadá, agiram em conformidade com valores morais sólidos, independentemente da nacionalidade dos beneficiários e das represálias que poderiam sofrer. Agiram como se a justiça não se restringisse às fronteiras virtuais que separam as pessoas ao redor do Planeta em Estados. Um destaque interessante é que as pessoas ligadas ao Poder Judiciário seguiram semelhante entendimento, reforçando a imagem de democracia que o país tenta veicular para o resto do mundo. No caso relatado, fica evidente que a democracia é uma realização das pessoas e não dos governos. Sua expressão ocorre quando alguém realiza ações inadequadas e outras pessoas, mesmo subordinadas ao governo, usam os meios que a organização social dispõe para restabelecer o ambiente de justiça. Não sabemos se esse é o comportamento que prevalece entre os

---
37 Matéria divulgada na revista *Veja* edição: 1689, São Paulo, Editora Abril, de 28/02/2001, página 39.

canadenses, mas a situação explorada sugere que lá ele é valorizado, uma vez que a pesquisadora citada parece ter se tornado um símbolo nacional.

Embora aparentemente os brasileiros tenham sido vítimas dos acontecimentos relatados, isso tudo se consubstancia numa grande oportunidade para refletirmos sobre nossas atitudes cotidianas e suas consequências universais. Caberia a seguinte pergunta: o desfecho da situação teria sido o mesmo, caso se desenrolasse no Brasil? Pensamos que temos muito que aprender com o ocorrido, especialmente que as ações cotidianas motivadas por patriotismo geralmente nos afastam do bem-estar duradouro individual e coletivo. No seu extremo, é possível que a noção de Estado esteja sendo irremediavelmente desgastada pelos recorrentes acontecimentos (guerras militares, comerciais e diplomáticas), bem como pela aproximação entre as pessoas proporcionada pela tecnologia de comunicação.

Estado e Economia Baseada na Abundância (EBA!)

Com base no exposto supomos que a consciência emergente deveria rejeitar o conceito de Estado porque ela não estaria disposta a organizar a vida em torno do medo, da competição, da busca de poder social. Ao superar o medo pelo amor ela deveria buscar uma convivência harmoniosa, pacífica, solidária e abundante com todos os seres que habitam a Terra. A abstração de Estado seria incompatível com seus anseios e poderia ser substituída pelo conceito de cidadania planetária ou mundial, ou seja, a vida deveria ser respeitada, admirada e abundante em qualquer região geopolítica em que ela se encontre.

Ademais, supomos que a consciência emergente participaria ativamente na sociedade através das suas ações cotidianas atentas. Isso acarretaria um ambiente de autossuficiência solidária que reduziria ou eliminaria nossa dependência em relação aos indivíduos que se intitulam representantes do Estado. Os problemas da coletividade seriam resolvidos por ela mesma (emancipação social), através de soluções locais, porém, com impactos globais. Quem participa não necessita de representantes. A retomada da responsabilidade pessoal seria a orientação oposta à dominante que estimula a alienação através de um sistema de representação política concentrador de poder social. O Estado, assim, perderia suas supostas funções de proteção contra ameaças externas e de benfeitor, tornando-se dispensável. Teríamos, então, a possibilidade de concretizar a previsão da astróloga Caroline W. Casey, divulgada na obra de Cave e Hicks (1994: 155) transcrita a seguir:

> [...] Casey prevê que sua passagem [Plutão] por Capricórnio de 2008 a 2024 será o sinal da crescente irrelevância e, finalmente, da morte do estado-nação. 'Os clãs – modernas tribos selecionadas – vão se desenvolver sem quaisquer fronteiras espaciais', profetiza ela. 'E famílias globais vão se desenvolver de acordo com a afinidade criativa. A música e a

arte serão agentes de mudança mundial e contribuirão para a criação da verdadeira democracia participativa global'.

A questão da superação do Estado pela humanidade foi formulada por Tolstói (1994: 223-224) há mais de um século. Ele também citou o que a pessoa que teria assimilado o conceito cristão de vida diria sobre esse tema, conforme transcrito a seguir:

> É bastante possível que o Estado já tenha sido necessário e que ainda hoje o seja, por todas as vantagens que nele reconheceis.
> Sei apenas que para *mim*, por outro lado, não mais preciso do Estado, e por outro, *eu* não mais posso cometer as ações necessárias a sua existência. Organizem-se como melhor lhes parecer; quanto a mim, não posso demonstrar a necessidade ou a inutilidade do Estado, mas sei o que preciso e o que me é inútil, o que posso fazer e o que não posso fazer. Não preciso me isolar dos homens das outras nações e, por isso, não posso reconhecer que pertenço exclusivamente a qualquer nação e me recuso a qualquer submissão; sei que não preciso de todas as atuais instituições governamentais, e eis que não posso, privando os homens que necessitam de meu trabalho, dá-lo sob forma de impostos para benefício dessas instituições; sei que eu não preciso de administração ou tribunais fundamentados na violência e, por isso, não posso participar da administração ou da justiça; sei que *eu* não preciso atacar os homens de outras nações, matá-los, ou sequer defender-me deles com armas na mão, e assim não posso participar da guerra nem para ela me preparar. É bem possível que existam homens que consideram tudo isso necessário, não posso dizer o contrário; sei apenas, mas de modo absoluto, que *eu* não preciso [...].

Este contundente texto deve merecer profunda reflexão da nossa parte porque contém afirmações inspiradoras para nosso posicionamento em relação à ilusão de Estado. Ele se fundamenta no autoconhecimento e na responsabilidade individual, características supostamente harmônicas com a consciência emergente (capítulo 3). O Estado, como é uma abstração, nada realiza. Ele se materializa através dos nossos comportamentos cotidianos. A proposta de destinarmos atenção qualificada para nossas atitudes diárias, portanto, parece uma ação mais simples e direta do que destiná-la para acompanhamento e controle dos comportamentos daqueles que se intitulam nossos representantes. Supomos que, se cada um de nós obtivesse sucesso nesse empreendimento acessível a todos, vários relevantes problemas individuais e coletivos seriam equacionados.

Cabe destacar que este entendimento deveria alcançar outras abstrações que também têm potencial de estimular comportamentos inconscientes e destrutivos. O sentimento de pertencimento a qualquer instituição pode nos iludir, desde família até etnia, passando por agremiações esportivas, educacionais, profissionais, religiosas, dentre muitas outras. Um indivíduo se torna inimigo mortal de vários outros ao nascer numa determinada família. Vários genocídios foram promovidos por segregação racial. Ações de torcedores em estádios esportivos já causaram incontáveis vítimas de violência. Muitas "guerras santas" foram promovidas ao redor do mundo. Seria também conveniente, portanto, uma profunda reflexão sobre a validade pessoal e coletiva de todas as abstrações a que estamos submetidos. Estaria aberta a "temporada de caça" às instituições que estão durando mais tempo do que sua utilidade recomendaria.

Estado – uma síntese

A argumentação apresentada sustenta o entendimento de que o conceito de Estado é uma abstração criada para concentrar poder social. O sentimento de pertencimento a uma pátria tem nos levado a cometer toda sorte de atrocidades para conosco e para com os outros. Por esses motivos ele foi e é importante para a origem e consolidação da teoria econômica predominante. O retumbante sucesso dessa parceria pode ser observado através da generalização da ilusão de Estado, que sempre existiu, bem como pela inédita desigualdade que experimentamos na atualidade.

A consciência emergente possui características incompatíveis com a abstração de Estado e deveria rejeitá-la para inibir os nefastos comportamentos que estimula. Uma parcela significativa desta tarefa é pessoal e intransferível, exigindo a manifestação do conceito de responsabilidade socioambiental individual.

Também foi destacado que não é só a abstração de Estado que estimula comportamentos inconscientes e destrutivos. A submissão a inúmeras outras instituições (família, agremiações de qualquer natureza, etnia, religião, dentre muitas outras) pode promover resultados similares. Atenção qualificada deveria ser destinada às nossas atitudes cotidianas influenciadas por essas ilusões para evitar o comprometimento do bem-estar individual e coletivo.

8. Indicadores de desempenho

> *"Dois homens estavam perdidos dentro de um balão. Avistaram uma pessoa numa praça e decidiram se aproximar para saber sua localização. Quando a aproximação foi suficiente, um deles perguntou:*
> *– Onde estamos, prezado senhor?*
> *O homem interrompeu sua leitura do Financial Times e respondeu:*
> *– Num balão.*
> *Moral da história: informação fornecida por economista, ainda que correta, não serve para nada."*
> Anedota de autoria desconhecida.

O presente capítulo contextualiza a concepção de um indicador de desempenho e sua função. Isso fundamenta a análise crítica do principal indicador de desempenho da atualidade: o Produto Interno Bruto (PIB), bem como da Lista das Necessidades, indicador harmônico com a Economia Baseada na Abundância (EBA!).

Concepção de um indicador de desempenho

Os indicadores de desempenho têm merecido considerável atenção e várias propostas têm sido oferecidas. Françoise Wautiez, Cláudia Lúcia Bisaggio Soares e Armando de Melo Lisboa, na obra coordenada por Cattani (2003: 177-183), abordam o tema de maneira muito interessante. Segundo eles (página 177):

> Um indicador é uma informação processada que busca gerar uma ideia sobre um fenômeno e sua evolução. É um sinal que se refere a uma das características do fenômeno, a qual desejamos colocar em evidência, possibilitando um ponto de referência que baliza nossa análise. Ou seja, é um conjunto de dados que possibilita simplificar, medir, comparar e comunicar informação, possibilitando visualizar o comportamento dos agentes ou dos sistemas.

Esta definição destaca que um indicador tem:

a) como objeto um fenômeno e sua evolução; e
b) como objetivo balizar uma análise que supostamente produzirá um julgamento, uma decisão, um comportamento.

Ela também esclarece que um indicador de desempenho, por ser uma simplificação, exige uma delimitação prévia do seu escopo, uma opção entre características presentes num fenômeno, pois é impossível compreender toda a sua complexidade. Isso significa que existe um posicionamento, um viés, uma tendência, um arcabouço teórico, uma visão de mundo sustentando um indicador de desempenho. A evolução do fenômeno objeto de acompanhamento, portanto, será influenciada pelos julgamentos, decisões e comportamentos que serão observados, medidos e comunicados, em harmonia com o posicionamento prévio adotado. Poderíamos traçar um paralelo com a avaliação escolar. A ilustração 7 pretende sistematizar este entendimento.

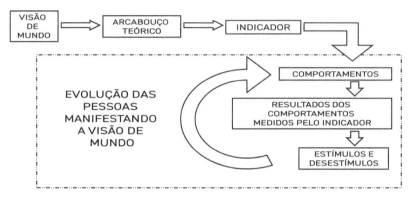

Ilustração 7: *contexto para a concepção e uso de um indicador de desempenho.*

A ilustração 7 sugere que são os nossos comportamentos que impactam a nossa evolução. Uma forma de direcionar essa evolução é orientar os comportamentos para uma determinada finalidade estabelecida a priori através da adoção de um indicador de desempenho que se harmonize com a visão de mundo privilegiada. Este indicador reduzirá a evolução do fenômeno a algumas das suas características para permitir a construção de um modelo de avaliação dos comportamentos. As ações observáveis pelo indicador serão medidas, classificadas, ponderadas e informadas através dos resultados obtidos. Os resultados informados indicam aproximações e afastamentos em relação ao tipo de evolução pretendida. As aproximações são recompensadas (estímulos) e os afastamentos punidos (desestímulos). Os estímulos e desestímulos proporcionados influenciarão os julgamentos, decisões e comportamentos do próximo período de monitoramento para que a evolução das pessoas siga o rumo estabelecido. Supõe-se que vários ciclos de sucesso desse processo concretizam o objetivo da perspectiva que tenha sustentado o indicador de desempenho empregado. Tudo está sujeito, todavia, à adequação das simplificações adotadas.

Cabe destacar que o emprego de um indicador de desempenho pode ser estabelecido pela própria pessoa ou por outros indivíduos. A submissão a um indicador estabelecido pelos outros pode ensejar o desconhecimento dos seus fundamentos. O objetivo proposto pode ser alcançado mesmo que as pessoas a ele submetidas não tenham conhecimento da perspectiva e do arcabouço teórico que o sustentam. Basta que as pessoas aceitem passivamente a validade dos estímulos e desestímulos e se comportem em função dos resultados apresentados. Nesse caso o objetivo da visão de mundo privilegiada será concretizado a partir dos comportamentos alienados das pessoas.

Indicadores de desempenho e a consciência dominante

A teoria econômica predominante deveria estabelecer a escassez, promotora de concentração de poder social, como o fenômeno a ser monitorado, pois nela se fundamenta (capítulo 2). A ilustração 8 esclarece sobre o contexto de concepção e emprego dos indicadores de desempenho harmônicos com a perspectiva e teoria econômica predominantes.

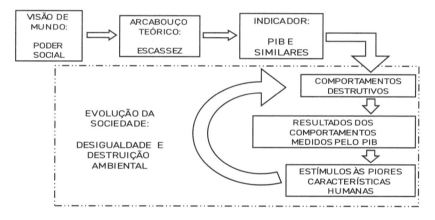

Ilustração 8: *contexto para a concepção e uso dos indicadores harmônicos com a consciência dominante e a TEP.*

A argumentação apresentada anteriormente (capítulo 2) esclareceu o vínculo entre expansão da escassez e crescimento econômico. Por isso o estabelecimento da produção de bens econômicos (escassos e apropriáveis) como fenômeno a ser monitorado e fomentado equivale a se guiar pela expansão da escassez, tornando-a balizadora dos julgamentos, decisões e comportamentos das pessoas (trabalhadores, consumidores, gestores públicos e privados). Sobre esse assunto, Wautiez, Soares e Lisboa, na obra organizada por Cattani (2003: 177), esclarecem que:

> O indicador econômico mais conhecido, e que se impôs depois da Segunda Guerra, é o Produto Interno Bruto (PIB). Por muito tempo a variação deste índice (que quando positiva é conhecida como 'crescimento econômico') foi a principal – e praticamente única – bússola dos dirigentes políticos. Presume-se que maiores fluxos monetários

proporcionam maior bem-estar, aqui entendido como maior consumo para a população. Símbolo de um paradigma econômico produtivista e industrializante, baseado na primazia dos intercâmbios mercantis, o recurso às variações do PIB como indicador levou a que as noções de 'crescimento econômico' e 'progresso' se transformassem quase em sinônimos. Sendo em essência um indicador de disponibilidade de objetos (insuficiente, portanto, para avaliar o desenvolvimento da vida das pessoas), a hegemonia do PIB como medida de bem-estar contribuiu para o empobrecimento da própria compreensão do econômico e para a deformação dos valores. O processo moderno de desenvolvimento capitalista degrada e coisifica a condição humana, dilapidando a teia da vida. Os tradicionais indicadores quantitativos e monetários de avaliação do progresso encobrem a maioria de vítimas que são produzidas, desumanizando e corroendo a vital responsabilidade solidária de toda ação humana.

Esta citação, embora se restringindo ao capitalismo, confirma que a teoria econômica predominante estabeleceu "esquizofrencamente" a expansão da escassez, sob o pseudônimo de crescimento econômico, como o sucedâneo de elevação do bem-estar. Sua evolução tem balizado as decisões, julgamentos e comportamentos no sentido de que a expansão da escassez (crescimento econômico) proporcionaria a elevação do bem-estar coletivo. Lembrando Tolstói: "quanto pior, melhor"... Ademais, o texto transcrito sintetizou as consequências nefastas dessa opção, inclusive o empobrecimento da própria Economia.

A Economia poderia ter se vinculado à sustentação da vida, como pode ser verificado nas várias definições de crescimento e desenvolvimento econômico apresentadas por Paulo César Milone, na obra organizada por Pinho e Vasconcellos (1998: 514). Elas são as seguintes:

Para Kindleberger e Herrick, o desenvolvimento econômico é 'um aumento na produção acompanhado de modificações nas disposições técnicas e institucionais, isto é, mudanças nas estruturas produtivas e na alocação dos insumos pelos diferentes setores da produção'. Para que haja 'desenvolvimento' é necessário que haja 'crescimento'.

De acordo com Colman e Nixson, desenvolvimento econômico é 'um processo de aperfeiçoamento em relação a um conjunto de valores desejáveis pela sociedade'. É um conceito normativo e é medido de forma diferente pelas diferentes pessoas de uma sociedade.

Seers conceitua desenvolvimento como sendo 'a criação de condições para a realização da personalidade humana'. E a avaliação do desenvolvimento deve considerar: a pobreza, o desemprego e as desigualdades.

As definições apresentadas confirmam que a ênfase na produção de bens econômicos (estimuladora da escassez e do desprezo pela vida) não é natural, mas uma opção. Os formadores de opinião ligados à teoria econômica predominante conseguiram torná-la hegemônica. Décadas de discursos herméticos sobre economia inculcaram a ilusão de que nossa prosperidade está diretamente relacionada com o comportamento do PIB. Capra (2002b: 194), recorrendo ao pensamento de Hazel Henderson, faz relevantes esclarecimentos sobre essa falácia:

> De acordo com Henderson, um problema econômico fundamental que resultou do desequilíbrio de nossos valores é nossa obsessão com o crescimento ilimitado. O crescimento econômico incessante é aceito como um dogma praticamente por todos os economistas e políticos, que supõem ser essa a única maneira de assegurar que a riqueza chegue até os pobres. Henderson, entretanto, mostra, citando numerosas provas, que esse modelo em que a riqueza 'escorre' para os pobres é totalmente irreal. Altas taxas de crescimento não só contribuem pouquíssimo no sentido de amenizar os problemas sociais e humanos mais urgentes como também são acompanhadas, em muitos países, por um desemprego crescente e uma deterioração geral das condições de vida. Henderson aponta também que a obsessão global com o crescimento resultou numa similaridade extraordinária entre as economias capitalista e comunista. 'A infrutífera dialética entre capitalismo e socialismo terá sua irrelevância exposta, pois ambos os sistemas baseiam-se no materialismo e ambos estão comprometidos com o crescimento industrial e com tecnologias que levam a um crescente centralismo e controle burocrático'.

Esta citação é relevante porque revela resultados concretos gerados pela adoção do PIB como orientador dos comportamentos das pessoas. Eles ratificam que o crescimento do PIB não possui relação direta com expansão do bem-estar, apresentando relação inversa em muitos casos, como a argumentação aqui apresentada indica. A frustração com a perspectiva que se harmoniza com o PIB (e similares) inclusive irmana as experiências capitalistas e socialistas, confirmando a desnecessidade de se restringir as análises dos problemas socioambientais contemporâneos ao capitalismo. O que está em questionamento é uma visão de mundo e não os diferentes formatos em que ela tenha se manifestado.

Os economistas da época do "Milagre Econômico Brasileiro" nos falavam que a associação direta entre PIB e bem-estar é uma falácia quando repetem a célebre frase: "*É preciso primeiro crescer o bolo* [PIB], *para depois distribuir* [justiça social, prosperidade geral, bem-estar]". É evidente que, se as duas variáveis – PIB e distribuição equitativa dos supostos benefícios – podem ter evoluções diferentes ao longo do tempo, o vínculo direto entre elas é inexistente. Porém, essa aula sobre a teoria econômica predominante foi insuficiente para compreendermos adequadamente que crescimento econômico não possui relação direta com bem-estar.

Feliz ou infelizmente, já dispomos de dados que ratificam a inexistência de vínculo direto entre PIB e Bem-estar. O Fundo das Nações Unidas para População (UNFPA, 2017: 97), por exemplo, ratifica que o crescimento econômico medido pelo PIB não é diretamente relacionado com a elevação do bem-estar coletivo através da seguinte passagem:

> Não há um exemplo melhor de medida inadequada do que a forte dependência do PIB como um indicador de bem-estar nacional. Segundo esse padrão, um país africano teve um rápido crescimento de 6% ao ano, entre 1998 e 2010. Enquanto isso, a taxa de pobreza disparou de 43% para 64%, afetando 4 milhões de pessoas [...].
>
> Apesar de o PIB ser reconhecido há muito tempo como uma medida inadequada de bem-estar, as desigualdades atuais tornam urgente o desenvolvimento de alternativas ou opções complementares, como a Agenda 2030 requer [...].

Segundo Veiga (2008), a nata de pesquisadores da área econômica está convicta de que a ditadura do PIB já deveria ter sido derrubada há muito tempo. Esta informação deve ser bem recebida pela consciência emergente, porém, com reservas. Isso porque os problemas socioambientais que enfrentamos são provocados pelos comportamentos destrutivos de todos, não se restringindo aos dos integrantes da nata de pesquisadores da área econômica. Seria interessante que a percepção de que a teoria econômica predominante, através de PIB e similares, nos orienta para a expansão da escassez fosse integrada por todos, estimulando uma transformação radical e coletiva de comportamentos. Todos que alcançaram este entendimento deveriam se empenhar para a sua ampla disseminação devido à sua dramática relevância contemporânea. A presente obra tem o objetivo de realizar esta tarefa.

Nos últimos anos, o PIB tem sido bastante questionado, fato que sugere que o ceticismo em relação a ele não está confinado a um círculo restrito de pesquisadores. Sobre esse assunto, Henderson (2003: 47-48) faz o seguinte comentário:

> A globalização trouxe muitas boas notícias sobre a nova economia da informação em rede, inclusive aprendizado à distância, no qual o México foi o pioneiro, e cursos universitários para as pessoas confinadas às suas casas. Outros aspectos positivos da globalização desigual de hoje são a proliferação rápida e participação nos conceitos de desenvolvimento sustentável. O tempo e a atenção humana, bem como os ecossistemas vivos, estão começando a ser reconhecidos como valiosos em termos de dinheiro. Ao mesmo tempo, vivemos em 'midiocracias', onde alguns poderosos da mídia controlam a atenção de bilhões de pessoas – para o bem ou para o mal. Isso mudou a política para sempre. Como destaquei no Capítulo 3, já estamos vivendo na nova Economia da Atenção e gradualmente abrindo mão dos bens materiais, ainda superavaliados pelo PNB [Produto Nacional Bruto, similar ao PIB] tradicional. Os serviços que se proliferam muito rapidamente ainda são acrescidos lentamente ao PNB e esses recálculos respondem por muito do recente 'aumento da produtividade'. Os fatores mais intangíveis dos padrões de vida são medidos pelos Indicadores de Qualidade de Vida Calvert-Henderson, mencionados anteriormente. O Relatório de Caracas de 1989,

Novos Meios para Medir o Desenvolvimento, preparado para a Comissão do Sul, foi uma iniciativa pioneira da América Latina para corrigir o PIB. O Brasil e a Costa Rica também foram líderes em propor uma revisão de suas contas nacionais para incluir ativos ecológicos.

À medida que nossas economias se desmaterializam em favor de mais serviços, será mais difícil para as empresas e governos defenderem, na economia global, o crescimento do PNB baseado em bens. Eles serão cobrados por isso e terão que assegurar o progresso humano em saúde, educação, direitos humanos e qualidade ambiental. Isso requer que se meça os resíduos tóxicos, o esgotamento dos recursos, saúde, água e qualidade do ar, segurança pública, as diferenças na distribuição da renda e na qualidade de vida como um todo – e tudo isso requer uma abordagem de sistemas e métricas apropriadas, muito além de indicadores baseados em dinheiro. Os cidadãos recém-conscientizados, consumidores, empregados, investidores e as escolas avançadas de gestão, que fazem o treinamento desses cidadãos, como as da Amana-Key e do Instituto Ethos, em São Paulo, estão orientando o crescimento das empresas socialmente responsáveis.

Se o PIB fosse recategorizado e recalculado para os setores da Economia da Atenção, descobriríamos que esses setores de informação/serviços já são até mais dominantes do que aparecem nas revisões atuais. A mídia de massa e de entretenimento é uma percentagem crescente do comércio global, grande parte dela promovendo o que há de pior no comportamento e nos valores humanos. O turismo responde por cerca de 10% do PIB global – e grande parte dele é não-sustentável. No lado positivo, o ecoturismo, com impactos mínimos sobre os meios ambientes frágeis, está crescendo rapidamente e proporcionando rendimentos aos habitantes indígenas. A Forrester Research prevê que o comércio eletrônico global atinja US$ 3 trilhões até 2003. Vinte e oito por cento dos cidadãos norte-americanos estão voluntariamente simplificando a sua vida, no estilo típico da Economia da Atenção e em contraste com a sobrecarga da cultura da informação e sistemas de valores orientados para o consumo. Essas pessoas estão preferindo mais o tempo livre e menos dinheiro e se mudando para cidades mais tranquilas, menos caras, onde a vida é mais lenta, o transporte mais fácil e as comunidades ainda estão intactas. Os consumidores buscam suas próprias definições de 'qualidade de vida' (e não a definição dos anunciantes). Além disso, os consumidores da Economia da Atenção exigem que as empresas reduzam cada vez mais as emissões, tratem bem seus empregados e adotem códigos de conduta.

Embora vários aspectos merecessem aprofundamento, esta citação é relevante porque destaca que:

a) crescimento econômico não significa necessariamente bem-estar individual e/ou coletivo;
b) as pessoas estão mudando o seu comportamento em relação à vida (consciência emergente) e o PIB não está as atendendo adequadamente, gerando oportunidades para a formulação de indicadores alternativos;

c) novos indicadores de qualidade de vida estão surgindo e estes tendem a incluir as questões sociais e ambientais; e
d) embora mais apropriados à consciência emergente, os novos indicadores (anteriores revisados) parecem estar ainda vinculados à teoria econômica predominante, acarretando a importação de suas nefastas características.

Wautiez, Soares e Lisboa, na obra organizada por Cattani (2003: 178-180), apresentam uma interessante síntese sobre os principais indicadores internacionais recentemente adotados – Índice de Desenvolvimento Humano (IDH), Índice de Bem-Estar Econômico Sustentável (IBS) e Indicadores de Desenvolvimento Sustentável da OCDE. Esses indicadores seguem a orientação de incluir os aspectos sociais e ambientais. Contudo, a crítica efetuada por estes autores ao processo de aceitação desses novos indicadores parece procedente. Ela é a seguinte (Cattani, 2003: 181):

> Sabemos que o PIB não contabiliza qualquer tipo de trabalho não-remunerado, tornando invisível todo o trabalho doméstico, escondendo o trabalho das mulheres. Essa situação de desprestígio das atividades relacionadas com o feminino se reflete também na desvalorização monetária dos empregos ligados à saúde, educação, cuidado com as crianças e os idosos, etc. Por outro lado, a crítica da economia ecológica ao PIB tem ganhado operacionalidade e aceitação, sobretudo nas instâncias internacionais. É o caso do 'PIB Verde' e demais indicadores de desempenho ambiental da OCDE e outros organismos internacionais. Isso se deve ao fato de que essas críticas têm sido assimiladas mais facilmente pela lógica economicista dominante, pois permite corrigir os preços e aperfeiçoar o sistema de propriedade. Assim, estaria traçado o caminho até o desenvolvimento sustentável, reduzido à preservação dos recursos naturais.
>
> A aceitação dos conceitos de desenvolvimento sustentável e de desenvolvimento humano, a partir do momento em que foi rapidamente assimilado pelos organismos internacionais e pelas coletividades, foi um processo feito de cima para baixo, definindo uma agenda com critérios e metas específicas. Já no caso de uma outra economia solidária, se impõe uma noção ausente dos indicadores anteriores: o debate democrático em torno da eleição de indicadores.

O texto transcrito:

a) confirma que vários dos novos indicadores que incluem as questões sociais e ambientais importaram as limitações inerentes aos dominantes, especialmente o caráter autoritário e a ênfase nos bens e serviços produzidos; e
b) ratifica a crítica sobre o conceito de desenvolvimento sustentável apresentada anteriormente e alerta que as novas demandas ambientais e sociais estão sendo apropriadas pelo todo-poderoso paradigma da escassez.

Pelo exposto, deduzimos que a construção de novos indicadores harmônicos com as características da consciência emergente deveria seguir uma orientação diferente daquela que tem norteado os mais recentes índices internacionais. Sobre esse assunto, Wautiez, Soares e Lisboa, na obra coordenada por Cattani (2003: 182), ao defenderem indicadores mais democráticos, fazem o seguinte comentário:

> Os indicadores locais proporcionam à coletividade parte da informação necessária para a ação e favorecem a tomada de consciência acerca dos problemas que ela mesma identifica. As próprias metas que se quer alcançar passam por uma definição conjunta de um bairro ou comunidade. Os indicadores assinalam se está havendo aproximação ou distanciamento dessas metas, ao mesmo tempo que facilitam a comunicação e uma coordenação mais efetiva para enfrentar as causas dos problemas identificados. Mais que os resultados, é esse processo que importa: um processo de diálogo entre cidadãos e instituições, de reforço dos vínculos sociais, de reflexão conjunta, de transformação dos cidadãos em protagonistas responsáveis e comprometidos com seu próprio meio, em uma comunidade ativa e deliberante. Todavia, ainda estamos distantes de uma nova estrutura de poder que permita viabilizar plenamente esta nova perspectiva. Ainda que não se possa falar de democracia participativa, essas iniciativas se encaminham para uma maior democratização da gestão e da divisão do poder de decisão política (Wautiez, Reyes, 1999; Lisboa, 2001).

Esta citação contribui para a construção dos novos indicadores porque destaca que:

a) a identificação dos problemas e metas a serem atingidas deve ser realizada considerando as pessoas, posicionando-se nos níveis de bairro ou comunidade;
b) a essência dos benefícios gerados está no processo (diálogo, vínculos, reflexão e na transformação dos cidadãos em protagonistas responsáveis e comprometidos); e
c) há "empoderamento" e dependência da estrutura de poder vigente.

Esses três aspectos são abordados nos próximos tópicos.

Considerando as pessoas e demais seres

A obra citada realizou a relevante aproximação entre os novos indicadores e as pessoas porque seriam concebidos para os níveis de bairros e comunidades. Indubitavelmente, essa proposta representa um grande avanço democrático, se comparada com as acatadas pelos órgãos internacionais. Contudo, seria interessante mais um salto quântico, ou seja, considerar o indivíduo. Isso porque os índices construídos em reuniões de pessoas, algumas infladas por desejos reprimidos e inconscientes de poder social, ainda que para bairros e comunidades, podem se mostrar inadequados para a orientação da vida de cada pessoa em particular. As experiências consideradas fracassadas com moedas sociais na Argentina (capítulo 12) e vários outros movimentos sociais legítimos desencaminhados talvez sirvam para ilustrar este argumento.

Portanto, para fins deste estudo, entendemos que os fenômenos que devem ser monitorados para balizar os julgamentos, decisões e comportamentos devem ser observados no nível mais elementar da coletividade, ou seja, o indivíduo. Cabe complementar que as nossas necessidades pessoais incluem respirar ar apropriado, beber água sem contaminação, equilibrar emoções junto à natureza preservada, comer alimentos saudáveis, beneficiar-se da coesão social, dentre muitas outras desprezadas pela teoria econômica predominante, bem como por muitos de nós. Supomos que este abrangente entendimento resultaria na percepção clara da importância inerente à garantia da abundância também para os seres que, em conjunto, proporcionam os bens e serviços indispensáveis à nossa vida. A elaboração dos indicadores adequados para a consciência emergente, portanto, deveria ser uma iniciativa pessoal e que leve em conta as suas conexões planetárias. Os indicadores dos demais níveis (familiar, bairro, cidade, país, bloco de países e global) seriam apenas agregações dos indicadores elaborados pelas pessoas.

Benefícios do processo

Os autores da citação anterior foram oportunos quando destacaram a importância do processo de construção dos novos indicadores. As principais etapas desse processo seriam: o diálogo, os vínculos, a reflexão e a transformação dos cidadãos em protagonistas responsáveis e comprometidos. Esse processo poderia ser harmonizado com a ilustração 5 (capítulo 5) e aplicado no nível individual. Tais etapas deveriam considerar:

- observação consciente da interação nem sempre harmoniosa entre o lado externo (ações para satisfazer as necessidades) e o interno (efeitos dessas ações sobre o mundo íntimo da pessoa);
- intenção consciente de harmonizar as ações para satisfazer as necessidades com o que supomos ser nossa singularidade;
- reavaliação sistemática sobre a efetiva harmonia entre nossa suposta singularidade e as ações realizadas para satisfazer as necessidades – autoconhecimento; e
- retomada do poder pessoal delegado indevidamente para anunciantes, empresas, partidos políticos, governos, associações, entidades religiosas, dentre outras, e a manifestação do bem-estar duradouro (amor, solidariedade, partilha, paz) no momento presente.

O entendimento de que esse processo é valioso, talvez mais que os resultados dos indicadores construídos, se harmoniza com a forma de espiral usada na ilustração

5 (capítulo 5). O que realmente importa é o aproveitamento da oportunidade de autoconhecimento proporcionada pelo processo de satisfação das nossas necessidades. É possível que em certos momentos da vida percebamos que ainda estamos envolvidos em situações e com necessidades que considerávamos superadas. Elas, entretanto, podem se manifestar em oitavas superiores, evidenciando o avanço alcançado e propondo outros. A clareza em relação a esse processo de monitoramento da evolução das necessidades parece relevante para a qualidade dos nossos comportamentos cotidianos e para a experiência de bem-estar porque estimula atitudes mais conscientes. Entendemos que os indicadores obtidos a partir de pessoas comprometidas com esta proposta seriam mais apropriados do que os recentemente apresentados.

Dependência da estrutura de poder vigente

Os autores citados condicionaram o benefício pleno dos indicadores elaborados a partir dos níveis de bairro ou comunidade à estrutura de poder vigente. Interpretamos que a proposta oferecida acarretaria a transferência de poder para os movimentos populares. Embora interessante, ainda assim haveria uma concentração de poder social. Existiria o risco de que este fosse exercido inadequadamente por pessoas (síndicos, presidentes de associações de moradores, representantes comunitários, entre outras) infladas por desejos reprimidos de consumo e acumulação de recursos econômicos. Ram Dass, na obra de Elgin (1993: 12-13), faz o seguinte comentário a esse respeito:

> Esta visão bucólica da simplicidade [nas aldeias do Oriente] exerce grande atração sobre aqueles de nós, no Ocidente, para quem a vida pode estar cercada de confusão, desatenção e complexidade. Na agitação da sociedade industrial moderna e na tentativa para manter a imagem de pessoas bem-sucedidas, sentimos que perdemos contato com uma parte mais profunda do nosso ser. Apesar disso, percebemos ter pouco tempo, energia ou apoio cultural para dedicar a essas áreas da vida que sabemos ser importantes. Ansiamos por um modo de vida mais simples, que nos permita restabelecer certo equilíbrio em nós mesmos.
>
> Seria a visão de vida simples oferecida por essa aldeia no Oriente a resposta? Este é um exemplo de uma simplicidade primitiva, ligada ao passado, ou de uma simplicidade iluminada, a ser alcançada no futuro? Gradualmente, cheguei à compreensão de que esse não é o tipo de simplicidade que o futuro encerra. Não obstante seu caráter ancestral, a simplicidade da aldeia encontra-se ainda na sua 'infância'.
>
> Ocasionalmente, as pessoas me mostram seus bebês recém-nascidos e me perguntam se sua inocência serena não é exatamente igual a do Buda. Provavelmente não, eu lhes respondo, pois no íntimo daquele bebê estão todas as sementes latentes de desejos materiais, apenas esperando que a oportunidade se apresente para que possam brotar.

Por outro lado, a expressão no rosto de Buda, que pode enxergar através da impermanência e do sofrimento associados com os desejos, reflete a invulnerabilidade da verdadeira liberdade.

O mesmo ocorre com a aldeia. Seu estilo de vida ecológico e tranquilo foi conseguido inconscientemente, sendo, portanto, vulnerável aos ventos da mudança que agitam os desejos latentes de seus habitantes. Mesmo agora, há uma nota familiar, embora dissonante, neste cenário rústico. Os sons da estática e uma voz profissional, impessoal, vinda de outra civilização – a do locutor de rádio – quebram a harmonia quando um jovem da aldeia, segurando um rádio portátil junto ao ouvido, aparece numa curva. Em seu pulso encontra-se um relógio prateado, que cintila ao sol. Ele me olha orgulhoso, ao passar por mim. Uma onda de compreensão me atravessa. Acompanhando aquele rádio e relógio, segue um exército de desejos que, durante séculos, não foram testados ou experimentados. À medida que o crescimento material e as mudanças tecnológicas forem ativando esses anseios, eles irão transformar, no decorrer de uma ou duas gerações, o coração, a mente, o trabalho, e a vida cotidiana dessa aldeia.

Aos poucos, percebi que a simplicidade da vida da vila não fora escolhida conscientemente, mas era produto inconsciente de séculos de costumes e tradições imutáveis. O Oriente ainda não se defrontou definitivamente com o impacto da mudança tecnológica e do desenvolvimento material. Quando os desejos latentes de sua população tiverem se manifestado efetivamente e os anseios por bens materiais e posição social começarem a puir o tecido da cultura tradicional, poderá ter início no Oriente a escolha consciente da simplicidade. Nesse momento, a vida simples no Oriente será conscientemente conquistada – voluntariamente escolhida.

Esta citação destaca a questão dos desejos reprimidos das pessoas que não tiveram a oportunidade de entrar plenamente em contato com os atrativos da tecnologia, da elevada capacidade aquisitiva ou da posição social superior. A definição de indicadores de desempenho obtida em coletividade geralmente exige liderança por parte de alguém. A liderança, similar à representação, corre o risco de acarretar problemas relacionados com a concentração de poder social, bem como tende a reduzir o potencial de autoconhecimento inerente ao processo. Esses problemas tendem a se agravar quando, por isolamento, pobreza ou alienação, os líderes se encontram na situação de desejos reprimidos.[38] Ademais, além de desconcentrar poder, o próprio indivíduo tem as melhores condições para identificar as suas reais necessidades, enraizadas no seu mundo íntimo. Portanto, os indicadores construídos com base na coletividade talvez contribuam menos para o autoconhecimento e aproximação do bem-estar duradouro.

---

[38] O mesmo pode ocorrer com a pessoa, mas as consequências negativas seriam menos destrutivas e mais sujeitas ao controle pessoal e social.

Quando construímos os indicadores levando em consideração as nossas referências internas expandimos possibilidades de autoconhecimento que são menos dependentes do ambiente externo. Parar de fumar; diminuir a ingestão excessiva de substâncias prejudiciais à saúde (açúcar, álcool, drogas legais e ilegais); realizar atividades físicas regulares (caminhar, subir escadas etc.); desligar a televisão para dar atenção aos familiares, amigos, vizinhos; desligar as luzes dos cômodos vazios; fechar a torneira enquanto escovamos os dentes; varrer a calçada com a vassoura e não com a mangueira de água; levar sacolas reutilizáveis para as compras; refletir sobre todas as ações de consumo e acumulação de riqueza, bem como seus efeitos sobre o nosso ser interno e sobre os outros (fumaça, ruído, luminosidade, odor, resíduos, dentre outros); não votar em políticos duvidosos; reduzir, selecionar, acondicionar e destinar o lixo para os locais apropriados, dentre muitas outras ações cotidianas podem independer da estrutura de poder vigente ou outros aspectos externos quaisquer. Várias atitudes podem depender das circunstâncias, tais como: subornar autoridades; aceitar suborno; trabalhar em atividades que contrariam nossos princípios ou prejudicam nossa integridade física. Para estas, valem o conceito de "níveis de compromisso"[39] e a ilustração 5 (capítulo 5) que enfatizam o diálogo entre os lados externo e interno do indivíduo para a experiência do bem-estar duradouro.

Indicadores para a consciência emergente

A argumentação apresentada sugere que a construção de indicadores de desempenho adequados para a consciência emergente deveria ser iniciada no nível do indivíduo. Por compreender os nossos lados interno e externo, bem como estimular a clareza sobre o vínculo das necessidades com autoconhecimento (capítulo 5), a prática deste entendimento poderia promover a "verdadeira liberdade", descrita por Ram Dass na citação anterior. Talvez ela, baseada na não violência, seja o solvente natural para minar as estruturas de poder vigentes, reduzir a inaceitável desigualdade e promover a desejável revolução pacífica.

Uma questão relevante, todavia, ainda não foi colocada, ou seja: quais seriam os indicadores adequados para a consciência emergente? Sobre esse assunto, Henderson (2003: 36) sugere que:

> [...] Com objetivo de promover o conhecimento em relação aos novos indicadores e promover uma maior compreensão pública sobre as políticas para formas sustentáveis de desenvolvimento, uma instituição interdisciplinar de ciências sociais de alguma universidade importante do Brasil poderia acolher, em cooperação com as agências estatísticas brasileiras, uma conferência internacional sobre 'Implementação dos Novos Indicadores de Desenvolvimento Sustentável'. As instituições anfitriãs poderiam convidar todos

---

39 Dalai Lama (2000:193), transcrito no capítulo 3.

os melhores experts em estatística da América Latina e do mundo, inclusive a Divisão de Estatística da ONU, Eurostat, Estatística do Canadá, a Academia Social de Ciências Chinesa, o Grupo Interagências Federais de Indicadores de Sustentabilidade dos EUA, os Indicadores de Qualidade de Vida Calvert-Henderson, o Grupo de Sustentabilidade Dow-Jones, o London FTSE 4 Good, o The Global Reporting Initiative, o Domini Social 400, o Index CALVIN e muitos outros".

Este texto destaca a relevância da questão do estabelecimento de novos indicadores sustentáveis que poderiam se harmonizar com a consciência emergente. Pensamos, todavia, que a reunião dos especialistas mundiais em estatística provavelmente teria dificuldade para atender este objetivo porque uma das suas características básicas deveria ser a simplicidade. A sugestão oferecida, além de exigir volumosos recursos econômicos geradores de escassez e concentração de poder social, incorrerá nos problemas de liderança, de inibição do autoconhecimento e de alienação descritos antes. A grande maioria das pessoas não teria conhecimento técnico para compreender o processo de concepção dos indicadores, teria que ter fé na sua utilidade e teria que se submeter à sua implantação. Supomos que nada disso se harmonize com a consciência emergente. Talvez o encontro de algumas poucas sábias donas de casa, além de consumir menos recursos econômicos, pudesse formular contribuições mais adequadas. Vale lembrar que a palavra economia vem do grego e poderia ser traduzida como cuidar da casa. Mais efetivo ainda seria o "encontro do indivíduo consigo mesmo". Assim, haveria uma condição mais favorável para identificar aquilo que genuinamente satisfaz.

Supomos que a concepção de indicadores de desempenho para a consciência emergente deveria seguir rumo diferente. A ilustração 9 talvez nos facilite a encontrar a direção adequada.

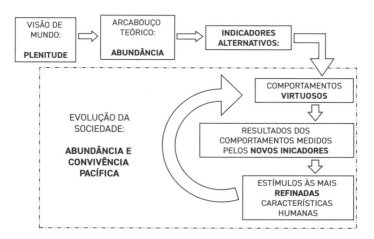

Ilustração 9: *contexto para a concepção de indicadores harmônicos com a consciência emergente e a EBA!*

A ilustração 9 indica que devemos identificar a visão de mundo e o arcabouço teórico que irão sustentar o indicador. Supomos que a consciência emergente busca a plenitude e que a Economia Baseada na Abundância (EBA!), ao estimular a abundância, seja harmônica com as suas aspirações. Os indicadores alinhados com estas proposições deveriam eleger um fenômeno compatível para monitoramento. A Economia Baseada na Abundância (EBA!) indica que o fenômeno essencial é o conjunto das necessidades. A experiência do bem-estar duradouro é dificultada pela existência de necessidades sem perspectivas razoáveis de atendimento, notadamente pela prática de atos desaconselháveis para sua satisfação.

Os indicadores dominantes costumam acompanhar os bens e serviços produzidos e desprezam as necessidades que estes deveriam atender.[40] Contudo, produzir algo pode não significar o adequado atendimento das necessidades. As desigualdades sociais parecem corroborar essa afirmação, pois nunca tivemos tantos bens econômicos disponíveis convivendo com tantas carências inaceitáveis.

O indicador de desempenho alinhado com a consciência emergente, então, deveria monitorar as necessidades de cada indivíduo. Uma relação de todas as necessidades de uma pessoa[41] é a forma mais essencial, simples e apropriada para orientar os julgamentos, decisões e comportamentos econômicos cotidianos. Este é o indicador proposto para a Economia Baseada na Abundância (EBA!) que doravante será denominado: Lista das Necessidades. Como mencionado antes (capítulo 2), seria como ir para um mercado ou feira (vida) levando uma lista de compras (Lista das Necessidades). Este indicador proposto estaria ao alcance de praticamente todos. Assim, como as compras no mercado ou feira, nosso posicionamento seria buscar da melhor forma possível os recursos que satisfazem as necessidades listadas, restringindo-nos a elas.

A Lista das Necessidades poderia ser iniciada com o simples registro das necessidades da pessoa. Apresento, a seguir, um exemplo pessoal meramente ilustrativo. A tarefa de listar as necessidades pessoais direciona nossa atenção para o nosso ser interno, ou seja, implica a formulação da relevante pergunta: do que o ser singular que eu sou precisa para se sentir satisfeito? Tal registro poderia ser subdividido em diversas categorias, porém, supomos que as principais seriam: (a) as necessidades elimináveis e (b) as necessidades que devem ser satisfeitas. A maioria dos indicadores não faz esta separação porque despreza a possibilidade de expansão da abundância através da redução das necessidades (capítulos 2 e 5), especialmente daquelas cuja satisfação implica consequências indesejáveis para nós mesmos e para os outros.

---

40 A matriz de necessidades e satisfatores de Max-Neef, comentada em Cattani (2003: 180), parece possuir uma metodologia mais próxima da presente proposta porque efetua, salvo engano, a vinculação entre as necessidades existentes e os recursos que as satisfazem.

41 Numa visão abrangente (considera a interdependência com os seres humanos e não humanos).

LISTA DAS NECESSIDADES	
Luz solar	Bicicleta, podendo ser compartilhada
Ar puro	Silêncio
Água pura	Amigos fraternos
Comida ovo-lacto-vegetariana, fresca, orgânica, saudável, saborosa e bonita	Esposa, preferencialmente não compartilhada (risos)
Vestuário adequado ao clima e ao meu estilo pessoal	Acesso aos livros, podendo ser compartilhado
Acesso à comunicação (telefonia, computador, internet), podendo ser compartilhado	Acesso aos recursos necessários para o preparo de alimentos (fogão, panelas, talheres, pratos)
Acesso ao transporte de qualidade, podendo ser compartilhado	Sono, boa cama, roupa de cama e escuridão para dormir
Acesso ao abrigo adequado, que garanta praticidade, conforto e privacidade, podendo ser compartilhado	Acesso aos recursos para desenvolvimento pessoal (cursos, vivências, palestras)
Acesso aos recursos necessários para a divulgação do conteúdo do livro *Economia, Consciência e Abundância*	Acesso às práticas e eventos de atividades artísticas (filmes, peças teatrais, música, literatura)
Acesso aos recursos de promoção de saúde, prevenção e cura de enfermidades (prática de atividades físicas regulares, palestras, exames, consultoria de profissionais de saúde, óculos)	Acesso à natureza preservada (praias, parques, cachoeiras, lagos, trilhas de caminhada na mata, mutirões de plantio e limpeza)

Lista das Necessidades do autor (exemplo simplificado)

A necessidade de fumar cigarros, por exemplo, poderia ser classificada na categoria das "elimináveis" e as ações cotidianas para esse fim poderiam ser: consideração de conselhos de amigos, familiares e profissionais de saúde; leitura de obras (livros e artigos) sobre os seus malefícios; cálculo dos recursos financeiros consumidos para sustentar esse vício; visitas a hospitais para conversar com pessoas acometidas por enfermidades adquiridas pelo consumo de tabaco; compreensão das atitudes de pessoas justamente inconformadas com a condição de fumantes passivas, entre outras. As demais necessidades, tais como: nutrição, transporte, habitação, vestuário, lazer etc., dependendo de vários aspectos (forma de produção dos alimentos, quantidades, alternativas etc.), seriam classificadas na categoria de "necessidades a satisfazer" e orientariam as ações solidárias, cooperativas, pacíficas e saudáveis para atendê-las apropriadamente. Supomos que estaríamos mais próximos da experiência da abundância na medida em que as necessidades relacionadas fossem eliminadas ou atendidas.

A Lista das Necessidades poderia evoluir ao longo do processo para incluir outros aspectos considerados relevantes pelo usuário: situação atual da necessidade, situação desejada, ações que podem nos aproximar da situação desejada, dentre muitas outras. O detalhamento dos aspectos contribui para o refinamento e efetividade do indicador. O quadro a seguir exemplifica o refinamento de um dos itens da minha Lista das Necessidades inicial.

Necessidades	Situação atual	Sentimentos	Situação desejada	Ações possíveis
Acesso ao transporte de qualidade, podendo ser compartilhado.	Propriedade de um automóvel particular, modelo básico, 1.000 cilindradas, flex, modelo 2015.	Por um lado, atende bem à necessidade de transporte, tem manutenção mais acessível, polui menos e provoca pouca inveja. Deixa a desejar em períodos chuvosos porque chega com muita dificuldade à nossa casa (área rural). Um carro com tração nas 4 rodas atenderia melhor. Porém, por outro lado, consideramos o automóvel um dos mais graves problemas socioambientais, fato que gera certo desconforto interior.	Implementar um estilo de vida que dispense a necessidade da propriedade de carro particular.	• mudar para uma ecovila que permita o compartilhamento de veículos; • buscar serviços de compartilhamento do carro; • reduzir atividades fora de casa para evitar a necessidade de transporte e viver sem carro; • fazer boa manutenção do carro, evitar uso e substituição.

Exemplo de refinamento de um dos itens da Lista das Necessidades do autor apresentada inicialmente.

A Lista das Necessidades deveria ser monitorada periodicamente com o objetivo de refletir sobre os comportamentos cotidianos realizados para satisfazer as necessidades registradas. Algumas perguntas orientadoras seriam as seguintes:

a) eu efetivamente busquei a satisfação das necessidades listadas?
b) eu ainda tenho essas necessidades listadas?
c) devo descartar ou adicionar alguma necessidade?
d) as ações que realizei para satisfazer as necessidades confirmaram ou colocaram em dúvida o que eu suponho ser minha singularidade?

e) existe alguma necessidade que pode ser substituída para eu estimular sentimentos virtuosos e que melhorem minha relação comigo e com os demais seres?

f) estou me sentindo mais satisfeito que antes de me orientar pela Lista das Necessidades?

Estas e muitas outras questões relevantes para o autoconhecimento podem ser formuladas a partir da reflexão sobre a Lista das Necessidades individuais. As demais entidades (família, condomínio, rua, associação de moradores, bairro, cidade, província, organização sem fins lucrativos, empresa, região, país, bloco de países e mundo) se nortearíam pelos agregados dos relatórios básicos individuais das pessoas que as vivificam. Dessa forma, seria possível orientar as pessoas para a produção dos bens e serviços que efetivamente satisfariam ou eliminariam as necessidades de todos. Parece válido supor que vários ciclos do processo descrito serviriam para elevar o autoconhecimento geral, reduzir o sacrifício de pessoas e dos demais seres (desperdícios), reduzir as necessidades que precisam ser satisfeitas (diminuição da desigualdade), estimular a manifestação de comportamentos virtuosos, bem como facilitar a todos o acesso e a percepção consciente de um estado de satisfação material (abundância). Este contexto seria um ambiente interessante para a convivência pacífica, alcance da plenitude e cumprimento dos objetivos atribuídos à consciência emergente.

Indicadores de desempenho – uma síntese

Os indicadores de desempenho servem para orientar comportamentos e estão inseridos num contexto que privilegia uma determinada visão de mundo e um arcabouço teórico. Ele é uma simplificação que fornece informações sobre a evolução de alguma(s) característica(s) de um fenômeno estabelecido. A efetividade da sua influência sobre os comportamentos dependerá da aceitação (consciente ou inconsciente) de sua validade, bem como da submissão ao seu sistema de recompensas e punições.

O hegemônico indicador de desempenho econômico da atualidade é o Produto Interno Bruto (PIB). Ele é suportado pela consciência dominante que busca a concentração de poder social e pela teoria econômica predominante estimuladora da escassez. O fenômeno que monitora a evolução é a produção de bens econômicos (escassez e exclusão). Conforme argumentado antes (capítulo 2), a sua efetividade resultou num "retumbante sucesso" que se manifesta na simultaneidade da maior disponibilidade de bens econômicos da história da humanidade com a também inédita desigualdade. Muitas críticas têm sido feitas ao PIB. Elas geralmente enfatizam sua incapacidade de reduzir as desigualdades e a degradação ambiental. Porém, seus críticos desconsideram em suas análises que ele não foi estabelecido para atingir estes nobres objetivos, muito pelo contrário. O PIB é imbatível para nos orientar para a concentração de poder social através do estímulo à escassez, motivo pelo qual se tornou hegemônico. Associá-lo ao bem-estar individual e coletivo é uma ilusão. Supomos que esta diferença de entendimento é capital para a redefinição dos rumos da nossa evolução.

O indicador aqui proposto é a Lista das Necessidades. Supomos que ele se harmoniza com o objetivo de vida plena atribuído à consciência emergente e com a Economia Baseada na Abundância (EBA!). Sua versão mais simplificada consiste no registro das necessidades de uma pessoa, comparável a uma lista que fazemos para efetuar compras num mercado ou feira. Ela seria pessoal, intransferível e orientaria cada indivíduo para a busca da satisfação das necessidades que são essenciais para a expressão plena da sua singularidade, bem como para evitar o desperdício de atenção, tempo e outros recursos (vidas humanas e não humanas) com consumo e acumulação de recursos supérfluos ou nocivos. A Lista das Necessidades deveria ser revisada periodicamente para que se possa aproveitar plenamente a oportunidade de autoconhecimento e estimular a percepção dos benefícios do processo de satisfação atenta das necessidades. O sistema de recompensa e punição baseia-se na percepção da aproximação ou afastamento de um estado de satisfação, respectivamente. Esta versão simplificada pode ser gradualmente refinada para incorporar classificações, comentários, expectativas, estimativas etc., de acordo com o perfil de cada usuário. Os indicadores das demais entidades, se necessários, seriam agregados das Listas das Necessidades elaboradas pelas pessoas que as materializam. Dessa forma seríamos orientados para a satisfação ou eliminação das necessidades de todos, contribuindo sobremaneira para a construção de um ambiente de abundância, objetivo desta obra.

9. Valor, preço e dinheiro

"*Tudo que tem preço não tem valor.*"
Nietzsche

"*Dai a Cesar o que é de Cesar.*"
Jesus

"*Quando a última árvore tiver caído*
Quando o último rio tiver secado
Quando o último peixe for pescado
Vocês vão entender que dinheiro não se come."
Mensagem de autoria desconhecida recebida pela Internet[42]

"*Um dia um pai de família rica levou seu filho para viajar para o interior com o firme propósito de mostrar quanto as pessoas podem ser pobres. Eles passaram um dia e uma noite no sítio de uma família muito pobre. Quando retornaram da viagem, o pai perguntou ao filho:*
– Como foi a viagem?
– Muito boa, papai!
– Você viu como são as pessoas pobres? – o pai perguntou.
– Sim, papai.
– E o que você aprendeu, meu filho?
O filho respondeu:
– Eu vi que nós temos um cachorro em casa e eles têm vários. Nós temos uma piscina que alcança até o meio do jardim; eles têm um riacho que não tem fim. Nós temos uma varanda coberta e iluminada com luz; eles têm as estrelas e a Lua. Nosso

---

42 Contribuição das irmãs Patrícia e Verônica Rocha.

quintal vai até o portão de entrada; eles têm uma floresta inteira. Quando o pequeno garoto estava acabando de responder, seu pai ficou estupefato. E o filho acrescentou:
– Obrigado, pai, por me mostrar quão pobres nós somos!"
Mensagem de autoria desconhecida recebida pela Internet[43]

O presente capítulo tem o objetivo de refletir sobre os vínculos existentes entre valor, preço e dinheiro. A teoria econômica predominante vincula diretamente o valor ao preço e ao dinheiro, ou seja, aquilo que é valorizado possui preço elevado e exige o sacrifício de mais dinheiro para o seu usufruto. Este entendimento parece estar gerando incoerências nas manifestações de vários estudiosos das alternativas à economia dominante, como é indicado a seguir. A Economia Baseada na Abundância (EBA!) sugere a desvinculação destes conceitos.

Existiria relação entre valor, preço e dinheiro?

Ferreira (2000: 701) associa a palavra valor a vários significados. Os que mais se relacionam com o nosso objetivo são os seguintes:

a) Qualidade que faz estimável alguém ou algo; valia.
b) Importância de determinada coisa; preço, valia.
c) Legitimidade, validade.

A palavra valia é associada à serventia, utilidade; enquanto estima seria um sentimento de importância de alguém ou de algo. Esta lista de significados destaca que valor tem relação com a importância que atribuímos a algo, especialmente pela sua utilidade, serventia, validade e legitimidade. Portanto, associando este entendimento ao processo econômico de satisfação ou eliminação das necessidades, parece válido supor que o valor de algo deve guardar relação com a capacidade de satisfazer ou eliminar necessidades. Em outras palavras, quanto mais efetivo algo for para satisfazer ou eliminar necessidades da pessoa, mais valioso ele será.

O item "b" associa valor a preço. Ferreira (2000: 551) atribui a preço os seguintes significados:

1. Quantidade de dinheiro necessária para comprar uma unidade de mercadoria ou serviço; expressão monetária do valor.
2. Relação de troca de um bem por outro.

---
43 Contribuição de Cristiana Garcez dos Santos.

O item 1 é particularmente importante para nossa argumentação porque associa diretamente os termos valor, preço e dinheiro, título deste capítulo. Considerando válida esta associação direta, se algo possui preço elevado e exige muito dinheiro para seu usufruto, ele tem também alto valor, serventia, utilidade, relevância, legitimidade e validade. Esta associação parece ter se tornado algo que dispensa reflexão ou confirmação. Contudo, esperamos demonstrar que tal associação é uma opção amparada na teoria econômica predominante estimuladora da escassez, da desigualdade e da degradação ambiental.

Retomemos o exemplo do ar próprio para consumo humano. Ele é nosso alimento mais vital. Podemos ficar várias horas sem beber água e vários dias sem ingerir alimentos, mas somos incapazes de evitar a respiração por vinte minutos. Esta é uma evidência de que o ar respirável é extremamente valioso, útil, relevante, válido e legítimo. Ninguém deveria ser cerceado do seu pleno usufruto apesar do seu imenso valor. E qual é o seu preço? Ele tem preço zero e não precisamos de dinheiro algum se ele for puro e abundante. Neste caso, constatamos que a relação direta entre valor, preço e dinheiro não existe.

Outro exemplo que contribui para nossa argumentação é a cocaína. Ela possui um preço elevado e exige bastante dinheiro para usufruí-la, fato que leva várias pessoas a arriscar a própria liberdade e a vida para comercializá-la ilegalmente. E qual é o seu valor, em termos de utilidade, validade e legitimidade? Esta questão pode ter várias respostas porque, como mencionado antes (capítulo 5), a classificação das necessidades implica subjetividade. Talvez a cocaína seja considerada muito valiosa se a pergunta for dirigida para um dependente químico. Supomos, contudo, que exista uma razoável convergência no sentido de considerar a cocaína um flagelo e que sua relevância, utilidade, validade e legitimidade levariam a classificá-la como algo de pouco valor individual e coletivo. Este seria outro caso em que a relação direta entre valor, preço e dinheiro não existiria.

Os exemplos extremos apresentados indicam que não existe uma vinculação direta entre valor, preço e dinheiro. Muitas situações intermediárias também são solucionadas em favor do preço e dinheiro, em detrimento do valor. Várias pessoas consideradas representantes da sociedade (prefeitos, vereadores, deputados, governadores etc.) desprezam a qualidade do ar, da água, do solo, da paisagem, entre outros bens de elevado valor quando aprovam a instalação de empresas em "seus" territórios. Talvez cheguemos à conclusão de que o valor é frequentemente menosprezado, em relação ao preço e ao dinheiro, se observarmos atentamente nossos comportamentos cotidianos.

A opção pela relação direta entre valor, preço e dinheiro é um relevante instrumento para o fomento da desigualdade. Isso porque os bens valiosos seriam de usufruto exclusivo das pessoas ricas, devido aos seus elevados preços. Para evitar que esta injustiça se perpetue deveríamos optar pelo entendimento de que os bens valiosos (utilidade, serventia, importância, validade e legitimidade) deveriam ser acessíveis a todos, preferencialmente gratuitos. Em outras palavras, deveríamos desvincular valor de preço e dinheiro.

A integração do entendimento de que valor não tem relação direta com preço e dinheiro é capaz de impactar severamente as definições usuais de pobreza e riqueza. Uma pessoa é considerada rica, geralmente, quando possui muito dinheiro e/ou bens conversíveis em muito dinheiro. Com a pessoa pobre ocorreria o inverso. Porém, esta classificação poderia ser reformulada em função do acesso aos bens valiosos (ou experiências valiosas), sendo que muitos deles não exigiriam dinheiro para seu usufruto. Assim, poderíamos compreender melhor as pessoas consideradas pobres e que se sentem satisfeitas com a sua vida, menos inclinadas ao suicídio, mais dadas aos relacionamentos afetivos etc. Falando sobre o movimento da simplicidade voluntária e sua experiência na ecovila de Findhorn, na Escócia, Jorge Melo ilustra brilhantemente a prática desta orientação.[44] Ele informa que, na época em que lá residiu, as pessoas da comunidade estavam satisfeitas e várias outras gostariam de viver a mesma experiência apesar dos ganhos monetários de todos serem inferiores à linha da pobreza estabelecida pelas Nações Unidas.

Há algum tempo, uma administradora de cartão de crédito veiculou uma campanha publicitária muito interessante, embora voltada para o consumo. Ela era finalizada com a seguinte mensagem: "Tem certas coisas na vida que não têm preço. Para todas as outras, existe o cartão de crédito". A bela propaganda ilustrava os acontecimentos inestimáveis, ou seja, aqueles associados a uma satisfação existencial oriunda dos relacionamentos afetivos, integração respeitosa com a natureza e ajuda ao próximo. Essas experiências são capazes de nos aproximar de um interessante estado de bem-estar (capítulo 3). Deduzimos, então, que o bem-estar não exige que sejamos ricos, em termos materiais.

A teoria econômica predominante sugere o contrário. Ela nos motiva à busca do maior preço para os bens e serviços que oferecemos para a coletividade. Esse comportamento considerado justificável gera escassez porque restringe o acesso das pessoas aos recursos. Em outras palavras, quanto maiores os nossos preços, mais pessoas são excluídas do usufruto dos bens e serviços que ofertamos para a coletividade. Esse estímulo, assim como o desprezo pelos bens livres, é coerente com a excludente, competitiva, egoísta e belicosa consciência dominante. Sua lógica é destrutiva especialmente quando se trata do meio ambiente. Isso porque, por exemplo, quanto mais rara se torna uma ave, maior é o seu valor de mercado, incentivando a sua captura e extinção.

---

44 Ver em <https://www.youtube.com/watch?v=BDeR9QhEk0w>.

Se a consciência emergente se caracteriza pelo acolhimento, pacifismo, solidariedade e demais virtudes, a busca da elevação dos preços dos bens e serviços que ofertamos à coletividade deveria ser desestimulada. Deveríamos agir cotidianamente no sentido de tornar o essencial gratuito ou minimizar seus preços, uma vez que isso é indispensável para a inclusão social, assim como o alcance do bem-estar duradouro. Já são observadas algumas iniciativas nesse sentido. O crescimento do voluntariado parece se consubstanciar num indício interessante dessa alteração de comportamento. O movimento de simplicidade voluntária é outra. Este estimula a eliminação das necessidades desarmônicas com a singularidade da pessoa e o aumento do tempo desvinculado do trabalho utilitário, em detrimento de maiores remunerações. Em outras palavras, o desenvolvimento interior, a integração respeitosa com a natureza e a ajuda ao próximo geralmente proporcionam satisfações muito mais profundas e promotoras do bem-estar duradouro do que a maioria dos bens materiais que o dinheiro pode comprar. Várias experiências descritas na obra de Cattani (2003) também nos orientam para a abundância e a inclusão social. Todavia, com relação à questão do preço e do valor, o texto de Françoise Wautiez, Claudia Soares e Armando Lisboa, constante na obra organizada por Cattani (2003: 182), nos parece ambíguo. Ele é transcrito a seguir:

> [...] Na ótica da Economia Solidária, riqueza é a disponibilidade de bens e serviços que sustentem a vida das pessoas e das comunidades, e não seus valores (que podem ser atribuídos por escassez, utilidade, trabalho incorporado ou qualquer outra coisa). Na Economia moderna, progressivamente a noção de riqueza foi sendo substituída pelas de valor e preço, fazendo com que a criação de riqueza fosse desvinculada do sustento da vida, ou seja, a criação de valores reais e significativos (Cordeiro). É preciso reconhecer que, sem esquecer de computar os custos sociais e ambientais da mesma, não apenas a economia enriquece a sociedade, mas a riqueza advém também da participação democrática, da qualidade das relações sociais, do ar e da água, da paz, do nível cultural e do grau de acesso a bons serviços públicos. Se estes recursos não se contabilizam, não se poderá avaliá-los.

Interpretamos que o termo riqueza usado pelos autores citados seria equivalente ao aqui definido por valor (sustento da vida, valores reais e significativos). Já o termo valor usado pelos autores equivaleria ao que definimos como preço (apurado por qualquer fundamento teórico – escassez, utilidade, trabalho incorporado ou qualquer outra coisa). A primeira frase desvincula valor e preço (riqueza e valor, na terminologia dos autores), aspecto que parece consistente com a perspectiva emergente e com o paradigma da abundância. Todavia, parece contraditória a sugestão da avaliação, para fins de contabilização, desses aspectos que "não têm preço". Para tanto seria necessário lhes atribuir uma expressão monetária fundamentada na escassez, utilidade, trabalho incorporado ou qualquer outra coisa.[45] Qual seria o preço da vida na Terra, da paz mundial, de um forte abraço fraterno ou das primeiras palavras de um filho? Suspeitamos que os autores desejavam manifestar que esses aspectos geradores de bem-estar duradouro deveriam ser priorizados. Se essa suspeita se confirmasse, o texto estaria totalmente coerente. Entretanto, a perspectiva que fundamenta a atribuição de valor econômico para evitar o desprezo de algo parece demasiadamente vinculada à teoria econômica predominante. Essa ambiguidade parece mais explícita no texto de Armando de Melo Lisboa, também extraído da obra de Cattani (2003: 190). Ele afirma que:

> [...] há uma implicação profunda quando a economia solidária se afirma ao interior do espaço do mercado: nesse caso, essa dinâmica de fetichização perpassa inclusive a própria economia solidária. Ainda que o mercado possa estar submetido ao controle social, mesmo assim ele tem o feitiço da mercadoria como dinâmica própria. Nem por isso ele deixa de alcançar relações emancipatórias e antissistêmicas. Ainda que se possa inverter a relação mercadoria – ser humano – mercadoria (onde o valor da pessoa é medido pela mercadoria que reveste a mesma), que se possa superar a alienante sociabilidade capitalista, se permanecemos no espaço do mercado (como está a ocorrer), algum grau de fetiche permanecerá presente.
>
> Reveladoramente, uma das experiências exemplares da economia popular solidária brasileira, a cooperativa das costureiras do Conjunto Palmeira (Fortaleza), adota uma marca para suas roupas, a 'Palma Fashion', a qual se apresenta como 'a grife do Banco Palma$' (nome fantasia do setor de socioeconomia popular solidária da associação de moradores do bairro, ASMOCONP). É bom observar que os produtos da economia solidária, mesmo sendo produzidos solidariamente, necessariamente precisam de cuidados estéticos quanto a aparência e embalagens (aspectos típicos da fetichização), além de procurar ostentar selos sociais, ecológicos e de qualidade. Isso os faz revestidos por uma aura que por si já lhes agrega mais valor e lhes permite um diferencial no e de mercado. Preços perfeitamente justos apenas são possíveis quando restritos às transações planejadas e coordenadas nos espaços de rede que se formam entre estes empreendimentos e os clubes de consumidores associados, uma vez que neles vigem relações de poder mais equitativas. Mas uma coisa é a troca entre atores organizados, outra é quando o produto da socioeconomia solidária transforma-se em mercadoria a ser realizada no mercado.
> [...] Mercado é poder, é 'conluio para baixar salários e elevar preços', aos quais os trabalhadores 'reagem como podem', já dizia Smith (1723-90) [...].

Esta citação indica que alguns empreendimentos solidários:

---

45 A avaliação dos serviços prestados pela natureza tem tido um notável desenvolvimento (Traumann, 1997). Ela é considerada um avanço relevante para o alcance de soluções sustentáveis. Todavia, devido à sua fundamentação na teoria econômica predominante, supomos que seja necessário superá-la por algo mais efetivo.

a) não se propõem a eliminar a inconsciência (fetiche) do ato cotidiano de aquisição de bens e serviços, bem como a explora para o seu crescimento, guardando semelhanças com a teoria econômica predominante (capítulos 5 e 11);
b) se propõem a concentrar poder social, deslocando-o de umas faixas da sociedade para outras (competição), guardando semelhanças com a teoria econômica predominante (capítulos 7 e 8);
c) promovem a exclusão social através do estímulo à elevação dos preços dos bens e serviços fornecidos à coletividade ("mercado" nada mais é do que a reunião de algumas das necessidades das pessoas), tornando-os menos disponíveis, guardando semelhanças com a teoria econômica predominante.

A análise efetuada reforça a sugestão de que estamos vivendo um período de transição entre as consciências dominante e emergente. Já tentamos implementar novas possibilidades de inclusão nas ações cotidianas, porém, ainda as avaliamos com base no arcabouço teórico que pretendemos superar (capítulo 8). Isso acarreta a reprodução do modelo dominante. As questões ligadas à exploração da inconsciência (item a) e à busca de poder social (item b) para garantir o sucesso econômico são analisadas nos capítulos específicos mencionados. O presente capítulo destaca o estímulo à exclusão social promovida pela busca cotidiana da elevação dos preços dos bens e serviços que fornecemos à coletividade (item c). Se todos se comportam dessa forma, a escassez aumenta porque a satisfação das necessidades seria possível para um número cada vez menor de pessoas – aquelas que têm recursos econômicos suficientes. Isso se caracteriza como uma injustiça que enfraquece o tecido social, afastando todos do bem-estar duradouro.

Sabemos que a orientação apresentada é de difícil assimilação. Por duas ocasiões, em vivências sobre economia solidária, fomos agressivamente questionados. Entretanto, para nossa felicidade, fomos apoiados por duas integrantes de movimentos sociais que a ratificaram com suas experiências pessoais. A primeira delas afirmou que foi excluída pela prática de preços elevados do consumo dos produtos ofertados por um empreendimento de economia solidária para o sucesso do qual ela havia contribuído efetivamente (sucesso significando exclusão social, em harmonia com a teoria econômica predominante). A segunda veio em nossa defesa através da partilha sobre a evolução do empreendimento de economia solidária criado em sua comunidade quilombola. Segundo ela, as pessoas da comunidade não tinham dinheiro antes da iniciativa solidária e só podiam se alimentar com sopa de casca de banana, uma vez que a banana era desidratada e vendida pelos proprietários rurais da região. Após o sucesso do empreendimento solidário as pessoas passaram a ter dinheiro para comprar produtos de outras regiões e trocaram a sopa de casca de banana por Coca-Cola, produto reconhecidamente prejudicial à saúde (sucesso significando despersonalização e concentração de poder social para destruição da própria pessoa e dos demais seres).

Pelo exposto, a visão de mundo emergente incentivaria a redução dos preços dos bens e serviços fornecidos à coletividade. Esse procedimento se harmonizaria com a prescrição de eliminar as necessidades dispensáveis e estimularia a inclusão de todos no projeto de alcance do bem-estar pessoal e coletivo. Isso poderia permitir a substituição consciente da "mão invisível do mercado" e da "burocracia estatal". Num contexto de abundância perfeita, se isso for possível, os bens e serviços seriam acessados sem ônus e a atenção de todos se concentraria na manutenção dessa condição. Noutro, de abundância parcial, onde vários deles seriam onerosos e inacessíveis para alguns, esforços seriam realizados para a diminuição dos seus preços. Isso resultaria na aproximação permanente de um estado de abundância, objetivo da Economia Baseada na Abundância (EBA!).

Deduzimos, então, que a existência de bens ou serviços caros é um indicador de exclusão. Quando elevamos os preços dos recursos que fornecemos à coletividade, nós agravamos a desigualdade. Essa talvez seja uma das percepções mais incômodas do presente estudo. Ela evidencia que a maioria das ações cotidianas que objetivam o sucesso profissional (busca de melhores salários, investimentos mais rentáveis, maximização do lucro pelos empreendimentos etc.) é, na verdade, geradora de escassez, de desigualdade e prejudica a sustentação da vida na Terra. Temos sido os soldados desse exército que está destruindo o Planeta. Geralmente, depositamos a culpa nos chefes das nações belicosas e entidades internacionais. Entretanto, não há guerra sem soldados apertando gatilhos e botões. Atender um comando superior para cessar fogo não é difícil. Aterrorizante é, no meio da batalha, perceber que destruir vidas não gera bem-estar e decidir unilateralmente não mais participar do conflito, enfrentando a corte marcial. Feliz ou infelizmente, essa argumentação parece ser uma adequada representação do dilema que o momento atual nos apresenta. Temos alguns exemplos típicos desse corajoso comportamento (trabalho voluntário, reservas particulares do patrimônio natural, movimento da simplicidade voluntária etc.). Quanto cada pessoa poderia fazer para se "desarmar" dependeria das condições existentes e do nível individual de compromisso alcançado.

Isso posto, como poderíamos interpretar os esforços realizados no sentido de valorizar o patrimônio natural e os seus serviços? Primeiramente, devemos prestar todas as homenagens aos estudiosos pioneiros da avaliação ambiental porque eles estão conseguindo dirigir a atenção da humanidade para a importância da natureza, benefício inestimável. Contudo, esse relevante passo talvez precise ser superado, devido à urgência da questão da sustentação da vida na Terra. Tal iniciativa ainda está vinculada ao conceito da escassez, na medida em que atribui um sentido construtivo ao elevado preço de algo importante. Em outras palavras, é uma tentativa de travestir os bens livres em bens econômicos para destacá-los.

Por um lado, o positivo, seus resultados geram elementos que podem sensibilizar as pessoas a respeito da relevância da preservação da natureza.[46] Por outro lado, o negativo, essas cifras elevadíssimas também despertam a atenção das forças gananciosas, gerando a cobiça pela sua apropriação ou destruição. O risco de apropriação dessas iniciativas pelo todo-poderoso paradigma da escassez é elevado. Por isso entendemos que seria mais adequado realizar esforços no sentido de transformar os bens econômicos em livres, tornando-os disponíveis e abundantes, objetivo da Economia Baseada na Abundância (EBA!).

Se trilhássemos esse caminho (minimização dos preços dos bens e serviços), o dinheiro perderia gradualmente o seu fascínio. Isso vale tanto para as moedas oficiais quanto para as moedas sociais.[47] As alternativas às moedas oficiais, embora seus processos de implantação geralmente tragam muitos benefícios para os atores sociais envolvidos, incorporam várias características indesejáveis daquelas que pretendem superar. A principal delas é: "quem tem moeda pode comprar, quem não tem é excluído". Esta característica, também presente nas moedas sociais, transforma o dinheiro numa poderosa ilusão capaz de promover a concentração de poder social, aspecto que as torna desarmônicas com a consciência emergente.

Tivemos acesso a um texto que tratava da origem da moeda que possuía uma versão diferente da corrente.[48] A origem da moeda geralmente é associada ao atendimento da necessidade de um instrumento de troca, uma das suas funções atuais. A versão alternativa apresentada no texto a associa a uma espécie de distintivo criado pelos governantes das cidades livres da antiguidade. Esse distintivo era conferido aos mercadores que tinham permissão para a prática do comércio no interior da cidade. Com o passar do tempo, esses distintivos que traziam muitos benefícios aos seus possuidores começaram a ser negociados entre os mercadores. A transformação dos distintivos em moedas (instrumento generalizado de troca de mercadorias) teria sido o desdobramento desses eventos iniciais.

Esta versão da origem da moeda nos parece interessante porque esclarece algumas características inerentes ao dinheiro:

a) instrumento que permite acesso para alguns (exclusão); e
b) subordinação a uma autoridade.

O caráter excludente do dinheiro (item a) foi abordado antes. A subordinação a uma autoridade (item b) merece algum esclarecimento. A moeda é um acordo

---

[46] Na presente obra usamos a cifra de US$ 33 trilhões anuais atribuída aos serviços ambientais para quantificar a mensagem óbvia de que as condições que sustentam a vida são muito mais importantes que a totalidade dos bens e serviços econômicos produzidos pela humanidade.
[47] Sobre as moedas sociais ver Cattani (2003: 192-205).
[48] Infelizmente não temos os dados necessários para a referência.

consciente ou inconsciente entre pessoas. Para uma pessoa que não participa do pacto por uma dada moeda, o material usado para troca perde toda sua ilusão e se reduz à sua essência, ou seja, um pedaço de metal ou um papel pintado. Moedas substituídas por planos econômicos são exemplos de perda da ilusão em relação ao dinheiro.[49] O pior é que algumas pessoas perdem a saúde, a dignidade e até matam outras por causa da ilusão do dinheiro.

A ilusão em relação a uma moeda (oficial ou social) exige a confiança na sua aceitação dentro de um dado território (comunidade, localidade, país, bloco de países), bem como na manutenção da sua capacidade aquisitiva ao longo do tempo. A manifestação desta confiança demanda monitoramento constante. Esta atividade geralmente é delegada para pessoas que terão autoridade para gerir a circulação da moeda e impedir que falsificações ocorram. Tal delegação de autoridade e a alienação decorrente são "as duas faces da mesma moeda" da concentração de poder social. Tivemos a oportunidade de observar movimentos em torno de moedas sociais que criaram "Bancos Centrais Comunitários" e consumiram recursos significativos para criarem cédulas de difícil clonagem. Essas atividades meio (de troca) desviam a atenção das pessoas (o recurso mais valioso que existe) das atividades fim: amor, contemplação, bens e serviços que efetivamente satisfazem nossas reais necessidades. Supomos que todos esses aspectos são desarmônicos com a consciência emergente.

Entendemos que o ideal seria o reconhecimento da ilusão inerente ao dinheiro. Isso poderia criar as condições desejáveis para torná-lo desnecessário. Alguns pensam que o dinheiro merece nossa especial atenção porque ele é capaz de comprar tudo. Porém, relembrando o anúncio do cartão de crédito mencionado neste capítulo, tem certas coisas que o dinheiro não pode comprar e, coincidência ou não, geralmente essas são as que mais importam para o nosso bem-estar individual e coletivo. Sobre esse tema, Nuno Cobra, famoso professor de Educação Física, ao compartilhar o atendimento a um homem muito rico, faz os seguintes comentários (Ribeiro, 2004: 64):

> Era um homem muito rico. Possuía tudo que o dinheiro pode comprar, mas estava doente. Tinha perdido a saúde no corre-corre pelo sucesso, pelo dinheiro. Disse-me: 'Professor, sabe o que é realmente valioso na vida? É tudo aquilo que você não consegue comprar!'. E completou: 'Hoje eu posso comprar tudo o que você puder pensar: o carro mais caro do mundo, uma cobertura em Nova York, um palacete em Londres, qualquer coisa, mas tudo isso não vale nada. A minha saúde, essa eu não posso comprar. Então percebo que é isso que realmente vale! Não há dinheiro no mundo que compre a saúde depois que você a perdeu'. Percebam que filosofia clara, bonita e lógica.

---

49 O filme alemão *Adeus Lenin* lida com uma situação desta natureza.

> Tudo o que você pode comprar não tem valor. Aquilo que você não pode comprar, justamente porque já veio no pacote da vida, dado de graça pelo Criador, é que realmente tem valor. A prova concreta disso é sua saúde, sua paz, sua felicidade. E parece que quem mais possui esses valiosos bens são justamente os que não possuem tantos bens materiais.

Esse doente homem muito rico integrou plenamente a perspectiva dominante, isto é, só deu valor à sua saúde quando a perdeu, se tornou "escassa". Supomos que a perspectiva emergente atribui valor ao que é realmente importante para o bem-estar pessoal e coletivo, mesmo que seja abundante. Nuno Cobra corrobora este entendimento com o seguinte comentário complementar ao caso compartilhado (Ribeiro, 2004: 64):

> Você que lê este livro e ainda tem saúde, mesmo que ela esteja na sola do pé, já com um nível muito baixo, é o cara mais rico do mundo. É privilegiadíssimo, pois tem o bem mais precioso, o bem mais valioso do mundo, o qual nenhum dinheiro pode comprar.
>
> Pense nisso e permita-se investir em sua saúde, até porque ela pode estar num nível muito baixo e você deve elevar esse nível para patamares superiores, que o deixem distante da doença.

Alguém poderia contra-argumentar que "investir em sua saúde" exige dinheiro. Para determinadas ações saudáveis essa argumentação procede. Contudo, existem várias práticas saudáveis gratuitas: trocar o elevador pela escada, várias horas diante de um televisor, computador ou celular por uma caminhada, dentre muitas outras.

A orientação que considera o dinheiro sucedâneo de qualquer bem é especialmente imprópria no que se refere aos serviços prestados pela natureza. O dinheiro não substitui a água potável, o ar respirável, a temperatura tolerável etc. Delegar a responsabilidade sobre a disponibilidade desses bens que não têm preço para pessoas que desenvolvem tecnologias remediadoras da escassez (dessalinização da água do mar, climatizadores artificiais etc.) é uma forma de alienação que promove a concentração de poder social e se harmoniza com o pensamento do doente homem rico que só valorizava aquilo que se tornava escasso ou se perdia. Assim, como existem práticas saudáveis gratuitas, também existem práticas ambientalmente interessantes acessíveis. As principais seriam a manutenção das árvores existentes e o plantio de outras.

Sobre a possibilidade de implementação das ideias aqui apresentadas no cotidiano das pessoas, Armando de Melo Lisboa, ao explorar o tema mercado solidário, na obra de Cattani (2003: 192), afirma que:

> De certa forma, aceitar o mercado é aceitar a limitação da condição humana e renunciar aos sonhos megalomaníacos e patológicos de uma sociedade paradisíaca. Com

propriedade, adverte F. Dürrenmatt: 'Convém discernir entre o que é possível e o que é impossível para o homem. A sociedade humana jamais poderá ser justa, livre, social; ela pode apenas tornar-se mais justa, mais livre, mais social'. Portanto, se há que limitar nossos sonhos, nem por isto há que abandoná-los, pois somos feitos da mesma matéria que estes. 'A renúncia ao melhor dos mundos não é, de maneira alguma, a renúncia a um mundo melhor', lembra Morin.

Reconhecemos que essas palavras parecem sensatas e representam uma crítica aplicável ao presente estudo. É difícil imaginar, a partir do contexto atual, um mundo em que as pessoas estejam empenhadas em minimizar os preços dos seus bens e serviços para contribuir para a expansão da abundância, que rejeitem a busca por mais dinheiro. Talvez isso seja realmente megalomaníaco e patológico. Contudo, é possível que muitas pessoas, ao observarem uma megalópole, concluam que a humanidade concretizou um sonho megalomaníaco e patológico. Uma década antes da queda do Muro de Berlin, o sonho de alguns com a unificação da Alemanha talvez também fosse classificado como tal. A produção de armas capazes de destruir a Terra várias vezes certamente se enquadra nessa categoria. Idem para os projetos espaciais de conquista da Lua, Marte etc. Os sonhos de qualquer natureza parecem possíveis. A própria afirmação de que "somos da mesma matéria que estes" fornece esperanças. Ademais, conforme argumentado anteriormente (capítulo 3), a natureza humana é multifacetada, assim como a condição que ela cria para a sua manifestação.

Se acreditarmos que é "natural" a busca pelo dinheiro e pela elevação dos preços dos bens e serviços que ofertamos, a experiência de uma sociedade paradisíaca será impossível. Todavia, consideramos igualmente quimérico acreditar que alguma forma de organização social que a incorpore seja capaz de gerar mais justiça e liberdade, um mundo melhor. A opção pelo consumo solidário e simplicidade voluntária é uma renúncia, ainda que parcial, da riqueza econômica. Ela se concretiza, geralmente, pela aceitação de pagar mais pelo produto solidário e/ou receber menores remunerações. Tal procedimento reduz a capacidade de consumo e acumulação de recursos. Em outras palavras, sob o nosso ponto de vista, a defesa do consumo solidário e da simplicidade voluntária implica a recusa pessoal e consciente da maximização dos preços dos recursos que fornecemos à coletividade e minimização dos preços daqueles que adquirimos.

As ideias aqui apresentadas, para alguns, talvez não sejam tão megalomaníacas ou patológicas, parecendo até lógicas, para não dizer óbvias. Esperamos que estes apreciem a presente proposta de direcionamento da nossa atenção para a transformação dos bens econômicos em bens livres, promovendo a expansão da inclusão e da fartura para todos.

Valor, preço e dinheiro – uma síntese

A teoria econômica predominante só é capaz de considerar os bens que possuem expressão monetária. Por isso sua concepção de valor se restringe aos bens que possuem um preço e que o dinheiro pode comprar. Daí resulta a amplamente aceita relação direta entre valor, preço e dinheiro. Os problemas socioambientais desafiam esta limitação porque os bens livres são desprezados. As iniciativas de inclusão dos bens livres nas decisões econômicas tentam equipará-los artificialmente aos bens econômicos. Parece evidente que este instrumento seria apropriado facilmente pela perspectiva dominante e nos desviaria do que realmente importa, ou seja, a preservação da capacidade de sustentar a vida na Terra combinada com inclusão social (Silva, 2017).

Os argumentos apresentados indicam que a relação direta entre valor, preço e dinheiro seria uma opção desarmônica com a perspectiva emergente porque promove a expansão da escassez, da desigualdade e nos afasta do bem-estar individual e coletivo. O que é valioso (utilidade, serventia, importância, validade e legitimidade) geralmente não tem preço e o dinheiro não pode comprar. A integração plena deste entendimento tem o potencial de arrefecer o empenho pela busca de mais dinheiro, especialmente pela maximização dos preços dos bens que ofertamos à coletividade. Isso implicaria a reformulação dos significados correntes de riqueza e pobreza.

Torna-se nossa responsabilidade, então, destinar atenção qualificada para verificar a proporção da nossa vida que está associada aos bens valiosos e a que está vinculada aos bens que podem ser comprados com dinheiro. Supomos que uma vida mais significativa envolva a prevalência dos valiosos bens que não têm preço – saúde, paz, liberdade etc. Assim, a busca por uma vida com mais sentido poderia contribuir para o reconhecimento da ilusão em que se constitui o dinheiro e torná-lo desnecessário.

A desvinculação entre valor, preço e dinheiro parece ser um tema de difícil assimilação. Vários estudiosos das alternativas às práticas econômicas dominantes defendem posições ambíguas ou contraditórias. Uma reflexão mais aprofundada seria interessante para evitar que movimentos relevantes se emancipem dos seus princípios solidários e sejam apropriados pelo todo-poderoso paradigma da escassez.

10. Trabalho, ócio criativo e obra-prima

*"Um forasteiro da cidade grande chega numa
localidade do interior
e avista um morador descansando numa rede. Ele se
aproxima e
inicia a seguinte conversa:
– Amigo, o senhor não se envergonha de estar nessa
rede enquanto
há tanto trabalho por fazer?
– Que trabalho? – responde o homem da região.
– Semear a terra, por exemplo.
– Pra quê?
– Ora, para que a plantação dê frutos.
– Pra quê?
– Para que os frutos possam ser vendidos.
– Pra quê?
– Para ganhar dinheiro.
– Pra quê?
– Para poder semear novamente.
– Pra quê?
– Para ganhar mais dinheiro ainda – responde o
forasteiro já perdendo a paciência.
– Pra quê?
– Para ficar rico.
– Pra quê?
– Para ter um futuro tranquilo e poder descansar
em paz – responde
aliviadamente o forasteiro.
Então, o morador pergunta:
– E o que é que eu tô fazendo?
Anedota de autoria desconhecida.*

> *"Enganas-te, homem, se pensas que um varão de algum préstimo*
> *deve pesar as possibilidades de vida e morte em lugar de considerar*
> *apenas este aspecto dos seus atos: se o que faz é justo ou injusto,*
> *de homem de brio ou covarde [...]"*
> Sócrates[50]

O presente capítulo oferece uma reflexão sobre o tema que ocupa a maior parcela da vida da maioria das pessoas: o trabalho. A teoria econômica predominante reduz as pessoas a recursos humanos, isto é, um dos vários insumos do processo produtivo de bens econômicos. A Economia Baseada na Abundância (EBA!) entende o trabalho como uma das diversas áreas de experiência de uma pessoa. Os eventos desta área podem manifestar resultados construtivos ou destrutivos para o próprio indivíduo e para a coletividade, aspecto que novamente nos remete ao conceito de responsabilidade socioambiental individual.

Trabalho na visão dominante

A visão dominante em relação ao trabalho nos levou a um impasse civilizacional. Por um lado ele "dignifica o homem" (espaço privilegiado para a realização pessoal), atribui o *status* de "pessoa de bem" (aceitação social) e possibilita a sobrevivência porque costuma ser a principal fonte de recursos úteis para a satisfação das nossas necessidades. As realizações da humanidade nele se fundamentam. Marx (1983: 153) foi um dos que mais destacou a importância do trabalho humano, como pode ser verificado na seguinte passagem:

> Uma máquina que não serve no processo de trabalho é inútil. Além disso, sucumbe à força destruidora do metabolismo natural. O ferro enferruja, a madeira apodrece. Fio que não é usado para tecer ou fazer malha é algodão estragado. O trabalho vivo deve apoderar-se dessas coisas, despertá-las dentre os mortos, transformá-las de valores de uso possíveis em valores de uso reais e efetivos. Lambidas pelo fogo do trabalho, apropriadas por ele como seus corpos, animadas a exercer as funções de sua concepção e vocação, é verdade que serão também consumidas, porém, de um modo orientado a um fim, como elementos constitutivos de novos valores de uso, de novos produtos, aptos a incorporar-se ao consumo individual como meios de subsistência ou a um novo processo de trabalho como meios de produção.

---

50 Discurso de defesa de Sócrates no processo que resultou na sua morte, reproduzido por Platão (Florido, 2000: 47).

Esta citação evidencia a importância máxima que Marx atribuía ao trabalho humano na medida em que o definia como a energia que dá vida ao capital e utilidade à natureza – nada existiria sem ele. Um desdobramento desse entendimento seria a consideração do trabalho como uma faceta da natureza humana e o espaço privilegiado para a realização pessoal. Machado (2017: 454), analisando a contribuição de André Gorz, esclarece o pensamento do referido autor contido em sua primeira obra considerada marxista: "[...] O trabalho é definido explicitamente como uma categoria ontológica, constituindo a essência do ser humano. Ademais, é a manifestação par excellence da liberdade, da criatividade e da autonomia humanas [...]."

A combinação entre a energia que atribui vida a tudo que nos rodeia e o espaço privilegiado para a realização plena do indivíduo transformaria o trabalho utilitário na área prioritária de experiência da vida, estimulando a atrofia das demais.[51] Isso é confirmado por Machado (2017: 455), da seguinte forma:

> [...] A força de trabalho deixará de ser algo estranho e passará a ser vivida "como coisa própria" pelos trabalhadores (Gorz, 1975a, p. 231, grifo do autor).
>
> A distinção entre "tempo livre" e "tempo de trabalho" deve ser abolida em proveito do segundo: a instauração de uma "cultura proletária" fará do tempo livre "um prolongamento, uma saída, um campo de aplicação particular da atividade social principal: o trabalho" (Gorz, 1968, p. 137-138), grifos do autor.

Esse entendimento (idolatria do trabalho) parece reduzir as pessoas a recursos humanos para introdução no processo econômico. Ele também contribui para inculcar as "ideologias masculinas", descritas por Capra (2002a: 269-270) da seguinte forma:

> Essa exaltação do consumo material tem raízes ideológicas profundas, que vão muito além da economia e da política. Parece que suas origens estão ligadas à associação universal de virilidade com os bens materiais nas culturas patriarcais. O antropólogo David Gilmore estudou as imagens da virilidade pelo mundo afora – as 'ideologias masculinas', como ele as chama – e encontrou semelhanças marcantes em diversos contextos culturais. É recorrente a noção de que a 'virilidade verdadeira' é diferente da simples virilidade biológica, é algo que tem de ser conquistado. Segundo Gilmore, na maioria das culturas os meninos têm de 'merecer o direito' de ser chamados de homens. Embora as mulheres também sejam julgadas segundo critérios sexuais frequentemente rígidos, Gilmore observa que a sua feminilidade quase nunca é questionada.
>
> Além das imagens mais conhecidas de virilidade, como a força física, a dureza e a agressividade, Gilmore constatou que na grande maioria das culturas os homens 'de verdade' são

---

51 Sampaio (2009: 14) afirma que uma contribuição importante de Abraham Maslow foi o repúdio à transformação do lugar de trabalho no espaço prioritário de realização das pessoas.

os que produzem mais do que consomem. O autor deixa claro que, nessa antiga associação da virilidade com a produção material, tratava-se de uma produção feita para a coletividade: 'Reiteradamente constatamos que os homens de verdade são os que dão mais do que recebem, os que servem aos outros. Os homens de verdade são generosos, às vezes até em excesso'.

No decorrer do tempo essa imagem mudou da produção para o bem dos outros para a posse de bens materiais para o bem de si próprio. A virilidade passou a ser medida pela posse de bens valiosos – terra, dinheiro ou gado – e pelo poder exercido sobre os outros, especialmente as mulheres e as crianças. Essa imagem foi reforçada pela associação universal da virilidade com a 'grandeza' – medida pelo tamanho dos músculos, das realizações ou das posses. Na sociedade moderna, segundo Gilmore, a 'grandeza' masculina é cada vez mais medida pela riqueza material: 'O grande homem na sociedade industrial é também o mais rico, o mais bem-sucedido, o mais competente... É o que tem mais daquilo que a sociedade quer ou necessita'.

Interpretamos que esta citação sugere que o trabalho utilitário (produção de bens que satisfazem necessidades) pode ser considerado atualmente o mais relevante critério para se alcançar a aceitação social. Apesar da ênfase sobre o masculino, hoje ele parece válido para homens e mulheres. Machado (2017: 476) vincula esta manifestação à sobrevivência através das seguintes palavras:

> [...] O indivíduo apenas garante o direito à subsistência e, num nível ainda mais elementar, à sobrevivência física, se provar ser útil para esse processo incessante de valorização, ou seja, se o consumo produtivo de sua força de trabalho for economicamente rentável.

Como o trabalho vivifica todas as coisas "mortas" que nos rodeiam, quanto mais uma pessoa trabalha para a produção de bens econômicos, mais ela merece ser prestigiada. Se não o realiza deve ser taxada de vagabunda, mau exemplo. Sobre esse tema Marilena Chauí, na introdução à obra de Lafargue (1999: 10), ilustra que:

> O laço que ata preguiça e pecado é um nó invisível que prende imagens sociais de escárnio, condenação e medo. É assim que aparecem para os brasileiros brancos as figuras do índio preguiçoso e do negro indolente, construídas no final do século XIX, quando o capitalismo exigiu a abolição da escravatura e substituição da mão de obra escrava pela do imigrante europeu, chamado trabalhador livre (curiosa expressão numa sociedade cristã que não desconhece a Bíblia nem ignora que o trabalho foi imposto aos humanos como servidão!). É ainda a mesma imagem que aparece na construção, feita por Monteiro Lobato no início deste século, do Jeca Tatu, o caipira ocioso devorado pelos vermes enquanto a plantação é devorada pelas saúvas. Nesse imaginário, 'a preguiça é a mãe de todos os vícios' e nele vêm inscrever-se, hoje, o nordestino preguiçoso, a criança de rua vadia (vadiagem sendo, aliás, o termo empregado para referir-se às prostitutas), o mendigo – 'jovem, forte,

saudável, que devia estar trabalhando em vez de vadiar'. É ela, enfim, que força o trabalhador desempregado a sentir-se humilhado, culpado e um pária social.

O trecho citado indica que o entendimento de trabalho utilitário como relevante critério para aceitação social foi uma construção social que obteve ampla adesão. O condicionamento foi tão severo que é comum a identificação da pessoa com a sua profissão. Isso fica evidente na forma usual de se referir à profissão: eu sou professor, ele é pedreiro. Sobre tal identificação, Kundtz (1999: 190-191) apresenta o seguinte relato:

> Os professores de medicina David Waters e Terry Saunders nos contam a história de uma mulher que, frustrada, pergunta ao marido, um médico excessivamente atarefado: 'O que é que você tem no trabalho que não tem em casa?' Ele pensou por um minuto e respondeu: 'É o único tempo em que eu realmente sinto que sei quem eu sou'. Eis um homem para quem ser e fazer são a mesma coisa. Esse problema, extremamente comum, se torna evidente num momento de troca de emprego ou profissão, e depois da aposentadoria.

Além do estímulo à redução das pessoas a recursos humanos para introdução no processo econômico, a teoria econômica predominante favorece outra associação espúria: redução da desigualdade através do aumento dos postos de trabalho e crescimento econômico. Sobre esse aspecto, o Secretário de Articulação Social do governo Michel Temer, Henrique Villa Ferreira, em entrevista para Costa (2017: 37), ao analisar medidas austeras do governo brasileiro para sair da crise econômica, faz a seguinte afirmação:

> [...] medidas para conter a crise econômica foram adotadas, que estão revertendo o quadro recessivo brasileiro, fato que irá em breve interferir nos índices de pobreza. Não há outra forma de combater a pobreza e reduzir as desigualdades sem uma trajetória ascendente do PIB brasileiro. E não há outra forma de garantir a retomada do crescimento sem ajustes econômicos ora em curso.
> [...] Não há como alcançar avanços econômicos, sociais e ambientais duradouros sem combater o descontrole fiscal, a recessão e o desemprego. O primeiro passo foi enfrentar a crise fiscal, que comprometeu não só o crescimento da economia, gerando desemprego e pobreza, como a própria capacidade do Estado de levar adiante políticas públicas nas áreas social e ambiental. Ao repor ordem nas finanças públicas, o país vem recuperando a confiança, interna e externamente, que se traduz em mais investimentos de qualidade, em mais atividade econômica, em mais geração de trabalho e renda. Recentemente, os brasileiros convivem com quedas nos índices de inflação, que indicam estabilização da economia, com provável diminuição das taxas de juros e de desemprego em seguida, com elevação das rendas das famílias. Não existe fórmula mágica para se combater exclusão e desigualdade.

Esta citação demonstra o esforço realizado pelos formadores de opinião para vincular prosperidade e redução da desigualdade ao crescimento econômico e ao aumento de postos de trabalho. Se prosperidade e inclusão fossem consequências diretas de crescimento econômico e aumento de postos de trabalho, só nos restaria o alistamento à legião de agentes de expansão da escassez e da concentração de poder social, fertilizantes essenciais para uma trajetória ascendente do PIB (capítulos 2 e 8). Tal orientação, aplicada ao trabalho, poderia ser formulada da seguinte forma: "apesar do trabalho estar nos destruindo, é impossível viver sem ele; quanto mais, melhor". Isso nos remete à célebre definição de teoria econômica expressa por Tolstói: "quanto pior, melhor". Mais importante é que tal associação espúria, conforme argumentado no capítulo 2, é apresentada como a única via para se lidar com os problemas sociais e ambientais que enfrentamos. Qualquer outra possibilidade é taxada de "fórmula mágica".

Todavia, evidências relevantes indicam que tais associações são inadequadas. O relato de Capra (2002b: 180) sobre sua última conversa com E. F. Schumacher é revelador. Ele é transcrito a seguir:

> Na caminhada de volta à estação, mencionei que tinha vivido quatro anos em Londres e que ainda tinha muitos amigos na Inglaterra. Disse-lhe que, depois de permanecer dois anos fora, o que mais me impressionara ao voltar fora a diferença gritante entre os relatos lúgubres que os jornais estampavam sobre a economia britânica e o estado de ânimo alegre e exuberante de meus amigos de Londres e de outras partes do país. 'Você tem razão', concordou Schumacher. 'Os ingleses estão vivendo de acordo com novos valores. Trabalham menos e vivem melhor, mas nossos líderes industriais ainda não se deram conta disso'.
>
> 'Trabalhar menos e viver melhor!' foram as últimas palavras que me lembro de ter ouvido Schumacher dizer na estação de trem de Caterham. Ele enfatizou muito essa frase, como se fosse algo bastante importante, que eu não devia esquecer. Quatro meses depois, levei um choque ao saber que ele falecera, aparentemente de um enfarte, durante uma viagem de palestras à Suíça. Sua advertência – 'Trabalhar menos e viver melhor!' – adquiriu o peso de um augúrio. Talvez, pensei, ele estivesse se dirigindo mais a si mesmo do que a mim. Entretanto, quando o meu próprio cronograma de palestras e conferências se tornou absolutamente febril, alguns anos depois, muitas vezes relembrei as últimas palavras do sábio tranquilo de Caterham. Essa lembrança foi de grande ajuda no sentido de impedir que meus compromissos profissionais acabassem roubando de mim os prazeres simples da vida.

As associações de trabalho utilitário com aceitação social e de crescimento econômico, aumento de postos de trabalho com prosperidade foram instrumentos relevantes para inculcar a ilusão da necessidade vital da manifestação coletiva (trabalho) que está efetivando o agravamento dos problemas socioambientais contemporâneos. Crescimentos da economia baseada na escassez e da intensidade do trabalho desprovido de significado têm levado a concentração de poder social, a desigualdade e a destruição ambiental para patamares inauditos.

A impropriedade dessa ilusão tem despertado a atenção de alguns pensadores. Marilena Chauí, na obra de Lafargue (1999: 11-12), apresenta interessante questionamento, transcrito a seguir:

> Não é curioso, porém, que o desprezo pela preguiça e a extrema valorização do trabalho possam existir numa sociedade que não desconhece a maldição que recai sobre o trabalho, visto que trabalhar é castigo divino e não virtude do livre-arbítrio humano? Aliás, a ideia de trabalho como desonra e degradação não é exclusiva da tradição judaico-cristã. Essa ideia aparece em quase todos os mitos que narram a origem das sociedades humanas como efeito de um crime cuja punição será a necessidade de trabalhar para viver. Ela também aparece nas sociedades escravistas antigas, como a grega e a romana, cujos poetas e filósofos não se cansam de proclamar o ócio como um valor indispensável para a vida livre e feliz, para o exercício da nobre atividade política, para o cultivo do espírito (pelas letras, artes e ciências) [...] e para o cuidado com o vigor e a beleza do corpo (pela ginástica, dança e arte militar), vendo o trabalho como pena que cabe aos escravos e desonra que cai sobre homens livres pobres. São estes últimos que, na sociedade romana, eram chamados de *humiliores*, os humildes ou inferiores, em contraposição aos *honestiores*, os homens bons porque livres, senhores de terra, da guerra e da política. É significativo, por exemplo, que nas línguas dessas duas sociedades não exista a palavra 'trabalho'. Os vocábulos *ergon* (em grego) e *opus* (em latim), referem-se às obras produzidas e não à atividade de produzi-las. Além disso, as atividades laboriosas, socialmente desprezadas como algo vil e mesquinho, são descritas como rotineiras, repetitivas, obedientes a um conjunto de regras fixas, e a qualidade do que é produzido não é relacionada à ação de produzir, mas à avaliação feita pelo usuário do produto. Enfim, não é demais lembrar que a palavra latina que dá origem ao nosso vocábulo 'trabalho' é *tripalium*, instrumento de tortura para empalar escravos rebeldes e derivada de *palus*, estaca, poste onde se empalam os condenados. E *labor* (em latim) significa esforço penoso, dobrar-se sob o peso de uma carga, dor, sofrimento, pena e fadiga. Não é significativo, aliás, que muitas línguas modernas derivadas do latim, ou que sofreram sua influência, recuperem a maldição divina lançada contra Eva usando a expressão 'trabalho de parto'?
>
> Donde nossa indagação: como e quando o horror pelo trabalho transformou-se em seu contrário? Quando as palavras *honestus* e *honestiores* deixaram de significar os homens livres e passaram a significar o negociante que paga suas dívidas? Quando e por que se passou ao elogio do trabalho como virtude e se viu no elogio do ócio o convite ao vício, impondo-se negá-lo pelo *neg-ócio*?

O questionamento apresentado é relevante porque abrange o tema que concretiza todos os problemas socioambientais que enfrentamos, ocupa a maior parte da vida das pessoas e afeta o fundamento para uma vida livre e feliz. Dedicar a maior parte da existência a uma área de experiência vinculada a sofrimento, desonra e degradação dificilmente nos levará a um futuro mais promissor. Sobre esse tema, Ribeiro (2004: 73) faz o seguinte comentário:

> A sociedade perdeu o sentido do ser. Vivemos em pânico, no meio do caos, querendo ganhar cada vez mais, trabalhar cada vez mais, produzir cada vez mais. O homem premido por tantas solicitações se esquece dele próprio e se projeta para as coisas ao seu redor. É só competir, competir, competir.
>
> Estamos vivendo um momento em que o deus mercado transforma indivíduos em consumidores. Tudo está voltado para o consumo e o ser humano acaba se consumindo nessa história. Resultado: o homem vive estressado. E uma pessoa estressada tem as portas escancaradas para todo o tipo de doença. Se pudermos fugir desse estresse, podemos curar quase tudo.

Ao destacar a importância do sono para o bem-estar, Ribeiro (2004: 79) complementa que:

> O sono é o elemento mais importante para todas as pessoas em qualquer atividade profissional, porque é vida. [...]
>
> O problema é que a nossa sociedade colocou o homem num tal nível de competitividade, que o sono passou a ser um obstáculo. É preciso trabalhar, render muito, produzir mais. Dormir passou a ser sinônimo de perda de tempo.
>
> Esse foi um grande embate que tive nas décadas de 1960 e 1970 e até mesmo no final da de 1980. Nessa época, quando apresentava meu método e falava duro que estava errado dormir tão pouco, as pessoas me olhavam como se eu fosse um E.T. E se vangloriavam, achando-se mesmo extraordinárias, fabulosas, porque, dormindo tão pouco, não perdiam muito tempo. E tinham como objetivo dormir cada vez menos – era uma espécie de competição, principalmente dos grandes empresários e altos executivos, para ver quem dormia menos. Terrivelmente, havia quem já estivesse dormindo apenas quatro horas por dia e sentisse um superorgulho dessa catástrofe para a sua vida.

Estas citações indicam que a intensa ênfase no trabalho utilitário prejudica nosso bem-estar, em vez de atribuir dignidade. Os depoimentos registrados na obra de Ribeiro (2004) ilustram como o trabalho tem degradado a vida das pessoas.

> Trabalhar sempre foi superimportante para mim. Estudei para isso, sou muito boa na área de criação em propaganda e, por tudo isso, foi muito difícil a decisão de parar de trabalhar. Mas comecei a me questionar: por que ficaria me matando para ganhar um salário, que, aliás, era muito bom mas que, na verdade, do jeito que eu estava vivendo,

podia servir para pagar apenas a conta do hospital? As pessoas não valorizavam o meu trabalho, eu não via mais meu marido, meus filhos, estava estressada, enlouquecida, e pensava: 'Amanhã eu morro e não aproveitei minha vida' [Publicitária, pág. 190].

Eu me dedicava demais ao trabalho. Como recebo muitas ligações, passo o dia inteiro em dois telefones. Não dá nem tempo para parar e pensar no que tenho que fazer; no que acabei de falar, já está tocando outra ligação, já estou falando com outra pessoa, de outro assunto. Fora isso, ainda cuido da parte administrativa do supermercado. Eu vivia num ritmo tão acelerado que quando chegava a sexta-feira era um inferno. Eu trabalhava até as 7 da noite e ficava pensando: 'Agora só segunda', já ligado no que tinha que fazer na segunda. Eu não conseguia relaxar.

Meu dia a dia era uma loucura: trabalhava até as 6, 7 horas da noite e tinha que ir correndo [de Jundiaí] para a faculdade em São Paulo. E tinha que decidir se jantava ou tomava banho, porque as duas coisas não dava tempo de fazer. Depois enfrentava mais quarenta minutos de estrada e mais uma hora na Marginal para chegar à faculdade. Saía da faculdade às 11 horas da noite todo dia, chegava em casa à meia-noite. Aí jantava ou tomava banho, dependendo do que eu tinha feito antes. Era muito louco, era muita carga.

Eu sabia que tinha que fazer alguma coisa, tomar uma decisão.

Procurei uma psicóloga, fiz relaxamento. Fui a um neurologista, tomei umas vitaminas, mas é aquela coisa: aquelas drogas que eu tomava me deixavam meio apático, meio apagado, era uma coisa para reduzir o nível de ansiedade. Quer dizer, se conseguia reduzir a ansiedade também não tinha mais sentimento nenhum. Podia ser uma comédia ótima que eu não achava a menor graça, não dava risada, eu estava meio em órbita, vivia meio dopado [Administrador de supermercado, pág. 192].

Os depoimentos transcritos indicam que as respostas para os questionamentos formulados por Marilena Chauí, apresentados neste capítulo, seguem no sentido de que o trabalho, na visão dominante, está comprometendo significativamente o nosso bem-estar. Isso coloca em xeque (talvez xeque-mate) a associação entre trabalho e dignidade, bem como nossa simpatia pelas propostas que estimulam o crescimento econômico e a criação de postos de trabalho. Se esse entendimento for válido, os problemas socioambientais individuais e coletivos somente seriam bem equacionados a partir da redução de ênfase sobre o trabalho utilitário.

Somos todos um!

Os depoimentos transcritos no tópico anterior (e também no capítulo 9) descortinam uma relevante oportunidade para nos unirmos em torno da melhoria do bem-estar individual e coletivo. É possível observar, apesar da inédita desigualdade de hoje, que as pessoas que compartilharam suas desastrosas experiências com o trabalho utilitário são consideradas privilegiadas, em termos econômicos e sociais. Isso significa dizer que a visão dominante, como um autômato, está prejudicando a qualidade de vida também daqueles que concentram poder social, geralmente chamados de privilegiados, opressores, elite. Capra (2002a: 109) parece reforçar esta observação com o seguinte comentário:

> Nos últimos anos, a natureza das organizações humanas tem sido discutida à exaustão nas rodas empresariais e administrativas, numa reação ao sentimento generalizado de que as empresas de hoje em dia precisam passar por uma transformação fundamental. A mudança das organizações tornou-se um dos temas predominantes dos livros de administração, e vários consultores empresariais oferecem seminários e palestras sobre a 'administração da mudança'.
>
> Eu mesmo fui convidado, nos últimos dez anos, a dar palestras em várias conferências empresariais, e, no começo, fiquei bastante perplexo ao deparar-me com o fato de que todos sentiam a forte necessidade de mudar. As grandes empresas pareciam mais poderosas do que nunca; não havia dúvida de que os negócios dominavam a política; os lucros e o valor das ações da maioria das empresas estavam alcançando patamares inauditos. As coisas pareciam estar indo muito bem para o setor econômico; então, por que se falava tanto sobre uma mudança fundamental?
>
> Ao ouvir as conversas entre os executivos nos seminários que participei, logo comecei a perceber o outro lado da moeda. Atualmente, os grandes executivos vivem sobre enorme tensão. Trabalham mais do que jamais trabalharam antes; muitos se queixam de não ter tempo para se dedicar aos seus relacionamentos pessoais e reclamam da pouca satisfação que têm na vida, apesar da crescente prosperidade material. Suas empresas podem até parecer poderosas quando vistas de fora, mas eles mesmos se sentem empurrados para cá e para lá pelas forças globais de mercado e acham-se inseguros em face das turbulências que não conseguem prever e nem mesmo compreender plenamente.

Esta citação parece deixar poucas dúvidas sobre o entendimento de que o sucesso da teoria econômica predominante está prejudicando a todos, não só os pobres, desfavorecidos, oprimidos, excluídos. Tolstói (1994: 126-129), apesar de descrever o cenário do final do século XIX e início do XX, vai mais fundo nesse tema:

> Seja patrão ou escravo, o homem moderno não pode deixar de perceber a contradição constante, aguda, entre sua consciência e a realidade, e deixar de conhecer os sofrimentos que daí resultam.
>
> A massa trabalhadora, a grande maioria dos homens, suportando a pena e as privações sem fim e sem razão que absorvem durante toda a vida, sofrem ainda mais com esta fragrante contradição entre o que é e o que deveria ser, segundo o que eles mesmos professam e o que professam aqueles que os reduziram a esse estado.

Eles sabem que vivem na escravidão e condenados à miséria e às trevas para o prazer da minoria que os escraviza. Sabem e dizem. E esta consciência não só aumenta seu sofrimento, mas é a sua principal causa. [...]

'Segundo todos os dados e segundo tudo o que eu sei do que acontece no mundo eu deveria ser livre, amado, igual a todos os homens e, em vez disso, sou escravo, humilhado, odiado'. Diz para si mesmo o trabalhador.

E ele também odeia e procura o modo de sair de sua situação, de livrar-se do inimigo que o oprime e de, por sua vez, oprimi-lo. [...]

O homem da classe que se diz culta sofre até mais com as contradições de sua vida. Cada membro desta classe, se acredita em algo, acredita, senão na fraternidade dos homens, pelo menos num sentimento de humanidade ou na justiça, ou na ciência; e ele sabe, entretanto, que toda a sua vida está estabelecida sobre princípios diretamente opostos a tudo isso, a todos os princípios do cristianismo, da humanidade, da justiça, da ciência.

Ele sabe que todos os hábitos em meio aos quais foi educado, e cujo abandono lhe será penoso, só podem ser satisfeitos por meio de um trabalho árduo, muitas vezes fatal, dos operários oprimidos, isto é, pela violação mais evidente, mais grosseira, daqueles mesmos princípios de cristianismo, de humanidade e até de ciência (e omite as exigências da economia política) por ele professados. O homem ensina princípios de fraternidade, de humanidade, de justiça, de ciência, mas não só vive de modo a ser obrigado a recorrer à opressão do trabalhador, a qual reprova, mas ainda toda sua vida repousa sobre os benefícios desta opressão, assim dirigindo toda a sua ação para a manutenção deste estado de coisas absolutamente contrário a todos os princípios que professa.

Somos todos irmãos, e, no entanto, a cada manhã, este irmão ou esta irmã fazem para mim os serviços que não desejo fazer. [...]

O homem dotado de uma consciência impressionável não pode deixar de não sofrer com tal vida. O único meio para livrar-se desse sofrimento é impor silêncio à própria consciência; mas, se alguns conseguem isso, não conseguem impor silêncio ao medo.

Os homens das classes superiores opressivas, cuja consciência é pouco impressionável ou que tenha sabido fazê-la calar, se não sofrem devido a ela, sofrem com o medo e com o ódio e não conseguem deixar de sofrer. Conhecem todo o ódio que contra eles nutrem as classes trabalhadoras; não ignoram que os operários são enganados e explorados e que começam a se organizar para combater a opressão e vingar-se dos opressores. As classes superiores veem as associações, as greves, o 1º de maio e sentem o perigo que os ameaça, e este medo envenena a vida e transforma-se num sentimento de defesa e de ódio. Sabem que, enfraquecendo por um instante na luta contra seus escravos oprimidos, perecerão, porque os escravos estão exasperados e porque cada dia de opressão aumenta a exasperação. Os opressores, ainda que quisessem, não poderiam dar fim à opressão. Sabem que eles próprios pereceriam, não apenas logo que deixassem de ser opressores, mas assim que dessem sinais de enfraquecimento. Por isso não enfraquecem, apesar de seus supostos cuidados com o bem-estar do operário, das jornadas de oito horas, das leis trabalhistas para o menor e a mulher, das caixas de pensão e de recompensas. Tudo isso nada é senão prepotência ou desejo de deixar ao escravo a força de trabalho; mas o escravo permanece escravo e o patrão, que não pode ficar sem ele, está menos disposto que nunca a libertá-lo.

As classes dirigentes encontram-se, face às classes trabalhadoras, na situação de um homem que houvesse jogado ao chão seu adversário e não o soltasse, não tanto porque não o quisesse, mas porque um momento de liberdade concedido a seu inimigo, irritado e armado com uma faca, bastaria para que este o degolasse.

Por isso, impressionáveis ou não, nossas classes abastadas não podem, como os antigos que acreditavam em seus direitos, gozar das vantagens das quais despojaram o pobre. Toda sua vida e todos os seus prazeres são perturbados pelo remorso e pelo medo.

Assim é a contradição econômica. [...]

O contexto de ódio e medo descrito, se apropriado, é perfeitamente harmônico com a consciência dominante, conforme caracterizada antes (capítulo 3). Ele inviabiliza qualquer expectativa de um futuro pacífico para a humanidade. Coincidentemente (ou não) temos experimentado uma sucessão de conflitos armados de grandes proporções, fato que muito tem colaborado para o sucesso da teoria econômica predominante.

Tal percepção contém a semente da superação da dualidade entre pobres e ricos, em termos econômicos ordinários. Ninguém é tão pobre que não possa ajudar e nem tão rico que não precise de ajuda. Os conceitos de riqueza e pobreza estão se oferecendo ao sacrifício em prol da união por uma vida mais plena, com menos ênfase no trabalho utilitário, consumo, acumulação, sectarismo. As palavras de ordem poderiam ser: consideração, acolhimento e cuidado. Todos nós poderíamos ganhar com esta visão alternativa.

Todos pelo ócio criativo!

A argumentação apresentada destaca a relevância da destinação do nosso tempo, atenção. Isso sugere a necessidade de uma revisão sobre os termos: *tempo de trabalho* e *tempo livre*. De Masi (2000: 314), ao analisar as preocupações com o tempo livre manifestadas por John Maynard Keynes (1930) e Bertrand Russel (1935), faz o seguinte comentário:

> Se já nos anos 30 os efeitos do progresso tecnológico e a questão do tempo livre afligiam Keynes e Russel, o que é que mentes igualmente refinadas pensariam diante de invenções como a informática e a biotecnologia? Atualmente, a perspectiva existencial de um jovem de vinte e cinco anos é que o trabalho representará somente um sétimo da duração da sua vida. Portanto, o trabalho pode muito bem ser convidado a retirar-se do trono no qual havia sido colocado pelos patrões, pelos filósofos e pela Igreja, ao final do século XVIII.

> Há cem anos a idolatria do cansaço ainda era indispensável para que nos libertássemos da miséria, mas hoje, na maioria dos casos, ela representa apenas uma escravidão psicológica. [...]
>
> Em outras palavras, nos anos passados foi o trabalho que colonizou o tempo livre; nos anos futuros será o tempo livre a colonizar o trabalho.

E complementa da seguinte forma, nas páginas 318 e 319:

> [Quem atribuiu uma conotação tão negativa para a palavra ócio foi] A filosofia do ócio inculcada pela religião e a filosofia da eficiência inculcada pela indústria. Em coerência com a concepção católica (que nas igrejas luterana e calvinista é ainda mais severa), tanto a educação familiar como a escolar foram destinadas, quase que exclusivamente, à preparação do jovem para o trabalho. A severidade da disciplina, o ritmo dos compromissos e deveres de escola e o conteúdo dos programas buscam obter cidadãos muito mais preparados para as 80 mil horas de trabalho do que para as 400 mil horas de ausência de trabalho.
>
> Em muitas escolas, sobretudo as de administração, os horários são estressantes e a competitividade não conhece limites, de modo a preparar os alunos exclusivamente para a vida profissional, feita de eficiência e falta de escrúpulos, mas sem qualquer interesse residual para o lazer, os afetos familiares e a liberdade de pensamento.
>
> A isto se deve somar o fato de que tanto os horários como os ritmos de trabalho são estabelecidos pelos empresários ou pelos gerentes, que ocupam postos no vértice da empresa. São todos pessoas que desempenham um trabalho objetivamente mais criativo, de maior motivação e mais gratificante do que o realizado por seus subalternos. Muito frequentemente essas pessoas adoram o trabalho de uma forma neurótica e a ele se dedicam freneticamente, de corpo e alma, dia e noite.
>
> Todos esses privilegiados nunca procuram se colocar na condição psicológica dos seus empregados, condenados a tarefas tediosas, estúpidas e mal pagas. Não conseguem sequer entender o desinteresse deles pelo trabalho, considerando-os desleixados ou parasitas. Além de considerar medíocres e falidos todos os que ousam preterir a luta pelo luxo e pelo poder, privilegiando os afetos e as alegrias familiares, pessoais ou com os amigos.

Estas citações sugerem que a idolatria do trabalho foi estimulada e apropriada pelo todo-poderoso paradigma da escassez. Assim, como os ideais de pátria e de amor à terra natal são manipulados para convencer o soldado a destruir outros seres humanos numa guerra, muitos de nós somos convencidos a dedicar nosso tempo, atenção, saúde, intelecto, energia etc. para a produção de bens materiais. A redução do indivíduo a recurso para o processo econômico e a elevação do trabalho a fator de aceitação social geram motivações mesquinhas ("luta pelo luxo e pelo poder") e estimulam o afastamento do bem-estar duradouro ("afetos e as alegrias familiares, pessoais ou com os amigos"). Sobre esse aspecto, De Masi (2000: 319) também esclarece que:

> Hoje felizmente conspira com este propósito [conferir à expressão 'tempo livre' um sentido mais pleno e à palavra ócio um realce mais positivo] o progresso tecnológico que prolonga a vida e torna supérflua uma boa parte do cansaço humano, hoje delegável às máquinas. A desorientação que isso provoca, como trabalhadores calejados que somos, durará enquanto não nos libertarmos do tabu da laboriosidade como um fim em si mesma e não nos convertermos, sem complexos de culpa, da obsessão do bem-feito ao prazer do bem-estar.
>
> O trabalho oferece sobretudo a possibilidade de ganhar dinheiro, prestígio e poder. O tempo livre oferece sobretudo a possibilidade de introspecção, de jogo, de convívio, de amizade, de amor e de aventura. Não se entende por que o prazer ligado ao trabalho deveria acabar com a alegria do tempo livre.

Embora a questão do avanço tecnológico mereça uma atenção especial (capítulo 13), esta citação é importante porque associa o ócio à possibilidade de introspecção, amizade e amor, características harmônicas com a consciência emergente. As palavras do citado autor estabelecem um vínculo do trabalho utilitário com o prestígio, ganhar dinheiro e poder social, aspectos inerentes à consciência dominante. A redução do tempo destinado ao trabalho utilitário deveria ser perseguida pelas pessoas sintonizadas com a energia emergente, pois isso proporciona a possibilidade de aproximação do bem-estar individual e coletivo. Esse comportamento é consistente com a argumentação apresentada no capítulo 5 (necessidades) e é estimulado pelo movimento da simplicidade voluntária (Henderson, 2003: 47-48).

Todavia, o ócio representa apenas uma condição necessária para se alcançar o bem-estar, isto é, não existe a certeza de que o chamado tempo livre será aproveitado para o autoconhecimento, relacionamentos calorosos, contato respeitoso com a natureza e ajuda ao outro. Sobre esse assunto, De Masi (2000: 316-318) escreve que:

> [...] durante séculos a religião prometia o paraíso no outro mundo, onde não existiria sequer sinal de trabalho, e por outro destinava a vida terrena à dura labuta, concebida como expiação do pecado original. Sob esta ótica, o ócio, evidentemente, não poderia ser concebido senão como o pai de todos os vícios.
>
> Hoje a palavra ainda evoca, já em si mesma, toda uma série de significados negativos. Faça comigo um jogo ocioso: abra um dicionário e assinale todos os sinônimos da palavra 'ócio'. Veja aqui: neste que eu tenho nas mãos encontro quinze sinônimos, dos quais só três (lazer, trabalho mental suave e repouso) têm significado positivo; quatro são de sabor neutro (inércia, inatividade, inação e divagação) e sete têm significado claramente negativo (mandria, debilidade, acídia, preguiça, negligência, improdutividade e desocupação).

O décimo quinto é 'ociosidade', que não classifico, já que possui a mesma raiz de 'ócio'. A preguiça, como sabe, é até um dos sete pecados capitais.

Quem tiver a ociosa paciência de pesquisar os sinônimos dos sinônimos, acrescentará outros termos, vários de significado positivo (de distração a alívio, de paz a recreio, de diversão a descanso), alguns de significado neutro (passatempo, vacância, desobstrução, equilíbrio e trégua) e os restantes com significados decididamente negativos (de vadiagem a desperdício, de desleixo a esterilidade, de desinteresse a tolice).

Portanto, [...] no nosso universo linguístico, à palavra 'ócio' são associadas predominantemente omissões (inutilidade, indolência, desaproveitamento, indiferença) ou ações reprováveis (vagabundagem, dissipação, alheamento, incúria, apatia).

Pelo exposto, é possível verificar que o nosso universo linguístico atribui significados positivos e negativos à palavra ócio. O tempo desvinculado do trabalho utilitário pode (ou não) ser empregado para gerar bem-estar; implica uma escolha, responsabilidade. Sobre esse aspecto, De Masi (2000: 325-326) oferece o seguinte complemento:

> Educar para o ócio significa ensinar a escolher um filme, uma peça de teatro, um livro. Ensinar como pode estar bem sozinho, consigo mesmo, significa também levar a pessoa a habituar-se com as atividades domésticas e com a produção autônoma de muitas coisas que até o momento comprávamos prontas. Ensinar o gosto e a alegria das coisas belas. Inculcar a alegria.
>
> A pedagogia do ócio também tem a sua ética, sua estética, sua dinâmica e suas técnicas. E tudo isso deve ser ensinado. O ócio requer uma escolha atenta dos lugares justos: para se repousar, para se distrair e para se divertir. Portanto, é preciso ensinar aos jovens não só como se virar nos meandros do trabalho, mas também pelos meandros dos vários possíveis lazeres. Significa educar para a solidão e para a companhia, para a solidariedade e para o voluntariado. Significa ensinar como se evita a alienação que pode ser provocada pelo tempo vago, tão perigosa quanto a alienação derivada do trabalho. Como a senhora pode ver, há muito o que ensinar e aprender.

Esta bela passagem destaca que o chamado tempo livre pode ser tão alienante quanto o tempo de trabalho utilitário. O antídoto contra a alienação oriunda do ócio parece ser a atenção. Henderson (1996: 130), ao definir a economia da atenção, fornece a seguinte sugestão:

> [...] nova forma de economia associada com as midiacracias, e baseada na produção de informações, de entretenimento e de outros bens e serviços que competem com os políticos e com os educadores pela atenção das pessoas. As economias da atenção constituem os setores dominantes das midiacracias: cinemas, videocassetes, audiocassetes e CDs, TV

e rádio, livros, revistas, computadores e software, propaganda, turismo, educação e política. Calculados dessa maneira, os setores da atenção respondiam pela fatia do leão do PIB mundial em 1995. Seria útil se a economia, que estuda meios escassos aplicados a desejos supostamente infinitos, mudasse o seu enfoque do dinheiro para o estudo da suprema escassez para os seres humanos: seu tempo e sua atenção. Gastar nosso precioso tempo para ganhar uma moeda inflacionária não merece uma parcela tão grande da nossa atenção.

De Masi (2000: 132-133) corrobora esse entendimento através das seguintes palavras:

> [...] Você quer que eu a assista? Em vez de lucrar com a minha assinatura, como telespectador – como acontece aqui na Itália –, você terá que me pagar, se quiser que eu assista ao seu canal de televisão.
> Atualmente nós oferecemos gratuitamente nossa atenção. Esta, entretanto, é quantificada, avaliada em termos financeiros e paga por minuto pelas empresas, através das agências de publicidade, às redes televisivas onde expõem sua propaganda. Resumindo, permitimos que nos roubem.

Estas citações ressaltam o valor inestimável da nossa atenção. Ela é tão valiosa para a busca do bem-estar quanto para as grandes corporações. Costumamos ilustrar esta afirmação com o cuidado com uma planta num vaso. Se colocamos água na medida certa, expomos aos raios solares nos horários em que eles são saudáveis e adubamos adequadamente, a planta tende a expressar todo o seu potencial (flores, perfume, sabores etc.). Caso contrário (deixar inundar pela chuva, queimar pela insolação excessiva e negligenciar na adubação), a planta tende a perecer. Qual é a diferença entre vida e morte, nesse singelo exemplo? É a destinação da nossa atenção. Talvez sejamos aquilo para o qual destinamos nossa atenção. Leloup (2002: 32) corrobora com esta suposição através da seguinte passagem: "A atenção é, neste caso, outro nome para dizer amor, quando este não se contenta com emoções ou boas vontades, mas torna-se o exercício cotidiano de um encontro com o que é, com o que somos."

Assim, se dedicamos nossa atenção para atividade física moderada regular, alimentação saudável, relacionamentos calorosos, autoconhecimento e outras atividades construtivas, nós nos tornamos um tipo de pessoa. Ao invés disso, se nos envolvemos com atividades sedentárias, eventos esportivos promotores de sectarismos, programas televisivos que estimulam a dissimulação, o consumismo, a ambiguidade das informações e valores ou que ridicularizam o sofrimento alheio, nós nos tornamos outra pessoa muito diferente. A construção do ser, considerando este entendimento, passaria, inexoravelmente, pela destinação da nossa atenção. Logo, pedindo licença para o uso da redundância, seria fundamental prestar atenção para onde destinamos nossa atenção. Ela seria nosso recurso mais valioso, a construtora do nosso ser.

A destinação da valiosa atenção para o trabalho utilitário pode ser importante, mas deve ser coerente com nossa singularidade, integrada com prazer e aprendizado, bem como reduzida ao mínimo possível. O tempo restante também precisa ser destinado para atividades construtivas. As dificuldades são grandes e crescentes porque relevantes setores econômicos usam recursos sofisticados para "vampirizar" nossa atenção. A proteção contra esses tentáculos tecnológicos exige muita perspicácia e sabedoria. Esses aspectos são abordados mais adiante (capítulos 11 e 13).

Complementando a argumentação apresentada antes (capítulos 5 e 6), as escolhas associadas à ocupação do chamado tempo livre influenciam as decisões ligadas ao trabalho utilitário. Se optarmos por atividades caras de lazer, descanso e aprendizado, precisaremos de mais dinheiro para realizá-las. Isso geralmente implica dedicar mais tempo ao trabalho utilitário, prejudicando o ócio. Ao contrário, se elegermos atividades gratuitas ou mais acessíveis, nossa dependência do tempo produtivo diminuirá, favorecendo o ócio. Isso não significa dizer que as atividades mais acessíveis contribuam modestamente para a aproximação do bem-estar individual e coletivo. Recapitulando as palavras de Suzuki, transcritas no capítulo 3, as atividades que proporcionam a "verdadeira felicidade" são os relacionamentos calorosos, o contato respeitoso com a natureza e a ajuda ao outro, geralmente abundantes, inestimáveis e pouco onerosas (capítulo 9). De Masi (2000: 321) nos fornece elementos relevantes para respaldar este entendimento. Segundo ele:

> Para cada um de nós, tempo livre significa viagem, cultura, erotismo, estética, repouso, esporte, ginástica, meditação e reflexão. Significa, antes de tudo, nos exercitarmos em descobrir quantas coisas podemos fazer, desde hoje, no nosso tempo disponível, sem gastar um tostão: passear sozinhos ou com amigos, ir à praia, fazer amor com a pessoa amada, adivinhar os pensamentos, os problemas e as paixões que estão por trás dos rostos dos transeuntes, admirar os quadros expostos em cada igreja, assistir um festival na televisão, ler um livro, provocar uma discussão com o motorista de táxi, jogar conversa fora com os mendigos, admirar a sábia beleza de uma garrafa, de um ovo ou das carruagens antigas que ainda passam pelas ruas. Balançar numa rede, que, como já disse, me parece encarnar o símbolo por excelência do trabalho criativo, perfeita antítese da linha de montagem, a qual foi o símbolo do trabalho alienado. Em suma, dar sentido às coisas de todo o dia, em geral lindas, sempre iguais e sempre diversas, que infelizmente são depreciadas pelo uso cotidiano.

Esta citação é interessante porque destaca a possibilidade de realizarmos atividades cotidianas criativas e geradoras de bem-estar sem despender elevadas somas de dinheiro. Deveríamos dirigir nossa atenção para os significados de tudo que nos rodeia e efetuar seu confronto com os nossos referenciais íntimos. O ato de vivenciar experiências relevantes pode tornar a existência exteriormente simples e interiormente rica, materializando o lema do movimento da simplicidade voluntária. Supomos que isso exigiria uma menor dependência do tempo de trabalho utilitário e pouparia recursos escassos, estimulando a abundância. Supomos, então, que as pessoas afinadas com a consciência emergente deveriam buscar a redução do tempo de trabalho utilitário e destiná-lo para atividades dignificantes e acessíveis.

É evidente que a experiência do ócio criativo tem implicações decisivas numa das mais relevantes questões da atualidade: o desemprego. Esse temido problema pode se transformar numa grande oportunidade de libertação. De Masi (2000: 313), citando Keynes, fornece o seguinte esclarecimento a esse respeito:

> [...] Keynes escreveu [em 1930] que 'A eficiência técnica veio se intensificando a um ritmo muito mais rápido do que aquele com o qual conseguimos resolver o problema da absorção da mão de obra... A desocupação devida à descoberta de instrumentos que fazem com que se economize mão de obra progride a um ritmo mais rápido que o ritmo com que conseguimos criar novos empregos para esta mesma mão de obra... Observando numa perspectiva mais ampla, isto significa que a humanidade está progredindo em direção à solução do seu problema econômico... Expedientes de três horas, com uma carga semanal de quinze horas, podem manter o problema sob controle por um razoável período de tempo'.
>
> Portanto, já em 1930 Keynes sustentava que 'o problema econômico pode ser resolvido ou pelo menos obter uma solução, até a virada do século'. E neste ponto, 'pela primeira vez, desde a sua criação, o homem se verá diante do seu verdadeiro e constante problema: como utilizar a sua liberação dos problemas mais opressores ligados à economia, como empregar o tempo livre que a ciência lhe proporciona para viver bem, prazerosamente e com sabedoria'.

Esta relevante citação destaca que a elevada taxa de desemprego verificada na maioria dos países significa abundância de força humana para o trabalho utilitário e pode ser interpretada como uma evidência do sucesso da tecnologia desenvolvida pela consciência dominante. Esse resultado extraordinário, entretanto, foi apropriado pelo todo-poderoso paradigma da escassez. Em vez de liberar as pessoas das longas jornadas de trabalho, o poder da tecnologia está sendo empregado para incrementar o contingente de desempregados e a desigualdade. Em outras palavras, se uma sociedade produz uma quantidade de bens e serviços para atender as suas necessidades com 80% da sua população economicamente ativa (PEA) trabalhando uma jornada semanal de 40 horas, ela talvez produzisse o mesmo com 100% da PEA trabalhando 32 horas por semana. Ou seja, se trabalhássemos menos horas, haveria uma melhor distribuição do chamado tempo livre entre as pessoas. Isso representaria aumento das oportunidades para a experiência do ócio criativo, bem como sustento para todos que pudessem trabalhar. Quanto maior a taxa de desemprego, maior poderia ser a redução na jornada de trabalho. Uma elevada taxa de desemprego representaria um tesouro à espera de sábio usufruto.

Cabe aqui uma questão importante: por que os avanços tecnológicos não efetivaram uma jornada de trabalho utilitário menos intensa, como preconizada por Keynes e outros pensadores? Sob nosso ponto de vista, sua resposta consiste no entendimento de que a teoria econômica predominante busca a concentração de poder social, não o bem-estar individual e coletivo. Keynes, considerando suas boas intenções, se baseou na orientação de que o conjunto das necessidades das pessoas seria inventariado e os esforços para a sua satisfação seriam distribuídos de forma (mais ou menos) justa entre muitos. Esta diretriz justificaria o prognóstico de que alcançaríamos jornadas de trabalho utilitário de quinze horas semanais e pleno emprego.

Contudo, a orientação dominante segue outro norte, conforme Kneller (1980: 282), ao descrever as ideias de Herbert Marcuse:

> [...] Hoje, diz Marcuse, a ciência e tecnologia estão submetidas a uma vasta maquinaria produtiva, a qual poderia realizar todo o trabalho feito atualmente pelo cérebro e músculos humanos. Ela é usada, pelo contrário, para manter as massas trabalhando e, portanto, dóceis, saciando-se com bens de consumo para evitar que reflitam sobre sua verdadeira servidão.

Esta citação é relevante porque destaca que ciência e tecnologia também estão sendo usadas pela consciência dominante para estimular a alienação, em vez de mitigar a servidão (capítulo 13). Esse comportamento nos afasta de uma jornada de trabalho menos intensa, do inventário das nossas efetivas necessidades (autoconhecimento), bem como do amplo contrato social para satisfazê-las. Em vez de trabalharmos conscientemente para a satisfação das nossas efetivas necessidades, sucumbimos ao consumismo e ao automatismo de que devemos intensificar a atividade econômica para criar novos postos de trabalho e reduzir a desigualdade, ainda que explorando segmentos que destroem o indivíduo, a sociedade e o meio natural – quanto pior, melhor!

A teoria econômica predominante respaldaria o argumento de que a redução da jornada de trabalho prejudicaria a competitividade dos empreendimentos e o crescimento econômico. Contudo, a Economia Baseada na Abundância (EBA!), além de desconsiderar o crescimento econômico como um sinônimo de aumento da prosperidade (capítulo 2), prescreve a superação da competição pela cooperação e pela solidariedade (capítulo 3), tornando essa argumentação improcedente.

Este entendimento é corroborado por Bertrand Russell, conforme as seguintes palavras de De Masi (2000: 313-314):

> [...] em 1935, Bertrand Russell publica o seu Elogio do Ócio [...], um livro [...] no qual anuncia já nas primeiras páginas as suas teses heterodoxas: 'Eu acho que neste mundo se trabalha demais e que incalculáveis males derivam da convicção de que o trabalho seja uma coisa santa e virtuosa... Mas, em vez disso, o caminho para a felicidade e a prosperidade acha-se na diminuição do trabalho... A técnica moderna permite que o tempo livre, dentro de alguns limites, não seja uma prerrogativa de poucas classes privilegiadas, mas possa ser distribuído de forma igual entre todos os membros de uma comunidade. A ética do trabalho é a ética dos escravos e o mundo moderno não precisa de escravos'.

Esta citação confirma a possibilidade de se resolver o problema do desemprego através da redução da jornada de trabalho e da distribuição adequada dos benefícios oriundos da tecnologia, atualmente muito mais poderosa que em 1935. Ela sugere ainda que o trabalho em demasia gera incalculáveis males para o mundo. Um dos principais destes males é a perda da cidadania. Sobre esse assunto, De Masi (2000: 17) faz o seguinte comentário:

> [...] Em síntese, o ócio pode ser muito bom, mas somente se nos colocamos de acordo com o sentido da palavra. Para os gregos, por exemplo, tinha uma conotação estritamente física: 'trabalho' era tudo aquilo que fazia suar, com exceção do esporte. Quem trabalhava, isto é, suava, ou era um escravo ou era um cidadão de segunda classe. As atividades não-físicas (a política, o estudo, a poesia, a filosofia) eram 'ociosas', ou seja, expressões mentais, dignas somente dos cidadãos de primeira classe.

Esta citação inspira uma reflexão de suma importância, ou seja, a exagerada atenção destinada ao trabalho utilitário pode ser a origem dos problemas que enfrentamos. Para citar apenas alguns mais próximos do nosso cotidiano, os comportamentos inadequados dos filhos nas escolas e dificuldades na aprendizagem podem ser consequências da insuficiência de convívio familiar de qualidade; desconfianças relativas às contas prestadas por síndicos de condomínios residenciais poderiam ser eliminadas se os condôminos dedicassem parte do seu tempo para acompanhar as suas ações; conflitos entre vizinhos poderiam ser atenuados através de conversas amistosas e confraternizações; poderíamos destinar menos dinheiro para o pagamento de multas de trânsito se guiássemos nossos carros sem pressa e os mantivéssemos em bom estado de conservação etc. Muitas experiências perniciosas poderiam ser evitadas se nosso tempo dedicado ao trabalho utilitário diminuísse. Portanto, as ações voltadas para a ampliação do chamado tempo livre e sua destinação atenta para atividades construtivas reforçam o ideal de "envolvimento sustentável", próprio da consciência emergente.

Caberia, agora, formular a seguinte questão: a ocupação integral da população apta para o trabalho utilitário aumentaria o conjunto de necessidades de bens e serviços econômicos e a pressão sobre a natureza? Sua resposta não é trivial porque dispomos de um precário entendimento sobre uma forma de vida diferente da atual. Apesar dessa limitação, supomos que o acesso facilitado aos recursos poderia permitir a satisfação das necessidades já existentes e não identificadas pela míope teoria econômica predominante – multidão excluída do consumo.[52] Os altos e crescentes índices de violência talvez sejam evidências da existência de necessidades sem previsão de atendimento num horizonte de tempo satisfatório. Elas talvez não cresceriam, seriam apenas reconhecidas.

A pressão devastadora sobre o meio ambiente já se verifica. Ela provavelmente aumentaria se as pessoas experimentassem um acesso mais facilitado aos recursos que satisfazem necessidades. Porém, se os princípios do movimento da simplicidade voluntária se generalizassem, o ampliado acesso aos recursos que satisfazem necessidades poderia conviver com o arrefecimento da pressão sobre a natureza. Se vinculássemos nível de consumo a tempo de trabalho utilitário, poderíamos adotar a seguinte visão: *quanto menos consumo, menos trabalho*. Isso seria um forte estímulo ao desejo de satisfação apenas das necessidades essenciais, considerando a subjetividade inerente.

Todavia, o problema da sustentação da vida na Terra provavelmente seria agravado se essa facilidade de acesso aos recursos ocorresse desacompanhada de uma ética de contenção voluntária. Portanto, a disseminação da visão de mundo emergente no nosso cotidiano merece prioridade máxima nas agendas pessoal e social, destronando as propostas de aumento de postos de trabalho e crescimento econômico. Esse entendimento é coerente com o destaque atribuído à eliminação das necessidades na definição de Economia Baseada na Abundância (EBA!) – capítulos 4 e 5.

Obra-prima

Tão importante quanto a redução do tempo para o trabalho utilitário e a dedicação consciente ao ócio criativo, o envolvimento da pessoa com a atividade econômica que desenvolve requer valores morais sólidos e excelência. Conforme as palavras de Dalai Lama (2000: 73-74), supomos que há uma interdependência entre os seres que habitam a Terra. Se alguém negligencia uma atividade sequer, a qualidade de vida individual e coletiva diminui. Logo, além do filtro ético, seria relevante que todos cumprissem suas tarefas associadas ao tempo econômico com efetividade. A importância desse comportamento pode ser identificada nas entrelinhas do texto de De Masi (2000: 314), transcrito a seguir:

---

[52] Sobre esse assunto, ver Oliveira (2017: 86).

> [...] Uma vez delegadas às máquinas as tarefas exaustivas, para a maioria das pessoas sobra só o desempenho de atividades que, pela sua própria natureza, desembocam no estudo e no jogo. O publicitário que deve criar um slogan, o jornalista em busca de uma 'dica' para um artigo, o juiz às voltas com a pista de um crime têm todos maior chance de encontrar a solução justa, passeando ou nadando, ou indo ao cinema, do que se ficarem trancafiados nas corriqueiras, tediosas e cinzentas paredes dos seus respectivos escritórios [...].

Supomos que nesta citação o autor parte da premissa de que os profissionais citados estão envolvidos com os seus trabalhos e desejam executá-los com excelência. Tal envolvimento parece visceral ao ponto de se alcançar soluções adequadas para problemas profissionais em momentos de entretenimento ou descanso. Isso denota que a pessoa reconhece a importância do seu ofício e que o seu bem-estar tem uma associação direta com o nível de efetividade nele alcançado (envolvimento). De Masi (2000: 320-321) é mais explícito na seguinte passagem:

> Mas a missão que temos diante de nós consiste em educar nós mesmos e os outros a contaminar o estudo com o trabalho e com o jogo, até fazer do ócio uma arte refinada, uma escolha de vida, uma fonte inesgotável de ideias. Até realizarmos o 'ócio criativo'.
>
> O melhor exemplo é do carnaval brasileiro, nas suas diversas variações locais. Até o momento, tive a oportunidade de apreciar só o carnaval do Rio, mas foi o bastante para observar que nele confluem e se misturam, suavemente, produção de sentido com produção de riqueza, alegria com aprendizado, pluralismo com identidade.
>
> A sua auto-organização é um caos que se compõe milagrosamente em estruturas de forma ordenada, graças à motivação. Fantasia e concretude, sensualidade e androginia, emotividade e racionalidade criam um clima de exaltação que sublima o cansaço em jogo, a música em algumas prescrições alegres e as poucas regras em disciplina aceita e introjetada. A organização aprende com a própria experiência; metaboliza as mais modernas técnicas construtivas, comunicativas e estéticas, inclui e acolhe, abolindo todo e qualquer sentimento de estranheza entre quem participa e assiste. É uma festa doce, não agressiva. Não controla, constrange, mas domestica com o fascínio dos sons e das cores. Cria riqueza, mas afunda na economia do dom e não do lucro.
>
> Se não dispusesse de uma carga imensa de motivação, se nele não confluíssem esforço, jogo e aprendizado, a imensa máquina organizativa do carnaval carioca precisaria de um aparato enorme e onerosíssimo de funcionários a serem recrutados, selecionados, assumidos adestrados, administrados, controlados, incentivados e punidos. Pois ela envolve, de forma coordenada um número de pessoas bem mais elevado que o da General Motors e da IBM juntas, e cujo giro do carnaval é superior ao da Petrobrás. E a exuberância criativa do carnaval brasileiro, diante da qual os desfiles de moda de Paris e de Milão mais parecem exibições anêmicas, seria esmagada pela armadura rígida e burocrática de uma marca registrada empresarial.

Embora esta citação contemple apenas uma parte do fenômeno constituído pelo carnaval do Rio de Janeiro, ela destaca a relevância fundamental da motivação e do envolvimento pessoal para a concretização dos projetos. Em outras palavras, a burocracia e os sistemas de controles (geradores de alienação e opressão) podem ser reduzidos ou eliminados quando as pessoas estão envolvidas com os resultados do empreendimento. A retribuição financeira é apenas um dos instrumentos promotores de envolvimento. O sentimento de pertencimento é outra via poderosa para se alcançar a motivação e a realização de verdadeiros milagres. Sampaio (2009: 13), analisando as principais propostas de Abraham Maslow, oferece a seguinte contribuição para esse tema:

> Para Maslow, o trabalho autorrealizador é 'uma busca e um preenchimento do *self* ao mesmo tempo em que se atinge um estado de perda de si mesmo. A identificação de uma pessoa com 'causas importantes ou trabalhos importantes' amplia o *self* e a torna importante. O autor emprega um conceito psicanalítico, a introjeção, para mostrar como o trabalho autorrealizador é assimilado à identidade ou ao *self* de uma pessoa.

O ócio criativo, portanto, não representa negligência das atividades relacionadas com o trabalho utilitário. Elas poderiam ser consideradas integrantes de uma das facetas da autoexpressão, igualmente relevante em relação às demais – vida em família, saúde, lazer, espiritualidade, cidadania, dentre outras.[53] Nessa perspectiva, o trabalho utilitário também deveria ser harmônico com os referenciais internos da pessoa, contribuindo, assim, para a plenitude do ser.

Isso nos remete a uma questão muito importante: quais são as consequências sobre o bem-estar pessoal e coletivo das nossas atividades ligadas ao trabalho utilitário? Parece existir, em muitos casos, uma combinação inconsciente e perversa de aceitação social, alienação, fatalismo e submissão. Exemplificamos com o caso hipotético de um contador que dedica grande parte da sua vida para a elaboração de informações distorcidas sobre as empresas. Sua autoexpressão se vincularia a uma farsa. Supomos que esta escolha seria incoerente com o seu mundo íntimo e afastaria todos do bem-estar. Seus efeitos têm uma dimensão universal, como evidenciou a problemática de falta de credibilidade no mercado de capitais norte-americano, associada à divulgação de demonstrações contábeis inadequadas no início deste século. As atitudes profissionais cotidianas de alguns contadores causaram graves prejuízos para muitas pessoas (extinção de empresas, inclusive de auditoria independente, prisão das pessoas envolvidas, perda das economias conquistadas ao longo da vida etc.) e exigiu o sacrifício de recursos escassos (espaço físico nas

---

53 Uma ilustração interessante sobre a diversidade de áreas de experiência da vida de uma pessoa pode ser encontrada em Mattos (2001: 12-13).

penitenciárias, dedicação de teóricos, políticos, advogados, juízes, dentre muitos outros) para tentar remediar a situação criada.[54]

A alienação, o fatalismo, a submissão e a necessidade de aceitação social se manifestam quando, ao nos envolvermos com situações como a descrita acima, justificamos nossas atitudes da seguinte forma: "eu apenas cumpria ordens superiores", "é o que todo mundo faz", "como vou sobreviver se não fizer assim?" Realmente, principalmente em países como o Brasil, onde a corrupção é uma presença significativa no cotidiano das pessoas,[55] a tarefa de destinar o tempo de trabalho utilitário para atividades promotoras de bem-estar individual e coletivo beira o heroísmo e a insanidade. Entretanto, a gravidade do problema da sustentação da vida na Terra parece estar exigindo muita clareza nas nossas ações, comportamento que envolve uma elevada dose de coragem. Schumacher (1983: 237) afirma que: "[...] A ideia de que se poderia alcançar uma sociedade melhor sem maiores exigências é contraditória e quimérica". Cabe aqui, para fins de inspiração, relatar uma versão de um caso real vivido por um oficial da Aeronáutica brasileira.

Durante o mais recente período de ditadura militar (1964-1985), integrantes das forças armadas se consideravam incumbidos de reprimir a resistência ao regime. Aquilo que alguns chamam de "arte da guerra"[56] inclui a manipulação da opinião pública contra o oponente. Alguns comandantes da época parecem ter adotado a estratégia de promover atentados contra a população civil e atribuir a responsabilidade ao movimento de resistência. Existe a versão de que uma dessas ações foi idealizada para explodir o gasômetro instalado na zona central da cidade do Rio de Janeiro. Isso seria mais uma tragédia se não fosse a atitude de um dos oficiais de confiança designados para "cumprir o serviço em nome da pátria". Ele divulgou o plano antes de sua execução e sofreu os rigores marciais de um período de guerra. Como se isso não bastasse, um ministro da Aeronáutica do governo Fernando Henrique Cardoso protagonizou um episódio de confronto institucional entre os Poderes Executivo e Judiciário, visando a impingir-lhe a derradeira punição. Esta autoridade se recusou a cumprir a ordem judicial de última instância para reparar parcialmente as perdas causadas ao oficial pela punição por sua "insubordinação ao princípio militar da disciplina". O impasse institucional foi solucionado com o cumprimento da ordem judicial imediatamente após a morte do oficial, que estava gravemente enfermo.

---

54 Ver Enron – os mais espertos da sala (https://www.youtube.com/watch?v=5DKwOJKHgJM).

55 Na gestão de Fernando Henrique Cardoso, o governo dos EUA incluiu o Brasil na lista de países com altos níveis de corrupção, fornecendo uma contribuição inestimável para o início de uma solução adequada para os graves problemas nacionais. Infelizmente, a atuação do Itamaraty reverteu a decisão norte-americana e recolocamos a fantasia de nação com um "nível de corrupção aceitável".

56 Sobre o assunto, ver Hou, Sheang e Hidajat (1999).

O exemplo de responsabilidade social individual inerente à versão apresentada desse lamentável episódio da história brasileira poderia nos inspirar a refletir sobre as nossas atitudes associadas ao trabalho utilitário e as suas consequências sobre o bem-estar pessoal e coletivo. Sobre esse aspecto, no final do século XIX, Tolstói (1994: 250) se manifesta da seguinte forma:

> A situação da humanidade cristã, com suas fortalezas, com seus canhões, com a dinamite, os fuzis, os torpedos, as prisões, os patíbulos, as igrejas, as fábricas, as alfândegas, os palácios, é realmente terrível; mas nem os torpedos, nem os canhões, nem os fuzis disparam sozinhos; as prisões não prendem alguém sozinhas, os patíbulos não enforcam, as igrejas a ninguém enganam sozinhas, as alfândegas não detêm, os palácios, as fortalezas e as fábricas não se constroem sozinhos. Tudo é feito por homens. E, quando os homens compreenderem que não se deve fazê-lo, tudo isso não mais existirá.

Esta citação parece cada dia mais atual e contribui para o entendimento do conceito de responsabilidade socioambiental individual. Quando dedicamos nossos genuínos esforços para desenvolver bens e serviços que enfraquecem o tecido social (produção e comércio de entorpecentes, de armas, de alimentos nocivos à saúde, de meios de entretenimento que estimulam a violência, que degradam a natureza etc.) ou negligenciamos as virtudes durante o exercício das demais atividades (médicos que indicam tratamentos desnecessários para ganhar mais dinheiro; fiscais, políticos, juízes e advogados que aceitam subornos e todos que os pagam; policiais que se envolvem com atividades criminosas; militares que estimulam a aversão entre os povos; motoristas de ônibus que, dirigindo agressivamente, desrespeitam passageiros e pedestres; funcionários públicos que não cumprem suas funções; vendedores ambulantes que dificultam o trânsito de veículos e pedestres; responsáveis por igrejas, bares e outras entidades que produzem elevados níveis de ruído etc.), contribuímos para o agravamento dos problemas sociais e ambientais que nos afligem.

Dalai Lama (2000: 188-189) sintetiza esse aspecto da seguinte forma:

> [...] A responsabilidade universal é uma inspiração para a nossa maneira de conduzir a vida diária se quisermos ser felizes, no sentido que defini felicidade. Espero que tenha ficado claro que não estou pedindo a ninguém para abandonar a sua maneira de viver atual e adotar alguma nova regra ou modo de pensar. Minha intenção é dar a entender que as pessoas, mantendo sua vida costumeira de todos os dias, podem mudar, tornando-se melhores, mais compassivas e mais felizes. E assim começamos a implementar nossa revolução espiritual.
>
> O trabalho de uma pessoa em qualquer ocupação modesta é tão relevante para o bem-estar da sociedade quanto o de um médico, um professor, um monge ou uma freira.

Toda atividade humana é potencialmente valiosa e nobre. Qualquer trabalho motivado pelo desejo de contribuir para o bem-estar dos outros será sempre um benefício para toda a comunidade. Quando falta consideração pelos sentimentos e bem-estar dos outros, nossas atividades acabam se corrompendo. Quando faltam sentimentos humanos básicos, a religião, a política, a economia e tudo mais podem se transformar em algo sórdido. Em vez de servirem à humanidade, tornam-se agentes da sua destruição.

Esta citação destaca:

a) a importância de todas as atividades profissionais desempenhadas pelas pessoas;
b) a necessidade de que elas sejam realizadas com zelo, atenção, competência, amor e consideração pelos outros;
c) a possibilidade das atividades tidas como socialmente construtivas se tornarem sórdidas; e
d) o poder destrutivo do trabalho em que as virtudes estiverem ausentes.

Destinar nosso tempo de trabalho utilitário somente para atividades construtivas e desempenhá-las com excelência não é uma tarefa trivial. Ela é, porém, fundamental para a realização da nossa obra-prima pessoal, uma vida admirável. Por isso é importante a atenção e a reflexão sistemática sobre as consequências das atitudes realizadas cotidianamente e a busca de aperfeiçoamento constante, num sentido solidário. Cabe aqui também o conceito de níveis de compromisso (Dalai Lama, 2000: 193). Algumas vezes percebemos que nosso trabalho não gera resultados construtivos, mas nada podemos fazer devido às circunstâncias. Nem todos nós estamos em condições de agir corajosamente como o oficial da Aeronáutica da versão do caso apresentado ou da pesquisadora canadense Margaret Haydon (capítulo 7) e acatar as suas consequências. Todavia, não precisamos nos conformar ou alienar. Podemos, dentro do possível, reduzir os efeitos nocivos da nossa atividade e buscar alternativas para nos tornarmos menos dependentes das condições opressoras, até seu completo descarte. A diminuição das nossas necessidades (capítulo 5) contribui sobremaneira para essa tarefa, na medida em que nos torna menos dependentes dos recursos provenientes do trabalho utilitário.

Tempo livre?

As reflexões efetuadas neste capítulo poderiam colocar em xeque a expressão: "tempo livre". Esta só faz sentido em oposição a algum tempo preso, escravo, indesejável. A argumentação apresentada, todavia, estimula a redução drástica do tempo destinado ao trabalho utilitário, bem como seu entendimento como uma das áreas de experiência e autoexpressão do indivíduo. Deixando de se manifestar como uma atividade opressiva, alienante e degradante, o trabalho utilitário seria integrado às demais facetas da vida, tornando desnecessária sua expressão oposta complementar. Sampaio (2009: 11-12), baseado na contribuição Abraham Maslow, afirma que:

> Outra explicação importante para a dinâmica da motivação de pessoas autorrealizadas é que elas passam a identificar-se com o "trabalho" ou qualquer outra forma de ação associada aos valores S [verdade, beleza, justiça, perfeição]. Isso faz com que os sistemas de recompensas sejam percebidos de forma diferente por essas pessoas. Como elas se acham gratificadas e são motivadas com o próprio resultado do trabalho, que é uma forma de concretização dos valores que a "metamotivam", passam a não mais realizar as atividades para obter as recompensas concretas, que virão satisfazer às suas necessidades de deficiência ("cenouras", como diria Taylor). As recompensas passam a ser referências no mundo concreto, sinais da ação mobilizada pelos valores S. O trabalho pode ser um "prazer superior" (MASLOW, 1993, p.19) e uma forma de reconhecimento do próprio *self* (si-mesmo). "Neste nível a dicotomização entre trabalho e lazer é transcendida; salários, *hobbies*, férias etc. devem ser definidos em um nível superior" (MASLOW, 1993, p.293).

Esta relevante citação se harmoniza com o entendimento de que uma outra percepção em relação ao conceito de trabalho poderia tornar obsoleta a expressão tempo livre, uma vez que não existiria dedicação para uma atividade desvinculada da trajetória e perspectivas do indivíduo. Algumas consequências decorrentes da prática desta visão poderiam ser a redução ou o fim dos feriados, das fugas frenéticas dos grandes centros urbanos por ocasião dos finais de semana prolongados, dos *happy hours*, entre outras manifestações claramente reativas às violências laborais contemporâneas.

Trabalho, ócio criativo e obra-prima – uma síntese

O capítulo que ora se encerra se reveste de grande relevância porque aborda a manifestação social que ocupa a maior parte da vida da maioria das pessoas e que efetiva a destruição socioambiental que presenciamos. Conforme argumentado, disparo de armas, condução de tratores, operação de motosserras, aplicação de agrotóxicos, criação de anúncios que estimulam o consumo de produtos nocivos, entre muitas outras ações destrutivas são executadas por pessoas durante o tempo dedicado ao trabalho utilitário. A atenção e a clareza devem estar presentes na tarefa de ocupar nosso tempo de forma a colocar em prática o conceito de responsabilidade socioambiental individual. Ela tem direta relação com a experiência do bem-estar duradouro individual e coletivo, uma vez que estamos todos conectados – somos todos um! Supomos que a generalização desta atitude dispensaria (ou reduziria bastante) a necessidade de líderes e salvadores da pátria.

O entendimento sobre trabalho inculcado pela consciência e teoria econômica predominantes tem nos levado para um impasse civilizacional. Apesar de geralmente ser alienante, opressivo e degradante, o trabalho utilitário foi elevado ao posto de critério mais relevante para aceitação social. Como a raça humana tem sobrevivido graças à sua opção pela existência gregária, o trabalho utilitário, gerador da aceitação social, se revestiu de importância vital para o indivíduo – trabalho ou morte! Esse contexto provoca uma postura esquizofrênica na maioria das pessoas: o trabalho está me matando, mas sem intensificá-lo não sobrevivo – isto é: morte ou morte! Considerando válida esta argumentação, não existe a menor chance de um futuro promissor a partir dessa intensa e extensa manifestação social. Portanto, se desejamos equacionar adequadamente os gravíssimos problemas sociais e ambientais que enfrentamos, é imprescindível transformar radicalmente nossos comportamentos em relação ao trabalho.

Apesar das severas dificuldades para a implementação de uma nova visão para o trabalho utilitário, este desafio contém uma oportunidade ímpar para a união planetária em prol de um pacto para a satisfação das nossas efetivas necessidades, considerando a subjetividade inerente. Isso porque todos (ricos e pobres, patrões e subordinados, favorecidos e desfavorecidos, segundo os critérios econômicos ordinários) estão sofrendo muito mais do que o necessário. Assim, todos nós poderíamos ganhar com uma transformação solidária do entendimento genérico de trabalho. Como já disseram os poetas: "A felicidade mora ao lado e quem não é tolo pode ver a paz na Terra".

Em que pese a precariedade inerente à previsão a respeito de uma organização global em moldes diferentes dos dominantes, supomos que uma radical transformação do trabalho utilitário deveria contemplar a apuração consciente do conjunto de necessidades efetivas das pessoas (capítulos 5 e 8), um pacto abrangente para a satisfação deste conjunto de necessidades, a distribuição equitativa da dedicação às atividades que disponibilizam os recursos que satisfazem tais necessidades e a vinculação destas atividades com as trajetórias e expectativas das pessoas que se dedicarem à sua execução. Desta forma seria possível redimensionar a participação do trabalho utilitário na vida das pessoas, compatibilizando-o com as demais áreas de experiência – saúde, relacionamentos, cidadania, entre outras (ócio criativo), bem como executá-lo com excelência para favorecer o bem-estar duradouro pessoal e coletivo (obra-prima).

Agindo assim, contribuiríamos, no nível de compromisso possível, para o recrudescimento da consciência emergente, do paradigma da abundância e para a solução dos graves problemas sociais e ambientais que enfrentamos.

11. Propaganda, publicidade e consumo

> *"Toda a indústria da propaganda e a sociedade de consumo entrariam em colapso se as pessoas se tornassem iluminadas..."*
> Eckhart Tolle[57]

O presente capítulo aborda o tema "consumo" que está vinculado ao objeto da Economia Baseada na Abundância (EBA!), isto é, as formas de satisfação ou eliminação das necessidades. Atualmente, o consumo é fortemente influenciado pelos anúncios de bens e serviços veiculados nos mais variados e invasivos meios de comunicação. É frequente verificar que os estímulos contidos nos anúncios desconsideram os referenciais íntimos das pessoas, bem como o autoconhecimento. A única meta é aumentar o consumo, aspecto fundamental para o crescimento da economia baseada na escassez. A proteção contra os poderosos tentáculos da propaganda e da publicidade requer refinada atenção, sob pena de levarmos uma vida direcionada para consumo de bens e serviços que servem prioritariamente para criar uma máscara útil para os relacionamentos sociais. A busca pela experiência do bem-estar pessoal e coletivo parece exigir uma profunda transformação da nossa relação com o consumo e com os veículos de comunicação.

O poder da propaganda e o consumo inconsciente

A inclusão da propaganda num estudo teórico sobre economia não é usual. Todavia, ela é capital para a análise dos graves problemas que a humanidade enfrenta, uma vez que ela pode representar um estímulo à causa ou à sua solução. Isso fica evidente nas palavras de Monnerat (2003: 11):

> Um dos maiores problemas da sociedade moderna é o da comunicação. Dos pais com os filhos, do professor com o aluno, do empregador com o empregado, dos governantes com os governados. Comunicar bem é um dos grandes segredos do êxito de nossa sociedade. E a propaganda é, por excelência, a técnica de comunicar.

Esta citação associa o êxito de uma sociedade ao ato de se comunicar. Se existe um grave problema de garantia da sustentação da vida na Terra (capítulo 1), deduz-se que estamos nos comunicando inadequadamente. Considerando válido o entendimento

---
57 Tolle (2002: 182).

de que "a propaganda é, por excelência, a técnica de comunicar", devemos transformá-la para que possamos superar os dilemas que enfrentamos. Isso porque ela está orientada pelo paradigma da escassez que estimula o aumento ilimitado das necessidades por bens e serviços (capítulo 5). Sobre esse assunto, Monnerat (2003: 43) afirma que:

> Na publicidade comercial, o fim primeiro é a persuasão, que é desenvolvida dentro de uma prática que se pode chamar de autoritária, já que não há diálogo entre o enunciador e destinatário. Pretende-se a inserção num quadro pragmático (o consumo), que requer um fundo ideológico já pré-construído e conhecido do destinatário. A ideologia evocada pelo discurso publicitário é a do capitalismo, do consumo. É a ideologia euforizante da felicidade pelo consumo e para o consumo, condicionando pessoas, impondo hábitos e gostos, forçando, ou sugerindo, a adoção de atitudes que induzam à ação de comprar.

Esta passagem destaca o autoritarismo inerente à publicidade comercial e a vinculação da sua finalidade à elevação do consumo. Isso é adequado para a teoria econômica predominante. Evidencia também que seu poder reside na ilusão de alcance da felicidade através do ato de consumir produtos e serviços muitas vezes desarmônicos com o nosso projeto de vida. Para condicionar as pessoas, impondo-lhes hábitos e gostos, forçando ou sugerindo o consumo, são usados sofisticados instrumentos que nos tornam presas fáceis quando não estamos atentos às nossas ações. Sobre isso Monnerat (2003: 14-15) faz o seguinte comentário:

> Como instrumento econômico, a publicidade não pode, no entanto, escapar de seu papel social, suas implicações psicológicas e culturais. A atenção dispensada à publicidade no ocidente, sobretudo depois dos anos 60, decorre da sua interseção com a sociologia, com a semiologia, com a retórica e até mesmo com a psicologia e psicanálise.
> O estudo da publicidade interessa à sociologia como instituição social encarregada de estabelecer e conservar a comunicação com as comunidades de consumo cujo contorno ela define. Interessa também à psicologia, pois visa a levar o cliente ao mais profundo do seu ser, na identificação com uma imagem idealizada dele mesmo e que o produto veicula, e ainda à psicossociologia, linguagem social transmitida e ampliada pela comunicação de massa, que age sobre os valores e imagens de uma cultura para refleti-la e modificá-la.

Esta citação evidencia o poderoso arsenal teórico que a publicidade comercial utiliza para invadir o nosso ser mais profundo e estimular o consumismo. A rota seguida para alcançar esse objetivo é o desejo, especialmente o inconsciente. As palavras de Monnerat (2003: 14), apresentadas a seguir, corroboram essa argumentação.

> [...] o termo 'publicidade' é usado para a venda de produtos e de serviços, é mais 'leve', mais sedutor que 'propaganda', pois explora um universo particular – o dos desejos [...]

Para Charaudeau (1995), o que marca a diferença entre a propaganda política e a comercial é que a primeira se baseia em valores éticos e a segunda explora o universo dos desejos [...].

E complementa, na página 17, da seguinte forma: "As motivações são os motivos que fazem agir, geralmente complexos, porque resultam de elementos diversos e, muitas vezes, inconscientes. São forças que tendem para a aquisição, posse e utilização de um produto [...]."

Estas citações confirmam que a publicidade dominante invade nosso íntimo para estimular o consumo através de refinados recursos psicológicos. O poder desses procedimentos pode ser observado na pesquisa realizada por Julio Ribeiro, citada por Monnerat (2003: 12-13) e reproduzida a seguir.

> [...] O ponto crucial da questão é que, ao consumir bens, estamos satisfazendo, ao mesmo tempo, necessidades materiais e sociais. Os objetos que usamos e consumimos deixam de ser meros objetos de uso para se transformarem em veículos de informação sobre o tipo de pessoa que somos, ou gostaríamos de ser. Nas palavras de Barthes (1984), os objetos são 'semantizados'. Cria-se, portanto, a noção de status, conferido pela aquisição de bens ligados ao conforto e ao lazer. Os objetos que a publicidade toca conferem prestígio, porque o produto anunciado extrai seu valor menos de sua utilidade objetiva do que de um sentido cultural, servindo para manter um status efetivo, ou sonhado. Torna-se, então, um fenômeno econômico e social capaz de influenciar e modificar os hábitos de uma população no seu conjunto. Ribeiro (1989, p. 28) conta que, numa pesquisa sobre detergentes, descobriu uma das razões pelas quais as donas de casa compravam OMO: elas se julgavam ricas usando o produto. 'Há um consenso de que as famílias realmente ricas lavam suas roupas com OMO. No entender delas, se Cinderela lavasse roupas, usaria OMO'.
>
> Não são mais vendidas as qualidades intrínsecas de um produto e nem mesmo, em sentido estrito, a reputação da marca registrada, mas sim a imagem dessa marca junto ao público consumidor, já que, na economia de hoje, o consumidor se encontra no ponto central do universo comercial.

Este texto destaca o poder da publicidade de influenciar e modificar os hábitos de uma sociedade. Ribeiro (2004: 123) ratifica esta afirmação com as seguintes palavras:

> O excesso de peso é algo absolutamente normal na sociedade atual. Ela tirou o movimento das pessoas e criou uma oferta incalculável de alimentos. Por outro lado existe a mídia conquistando as pessoas para consumir, consumir, consumir! E as pessoas vão sendo atacadas por todos os lados para se envolverem com os mais variados tipos de alimento bem filmado e bem vendido, num estupendo *show* de *marketing*.

Este relevante instrumento para influenciar pessoas poderia nos aproximar rapidamente do bem-estar se fosse usado para fins construtivos. Todavia, conforme citado, a teoria econômica predominante nos orienta a usá-lo para estimular o consumo e criar valor econômico para poucos. Isso porque a elevação do preço dos produtos "tocados pela publicidade" aumenta a exclusão social, pois eles se tornam inacessíveis para uma parcela maior da população (capítulo 9).

Tal poder se manifesta através da exploração dos nossos desejos inconscientes. Verificamos, na pesquisa citada, que as donas de casa experimentavam a sensação ilusória de riqueza através do uso de um detergente que possui um preço elevado. Primeiramente, esse exemplo denota que elas estão intimamente mais envolvidas com a sua inserção pessoal ou familiar no restrito clube da opulência do que com uma sociedade mais equitativa, aspecto que dificilmente seria reconhecido conscientemente. Em segundo lugar, na medida em que elas destinam mais dinheiro para a compra de um produto que gera a ilusão de riqueza, mais se empobrecem, possivelmente gerando carências em outras partes prioritárias do orçamento familiar. Terceiro, quando elas concluem a tarefa de lavar as roupas, o retorno à realidade menos romântica que a idealizada deve trazer uma frustração profunda e inconsciente que poderá se traduzir em desentendimentos com companheiros, filhos, vizinhos etc. Tudo isso nos afasta do bem-estar individual e coletivo porque desestimula o autoconhecimento. Assim, a publicidade recrudesce o paradigma da escassez porque incentiva um estado de carência permanente. Sobre esse aspecto, Monnerat (2003: 39) esclarece que:

> No contrato maravilhoso [mais usado na publicidade que não se destina à veiculação em revistas especializadas], parte-se da premissa de que o público é menos racionalista, mais inclinado ao sonho. Será preciso desenvolver o aspecto narrativo do texto, fazendo com que o produto assuma um papel quase mágico. Tal estratégia discursiva consiste em fazer-crer ao sujeito interpretante que há uma carência (o que desencadeia de sua parte um querer-fazer) que pode ser solucionada graças a um auxiliar (o que desencadeia, por seu lado, um poder-fazer) e que, portanto, ele não pode deixar de querer satisfazer seu desejo (o que finalmente desencadeia um dever-fazer).
>
> O argumento publicitário repousa largamente sobre o princípio do dever e não mais sobre o do poder, ou seja, faz-nos compreender que devemos comprar o produto da marca X.

Esta citação esclarece a estratégia publicitária que estimula o consumismo através da geração de um estado permanente de carência. Mostra também o caráter autoritário do discurso utilizado para este fim, ou seja, nós somos inconscientemente sugestionados a ter a obrigação de comprar o produto X, em vez da opção de fazê-lo. O ato da compra adquire uma conotação emergencial: "não estarei livre enquanto não cumprir esta obrigação". Isso nos submete a uma escravidão psicológica que favorece o aumento da escassez para muitos e da opulência para poucos, objetivo principal da teoria econômica predominante. Monnerat (2003: 18) sugere que esse comportamento é o dever do publicitário, conforme citado a seguir.

> Os 'comportamentos' representam a maneira de se conduzir face a um produto. Constituem o último elo da cadeia psicológica móbil-atitude-comportamento. São mais estáveis do que se poderia supor, devido a fatores como o hábito, o costume – que temperam desvios – e a indiferença – força da inércia.
>
> Como é impossível estimular emoções ainda não existentes, o anunciante deve procurar provocar no destinatário atitudes (inatas ou socialmente adquiridas) adequadas a seu objetivo. Como todas as motivações básicas do homem são condicionadas emocionalmente, recorrerá amplamente ao amor, à raiva, ao medo, à esperança, à culpa e a quaisquer outros sentimentos, emoções ou impressões favoráveis ao que se tem em vista. Pode, igualmente, tirar partido de sentimentos de inadequação ou culpa para levar a pessoa a querer fazer a 'coisa certa', que será apontada, em seguida, através do texto publicitário.
>
> Dessa forma, as mensagens meramente informativas têm sido, às vezes, substituídas por outras que procuram provocar, especialmente nas mulheres, um sentimento de culpa. É o caso, por exemplo, da esposa que trabalha o dia todo fora e tem, assim, interesse em comprar um produto congelado X, ou o detergente Y, que fará dela uma boa mãe e uma boa dona de casa.

Percebemos, nesta citação, que a manipulação dos desejos íntimos e inconscientes das pessoas é considerada uma atitude adequada e indicada para os profissionais de publicidade. As mulheres são alvos preferenciais porque, conforme mencionado anteriormente (capítulo 3), os sistemas patriarcais dominantes costumam deixá-las numa situação emocional precária. Isso as transforma em presas fáceis das armadilhas psicológicas desenvolvidas. Pior ainda é que o círculo publicitário tenta travestir essa perversidade social em um aspecto natural, conforme as palavras de Monnerat (2003: 42), citadas a seguir.

> O mito é uma representação coletiva. Pode ser lido nos enunciados anônimos da imprensa, da publicidade, do objeto de grande consumo. É um determinado social, um reflexo. Esse reflexo é, no entanto, invertido: o mito consiste em transformar a cultura em natureza, ou, pelo menos, o social, o cultural, o ideológico, o histórico, em 'natural'. Os fundamentos contingentes do enunciado tornam-se, sob o efeito da inversão mítica, o 'bom senso', o direito, a norma, a opinião corrente.

Esta citação destaca que parte significativa do que consideramos "natural", "lei da física", "sempre foi e sempre será assim", não passa de construção cultural efetuada pela pressão publicitária. Ela é forte e assim dimensionada por Monnerat (2003: 49): "Nos centros urbanos, somos expostos diariamente a umas duas mil mensagens publicitárias, entre cartazes luminosos, anúncios de TV, rádio etc...". Tal bombardeio de estímulos ao consumo explora nosso ser íntimo e recrudesce o egoísmo, a competitividade, a hostilidade, coerentemente com o paradigma econômico da escassez. Sobre esse aspecto, Patrick Charaudeau, citado por Monnerat (2003: 14), adverte que:

> Convém lembrar, ainda, que o discurso publicitário (de publicidade comercial) não toca, em princípio, o 'espaço público', *fórum* privilegiado do discurso político e de informação, já que lida com o 'bem individual'. Além disso, o discurso político coloca em cena o 'bem social' e o da mídia, a 'desordem social' [...].

Percebe-se, nesta citação, a harmonia entre a teoria econômica predominante e a mídia. Ambas estimulam o egoísmo, o desequilíbrio, a injustiça, a exploração das partes mais frágeis do tecido social. Elas criaram a imagem de que estão afastadas dos valores morais e tentam transformar opções em "leis da natureza". Muitos acataram essa ideologia do "vale-tudo". O resultado disso parece ser a frustração e o afastamento do bem-estar individual e coletivo. Segundo Monnerat (2003: 65):

> Na análise da publicidade, deve-se levar em conta não só os mecanismos ideológicos que levam o consumidor a comprar e, até mesmo, a modificar seus julgamentos de valor em função dessa mesma publicidade, mas, sobretudo, o aspecto linguístico – a língua que veicula os argumentos publicitários, ancorada pela imagem, em sua multiplicidade de formas e cores, constituindo-se, dessa forma, numa 'linguagem da sedução', que promete mais do que efetivamente pode realizar.
>
> Essa linguagem de sedução é uma forte demonstração do poder da linguagem da atualidade. A palavra publicitária conduz-nos a um mundo de representações discursivas que pretendem direcionar nossos hábitos, nossos desejos, nossos sonhos, impondo uma determinada forma de vida como a única possível e natural, através da manipulação dos valores responsáveis pela construção do imaginário social. É, portanto, legítimo procurar nessas mensagens as cristalizações de todas as linguagens ideológicas que fazem da publicidade este instrumento de poder que conhecemos.

Esta citação confirma que a publicidade comercial estimula um estado de carência permanente porque nos bombardeia diariamente com mensagens que prometem mais do que podem cumprir, ou seja, geradora de frustrações. Como invade nosso ser íntimo (desejos inconscientes, sonhos, hábitos), a mídia concentra um poder incalculável, capaz de interferir decisivamente no processo de construção do imaginário social. Enquanto isso, nós nos tornamos eternamente insatisfeitos, agressivos, depressivos, com laços afetivos instáveis, valores morais voláteis, sem tempo para o que traz bem-estar e tudo mais que nos afasta do bem-estar. Assim, atuamos como fiéis escudeiros do paradigma da escassez, prejudicando inconscientemente a sustentação da vida na Terra, enquanto "consumidores alienados". Este conceito é definido por Euclides André Mance, na obra organizada por Cattani (2003: 45), da seguinte forma:

> O consumo alienado caracteriza o consumo praticado por influência das semioses publicitárias. A mercadoria neste caso cumpre fundamentalmente o papel de objeto suporte, sendo modelizada sob diversas semióticas que a associam imaginariamente a propriedades extrínsecas que ela não contém, mas em razão das quais é interpretada e consumida. Gerando desejos e fantasias, as propagandas movem as pessoas a comprar os produtos, associando-os a outras coisas, situações ou identidades que as pessoas gostariam de ter, usufruir ou ser. Ao comprar os produtos, entretanto, as pessoas asseguram a realização do lucro, viabilizando a completude do giro da produção capitalista.

Esta definição sintetiza a argumentação anterior. Ela, todavia, não enfatiza a condição emocional e psicológica das pessoas e conclui que o malefício do consumo alienado é a realização do lucro e o consequente estímulo à lógica capitalista. Ao considerarmos que a questão principal não estaria associada à disputa ideológica, mas ao bem-estar individual e coletivo, a relevante definição apresentada deveria ser reorientada para os interesses da consciência emergente. Para tanto, recorremos ao texto de Monnerat (2003: 43).

> Persuadir não é sinônimo de enganar; é o resultado de certa organização do discurso que o constitui como verdadeiro para o receptor. O discurso persuasivo reveste-se de signos marcados pela superposição. Signos que, colocados como expressões de 'uma verdade', querem se fazer passar por sinônimos de 'toda a verdade'.
>
> A partir do momento em que o consumidor, através do jogo publicitário, deixa de perceber a comercialização do produto, ou melhor, o jogo de interesses do anunciante, será capaz de pagar até mesmo um preço elevado em troca dos benefícios anunciados, e isto porque a venda é uma operação emotiva. Vender e comprar são operações místicas. O decisivo nas vendas não são os elementos lógicos, mas antes os emocionais e transitórios (a personalidade).

Esta citação é de suma importância para a interpretação da realização do lucro proporcionada pela publicidade comercial. Em primeiro lugar, porque evidencia a relevância dos aspectos emocionais e psicológicos para as ações de comprar e vender. Quando estamos distantes de nós mesmos, a coerência é facilmente suplantada pelas emoções transitórias, podendo gerar atitudes de compra e venda inadequadas para o projeto de vida pessoal. Para Monnerat (2003: 65): "Saber ler a publicidade em vários planos é ampliar a consciência sobre a nossa inserção no mundo atual". Portanto, a autora fornece um precioso antídoto contra o afastamento do bem-estar provocado pela publicidade comercial, ou seja, a sua leitura atenta. Este aspecto se harmoniza com a visão de mundo emergente. Interpretamos, a partir do conhecimento compartilhado, que a observação dos desejos e seus vínculos com a nossa singularidade é fundamental para saída do território da carência permanente.

Em segundo lugar, o texto analisado contribui para superar a realização do lucro porque evidencia que os recursos psicológicos explorados pela mídia são capazes de nos induzir a pagar um preço elevado em troca dos benefícios anunciados que não refletem "toda a verdade". As atitudes de compra e venda são realmente místicas porque encerram uma troca sutil de energias (pensamentos, desejos, emoções, valores, expectativas) entre as partes envolvidas. Quando investimos nossa energia (dinheiro, dentre outros recursos) numa determinada operação comercial, estamos incentivando determinados empreendimentos. Exemplificando, quando compramos cigarros, estimulamos a indústria do fumo. Parte dos recursos auferidos pode ser destinada para corromper autoridades técnicas e políticas, visando à flexibilização dos procedimentos de erradicação do vício. Ademais, o sucesso desse ramo proporciona capacidade econômico-financeira para prestar "favores" à sociedade (sob o título de responsabilidade social corporativa) e outros "benefícios sociais" amplamente propalados (empregos, impostos etc.). Isso inculca uma ilusão coletiva de atividade indispensável, perpetuando inconscientemente os malefícios incontestáveis que ela produz. O fumo é apenas um exemplo; bebidas alcoólicas, *sport business*, mineração, energia, automóveis, telecomunicações, petróleo, publicidade, entre outros segmentos, também podem merecer análises similares. Portanto, o consumo alienado nos parece impróprio porque dá vida às atividades perniciosas, exageradas ou desnecessárias que nos afastam da abundância.

Terceiro, a capacidade da publicidade comercial de nos induzir a pagar preços elevados por bens e serviços desvinculados da nossa singularidade, além do desperdício de tempo precioso, pode nos deixar sem recursos materiais suficientes para adquirir aqueles que realmente nos aproximariam do bem-estar. Isso geraria o recrudescimento do estado de carência permanente que nos tornaria mais frágeis psicológica e emocionalmente, alimentando o círculo vicioso que beneficia a indústria publicitária e estimula a generalização da escassez. Por isso supomos que o consumo alienado seria incompatível com a consciência emergente.

Consumo para bem viver, crítico e solidário

A superação do consumo inconsciente ou alienado tem merecido atenção dos estudiosos. Estão disponíveis algumas alternativas. Euclides André Mance, em Cattani (2003: 45), assim descreve o consumo para o bem viver:

> [...] ocorre quando as pessoas não se deixam levar pelas artimanhas publicitárias e, tendo recursos que possibilitam escolher o que comprar, optam por aqueles produtos e serviços que sejam satisfatórios para realizar o seu próprio bem viver, garantindo sua singularidade como seres humanos.

O consumo para o bem viver possui características compatíveis com a visão de mundo emergente. Isso porque propõe o uso do autoconhecimento (identificação da própria singularidade) como uma proteção contra a pressão consumista exercida pela mídia. Entretanto, o autor citado sugere, ainda na página 45, que ele é restrito porque considera somente o interesse individual. Assim, entendido, tal conceito não atenderia plenamente à nova consciência, pois, conforme comentado anteriormente (capítulo 3), supomos a existência de uma ligação entre a pessoa, a coletividade e o Planeta. Logo, seria interessante a busca por uma definição mais adequada.

Euclides André Mance, ainda na obra organizada por Cattani (2003: 46-47), descreve os conceitos de consumo crítico e solidário. Segundo ele:

> O conceito de consumo solidário é sucedâneo à noção de consumo crítico, desenvolvido nas últimas décadas, tendo origem em posições dos movimentos ecológicos e de defesa dos consumidores. Sob a lógica do consumo crítico, cada ato de consumo é um gesto de dimensão planetária, que pode tornar o consumidor um cúmplice de ações desumanas e ecologicamente prejudiciais – podendo o consumo ser poluidor, insustentável e opressivo. Não se trata somente de considerar o lixo final derivado do consumo – invólucros, embalagens, etc. –, mas o impacto ambiental do próprio processo produtivo, que pode ser insustentável, provocando fenômenos não apenas de esgotamento de recursos, como também alterações prejudiciais aos ecossistemas locais e planetários, como a ampliação do buraco na camada de ozônio, o efeito estufa, as alterações nas correntes de ar, chuvas ácidas, etc., cujas consequências são dramáticas para as populações e para o planeta como um todo. Além disso, o consumo pode configurar-se também como uma forma de conivência com a opressão e a injustiça, quando consumimos produtos que resultam de atividades produtivas desumanas a que estão submetidos trabalhadores e trabalhadoras, inclusive crianças. Frente a essa situação, considerando-se o aspecto ecológico, propõe-se ao consumidor os famosos 4R: a) reduzir o consumo de itens inúteis, descartáveis, que despendam recursos não-renováveis, etc.; b) recuperar através da reciclagem o que for possível; c) recuperar os bens através da sua reutilização, abandonando modismos, adquirindo produtos usados, etc.; d) reparar os bens que se danificam, aumentando sua vida útil. Além disso, propõe-se não desperdiçar energia (petróleo e outros recursos); manter uma posição defensiva nos supermercados (uma vez que a música ambiente, exposição dos objetos, entregas a domicílio, facilitação de pagamento, publicidades e outros elementos visam ao consumo de bens que, a rigor, sejam dispensáveis); encorajar os

serviços coletivos – em particular o uso de transporte público – ou a utilização coletiva de equipamentos, tais como lavadoras, computadores, etc.; por fim, superar o medo da sobriedade, isto é, perceber que é possível viver confortavelmente, dispondo de menos objetos e utensílios que nada acrescentam significativamente às medições que necessitamos ao bem-viver.

Para pressionar as empresas a fim de que tenham práticas socialmente justas e ecologicamente sustentáveis, os consumidores têm à sua disposição dois instrumentos, para condicioná-las à adoção de certos critérios de produção e comércio: o boicote e o consumo crítico. O boicote consiste na 'interrupção organizada e temporária da aquisição de um ou mais produtos para forçar a sociedade produtora a abandonar certos comportamentos' (CNMDS, 1998, p.18). Por sua vez, o consumo crítico é 'uma postura permanente de escolha, toda vez que fazemos algum gasto, frente a tudo o que compramos. Concretamente, o consumo crítico consiste em escolher-se os produtos tendo por base não somente o preço e a qualidade destes, mas também a sua história e a dos produtos similares, e o comportamento das empresas que os oferecem' (CNMDS, 1998, p. 19). Deste modo, o consumo crítico se apoia sobre o exame dos produtos e das empresas que os elaboram, permitindo ao consumidor que suas escolhas se pautem por critérios conscientes, considerando além das qualidades técnicas, os impactos de sua produção e consumo sob uma perspectiva econômica, ética e ecológica.

Esse relevante texto orienta para a busca cotidiana do bem-estar individual e coletivo. Primeiramente, ele complementa o conceito de consumo para o bem viver com a dimensão planetária do ato de adquirir bens e serviços. Atitudes simples como comprar um refrigerante, um automóvel, um alimento transgênico, um produto produzido num país opressor etc., podem prejudicar o equacionamento de problemas locais e/ou mundiais, cujos meios de comunicação nos fazem crer que estão fora do nosso alcance. Este entendimento é harmônico com a consciência emergente porque incentiva o resgate do poder de transformação que cada pessoa possui dentro de si, bem como desestimula a alienação inerente à consciência, à teoria econômica e à publicidade predominantes.

O segundo aspecto a ser destacado na citação anterior se consubstancia na harmonia entre a política individual dos 4R (reduzir consumo, reutilizar, reciclar e reparar) e a definição de Economia Baseada na Abundância (capítulo 4), especialmente no que diz respeito à eliminação das necessidades. Logo as definições de consumo crítico e solidário mostram outra característica compatível com a visão de mundo emergente.

O terceiro ponto significativo é o reconhecimento da dificuldade, apesar da importância, de nos enquadrarmos no conceito de consumidores críticos ou solidários. Como isso exige uma postura permanente de escolha atenta, torna-se necessária a disponibilidade de recursos, principalmente tempo, para a obtenção e análise das informações confiáveis sobre o histórico dos produtos, serviços e empresas fornecedoras.[58] Euclides André Mance, na obra organizada por Cattani (2003: 47), citando Assmann e Mo Sung, esclarece que:

> [...] a realização do consumo solidário 'pressupõe um conhecimento a respeito de cada produto – desde quem produziu, a forma como foi feita, o material utilizado e os impactos da produção e consumo desses produtos no meio ambiente e na sociedade – que é impossível ter' [...].

Tal procedimento talvez seja possível para aquisições relevantes e esporádicas. Porém, a adoção de uma postura crítica cotidiana para todas as compras requer um grande esforço, principalmente nos primeiros momentos de sua implementação.[59] Após algum tempo, essa atitude parece trazer um alívio associado à retomada das rédeas da nossa existência e ao desapego de coisas que efetivamente pouco contribuem para o alcance do bem-estar pessoal e coletivo. Atingido esse estágio, o consumo crítico e/ou solidário poderia se transformar numa forma prazerosa de autoexpressão. Percebemos, então, o vínculo dos conceitos de consumo crítico e solidário com a argumentação apresentada anteriormente (especialmente os capítulos 5 e 10). Apesar da dificuldade inerente, a recompensa parece justificar essa prática. Aqui também vale lembrar o entendimento de níveis de compromisso, isto é, fazer o que for possível para as circunstâncias e buscar aperfeiçoamento constante.

Cabe, ainda, estabelecer a diferença entre os conceitos de consumo crítico e consumo solidário. Euclides André Mance, em Cattani (2003: 47), faz o seguinte comentário a esse respeito:

> O consumo crítico distingue-se do consumo solidário, uma vez que é possível praticá-lo comprando produtos de empresas capitalistas ou de empresas solidárias, ao passo que o solidário só pode ser praticado com a compra de produtos e serviços que sejam oriundos da economia solidária.

---

58 A área de conhecimento da contabilidade (que inclui a auditoria) poderia prestar serviços de grande importância neste aspecto, através do balanço socioambiental, auditoria ambiental, auditoria social etc. Para tanto, os seus estudiosos e profissionais deveriam refletir sobre o significado que está sendo atribuído para esses conceitos, bem como sua apropriação pelo paradigma da escassez.

59 Euclides André Mance, na obra organizada por Cattani (2003:47), sugere a utilização de selos e códigos de barra para facilitar o acesso dos consumidores às informações necessárias. Entretanto, devemos considerar que estas devem ser confiáveis. Várias ocorrências foram verificadas envolvendo produtos alimentícios impróprios para o consumo que exibiam selos de fiscalização de órgãos governamentais. A questão da corrupção é muito relevante e representa um corolário da visão de mundo dominante. A consciência emergente, por privilegiar as virtudes, talvez minimize esse problema. Todavia, no atual estágio de transição que experimentamos, a confiabilidade desses procedimentos ainda representa um obstáculo.

Esta citação indica que a diferença entre os consumos crítico e solidário se consubstancia na decisão de adquirir bens e serviços somente em empreendimentos solidários. Luiz Inácio Gaiger, na obra de Cattani (2003: 135), define esses empreendimentos da seguinte forma:

> Os empreendimentos econômicos solidários compreendem as diversas modalidades de organização econômica, originadas da livre associação dos trabalhadores, com base em princípios de autogestão, cooperação, eficiência e viabilidade. Aglutinando indivíduos excluídos do mercado de trabalho, ou movidos pela força de suas convicções, à procura de alternativas coletivas de sobrevivência, os empreendimentos solidários desenvolvem atividades nos setores da produção ou da prestação de serviços, da comercialização e do crédito. Apresentam-se sob a forma de grupos de produção, associações, cooperativas e empresas de autogestão e combinam suas atividades econômicas com ações de cunho educativo e cultural, valorizando o sentido da comunidade de trabalho e o compromisso com a coletividade social em que se inserem.

Esta passagem evidencia que os empreendimentos solidários ainda são incipientes para atender às necessidades da humanidade porque são executados por excluídos pela economia dominante. Isso acarreta uma severa dificuldade de sermos consumidores exclusivamente solidários. Ademais, esse assunto merece uma abordagem mais aprofundada porque:

a) muitos empreendimentos solidários crescem e se emancipam dos princípios presentes na sua criação;[60] e
b) várias entidades são formalizadas como empreendimentos solidários, mas, de fato, atuam como capitalistas.

Pelo exposto, partimos da premissa de que a generalização do consumo exclusivamente solidário é impossível na atualidade. A eliminação de necessidades proposta na definição da Economia Baseada na Abundância (capítulo 4) contribui para torná-la viável. Supomos, então, que a combinação dos consumos para o bem viver, crítico e solidário seria interessante para o presente período de transição. Isso poderia ser adotado imediatamente e nos protegeria da insatisfação permanente estimulada pela Economia e Publicidade dominantes, passo decisivo para a aproximação do bem-estar individual e coletivo.

---

[60] Ver textos de Franklin Dias Coelho, Heloísa Primavera e Paulo P. Albuquerque constantes na obra de Cattani (2003), páginas 153 a 164, 192 a 199 e 199 a 205, respectivamente.

Propaganda, publicidade e consumo – uma síntese

O capítulo que se encerra destaca o poder da propaganda e da publicidade. Os profissionais dessas áreas utilizam instrumentos invasivos eficazes para modificar hábitos, comportamentos e culturas. Essa capacidade, se utilizada para promover as transformações que a contemporaneidade parece estar nos sugerindo, poderia alterar o rumo de destruição que seguimos. Entretanto, como demonstrado, seu uso está, grosso modo, promovendo consumismo, desigualdade, afastamento dos nossos referenciais íntimos e destruição ambiental, harmonizando-se com a consciência e a teoria econômica predominantes. O principal sintoma dessa nefasta estratégia é o sentimento permanente de carência. Ele é despertado pela falta de intimidade com nosso mundo interno que facilita a indução para o consumo de objetos supérfluos (pois desarmônicos com nossa singularidade), minguando a atenção para o acesso àquilo que é realmente essencial. A existência entulhada de supérfluos e escassa de bens essenciais torna crônico o sentimento de carência, transformando-nos em presas fáceis para os anunciantes.

A argumentação apresentada sugere que seria interessante dedicar refinada atenção para o nosso relacionamento com os meios de comunicação que imprimem intensa pressão publicitária. O principal antídoto contra a publicidade destrutiva é o autoconhecimento, especialmente no que se refere à intimidade com nossos genuínos desejos e necessidades (capítulo 5). Assim, teríamos melhores condições para efetuar a transição do consumo alienado para o consumo para bem viver, crítico e/ou solidário, estimulando o bem-estar individual e coletivo.

12. Escala dos empreendimentos

"Não podemos fazer coisas grandes nessa terra. Só podemos fazer pequenas coisas com grande amor"
Madre Teresa

Este capítulo trata da propensão generalizada para o crescimento. A consciência e a teoria econômica predominantes estimulam a busca pela elevação da escala dos empreendimentos porque esse comportamento provoca a concentração de poder social (externo, sobre os outros). Os empreendimentos que alcançam uma grande escala tendem a encontrar facilidades para a insubordinação aos controles sociais, tornando-se autômatos destruidores de vidas humanas e não humanas. A Economia Baseada na Abundância (EBA!), ao buscar a inclusão socioambiental, prescreve um comportamento diametralmente oposto, isto é, a orientação para o pequeno, simples, artesanal, personalizado, controlável, envolvente e com sentido.

Escala na visão dominante

A teoria econômica predominante nos estimula para a grandiosidade e o crescimento dos empreendimentos porque esse entendimento favorece o alcance do seu objetivo essencial, ou seja, a concentração de poder social. Ela foi efetiva porque a busca pelo grande se disseminou amplamente. Sobre esse aspecto, Machado (2017: 459) cita as seguintes palavras de André Gorz:

> [...] o crescimento ilimitado é imprescindível a todos os níveis: enquanto insatisfação [...] e desejo por 'mais' no nível individual; enquanto exigência de uma maximização ilimitada no nível dos capitais parciais; enquanto exigência de um crescimento perpétuo no nível sistêmico; enquanto valorização ideológica da performance crescente (da velocidade, do poder das máquinas, do tamanho das fábricas, da altura dos edifícios, da produtividade agrícola e assim por diante) no nível da civilização. Isto pode ser aferido claramente pela maneira como a palavra 'crescimento' é pronunciada: ela está imbuída de um juízo de valor, designando o melhor e o mais elevado dos objetivos. O seu conteúdo é totalmente imaterial, apenas a taxa [...] interessa [...]. O valor emocional, quase religioso que é atribuído à palavra não é o resultado do raciocínio, mas de um juízo normativo *a priori* [...].

Esta citação é importante para aquilatar a automatismo que os termos ligados ao grande e ao crescimento alcançaram em nosso mundo íntimo. Estamos acostumados a atribuir inconscientemente uma conotação de prosperidade e legitimidade a tudo que se expande. Uma explicação frequentemente fornecida pela teoria econômica predominante para justificar esta atitude é a redução dos custos que se obtém quando elevados volumes de produção e vendas são alcançados – *economia de escala*. Paulo Furquim de Azevedo, na obra organizada por Pinho e Vasconcellos (1998: 206), esclarece sobre as economias de escala pecuniárias com as seguintes palavras:

> As economias de escala pecuniárias, por sua vez, são normalmente derivadas da maior capacidade de barganha ou do menor risco decorrentes do crescimento da firma. No que se refere à capacidade de barganha, uma firma operando em larga escala pode adquirir seus insumos a preços mais baixos, conseguindo impor aos seus fornecedores termos de troca de seu interesse. Além disso, o tamanho da empresa está associado a uma maior estabilidade e, como consequência, a um menor risco incorrido por aqueles que negociam com ela. Assim, uma grande empresa pode, por exemplo, empregar a mesma mão de obra a um custo relativamente menor, por conta do menor risco de rompimento da relação de emprego. Mais relevantes ainda são as economias de escala pecuniárias derivadas de taxas de juros mais baixas, uma vez que a probabilidade de pagamento de um empréstimo é proporcional à magnitude desse empréstimo relativamente ao capital. Consequentemente, quanto maior a empresa, maior a probabilidade desta honrar um dado empréstimo e, portanto, menor deve ser a taxa de juros cobrada.

Embora alguns aspectos possam ser questionados, a citação anterior é importante porque destaca que uma empresa grande acumula poder para impor seus interesses aos demais agentes sociais com os quais se relaciona. Ela conquista a capacidade de impor menores salários, aviltar o preço dos insumos que consome, corromper fiscais, participar com vantagem em concorrências, bombardear o cidadão com mensagens publicitárias, tecnologias degradantes do tecido social e do meio ambiente. Até a estabilidade citada pelo autor pode ser derivada da imensa concentração de poder social que dificulta a ação controladora das suas atividades. Em outras palavras, só as entidades igualmente grandes ou maiores podem alterar o seu rumo. Isso fica claro no texto de Paulo Furquim de Azevedo, contido na obra organizada por Pinho e Vasconcellos (1998: 206), que aborda o efeito das economias de escala sobre a entrada de empresas concorrentes numa dada sociedade.

> Conclui-se, portanto, que um primeiro obstáculo à entrada de potenciais concorrentes deve-se à impossibilidade de uma entrada marginal, na medida em que uma empresa operando em escalas reduzidas apresentaria um custo médio de longo prazo excessivamente elevado. Como consequência, a firma entrante necessariamente deve operar em escala compatível com a da firma estabelecida.

Esta citação é relevante porque destaca que o empreendimento de grande escala acumula poder que impede o surgimento de concorrentes pequenos e se torna inatingível por entidades públicas e privadas menos poderosas. Gonçalvez, Baumann, Prado et al. (1998: 31-32), ainda no campo da economia dominante, ratificam que a larga escala pode concentrar poder da seguinte forma:

> Em mercados perfeitamente competitivos, os preços são dados para a firma individual. Nesse nível de preço a empresa poderá vender o que conseguir produzir a um certo custo médio igual ou inferior ao preço de mercado [...].
>
> Quando uma estrutura de mercado é caracterizada [...] por um pequeno número delas [empresas], todas com poder de influenciar o mercado, temos uma situação de oligopólio. Essa é a estrutura de mercado mais comum de ser encontrada [...]. Nesse cenário, a política de preços dessas empresas será interdependente, ou seja, a decisão de cada empresa sobre o preço de seus produtos interfere e influencia a decisão das outras empresas.

Esta citação destaca que os grandes empreendimentos têm poder para eclipsar os controles sociais, inclusive a chamada "lei da oferta e da procura". Segundo os citados autores, esta situação (oligopólio) é a mais comum, demonstrando o sucesso, em termos de concentração de poder social, da consciência e da teoria econômica predominantes. Sobre esse tema José Luis Coraggio, na obra de Cattani (2003: 89-90), afirma que:

> Em sua luta por acumular, as empresas consideram todos os elementos do contexto social, político, ecológico, simbólico, etc. como recursos ou como obstáculos e pugnam por dispor deles na medida em que seu projeto para a obtenção de lucros assim o requeira e que seu poder para dispor deles o permita. Em nível micro, esse poder está, entretanto, limitado pela competição, e em termos de conjunto, por forças consideradas 'extraeconômicas', sejam elas sociais (estatais, sindicais, movimentos) ou ecológicas (desastres naturais, esgotamento ou perda de 'produtividade' dos recursos naturais).
>
> Em geral, a empresa capitalista não freará espontaneamente a espoliação do meio ambiente, a exploração do trabalho alheio, o intercâmbio desigual ou a degradação da qualidade de vida. Sobretudo o capital, capaz de mobilizar-se em escala global, não se preocupará com os desequilíbrios sociais, políticos, psicológicos ou ecológicos que possam produzir por suas ações ou as do conjunto das empresas.

Em que pese a existência de espaço para críticas,[61] esta citação é relevante porque adverte que os grandes empreendimentos (grandes concentrações de pessoas)

---

61 Sempre é interessante destacar que vários conceitos utilizados (empresa capitalista, forças estatais, sindicais, movimentos etc.) são, em essência, pessoas.

transpõem os controles sociais para que seus objetivos sejam alcançados sempre que acumulam poder social suficiente. Como a estrutura de oligopólio parece ser a mais comum, poderíamos deduzir que o descontrole social e ambiental que ameaça a sustentação da vida na Terra possui um forte vínculo com os grandes empreendimentos hoje em curso. Em outras palavras, eles acumulam um poder transformador extraordinário que é capaz de inviabilizar a vida no Planeta. As ações das pessoas vinculadas ao conceito de grande empresa transnacional sobre os recursos hídricos mundiais, descritas no capítulo 2, também ratificam essa interpretação. José Luis Coraggio, na obra de Cattani (2003: 89-90), ainda na página 90, sugere o seguinte antídoto para esse problema:

> Por isso, é preciso que o Estado, ou o sistema interestatal, democratize ou assuma interesses gerais de toda a sociedade, ou que outras formas de poder coletivo (sindicatos, movimentos ecológicos, associações de consumidores, etc.) operem como representantes do interesse geral, promovendo as formas socialmente mais eficientes do sistema empresarial e limitando coercitivamente os efeitos indesejados das ações empresariais sobre as pessoas, a sociedade ou as bases ecológicas de sua existência atual ou futura.

Numa visão idealizada, essa sugestão parece adequada porque estimula a acumulação de um poder social superior ao das pessoas vinculadas às grandes empresas capitalistas em entidades com objetivos sociais e ambientais mais justificáveis. Assim, estas poderiam impor àquelas condutas construtivas. Todavia, numa perspectiva menos institucionalizada, devemos reconhecer que a história registra vários episódios em que as entidades sociais e ambientais de grande escala são corrompidas ou descaracterizadas pelo poderoso paradigma da escassez. São os Estados que levam pessoas a guerrearem contra outras. O desastre nuclear de Chernobyl (antiga União Soviética), por exemplo, não foi provocado por uma empresa capitalista. As recentes enchentes catastróficas ocorridas na China, provocadas pelo desmatamento, também não. O legado destrutivo social e ambiental deixado pelas pessoas vinculadas ao conceito de bloco de países socialistas não é desprezível. Algumas experiências econômicas alternativas à teoria econômica predominante se desvirtuaram após adquirirem um porte considerável. O histórico da ascensão e queda das redes de troca na Argentina, apresentado por Heloisa Primavera, na obra organizada por Cattani (2003: 196-197), ilustra perfeitamente essa argumentação. Ele é reproduzido a seguir:

1. 1995-1996: passa-se de 23 pessoas a 3.500, com o uso de vários sistemas contábeis, aparecem os primeiros 'créditos'; é a etapa da novidade, do excêntrico, da raridade;
2. 1996-1997: finaliza com mais de 30.000 integrantes, moedas múltiplas por região; é a etapa do 'descobrimento', da abundância, da reconquista do bem-viver perdido;

3. 1997-1999: começam as lutas pela hegemonia política na rede, ainda única; há várias regiões que optam por manter-se isoladas; estimam-se em mais de 200.000 membros; é a etapa da crise da abundância e da manifestação da confrontação dos dois paradigmas, controlada pelo similar 'poder relativo' e autonomia dos diferentes grupos;
4. 1999-2000: convênio com o Ministério da Economia, tentativa de hegemonia do grupo fundador, separação da Rede Global de Trocas (RGT), da Rede de Trocas Solidárias (RTS), calculam-se uns 800.000 integrantes aderidos ao sistema; é a etapa de ruptura do projeto fundacional, opção pelo paradigma da escassez (acumulação, voracidade e eliminação dos 'diferentes', tentativa de cobrar 'direitos do autor' por ser iniciadores do sistema);
5. 2001-2002: existem mais de 2 milhões de membros, em quatro redes relativamente compartilhadas, com cerca de 500.000 pessoas em cada uma; a crise do 'curralito' e a desvalorização do peso aumentam a velocidade de crescimento das redes. Nessa etapa, ainda mantinha-se o paradigma da abundância no interior de cada rede, mas já havia fortes enfrentamentos entre elas. Na RGT, claramente majoritária no começo dessa etapa, começam as primeiras crises internas, principalmente entre grupos do interior do país e o Banco Central da RGT;
6. a partir de abril de 2002: em plena crise institucional do país, com uma falta de liquidez quase insuportável para a maior parte da população, a RGT, liderada pelo grupo fundador, promove a venda indiscriminada de 'moeda social' em todo o país, convertendo essa atividade no 'emprego' mais rentável do período; informa a existência de 10.000 nodos e mais de cinco milhões de pessoas envolvidas; começam as falsificações comprovadas e o sistema explode. Só resistem os pequenos núcleos ou regiões isoladas que conseguem defender-se da penetração da moeda espúria. Como no Crack da Bolsa de 1929, há uma perda generalizada da confiança no sistema e os clubes fecham em massa ou diminuem drasticamente sua influência: poucas pessoas e mesas vazias são o resultado da 'estratégia empresarial' de reativação econômica... Tentam salvar seu projeto inicial com a implantação de uma moeda de alta segurança e a criação de uma sociedade anônima. A partir da análise anterior, pode-se considerar que durante os primeiros quatro anos viveu-se a combinação de um paradigma da abundância (emergente na gestão de redes e dos nodos), com isoladas iniciativas do paradigma da escassez (rivalidades entre regiões, nodos ou 'empresas sociais'). Quando o Ministério da Economia, provavelmente por um diagnóstico errôneo, interpretou que a rede era uma só e que – naturalmente – os fundadores representavam os que melhor conheciam o sistema, estabeleceu-se uma situação de possibilidade de aliança com o poder político que garantiria a estabilidade futura e os benefícios (royalties?) de terem sido iniciadores do sistema. Essa interpretação, evidentemente, ignorava que 23 pessoas puderam criar o primeiro clube, mas que o desenvolvimento da rede de milhões de pessoas foi obra coletiva de dezenas e milhares de pessoas que nela puseram seu trabalho voluntário e até excessivamente militante. Além disso, abriu as portas ao retorno do paradigma da escassez, mostrando ao grande público um modelo RGT

'competitivo' e de 'excelência' empresarial, confrontando com um modelo RTS 'utópico' e fundamentalista (da transparência e da equidade...). A Ajuda dos meios massivos de comunicação, que – como os bancos que só emprestam dinheiro para quem já o tem – fez o trabalho final no imaginário social e confundiu ainda mais as coisas (...)."

Esse histórico é relevante porque:

a) evidencia o poder dos meios massivos de comunicação de criar e destruir empreendimentos (capítulo 11);
b) evidencia a dificuldade (talvez inviabilidade) da manutenção dos objetivos construtivos quando os empreendimentos crescem e acumulam poder social;
c) permite deduzir que devemos renunciar à alienação e à delegação de poderes às entidades que os utilizam para atender interesses de poucos, independentemente de estarem formalizadas como instituições sem fins lucrativos, associações, cooperativas, governos, empresas privadas nacionais, estrangeiras ou transnacionais, instituições religiosas etc. (resgate do poder pessoal, apoiando empreendimentos que temos condições de participar ativamente e monitorar – capítulo 10);
d) os grupos que permaneceram menores, isolando-se do movimento de crescimento fora do controle dos integrantes, continuaram se beneficiando da iniciativa extraordinária do povo argentino, demonstrando a adequação do pequeno; e
e) reforça as palavras de vários pensadores contemporâneos, principalmente Dalai Lama (2000: 28), citado no capítulo 2, sobre a necessidade de desenvolver o Ser Interno e as virtudes, em detrimento de belos modelos, sistemas, programas, políticas, diretrizes etc., pois a extraordinária iniciativa do povo argentino foi minada pela ganância, desejo de poder social e outras características pouco elogiáveis da natureza humana (capítulo 3).

Destes destaques, teceremos maiores esclarecimentos sobre os itens "c" e "d" a seguir.

Resgate do poder pessoal

Uma análise superficial poderia taxar a proposta de se evitar o crescimento das instituições (item "c") como um incentivo à alienação. Entretanto, julgamos interessante fazer um paralelo com a atitude de Gandhi que pregava a "não violência", a "não ação". Exemplificando, qual seria a principal "não ação" de âmbito pessoal que contribuiria para redução da violência urbana em várias cidades do mundo? A resposta poderia ser não consumir entorpecentes. Isso porque, sem consumidores (mesmo da "inofensiva" maconha), não haveria a atividade econômica do tráfico mundial de narcóticos que corrompe, aterroriza e mata pessoas no mundo inteiro, além de dar argumentos para ações questionáveis de uns Estados sobre outros. Assim, se essa sugestão fosse amplamente implementada, sem derramar uma gota de sangue sequer, contribuiríamos sobremaneira para a paz mundial. Portanto, este grave problema da humanidade tem origem na ação individual de milhões de pessoas – usuários de drogas ilegais. Muitos outros exemplos poderiam ser citados: 1) evitar o transporte individual, não fazer fogueiras, não soltar balões etc. para melhorar a qualidade do ar; 2) evitar o consumo de papéis, móveis e madeiras em geral para poupar as florestas; 3) não exceder na bebida alcoólica, não usar aparelhos celulares ao volante e não desrespeitar as regras de trânsito para diminuir acidentes (que no Brasil matam mais do que muitos conflitos armados internacionais), dentre muitos outros.

Isso significa dizer que as grandes entidades de apoio aos dependentes químicos, as entidades policiais e o Poder Judiciário são condenáveis? Pensamos que não. Entretanto, a coletividade que necessita de muitas entidades de assistência, policiamento ostensivo e resolve seus problemas preponderantemente no sistema judiciário denota que está muito distante do bem-estar duradouro, ainda que materialmente rica. Talvez fosse interessante a realização de pesquisas para verificar o comportamento desses indicadores de desempenho adequados para a nova consciência (necessidades de serviços de assistência, de policiamento e fóruns judiciais) nas várias regiões do Planeta. Os seus resultados possivelmente gerariam uma intensificação do ceticismo sobre o conceito atual de países desenvolvidos.

Pelo exposto, não estamos propondo a alienação. A participação comunitária, muito pelo contrário, é um dos instrumentos mais poderosos para a experiência do bem-estar individual e coletivo e é necessário dispor de tempo para que ela possa ocorrer (capítulo 10). Nossa sugestão consiste em que evitemos delegar nosso poder pessoal (através do nosso trabalho, voto, atenção, dinheiro etc.) para pessoas vinculadas aos grandes empreendimentos (grandes empresas capitalistas, partidos políticos, governos, meios massivos de comunicação, grandes redes de trocas solidárias, mercados financeiros convencionais, entidades religiosas etc.), sobre os quais não temos nenhuma ingerência. Dessa forma supomos que eles perderiam sua força de destruição, ocorrência que contribuiria para sustentação da vida na Terra.

Considerando o Ser Interno e as virtudes

A proposta de estimular a percepção das consequências das nossas atitudes sobre o nosso Ser Interno e as virtudes (item "d") supõe que os empreendimentos solidários preservam os objetivos sociais e ambientais enquanto o seu porte possibilita a ingerência de todos os participantes. Quando eles crescem, concentram poder sobre outras pessoas e isso incentiva a manifestação das características menos nobres dos seus representantes. Eles também se tornam menos sujeitos aos controles sociais e geram a alienação dos participantes (relação empregado-patrão e todos os aspectos questionáveis associados ao combatido conceito de grande empresa capitalista). Sobre esse tema Schumacher (1983: 30) afirma que:

> [...] Sobre o problema da 'escala', o Professor Leopold Kohr escreveu brilhante e convincentemente; sua relevância para a economia da permanência é óbvia. Operações em pequena escala, não importa quão numerosas, são sempre menos propensas a prejudicar o ambiente natural do que as em grande escala, simplesmente por sua força individual ser pequena comparada com as forças regenerativas da natureza. Há sabedoria na pequenez pelo menos devido à pequenez e fragmentação do conhecimento humano, que confia bem mais na experiência do que na compreensão. O maior perigo invariavelmente provém da aplicação desumana, em vasta escala, de conhecimento parcial, tal como estamos presentemente assistindo na aplicação da energia nuclear, da nova química à agricultura, da tecnologia dos transportes, e inúmeras outras coisas.
>
> Embora até pequenas comunidades sejam às vezes culpadas de provocar erosão grave, geralmente por ignorância, esta é insignificante comparada com as devastações causadas por grupos gigantescos motivadas por ganância, inveja e ânsia de poder. É óbvio, além disso, que homens organizados em pequenas unidades tomarão mais cuidado de seu pedaço de terra ou outros recursos naturais do que companhias anônimas ou governos megalomaníacos que fingem para si mesmos que o universo inteiro é sua legítima presa.

Esta citação reforça a argumentação de que os grandes empreendimentos (privados ou governamentais) são os principais responsáveis pelo problema da perda da capacidade de sustentação da vida na Terra. Isso porque eles concentram um vasto poder social decorrente da alienação em massa. Esta é a combinação perfeita para a destruição dos recursos essenciais e ampliação da escassez, aspectos desejáveis para o crescimento da teoria econômica predominante. Supomos que os antídotos para esse envenenamento planetário sejam as atitudes virtuosas e a atenção ao nosso Ser Interno. Isso talvez inviabilizasse a permanência no estado de alienação, afastando-nos, mais cedo ou mais tarde, dos empreendimentos grandiosos. Eles pereceriam sem a nossa participação e energia, pois não passam de um conjunto de comportamentos de um grande número de indivíduos iludidos pela ficção em que se constitui a pessoa jurídica.

Escala dos empreendimentos para a consciência emergente

Ao contrário dos empreendimentos orientados pelo paradigma da escassez, aqueles amparados pela abundância enfraquecem quando crescem. Isso porque suas características essenciais são: envolvimento (como antítese de alienação) e a recusa do poder social. As palavras de Paulo Peixoto de Albuquerque sobre as dimensões essenciais do associativismo, contidas na obra organizada por Cattani (2003: 16), parecem confirmar esse entendimento. Elas são as seguintes: "[...] a terceira dimensão diz respeito à ética, ou seja, interdependência existente em cada agir individual, porque cooperar é um processo frágil, no qual se pode falhar independentemente dos propósitos". Complementarmente, Paul Singer, em Cattani (2003: 117), faz o seguinte comentário sobre o histórico da economia solidária:

> Houve, portanto, um longo intervalo entre os antecedentes históricos da economia solidária, no século XIX, e sua revivência nas décadas finais do século seguinte. As cooperativas continuaram se desenvolvendo enquanto modo de produção, em número crescente de países, mas sua classificação como modo de produção distinto (ou como economia social, como se faz na França) é ambígua. Não falta quem sustente que foi o próprio êxito econômico do cooperativismo que ensejou sua transformação ou degeneração, do ponto de vista da economia solidária, como se grandes organizações econômicas não pudessem resistir ao chamado 'isoformismo institucional'. De fato, o crescimento do tamanho da cooperativa e do número dos seus membros dificulta a vigência da democracia participativa, mas este fator jamais bastaria, por si só, para operar a mudança. A autogestão foi deixada basicamente de lado por causa da passividade ou desinteresse dos próprios expropriados, isto é, dos membros da base das cooperativas.

Portanto, por ser frágil, o cooperativismo deveria permanecer nos limites da atenção e ingerência dos participantes, sob pena de fracassar ou se emancipar dos objetivos solidários que o justificam. Quando os empreendimentos crescem, formam-se as famosas "pirâmides" (triângulo como a figura geométrica associada à concentração de poder), onde os membros da base se distanciam do processo de elaboração das diretrizes organizacionais e delegam seu poder pessoal para representantes. Esse procedimento parece estimular a alienação de muitos e o uso inadequado do poder concentrado por poucos. Logo parece coerente deduzir que grande escala, alienação (passividade e desinteresse) e uso inadequado do poder concentrado são facetas de um mesmo diamante, magistralmente lapidado pela consciência e economia dominantes.

Partindo da premissa de que a consciência emergente busca a plenitude (capítulo 10), o modelo "alienação-concentração de poder social" (faces da moeda da desigualdade) inerente à grande escala não se harmoniza com os seus anseios. É possível interpretar que a visão de mundo emergente se harmonizaria com pequenos empreendimentos em sistema de cooperação recíproca, descartando os custos da competição. Seria esperado que isso estimulasse a participação ativa dos seus membros e que eles se submeteriam aos controles individuais (responsabilidade socioambiental individual) e comunitários, dificultando a exagerada delegação e concentração de poder social.

Ademais, a opção pelo pequeno, simples, artesanal, personalizado, controlável, envolvente e com sentido poderia permitir a reintegração do "fazer" com o seu questionamento essencial, isto é, "por que fazer?", "para quem fazer?", "como fazer?", "quanto fazer?" e "quando fazer?", favorecendo a expressão plena da singularidade. O principal benefício dessa opção poderia ser o arrefecimento da pressão destruidora sobre o indivíduo, o meio ambiente e o tecido social, estimulando a abundância e o bem-estar individual e coletivo.

Escala dos empreendimentos – uma síntese
Este capítulo apresentou argumentação que evidencia a impropriedade da reverência generalizada ao grande e ao crescente. A idolatria da grande escala é coerente com a consciência dominante porque estimula a alienação para muitos, recrudescendo a concentração de poder social e a desigualdade. O conceito de pessoa jurídica, seja de direito público (governo) ou privado (empresas capitalistas, ONGs, entidades religiosas, clubes, cooperativas, associações etc.), é a abstração mais usada para materializar seu projeto de dominação.

O histórico dos empreendimentos solidários sugere que eles costumam se emancipar dos seus princípios humanitários quando crescem. Essa evidência contribui para validar o entendimento de que a consciência emergente deveria adotar uma postura cética em relação aos empreendimentos de grande escala que não passam de aglomerados de pessoas alienadas conduzidas por uma minoria sedenta por poder social para usá-lo em benefício próprio. Seu projeto de incentivo à vida plena provavelmente exige uma inclinação para o pequeno, simples, artesanal, personalizado, envolvente e com sentido, aspectos estreitamente vinculados ao processo de autoconhecimento. Supomos que esta orientação seria capaz de contribuir sobremaneira para o adequado equacionamento dos problemas sociais e ambientais contemporâneos.

13. Ciência, tecnologia e competitividade

> *"A ciência é a arte de criar ilusões adequadas em que o tolo acredita ou de que discorda, mas que o homem sábio aprecia por sua beleza ou por sua ingenuidade, sem por isso esquecer-se do fato de que elas são véus e cortinas humanas que ocultam a escuridão abissal do desconhecido."*
> Carl Gustav Jung

> *"Fomos condicionados a crer que o mundo externo é mais real que o interno. Este novo modelo de ciência [abordagem quântica] é justamente o contrário. Ela diz que o que acontece dentro de nós é que vai criar o que acontece fora."*
> Filme: Quem somos nós?[62]

A ciência e a tecnologia se transformaram em símbolos inquestionáveis de sucesso para a consciência dominante. Elas criaram artefatos capazes de ampliar sobremaneira as potencialidades humanas. Isso permitiu que a raça humana adquirisse o poder de transformar o Planeta, deixando para trás o pertencimento à categoria de frágil grupo candidato à extinção. Isso foi um feito impressionante. Esse desempenho espetacular é harmônico com a perspectiva que prevalece na Terra há milênios porque foi orientado para o controle do mundo externo, inclusive dos semelhantes humanos – concentração de poder social. Contudo, por mais paradoxal que possa parecer, essa mesma manifestação humana está nos inscrevendo na categoria de numeroso grupo candidato à extinção, juntamente com vários seres não humanos, porque o extraordinário poder de transformação concentrado pela humanidade está sendo empregado para a expansão da escassez, conforme receituário da teoria econômica predominante. Juntamente com o trabalho utilitário desprovido de sentido, a ciência e a tecnologia são causas relevantes da desigualdade e da destruição da natureza. Por esse motivo supomos que a consciência

---

[62] Tradução livre de diálogo do filme: Quem somos nós?, direção de William Arntz, Betsy Chasse e Mark Vicente, EUA, 2004 (contribuição de Icleia P. de Nazareth e Cristina Esteves).

emergente deveria prescindir dessa orientação destrutiva e se envolver com outro paradigma científico harmônico com suas aspirações de plenitude.

Contexto da ciência e tecnologia

Abordar o tema ciência e tecnologia é uma tarefa desafiadora. Ele não poderia faltar nesta obra porque, parafraseando Kneller (1980: 11), "Hoje, em especial, a Ciência é uma força cultural de esmagadora importância e uma fonte de informação indispensável para a tecnologia." Não parece existir exagero nesta afirmação porque a ciência e a tecnologia potencializaram a força de trabalho humano de forma tão avassaladora que resultou na transformação das feições do Planeta.

Devido ao seu imprescindível estímulo às impressionantes realizações humanas, a ciência e a tecnologia conquistaram o *status* de "certificadoras" daquilo que é verdade absoluta, incontestável. A expressão muito popular que exprime essa construção social é: "Isso é cientificamente comprovado". Num contexto assim descrito torna-se delicado tratar de um tema que é, de fato, extremamente controvertido. Kneller (1980: 9) confirma esta afirmação com as seguintes palavras:

> A Ciência sempre foi motivo de controvérsia. Saudada por alguns em virtude de seu empenho na solução racional de problemas e no avanço dos conhecimentos comprováveis. Rejeitada por outros, devido à sua oposição ao pensamento tradicional e seu ataque ao misticismo. Hoje a Ciência é defendida por aqueles que prezam o elevado padrão de vida que ela possibilita. E é criticada pelos que afirmam que ela é mal orientada pelos interesses de seus clientes, ou que é uma força que se movimenta por si só, indiferente às preocupações humanas.
>
> Por que a Ciência dá origem a pontos de vista tão conflitantes? Como empreendimento humano, a Ciência é falível; ela pode degenerar ou pode responder às supremas aspirações dos homens. Como parte da sociedade, a Ciência também está aberta a influências externas; como qualquer atividade social, pode ser bem ou mal usada. Assim, diversos aspectos da Ciência suscitam diferentes respostas. Neste livro, entretanto, procuro corrigir essas respostas parciais retratando a Ciência de corpo inteiro. Investigo seus poderes e suas limitações, suas ameaças e promessas. Do começo ao fim, procuro mostrar que a Ciência é um empreendimento humano e não uma terrível força impessoal.

Esta relevante citação, além de confirmar a controvérsia inerente ao tema, destaca que a ciência e a tecnologia são construções humanas. Como "errar é humano" e a ciência é uma construção humana, é lógico concluir que a ciência erra. O discurso do filme *Quem somos nós?*,[63] interessante documentário sobre a abordagem quântica de ciência, afirma que praticamente todas as verdades científicas do passado

---

63 Filme: Quem somos nós?, direção de William Arntz, Betsy Chasse e Mark Vicente, EUA, 2004.

(inclusive recente) são hoje consideradas impróprias ou incompletas, bem como que é grande a probabilidade das verdades científicas atuais também serem desqualificadas no futuro. Isso é fulcral porque desfaz o patamar supra-humano de determinação da verdade absoluta em que muitos colocam o conhecimento científico.

A perspectiva de que a ciência e a tecnologia são manifestações humanas e que consistem em instrumentos que podem ser usados construtiva ou destrutivamente torna indispensável o conceito de responsabilidade socioambiental individual. Em outras palavras, o uso do conhecimento científico e dos artefatos dele oriundos exige atenção qualificada, sob pena de nos alistarmos no exército de destruição do Planeta. Tudo que foi sugerido para verificação da validade moral das nossas necessidades e desejos (capítulo 5) é aplicável também ao consumo e acumulação daquilo que deriva da ciência e tecnologia, isto é, quase tudo.

Optamos, aqui, pelo entendimento de que a ciência pode ser considerada interdependente da tecnologia. Kneller (1980: 269) apresenta a justificativa para esta escolha e um esboço de distinção entre ambas:

> Tecnologia é o empreendimento historicamente em desenvolvimento que consiste em construir artefatos e organizar o trabalho para satisfazer necessidades humanas. Tem afinidades com a arte e a ação prática. Propõe-se aumentar a eficiência da ação humana em todas as esferas. Para a consecução desse 'objetivo', a tecnologia apoia-se em conhecimentos práticos e teóricos, e calcula os meios mais eficazes para determinados fins. Durante o século XIX, acreditava-se geralmente que a inovação tecnológica dependia do conhecimento científico. No nosso século [XX], porém, alguns historiadores declararam o contrário, que a Ciência se desenvolve em resposta a necessidades tecnológicas. A maioria dos historiadores, entretanto, sustenta que Ciência e tecnologia se mantiveram separadas até que as empresas químicas alemãs começaram a empregar químicos profissionais há cerca de cem anos. Não obstante, esse ponto de vista é errôneo. Algumas ciências, como a Química e a Geologia, provieram realmente de artes práticas, ao passo que certos produtos, como a soda e o esmalte vitrificado, tinham sido cientificamente aperfeiçoados antes da Revolução Industrial.
>
> Hoje, Ciência e tecnologia são interdependentes. Da Ciência, a tecnologia deriva conhecimentos básicos, instrumentos e técnicas. Da tecnologia, a Ciência recebe instrumentos e problemas para solução. A Ciência e a tecnologia interatuam no domínio da ciência aplicada, que é a investigação de problemas cujas soluções se espera sejam tecnologicamente aplicáveis.

Em virtude do exposto, apesar das diferenças conceituais existentes, com o objetivo de simplificar o texto, usamos indistintamente os termos ciência e/ou tecnologia para expressar a manifestação humana de busca do conhecimento sobre algo, tendo ou não uma conotação utilitária. Enfatizamos, porém, seus desdobramentos socioambientais.

Ciência e tecnologia para a consciência dominante

A ilusão atualmente generalizada de que a verdade absoluta é alcançada exclusivamente pelo processo científico é bastante interessante para o atual estágio evolutivo da consciência dominante. Isso porque seu projeto de dominação alcançou uma escala que exige a aglomeração de um grande número de pessoas em torno dos seus empreendimentos megalomaníacos. Ainda que imersas em elevado nível de alienação, muitas pessoas recrutadas ou previsivelmente atingidas por tais empreendimentos percebem os riscos inerentes à aplicação de conhecimentos parciais a situações de imenso impacto. Isso provoca temores e reações que inviabilizam ou retardam os planos. Uma forma complementar ao uso da violência para superar obstáculos dessa natureza é inculcar nos "colaboradores" e demais *"stakeholders"*[64] o discurso de que os impactos e os riscos envolvidos são avaliados, monitorados, mitigados e controlados pelos representantes da neutra e infalível ciência. Opor-se representaria um entrave ao bem-estar da humanidade, bem como uma atitude retrógrada, amparada no misticismo e na ignorância. Sobre a ilusão de neutralidade da tecnologia inculcada pelos formadores de opinião, Kneller (1980: 257) faz o seguinte comentário:

> Afirma-se, às vezes, especialmente certos economistas, que a tecnologia é neutra e isenta de valores, sendo meramente uma resposta à demanda econômica. Surge a demanda de um produto que preencha uma necessidade e o tecnólogo projeta esse produto por causa do dinheiro que ele ou alguém irá auferir com a sua comercialização.
>
> Este quadro está grosseiramente simplificado. Hoje, nas nações industrializadas, as demandas surgem para suprir desejos, tanto quanto necessidades; e os desejos são estimulados por uma infinidade de fatores, dos quais não são os menores as campanhas de publicidade planejadas para criá-los. [...].

E complementa com as seguintes palavras, na página 278:

> [...] a afirmação de que a Ciência é sempre moralmente neutra não resiste a um exame. Em algumas áreas, a direção da pesquisa, ainda que não seu conteúdo, é guiada por outros fatores que não a aspiração pura e simples à verdade. O cientista só pode empreender aqueles projetos para os quais dispõe de dinheiro. A maior parte das verbas é fornecida hoje pelo governo e a indústria para as áreas onde se espera que a pesquisa tenha aplicações práticas. Assim, os patrocinadores externos da Ciência determinam frequentemente que pesquisa será empreendida, embora não decidam que conclusões serão obtidas. Isso pode ser perfeitamente desejável, dependendo do grau de generosidade dos financiadores em sua percepção das necessidades humanas que a Ciência pode satisfazer; no fim de

---

64 Geralmente traduzido como partes interessadas ou público estratégico – pessoas que podem interferir contra ou em favor do empreendimento.

contas, uma ciência moralmente neutra não pode ser uma ciência humanitária. Mas é aconselhável que reconheçamos a situação como ela é.

Facilitada pela ilusão da neutralidade e infalibilidade da ciência e pelo uso intenso da violência, a consciência dominante realizou feitos tecnológicos inacreditáveis. Porém, eles provocam consequências do mesmo porte. Kenller (1980: 265) apresenta alguns aspectos dessa questão:

> Quais são alguns dos efeitos da tecnologia? É estranho como tantas inovações bem intencionadas acarretaram consequências variáveis. Por um lado, a medicina dobrou o tempo médio de vida, eliminou numerosas doenças, aboliu muitas formas de dor e forneceu os meios de efetivo controle da natalidade. Por outro, ao controlar o número de mortes, criou uma explosão demográfica, a qual continua porque os meios de controle da natalidade são largamente ignorados. Na agricultura, a 'revolução verde' possibilita a abolição da fome; entretanto, os alimentos não são distribuídos igualmente, e muita gente está morrendo de fome. Nos transportes, na construção e no suprimento de energia, as invenções melhoraram a qualidade de vida; contudo, a produção energética e o motor a combustão interna poluem o ar e a água. A energia nuclear torna possível um holocausto nuclear, mas pode fornecer energia quando se esgotarem as reservas de combustíveis fósseis. O computador ameaça converter-se no 'big-brother'; no entanto, ele ajuda-nos a controlar complexos processos sociais. A biologia molecular acena com a esperança de abolir as doenças e criar um suprimento permanente de alimentos, mas existe a possibilidade de que, algum dia, seja usada para criar uma elite de gênios maléficos e uma multidão de seguidores embrutecidos.

Esta citação destaca que as declaradas boas intenções da ciência e tecnologia são insuficientes para garantir desdobramentos socioambientais adequados, justos e benignos. Não podemos nos contentar só com discursos. Isso exige de nós uma postura atenta em relação ao consumo e à acumulação dos produtos da ciência e tecnologia, evitando delegar nossa responsabilidade socioambiental individual para os especialistas. Isso porque estes possuem interesses pessoais envolvidos nas decisões que afetam a muitos. Kneller (1980: 155) corrobora essa argumentação da seguinte forma:

> Passo agora das atividades e produtos de pesquisa para os protagonistas humanos do drama da Ciência. Veremos em breve até que ponto a Ciência é dramática e quão profundamente a personalidade do cientista interfere em sua obra. Tal como as outras pessoas, os cientistas são impelidos por fortes emoções; cada um deles tem uma personalidade e uma biografia que lhe são próprias; cada um deles tem suas necessidades e seus interesses pessoais. Em qualquer pesquisa, é essa pessoa em sua unicidade, que intui, raciocina,

experimenta e extrai conclusões. A Ciência é um empreendimento disciplinado que busca a verdade impessoal, mas também pode ser altamente pessoal, até subjetivo.

Se esta afirmação parece paradoxal, é apenas porque muitas pessoas supõem que a razão e a paixão se excluem mutuamente. Às vezes, isso acontece. Mas é possível apoiarem-se uma à outra, como no pensamento criativo, quando a emoção fornece a força impulsora e a razão a disciplina. Na Ciência, como em outras atividades, a razão é exercida *com* emoção, em estados de espírito incontáveis, por temperamentos inumeráveis e em ambientes sociais em permanente mudança. [...]

Pelo exposto, não podemos basear nossas opiniões, julgamentos e decisões somente nas declarações dos especialistas e representantes da ciência. Isso porque o consumo dos produtos da tecnologia é um dos principais nutrientes dessa manifestação humana concentradora de poder social. Embora muitas vezes não tenhamos conhecimento suficiente sobre o assunto, incentivaremos as intenções das pessoas envolvidas com a produção de conhecimentos científicos que geraram um determinado produto tecnológico que consumimos. Esse tipo de ignorância e inconsciência pode nos tornar sócios de atividades que não se harmonizam com nossa singularidade. Por exemplo, quando investigamos a história de celulares, computadores, energia elétrica gerada por usinas nucleares e agrotóxicos amplamente empregados nos gêneros alimentícios que frequentam habitualmente nossos pratos de comida, descobrimos que eles foram inicialmente desenvolvidos pela indústria de armamentos, como instrumentos de guerra. Sobre esse tema Kneller (1980: 259-260) fornece uma interessante ilustração:

> Embora a maioria dos empreendimentos tecnológicos adquira um impulso próprio, no sentido que têm consequências tecnológicas ou sociais não imediatamente previstas, a tecnologia não é realmente autônoma. Não existe uma força tecnológica subjacente empenhada em cumprir seu próprio curso e arrastando consigo impérios e sociedades. A tecnologia está nas mãos de seus criadores e operadores, não o inverso. As inovações técnicas são obras de pessoas que, por via de regra, só podem persuadir a sociedade a adotar seus produtos se demonstrarem que estes promovem algum valor que a sociedade preza [...]. Uma vez aceita uma inovação, ela torna-se geralmente mais difundida e suas consequências sociais estimulam, com frequência, mais invenções tecnológicas. Durante a primeira metade do século atual [XX], o avião foi de grande interesse principalmente para um grupo na sociedade: os militares. Somente quando o Atlântico pôde ser cruzado em voo sem escalas por jatos supervelozes, e quando o preço e a taxa de acidentes em viagens aéreas foram substancialmente reduzidos, é que as pessoas foram persuadidas a voar em grande número.

Esta citação destaca que o consumo é uma etapa relevante do ciclo de desenvolvimento da ciência e tecnologia. O consumo irresponsável pode nos tornar destruidores contumazes inconscientes. Se nos perguntam se somos a favor das guerras, é quase certo que responderemos negativamente. Porém, nos tornamos financiadores dos horrores inerentes aos conflitos armados quando adquirimos esses "inocentes" artefatos tecnológicos que supostamente melhoram nossa qualidade de vida. Esse parece ser um importante método adotado pela consciência dominante para cooptar todos para os seus empreendimentos megalomaníacos.

As citações anteriores destacam que a pessoa vinculada diretamente à ciência e tecnologia está inserida num ambiente social capaz de interferir na concepção, desenvolvimento e conclusões das suas pesquisas.[65] O ambiente social tem incorporado há séculos as características da consciência dominante. Logo, é válido supor que as pessoas vinculadas diretamente à ciência têm sido influenciadas a legitimar as características harmônicas com a consciência dominante. Kneller (1980: 259) ilustra adequadamente este argumento:

> Grandes empreendimentos tecnológicos também produzem suas próprias burocracias. Tais empreendimentos tendem a criar elites tecnocráticas e controle centralizado, e a tomar decisões que refletem uma atitude egoísta; raramente se limitam ou autorregulam. [...] Como o crescimento econômico e o poderio militar dependem do trabalho tecnológico, as elites tecnocráticas também podem reunir amplo apoio para seus programas. E como uma visão científica e tecnológica predomina na cultura das sociedades industriais, as autoridades públicas que financiam a tecnologia tendem a tomar suas decisões no espírito dessa visão, com base nos conselhos dessas mesmas elites. [...]

Esta citação relaciona a atividade científica desenvolvida nos últimos séculos a várias características da consciência dominante, a saber: egoísmo, grande escala, economia dominante, militarismo, concentração de poder social. Outra contribuição efetiva de Kneller (1980: 278-279) para a validação desta argumentação é a seguinte:

> [...] a Ciência, como vimos, sempre foi influenciada pelas visões de mundo e ideologias das sociedades em que ela é feita e, nessa mesma medida, nunca foi moralmente neutra. As visões do mundo e ideologias expressam frequentemente interesses setoriais e de classe – interesses que podem afetar a escolha pelo cientista de pressupostos teóricos e de metáforas orientadoras da pesquisa. Darwin, por exemplo, pode ter pensado que olhava a natureza com espírito aberto. De fato, olhou-a de um modo que refletia, em parte, a visão própria de sua classe social. Preferiu explicar os fenômenos naturais por meio de ideias inspiradas na economia do *laissez-faire*, ideias essas que, por sua vez, expressavam o desejo da classe média de praticar o comércio sem intervenção e regulamentação

---

65 Ver Kneller (1980: 177-180).

governamental. Ao recorrer a essas ideias, ao considerá-las adequadas, Darwin foi influenciado pelos interesses de classe de que compartilhava. Na medida em que esses interesses incluíam a crença na conveniência moral de certos arranjos sociais, o pensamento científico de Darwin não era moralmente neutro. [...] A pressão que visões do mundo e ideologias exercem sobre a Ciência é mais sutil e profunda do que suspeitamos.

O exemplo de Darwin é precioso para ratificar a argumentação que vincula a ciência dos últimos séculos à consciência dominante. Uma palavra marcante da obra de Darwin é *competição*. Segundo esse entendimento, portanto, não seria coincidência a competição (e seus correlatos: egoísmo, individualismo, ganância, avareza etc.) ser hoje um valor social preponderante, bem como a ciência e tecnologia ser o caminho "natural" para ser bem-sucedido. Foi esse ambiente cultural que viabilizou as nações militarmente mais desenvolvidas acumularem o poder de destruir a vida na Terra várias vezes. (O problema é que elas também estarão no lado perdedor se alguém decidir apertar os botões...) Além disso, é amplamente aceito que o homem pisou na Lua, mandou robôs para Marte, se comunica com o mundo inteiro instantaneamente, dentre outras realizações "milagrosas". Tudo isso voltado para a conquista do externo ao ser, relegando o lado interno para um plano secundário, também uma característica da patriarcal consciência dominante (capítulo 3). As palavras de Burgierman (2002: 44-45) sobre a questão da ingestão de carne pelo homem reforçam essa argumentação. Elas são as seguintes:

Quem come mais carne – especialmente carne vermelha – tem índices maiores de câncer e de enfarte, as duas principais causas de morte no planeta. É o que dizem as estatísticas. Carne faz mal, então? Não é tão simples.

Nos últimos 30 anos, as autoridades dos Estados Unidos vêm aconselhando os americanos a diminuir a ingestão de carne vermelha e manteiga por causa de suspeitas de que a gordura saturada presente em grande quantidade nesses alimentos aumenta a taxa de colesterol e, com isso, causa ataques cardíacos. O conselho virou norma no mundo todo – a Organização Mundial de Saúde e vários governos adotaram a política de reduzir a gordura saturada. Tudo muito bom, só que tem algumas peças que, mesmo após três décadas de pesquisas, continuam não se encaixando no quebra-cabeças.

Uma delas é a Europa mediterrânea. Lá, desde que terminaram os rigores da Segunda Guerra, o consumo de carne vermelha tem aumentado. Pois bem: a taxa de doenças cardíacas diminuiu no mesmo período. E a França? O país do <u>pâtisserie</u>, fã ardoroso das carnes vermelhas de todo tipo, onde qualquer almoço começa refogando o que quer que seja em manteiga derretida, tem uma das mais baixas taxas de mortes por ataque cardíaco do mundo.

No ano passado, Gary Taubes, correspondente da revista americana *Science* e um dos principais escritores de ciência do mundo, escreveu um longo artigo no qual classifica o medo da gordura saturada como 'dogma'. Taubes afirma que, mesmo com tanta pesquisa, não há prova de que a gordura saturada e enfartes estão ligados. E vai além: diz que a propaganda do governo só serviu para fazer com que os americanos comessem mais – ao evitar a gordura, eles acabam ingerindo mais carboidratos, mais açúcar, para manter a quantidade diária de calorias [...]. Resultado: o índice de obesidade passou de 14% para 22% no país. E obesidade, sabidamente, é um sério fator de risco para doenças cardíacas.

A maior parte do mundo médico ainda acredita na malignidade da carne vermelha e da manteiga. ('Não tenho dúvidas da relação entre gordura saturada e doenças cardiovasculares', afirma o nutricionista argentino Cecílio Morón, oficial da agência da ONU que cuida de alimentação, a FAO. Denise Coutinho, que coordena a política de nutrição do governo brasileiro, repetiu quase as mesmas palavras.) Mas o artigo de Taubes serviu para mostrar que nutrição não é baseada numa relação simples de causa e consequência, tipo 'mais carne, mais ataques cardíacos'.

Mas, afinal, o que sobra da discussão? Dietas de países gelados como a Escócia e a Finlândia, onde o único vegetal consumido em quantidade é o tabaco, estão equivocadas. Os altos índices de ataques cardíacos por lá são prova incontestável. Mas os franceses, e os mediterrâneos em geral, devem estar fazendo alguma coisa certa. Sua dieta é variada e rica em vegetais frescos, azeite de oliva (tido como redutor de colesterol), vinho e carne de todos os tipos. Ao contrário dos americanos, esses povos comem com calma, em ambientes descontraídos. O que está salvando dos ataques cardíacos? Os legumes, o azeite, o vinho, a conversa mole depois do almoço, a brisa marinha? Ninguém sabe ao certo. Provavelmente é uma conjunção de todos esses fatores.

O raciocínio vale em parte para o câncer também. Os comedores de carne morrem mais de câncer de intestino, boca, faringe, estômago, seio e próstata. Ainda assim, o elo entre carne e câncer é meio frouxo. Tudo indica que, se é que a carne aumenta mesmo a incidência de câncer, sua incidência é bem pequena – um fator entre muitos.

Agora, de uma coisa ninguém tem dúvidas: vegetais fazem bem. Uma dieta rica em frutas, legumes e verduras claramente reduz as chances de ter câncer no estômago, na boca, no intestino, no reto, no pulmão, na próstata e na laringe, além de afastar os ataques cardíacos. Frutas e legumes amarelos têm caroteno, que previne câncer no estômago; soja possui isoflavona, que diminui a incidência de câncer de mama e osteoporose; o alho tem alicina, que favorece o sistema imunológico; e por aí vai – essa lista poderia ocupar o resto da revista. Em resumo: não está bem claro se a carne faz mal. Muito bem, pelo jeito, não faz. Mas, para ser saudável, o importante é ter uma dieta rica e variada de vegetais. Seja ela vegetariana ou não.

Esse relato é interessante porque destaca a incapacidade da "toda-poderosa" ciência humana responder a uma das mais simples perguntas, ou seja: o que devemos comer? Apesar de décadas de pesquisas, a síntese apresentada mais parece sabedoria popular: "na dúvida, coma um pouco de tudo e não exagere em nada". Isso é um indício de que o conhecimento científico tem privilegiado a conquista do externo, em detrimento da compreensão do interno, tornando-se, assim, desumano e harmônico com a perspectiva concentradora de poder social inerente à consciência dominante.

Ao consumirmos os produtos da ciência e tecnologia sem a devida atenção para seus antecedentes e desdobramentos socioambientais, nós expressamos inconscientemente as características da consciência dominante e, consequentemente, afastamo-nos dos nossos referenciais internos. Sobre esse aspecto, Ribeiro (2004: 64) oferece a seguinte contribuição:

> O homem é que se coloca nesse atrito medonho [busca pelo sucesso e dinheiro]. São tantos os compromissos, a competitividade! E a balbúrdia aumenta cada vez mais conforme aumentam as informações e a tecnologia, porque ele vai ficando menos sábio e mais fora de si mesmo. A vida não precisa ser assim. Isso é obra do homem que se direcionou errado no caminho da existência. Mas um dia ele há de encontrar a estrada certa...

A decorrente falta de intimidade com nossa singularidade incentivada pela tecnologia gera desequilíbrios que prejudicam nosso bem-estar individual, bem como nos transformam em massa de manobra direcionada para a expansão da escassez, crescimento da economia dominante, concentração de poder social, destruição ambiental e desigualdade. A análise atenta do caso apresentado por Mullainathan e Sendhil (2016: 315) descortina essa sutil relação:

> [...] os pobres, mais do que os outros, deixam de tomar seus remédios conforme receitados. Podemos dizer, 'Esta é uma dura realidade', e seguir adiante, deixando de confiar que os pobres farão o que é necessário. Ou podemos desenvolver um produto como o GlowCap. Este frasco de comprimidos entra em ação sempre que deixa de ser aberto pelo número de vezes correto para um dia. O frasco começa a brilhar e, se ainda assim não for aberto, emite um sinal que termina por enviar uma mensagem de texto para o telefone do usuário. Pouco a pouco, o remédio torna sua perturbação conhecida, impedindo a negligência decorrente de estar no túnel [perda da visão periférica; estreitamento do campo visual]. Com o GlowCap, os pobres têm demonstrado uma adesão aos horários de seus medicamentos a índices incrivelmente maiores. Produtos e intervenções semelhantes podem resolver a adesão e outros problemas por meio de uma compreensão da psicologia da escassez. O GlowCap ilustra como podemos usar a tecnologia de maneira barata, discreta e eficiente para tratar de problemas criados pela largura de banda [estreitamento da capacidade mental]. Naturalmente, insights semelhantes tendem a se provar igualmente incríveis em outros campos.

O exemplo descrito pelos referidos autores, um deles considerado um dos cem maiores pensadores da atualidade (Mullainathan), parece evidenciar que a tecnologia dominante nos estimula ao afastamento do nosso mundo íntimo, embora expresse o contrário. Apesar de afirmar que os dispositivos tecnológicos disponíveis no medicamento ajudam a perceber a perturbação em que vive o usuário, de fato, eles parecem funcionar como uma muleta que permite conciliar a perturbação com a necessidade de tomar medicamentos. Em outras palavras, os aparatos tecnológicos não desestimulam a permanência na perturbação; antes disso, eles permitem que nos lembremos de tomar o medicamento mesmo experimentando a perturbação. Um indicativo da validade desta interpretação é o índice usado para medir o sucesso do dispositivo: "nível de adesão aos horários dos medicamentos". A "incrível adesão aos horários dos medicamentos" pode não ter contribuído para uma aproximação interessante do bem-estar (equilíbrio da saúde) se o usuário segue experimentando a perturbação que, por sua vez, provavelmente foi a causadora dos sintomas que o medicamento tenta suprimir. Supomos que o indicador adequado seria o nível de restabelecimento da saúde. Porém, o objetivo principal da medicina dominante parece ser bater metas (como o índice de adesão aos medicamentos), em vez do bem-estar do usuário. Sobre esse assunto, Dethlefsen e Dahlke (1998: 11) informam que:

> Vivemos numa época em que a medicina moderna apresenta constantemente, aos olhos maravilhados dos leigos, as evidências de possibilidades ilimitadas e de habilidades surpreendentes. No entanto, falam ao mesmo tempo, cada vez mais alto as vozes dos que manifestam sua profunda desconfiança nessa onipotência da medicina moderna. Um número crescente de pessoas confia muito mais nos métodos de cura natural – sejam eles antigos ou modernos – e na terapia homeopática, do que nos métodos altamente científicos da nossa medicina ortodoxa. Existem numerosos alvos para críticas – os efeitos colaterais, o mascaramento dos sintomas, a ausência de um tratamento humanitário, os custos elevados e vários outros – mas muito mais interessante é o próprio fato do surgimento dessa crítica, pois, antes mesmo de sua comprovação racional, ela surge como uma vaga sensação de que alguma coisa não está mais em ordem e que o caminho escolhido, apesar de, ou talvez até mesmo devido a, sua concretização subsequente, não leva mais ao objetivo visado. Esse mal-estar provocado pela medicina é sentido ao mesmo tempo por muitas pessoas, inclusive um largo contingente de médicos jovens. [...]

E complementa na página 17 da seguinte forma:

> [...] a doença é um estado do ser humano que indica que, na sua consciência, ela não está mais *em ordem*, ou seja, sua consciência registra que *não há harmonia*. Essa perda de equilíbrio interior se manifesta no corpo como um sintoma. Sendo assim, o sintoma é um sinal e um transmissor de informação, pois, com seu aparecimento, ele interrompe

> o fluxo de nossa vida e nos obriga a prestar-lhe atenção. O sintoma avisa que, como *seres humanos*, como *seres anímicos*, nós estamos doentes, isto é, o equilíbrio de nossas forças anímicas interiores está comprometido. [...]

Estas citações confirmam que há algo errado com o rumo que a medicina moderna tomou, apesar das maravilhas científicas alcançadas. O exemplo descrito anteriormente parece se encaixar perfeitamente nas críticas mencionadas. O medicamento supostamente foi ministrado para mascarar os sintomas apresentados pelo usuário que estava sendo avisado sobre a necessidade de prestar atenção à sua vida (perturbação). Se ele não aderir aos horários dos medicamentos, os sintomas não serão mascarados e as estatísticas de sucesso da medicina dominante ficarão prejudicadas. Logo, na perspectiva dominante, seria necessário encontrar um meio que estimulasse o usuário a seguir a prescrição médica. A parafernália tecnológica surge, então, para cumprir esta tarefa. Estimula o usuário a aderir aos horários dos medicamentos, em vez de prestar atenção à sua vida. Como o objetivo prioritário é bater as metas, faz sentido medir o nível de adesão aos horários de medicamentos, melhorando as estatísticas da medicina moderna, desprezando o bem-estar do usuário. Tudo harmônico com o objetivo de manter as pessoas desequilibradas e facilmente domesticadas para a expansão da escassez inerente à teoria econômica predominante.

Pelo exposto, a consciência dominante foi bem-sucedida em tornar o empreendimento humano que é a ciência, que pode ser bem e/ou mal usado, num instrumento de expansão da escassez e da concentração de poder social. Esta afirmação parece ser legitimada pelas palavras de Kneller (1980: 243), referindo-se à relação entre cientista e o processo político, transcritas a seguir:

> Os cientistas foram propensos a evitar a política, embora atitudes radicais tenham surgido, por vezes, entre cientistas europeus e, mais recentemente, entre cientistas do mundo inteiro. Nestes últimos anos, os cientistas têm-se mostrado mais interessados em política, como reação ao crescente envolvimento governamental na Ciência, um processo guiado (dizem alguns) mais por militarismo do que por humanismo.

O imenso poder da ciência e tecnologia, mais guiado por militarismo do que por humanismo, foi determinante para alcance do objetivo da teoria econômica predominante, ou seja, a concentração de poder social. A evidência cabal do retumbante sucesso da consciência dominante e de sua orientação econômica é, como expresso antes, a inédita oferta de bens econômicos convivendo com a mais intensa desigualdade da história da humanidade. Se existe uma outra visão de mundo surgindo, é muito provável que o rumo seguido pela ciência e tecnologia terá que ser alterado radicalmente.

Ciência e tecnologia para a consciência emergente

As características da ciência e tecnologia contemporâneas, como argumentado no tópico anterior, são desarmônicas com as da consciência emergente (capítulo 3). Esta incompatibilidade descortina a oportunidade de se conceber uma orientação completamente diferente para o tema. Sobre esse aspecto Schumacher (1983: 24-25) afirma que:

> [...] o crescimento econômico, que encarado do ponto de vista da Economia, da Física, da Química, e da Tecnologia, não tem limites discerníveis, defrontar-se-á necessariamente com questionamentos decisivos quando encarado pelo prisma das ciências ambientais. Uma atitude face à vida que busque realização na procura obstinada de riqueza – em suma, o materialismo – não se ajusta a este mundo, por não conter em si qualquer princípio limitador, enquanto o ambiente no qual está situada é estritamente limitado. O ambiente já procura dizer-nos que certas tensões estão se tornando excessivas. À medida que um problema está sendo 'solucionado', aparecem dez novos problemas resultantes da primeira 'solução'. Como ressalta o Professor Barry Commoner, os novos problemas não são consequências de insucessos casuais mas do sucesso tecnológico.
>
> Muita gente, entretanto, insistirá em discutir também estes tópicos unicamente em termos de otimismo e pessimismo, orgulhando-se, em seu próprio otimismo, de que 'a ciência encontrará uma saída'. Só poderão estar certos, sustento, se houver uma mudança consciente e fundamental na direção do esforço científico. Os progressos da ciência e da tecnologia nestes últimos cem anos têm sido tais que os perigos cresceram mais depressa ainda que as oportunidades [...].

Esta citação destaca que a mudança da visão dominante para outra que privilegie a plenitude da vida exige a reformulação radical da ciência e tecnologia. Isso porque é possível constatar que elas estão trazendo mais problemas, malefícios e escassez do que soluções, benefícios e abundância. A manifestação que ilustra esta afirmação é a geração de mais necessidades novas do que atendimento às existentes. Logo, a consciência emergente parece demandar uma diretriz diametralmente oposta. Schumacher (1983: 28) propõe que:

> A economia da permanência [alternativa à predominante] implica uma profunda reorientação da ciência e da tecnologia, que têm que abrir suas portas à sabedoria. 'Soluções' científicas ou tecnológicas que envenenem o ambiente ou degradem a estrutura social e o próprio homem não são benfazejas, por mais brilhantemente concebidas ou por maior que seja seu atrativo superficial. Cada vez maiores máquinas, impondo concentrações ainda maiores de poderio econômico e exercendo violência sempre maior contra o meio ambiente, não constituem progresso: elas são uma negação da sabedoria. A sabedoria exige uma nova orientação da ciência e da tecnologia para o orgânico, o suave, o não-violento, o

elegante e o belo. A paz, conforme tem sido repetido com frequência, é indivisível; como, então, poderia ser ela construída sobre alicerces de ciência indiferente e tecnologia violenta? Temos de contar com uma revolução na tecnologia que nos dê invenções e máquinas capazes de inverterem as tendências destrutivas que ora ameaçam a todos nós.

O que realmente pedimos aos cientistas e técnicos? Responderei: precisamos de métodos e equipamentos que sejam:

– suficientemente baratos para serem acessíveis praticamente a todos;
– adequados à aplicação em pequena escala; e
– compatíveis com a necessidade humana de criatividade.

Dessas três características nascem a não-violência e um relacionamento do homem com a natureza que assegura a permanência. Se apenas uma das três for desprezada, as coisas tenderão a sair erradas [...].

Esta citação indica que a consciência dominante se apropriou da ciência e tecnologia para concentrar poder social, ampliar a desigualdade e a escassez. As três características indispensáveis para esta nova ciência são consistentes com a argumentação anterior, ou seja:

a) fácil acesso – capítulos 4, 5, 6, 9 e 11;
b) pequena escala – capítulos 5 e 12; e
c) estímulo à criatividade – capítulo 10.

Ao definir o termo sustentabilidade ecológica, Fritjof Capra, na obra organizada por Stone e Barlow (2006: 13-14), também oferece relevante contribuição para a caracterização da ciência e tecnologia harmônica com a consciência emergente.

A chave para essa definição operacional, e a boa nova para quem está empenhado na sustentabilidade, é a compreensão de que não temos que criar comunidades humanas sustentáveis a partir do zero. Podemos aprender com as sociedades que se sustentaram durante séculos. Podemos também moldar sociedades humanas de acordo com os ecossistemas naturais, que são comunidades sustentáveis de plantas, animais e micro-organismos. Uma vez que a característica mais proeminente da biosfera é a capacidade inerente de sustentar a vida, uma comunidade humana sustentável terá que ser planejada de maneira tal que seus estilos de vida, tecnologias e instituições sociais respeitem, apoiem e cooperem com a capacidade inerente da natureza de manter a vida. O primeiro passo desse empreendimento terá que ser o conhecimento bastante pormenorizado de como a natureza sustenta a teia da vida. Como os ecossistemas se organizaram para sustentar os processos vitais básicos através de bilhões de anos de evolução? Como eles podem prosperar com uma abundância de energia e sem desperdício? Como a natureza manufatura superfícies (como as conchas dos moluscos) que são mais duras do que a cerâmica produzida pela nossa alta tecnologia e fios de seda (fiados pelas aranhas) que são cinco vezes mais resistentes que o aço? E como esses prodigiosos materiais são produzidos silenciosamente, a temperaturas ambiente e sem quaisquer efeitos tóxicos?

Esta citação indica que a ciência e tecnologia harmônicas com a consciência emergente deve se inspirar nas comunidades humanas e não humanas que sustentaram a vida até hoje. Elas devem proporcionar conhecimentos e artefatos que sejam úteis para a sobrevivência e facilmente assimilados pelo Planeta. Capra (2002b: 178), em conversa com Ernst F. Schumacher, ilustra como seria a prática dessa diferente orientação da seguinte forma:

> Para dar um exemplo, Schumacher contou a história de como ele ajudara um vilarejo indiano a produzir aros de aço para seus carros de boi. 'Para um carro de boi ser eficiente, suas rodas precisam ter aros de aço. Nossos antepassados sabiam dobrar o aço com precisão em pequena escala, mas nós esquecemos como se faz isso sem as máquinas gigantescas como as da Sheffield. Pois bem, o que faziam nossos antepassados?
>
> 'Eles possuíam um instrumento dos mais engenhosos', prosseguiu Schumacher com visível empolgação. 'Descobrimos um desses instrumentos numa cidadezinha da França e o levamos à Escola de Engenharia Agrícola da Inglaterra, onde dissemos: 'Vamos lá rapazes, mostrem-nos do que vocês são capazes!' O resultado foi um instrumento seguindo o mesmo projeto do antigo, mas aperfeiçoado para o nosso nível de conhecimento técnico. O instrumento custa cinco libras, pode ser feito pelo próprio ferreiro de qualquer vilarejo, não requer eletricidade e qualquer um pode usá-lo. Isso é tecnologia intermediária.
>
> Quanto mais eu ouvia Schumacher, mais claramente percebia que ele não era tanto um homem de grandes projetos conceituais quanto um homem de sabedoria e ação. Encontrara um claro conjunto de valores e princípios e era capaz de aplicá-los das maneiras mais inventivas para solucionar uma grande variedade de problemas econômicos e tecnológicos. O segredo de sua imensa popularidade estava em sua mensagem de otimismo e esperança. Afirmava que tudo aquilo de que as pessoas realmente necessitam pode ser produzido de maneira muito simples e eficiente, em pequena escala, com pouquíssimo capital inicial e sem violência contra o meio ambiente. Com um repertório de centenas de exemplos e pequenas histórias de sucesso, ele sempre afirmava que 'sua economia como se as pessoas importassem' e sua 'tecnologia com rosto humano' podiam ser realizadas por pessoas comuns, e que esse tipo de ação deveria começar imediatamente.

Esta citação é relevante porque ilustra como a ciência e a tecnologia podem resolver problemas do cotidiano das pessoas sem violência, respeitando a cultura, as pessoas e a natureza. Ela também evidencia que é possível a transformação radical da orientação dominante para a aproximação de uma feição humana. Isso parece já estar em curso, segundo o discurso do documentário sobre a abordagem quântica de ciência: *Quem somos nós?*,[66] transcrito a seguir.

> Quando pensamos em objetos, tornamos a realidade mais concreta do que é. É aí que você fica preso. Ficamos presos na uniformidade da realidade, pois, se ela é completa, eu sou insignificante, não posso alterá-la. Mas se a realidade é minha possibilidade, possibilidade da própria consciência, imediatamente perguntamos como podemos alterá-la, torná-la melhor, mais alegre. É uma extensão da nossa imagem. Nos pensamentos antigos, não podíamos mudar nada, pois não tínhamos papel na realidade. Ela já estava lá, feita de objetos que se moviam de acordo com leis deterministas. A MATEMÁTICA determinava como reagiriam em determinada situação. Eu, o observador, não tenho papel algum.
>
> Na nova visão, a MATEMÁTICA nos mostra as possibilidades das reações que os objetos podem ter, mas não dá a experiência real que teremos na consciência. Eu que escolho tal experiência. Dessa forma, eu crio literalmente minha própria realidade. Pode parecer uma afirmação bombástica de alguém sem nenhum conhecimento de física, mas a FÍSICA QUÂNTICA está nos dizendo isso.

Esta passagem do referido documentário sugere que a realidade é muito mais plástica do que se imagina e que o poder pessoal é extraordinário, capaz de criar a realidade que experimentamos. Muda completamente o sentido seguido pela ciência dominante porque ela pressupõe que a realidade externa é independente do observador. Sob esta ótica, a presente obra se harmoniza com a abordagem quântica de ciência porque propõe que nos orientemos pela abundância para experimentarmos o bem-estar individual e coletivo. Enquanto nos basearmos (consciente ou inconscientemente) na escassez, experimentaremos a violência, exclusão social e destruição da natureza. As duas realidades estariam ao nosso dispor, simultaneamente. Isso sugere que aquele que insistisse em desprezar a abundância (competindo contra todos, cortando árvores, queimando resíduos, poluindo recursos hídricos etc.), como a teoria econômica orienta (ignorar os bens livres), dificilmente usufruiria a prosperidade essencial, ainda que abastado. Assim, poderíamos conceber o nosso mundo; o poder e a responsabilidade estariam ao alcance de todos.

Cabe, então, a seguinte pergunta: a quem caberia a tarefa de transformar a ciência dominante? Schumacher (1983: 17-18) sugere que:

> [...] a nossa tarefa de maior importância consiste em nos desviar de nossa atual rota de colisão [perda da capacidade de sustentação da vida na Terra]. E a quem incumbe essa

---

[66] Tradução livre do discurso do filme: Quem somos nós?, direção de William Arntz, Betsy Chasse e Mark Vicente, EUA, 2004 – contribuição de Icleia P. de Nazareth e Cristina Esteves.

tarefa? Creio que a todos nós, velhos e jovens, poderosos e desvalidos, ricos e pobres, influentes e insignificantes. Falar sobre o futuro só é útil se levar à ação agora. E o que podemos fazer agora, enquanto ainda estamos em condições de afirmar que 'a vida nunca foi tão boa'? Para dizer o mínimo – e já é dizer muito – cumpre-nos entender perfeitamente o problema e começar a ver a possibilidade de criar um novo estilo de vida, dotado de novos métodos de produção e novos padrões de consumo; um estilo de vida planejado para ser permanente. Só para dar três exemplos preliminares: em agricultura e horticultura, poderemos interessar-nos no aperfeiçoamento de métodos de produção que sejam biologicamente corretos, incrementar a fertilidade do solo, e produzir saúde, beleza e permanência. A produtividade cuidará então de si mesma. Na indústria, podemos interessar-nos pela evolução de tecnologia em pequena escala, uma tecnologia relativamente não-violenta, com uma 'fisionomia humana', para que as pessoas tenham uma oportunidade de sentir prazer no trabalho que realizam, em vez de trabalharem exclusivamente por salário e na esperança, usualmente frustrada, de se divertirem tão-só nas horas de lazer. Ainda na indústria – pois é ela, sem dúvida, que marca o ritmo da vida moderna – podemos interessar-nos em novas formas de parceria entre administração e empregados, ou mesmo em alguma forma de propriedade comunal.

Ouvimos frequentemente dizer que estamos ingressando na era da 'Sociedade do Estudo'. Esperamos que isso seja verdade. Ainda temos que aprender como viver em paz, não só com os nossos semelhantes, mas também com a natureza, e, principalmente, com aqueles Poderes Superiores que fizeram a natureza e nos fizeram a nós; pois com certeza não surgimos por acidente nem nos fizemos a nós mesmos.

Esta citação compreende vários aspectos abordados anteriormente. Em primeiro lugar destaca que a reorientação da ciência dominante é de responsabilidade de todos e não deve ser delegada para os cientistas, técnicos ou representantes. Isso significaria o resgate do poder pessoal de transformar o mundo, a dimensão universal das nossas atitudes cotidianas. Essa tarefa pode ser realizada, conforme sugerido pelo autor, através da implementação de um estilo de vida mais simples, interiormente rico e associado a um padrão de consumo mais consciente, aspecto amplamente discutido nesta obra. Ao adotarmos a simplicidade voluntária desestimulamos as tecnologias complexas, concentradoras de poder social e violentas. Por exemplo, quando tornamos o telefone celular indispensável, contribuímos com nosso dinheiro, atenção e desejo para a formação e crescimento de empresas que instalam antenas que possivelmente matam a vida ao seu redor e causam sérios danos à saúde dos seus usuários (tumor cerebral, por exemplo).[67] Se ninguém consumisse esse serviço, o patrimônio natural

---

67 A indústria de telefonia móvel, assim como a do fumo num passado recente, contesta que não existem "provas científicas" sobre os males que a tecnologia empregada causa à saúde humana. Hoje já se sabe que a indústria de tabaco usou seu poder econômico para retardar o reconhecimento científico dos

e a vida humana (que dele faz parte) seriam privilegiados e poupados. Tal decisão anticonsumo independe do nível social, econômico, etnia, cor, credo ou outro critério de separação qualquer. Portanto, isso é viável aqui e agora.

Um segundo aspecto importante, já tratado nesta obra, é a parceria com a natureza, ou seja, agirmos cotidianamente para favorecer que a grande força do patrimônio natural nos proporcione cada vez mais abundância. Por exemplo, quando consumimos derivados de organismos geneticamente modificados, em vez de artigos orgânicos, estamos incentivando a tecnologia que desestrutura a ordem natural da vida. Isso pode nos trazer graves problemas. Hoje temos sérias questões éticas, graças aos estrondosos "avanços" da engenharia genética. Ademais, muitas dessas tecnologias têm aplicações militares. Assim, podemos também estar viabilizando os conflitos armados. Que tal seria um exército formado por clones? Seria mais fácil aceitar a ideia da guerra sem a participação dos nossos filhos, maridos, pais, irmãos e amigos? As armas biológicas, tão temidas atualmente, são originárias do mesmo grande segmento científico dos alimentos transgênicos. Logo, a opção pelos alimentos orgânicos valoriza a aliança da humanidade com a vida, desvia a energia que sustenta a ciência concentradora de poder social e reduz a capacidade humana de destruição, desdobramentos que seriam harmônicos com o paradigma da abundância e com a suposta consciência emergente.

O texto citado também aborda questões ligadas ao ócio criativo e à propriedade (capítulos 10 e 6, respectivamente). Isso porque o autor sugere o estabelecimento de novas relações entre empregados e patrões, a garantia do espaço da criatividade durante a vivência do tempo de trabalho utilitário e alguma nova forma de propriedade comunal. Todos esses aspectos são de grande relevância e foram abordados anteriormente. Todavia, a questão da competitividade merece aprofundamento. A consciência e a economia dominantes investem recursos significativos para inculcar nas pessoas a ideia de que devemos ter a capacidade de "competir no mercado" para alcançarmos uma adequada qualidade de vida. Isso vale para pessoas, empreendimentos, cidades, nações e blocos de países. Entretanto, a atitude de competir é a antítese da experiência do bem-estar duradouro, pois este se fundamenta na paz, acolhimento, cooperação e solidariedade. Competitividade, no sentido apropriado pela economia dominante, significa acumular os conhecimentos mais modernos e os compartilhar somente em contrapartida de elevadas remunerações. Além do óbvio estímulo à escassez, o estilo de vida orientado para a competitividade é cruel para as pessoas.

---

maléficios causados pelo cigarro. Isso pode ser entendido como mais uma evidência de que não devemos delegar nosso poder pessoal aos profissionais da ciência. Ver: https://eletromageneticosensivel.wordpress.com/2013/11/24/belgica-proibe-celular-para-criancas/ e https://www1.folha.uol.com.br/folha/informatica/ult124u387545.shtml.

Exemplificando com um caso real, tivemos a oportunidade de conhecer uma participante de um curso corporativo que tinha um filho recém-nascido. O presidente da importante instituição financeira afirmava enfaticamente que sua empresa era voltada para a competitividade, para o conhecimento (motivo do curso) e que seus funcionários tinham um turno de trabalho "de 8 às 8; e não confundam com de 8 às 20!" Ao ser informada de um insucesso numa avaliação, a referida funcionária teve uma explosão emotiva, onde ela repetia que "não aguentava mais sair de casa antes do filho recém-nascido acordar e chegar depois que ele havia dormido". Esse relato parece aquilatar adequadamente a antítese entre competitividade e bem-estar. O processo de acumulação de conhecimentos (mais de um idioma estrangeiro, informática, cultura geral, especializações, mestrados, doutorados, pós-doutorados etc.) geralmente exige a renúncia de experiências relevantes para o enriquecimento interior (encontros calorosos, contato respeitoso com a natureza e ajuda ao próximo).

O citado autor sugere um antídoto para essa violência: "a adoção de um estilo de vida planejado para ser permanente". Interpretamos esta sugestão como sendo a análise criteriosa da vinculação das necessidades com o objetivo de vida pessoal e a programação para o seu atendimento num horizonte de tempo que compreende uma existência. A renúncia prolongada das experiências que enriquecem nosso interior não é recomendável. O próprio presidente da citada instituição financeira disse: "sugo tudo dos meus jovens funcionários e retribuo com dinheiro; depois dos quarenta anos, eles estarão ricos e poderão fazer o que quiserem." Além de ser o reconhecimento de que a competição acirrada é insustentável a longo prazo, esta afirmação gera as seguintes questões: como estarão esses jovens aos quarenta anos? Seus filhos estarão emocionalmente saudáveis, depois de terem sido privados da atenção de qualidade dos pais? E a saúde (física, mental, emocional e espiritual)? Seria a riqueza acumulada (se isso realmente ocorrer) capaz de restabelecer os relacionamentos desnutridos? Estas perguntas parecem suficientes para a reflexão proposta.

Supomos que o planejamento para a permanência incluiria a superação da competição. Ele compreende a combinação ótima de esforços e recursos para o alcance dos objetivos estabelecidos. O objetivo da Economia Baseada na Abundância (EBA!) é a vivência de um estado de abundância através da eliminação e atendimento facilitado das necessidades. Essa orientação poupa os recursos e os torna mais acessíveis. A competição, ao contrário, estimula a guerra (de pessoas por uma promoção, de empresas e países por fatias de mercado etc.) e o consequente desperdício de recursos. Todos os empreendedores pequenos e médios que experimentaram a falência sabem as dimensões dessas perdas (dinheiro, mercadorias, instalações, imóveis e, principalmente, de projetos de vida e esperanças). Numa disputa, quando um vence, outro perde; quando um perde, todos perdem, inclusive quem vence. Portanto, não há vencedores de longo prazo no estilo de vida orientado para a competição.[68] Um indício de que a suposta consciência emergente já está integrando este entendimento é o sucesso do trabalho de Edward Wilson, que destaca o papel da cooperação na evolução das espécies, preenchendo lacunas relevantes deixadas pela obra de Darwin. Sobre esse tema, Costa (2012: 81-82) esclarece o seguinte:

> [...] Um século e meio depois [da divulgação da obra de Darwin], um biólogo americano agita a comunidade científica internacional ao ousar complementar a teoria da seleção darwinista. Segundo Edward Wilson, da Universidade de Harvard, considerado o pai da sociobiologia, ganhador de dois prêmios Pulitzer na área de não ficção e um dos mais respeitados acadêmicos da atualidade, o processo evolutivo é mais bem-sucedido em sociedades nas quais os indivíduos colaboram uns com os outros para um objetivo comum. Assim, grupos de pessoas, empresas e até países que agem pensando em benefício dos outros e de forma coletiva alcançam mais sucesso, segundo o americano.
>
> Ao cravar essa tese [...], Wilson pôs à prova o benefício de agir em causa própria, presente na seleção individual de Darwin. [...]
>
> [...] O trabalho acadêmico de Harvard foi baseado nas espécies sociais, tais quais alguns tipos de abelhas, formigas e nós, humanos. As espécies sociais são 3% do total de animais do planeta, mas representam 50% de sua biomassa. Para Wilson, só esse dado seria suficiente para explicar o sucesso desses grupos e constatar que a colaboração entre os indivíduos conta pontos positivos na evolução. Algo semelhante já havia sido observado pelo próprio Darwin no livro 'A Evolução das Espécies'. Tentando explicar o altruísmo, o naturalista britânico percebeu que, se esse comportamento aparentemente não oferecia vantagem direta para o indivíduo, parecia ser capaz de garantir um benefício ao grupo. Porém, ainda não era bem claro por que ser altruísta se o egoísmo parecia mais benéfico [...]

Esta citação destaca que Darwin viajou os quatro cantos do mundo para fundamentar sua tese sobre a evolução das espécies, mas desprezou a espécie que integrava, ou seja, a humana. Isso indica que seu trabalho foi um instrumento de validação das ideias de vanguarda da sua época. Ele contribuiu para elevar o egoísmo ao patamar de sentimento garantidor da sobrevivência, conceito fundamental adotado pela teoria econômica predominante, afastando-se de sua singularidade para lançar-se para o exterior. Com isso ele foi incapaz de perceber que as espécies sociais (seres humanos, abelhas, formigas etc.) fugiram da extinção e dominam a Terra. É preciso reconhecer, entretanto, que a convivência social dessas espécies, especialmente a humana, não tem sido predominantemente pautada pela colaboração espontânea. A história de "sucesso" da humanidade é uma construção coletiva marcada por

---

68 Ver: Sen (1999: 96-106).

intensa violência e alienação, aspectos que se harmonizam com a prioridade máxima atribuída à concentração de poder social pela consciência dominante.

O surgimento de estudos capazes de observar o papel da cooperação para a evolução da vida parece uma evidência de que está emergindo uma nova consciência humana na Terra. Embora eles estejam comprovando o óbvio, suas contribuições são relevantes para retirar as muitas toneladas de "lixo tóxico" depositadas sobre o fato observável de que vivemos muito melhor em ambientes onde imperam as virtudes, notadamente a colaboração, do que nos que estimulam as características humanas menos nobres, em que se enaltece a competição. Seria interessante que esses "achados" científicos fossem popularizados para que os seus benefícios individuais e coletivos se tornassem disponíveis para todos.

Moratória científica?

Talvez a mais surpreendente reflexão proposta nesta obra seja sobre a moratória científica. Ela consistiria numa paralisação da atividade científica e tecnológica por algum tempo. Sua justificativa seria baseada no entendimento de que já possuímos conhecimentos científicos suficientes para garantir uma boa qualidade de vida para todos. Nesse período deixaríamos de enfatizar a busca por novos conhecimentos para priorizar a distribuição equitativa dos benefícios dos conhecimentos disponíveis. Supomos que isso também reduziria a velocidade exponencialmente crescente da humanidade em direção ao precipício. A ciência e a tecnologia se emanciparam da sabedoria ao tentarem superar os conhecimentos popular, filosófico e religioso. O proposto período sabático proporcionaria a oportunidade para a reorientação das pessoas dedicadas à atividade científica, no sentido de atribuir-lhe uma feição humana. Hoje ela pode ser considerada preponderantemente desumana, como argumentado antes.

Supomos que as vozes contrárias à moratória científica apelariam para os seguintes temas para deslegitimá-la:

a) doenças;
b) fome;
c) problemas climáticos; e
d) qualidade de vida.

Abordamos esses temas nos próximos tópicos.

Doenças

Um argumento recorrente no discurso incentivador da atividade científica é a sua suposta capacidade de encontrar meios para eliminar ou mitigar os sofrimentos relacionados às doenças que assolam a humanidade. Na perspectiva da medicina dominante, focada no mascaramento dos sintomas, como mencionado antes, inexistem limites para as descobertas científicas. Porém, numa perspectiva alternativa, torna-se cada vez mais representativo o entendimento de que as principais enfermidades da atualidade são provocadas pelo estilo de vida que adotamos. Se isso é válido, a ciência seria talvez a maior vilã para a nossa saúde porque ela estimula sobremaneira o estilo de vida insalubre experimentado por muitas pessoas. Sobre esse tema, Ribeiro (2004: 61-62) oferece a seguinte contribuição:

> Mas o que deve deixar a cabeça do brasileiro sem saber o que vem a ser saúde é, sem dúvida, o chamado 'plano de saúde'. Todos têm esse plano de doença necessário para o caso de internações, exames laboratoriais, consultas médicas... Como se pode perceber, ele se ocupa unicamente em atender a doença. Nada nesses planos privilegia a saúde. Alguns oferecem até um avião a jato ou um helicóptero no caso de você ser 'contemplado' com um infarto – mas para que ter um infarto? Por que não fazer um verdadeiro trabalho de saúde para nunca ter que 'passear' nesse helicóptero? Por que não se cuidar? O organismo pede tão pouco! Sono adequado, alimentação balanceada, atividade física sistemática, relaxamento e meditação. E mande o infarto às favas. Ele não é necessário.

Esta citação é relevante porque destaca a eficácia de procedimentos milenares simples para a erradicação ou mitigação dos sofrimentos associados às doenças da atualidade. Sob essa perspectiva, os movimentos da simplicidade voluntária, devagar, entre outros seriam mais relevantes para a qualidade da saúde das pessoas do que a atividade científica.

O efeito da tecnologia sobre a doença não se circunscreve à produção de artefatos para diagnóstico e supressão de sintomas. Ela está presente em vários produtos que usamos diariamente e impactam negativamente nossa saúde. O mais óbvio deles é o alimento. Sobre esse tema Ribeiro (2004: 104-105) presta o seguinte esclarecimento:

> Junto com o desenvolvimento industrial veio a diversidade de milhares de alimentos. Para se ter uma ideia, no começo do século XX, a quantidade de tipos de alimento disponíveis ao homem era apenas algumas centenas. Pode parecer um fabuloso progresso dispor de tantos tipos de alimento a mais, mas o fato é que existe hoje em dia uma quantidade enorme de alimentos artificiais repletos de aditivos químicos prejudiciais à saúde. Além disso, muitas das combinações criadas não são facilmente assimiladas pelo organismo devido à incompatibilidade bioquímica de seus compostos.
>
> Nunca se comeu tanta coisa diferente e com tanta indiferença. A grande saída é voltar ao simples, procurar alimentos integrais e com menos aditivos químicos, o que sem dúvida favorece o bom funcionamento orgânico. Esse procedimento é indicado para pessoas que desejam viver saudáveis e dispostas. Serve também para as que precisam emagrecer,

uma vez que a manutenção do peso normal está diretamente ligada a um bom funcionamento orgânico. A velocidade metabólica sofre diversas influências, inclusive da qualidade do que se come [...].

Este esclarecimento é oportuno porque a tecnologia tem sido amplamente empregada para produzir alimentos que causam doenças. A sugestão oferecida consiste em modificar o estilo de vida em favor da simplicidade. Temos à nossa disposição, pelo menos, dois rumos: a complicação (não confundir com complexidade) associada à tecnologia ou a simplicidade associada à sabedoria. A moratória científica se harmoniza com esta última.

Fome

A associação da atividade científica com a mitigação da fome também é bastante recorrente, apesar de a ciência não ter nem conseguido chegar a uma conclusão sobre o que devemos comer, como mencionado antes. Apesar desse paradoxo, é comum ouvir a afirmação de especialistas de que passaríamos mais fome se não dispuséssemos da tecnologia hoje empregada para a produção de alimentos em grande escala. Porém, numa palestra sobre adubação e controle de pragas na atividade rural, um técnico adepto do manejo orgânico desqualificou este argumento com uma pergunta muito singela: "a fome que existe no mundo é motivada por problemas tecnológicos ou políticos?" Parece existir pouca margem para dúvidas sobre a origem política da fome. Desperdício, má distribuição, desigualdade, bloqueios econômicos, destruição deliberada de alimentos para elevar seus preços, incentivos à produção de matérias-primas para a indústria (combustíveis, cigarros, ração para animais de estimação, papel, bebidas industrializadas, entre outras utilizações da terra para fins não alimentares) são alguns temas políticos determinantes da fome que existe no mundo.

Outro aspecto que merece destaque, também associado à política rural, é o vínculo entre as tecnologias aplicadas no campo e a grande escala dos empreendimentos. Como argumentado antes (capítulo 12), a grande escala de produção enseja uma cruel violência contra a vida (humana e de outros seres). Capra (2002b: 177-178), descrevendo sua conversa com Ernst F. Schumacher, confirma a impropriedade do emprego do conhecimento científico em empreendimentos de grande escala com as seguintes palavras:

> 'Devido à insuficiência e ao retalhamento de nosso conhecimento', continuou Schumacher animadamente, 'temos que dar passos pequenos. Precisamos deixar uma margem para o não-conhecimento [ignorância], dar um pequeno passo, aguardar um *feedback*, dar outro pequeno passo. Pois há sabedoria naquilo que é pequeno'. Schumacher afirmou que, a seu ver, o maior perigo surge da aplicação impiedosa e em grande escala de

conhecimentos parciais, e citou a energia nuclear como o exemplo mais deletério dessa aplicação imprudente. Ressaltou a importância de tecnologias apropriadas que *sirvam* as pessoas em vez de destruí-las. [...].

Os efeitos socioambientais da chamada "revolução verde" (emprego massivo de tecnologia na atividade agropecuária), colaterais ao aumento da produção, já são visíveis: perda sistemática de solos agriculturáveis, redução dramática e poluição dos recursos hídricos, intensificação dos problemas climáticos, êxodo rural, desagregação social no campo e aumento significativo de doenças crônicas na população rural. Isso indica que o emprego da tecnologia dominante à "agromineração" (visão de produção que só extrai recursos da terra sem respeitar os ciclos da natureza) tem gerado mais problemas que soluções. O pior é que as previsões associadas são tenebrosas: fome e sede brutais. Primavesi (2018: 31) ratifica este entendimento com as seguintes palavras:

> O fracasso mundial da agricultura extensiva, ainda em vigor no Brasil, no início dos anos 1960, levou a humanidade à beira da fome, e deu base à teoria de Smith que reza: 'no mais tardar em cem anos, o mundo será de tal maneira superpopuloso que será condenado a morrer de fome'. No entanto, a fome lavra especialmente nos países pouco populosos, isto é, nos países da África, América do Sul e na Rússia, onde há uma população entre 6 a 8 habitantes por km^2, [...] enquanto a Bélgica, com 281 habitantes por km^2 não padece fome. Isto vem provar que os métodos explorativos da agricultura extensiva contribuem muito mais para a fome mundial que a densidade demográfica.

O exposto parece indicar que a dedicação da nossa atenção para eliminar ou atenuar os fatores políticos que causam a fome seria muito mais efetiva do que para a busca de novos conhecimentos científicos. Este entendimento é harmônico com a proposta de moratória científica.

Problemas climáticos

Os problemas climáticos são extremamente complexos e também bastante mencionados para legitimar e incentivar a atividade científica. Seria necessário conhecê-los "cientificamente" para lidar adequadamente com seus supostos efeitos nefastos. Os representantes da ciência vinculados às entidades criadas para monitorar e sugerir ações para mitigar os seus efeitos fazem alertas cada vez mais veementes sobre as nossas ações cotidianas destrutivas. Entretanto, parece que a sensibilização coletiva está ocorrendo num ritmo muito inferior ao da intensificação das suas causas. Só nos restaria, então, destinar esforços para criar novas tecnologias que "resguardassem" o Planeta dos danos causados pelo nosso estilo de vida. Este entendimento é bastante harmônico com a consciência dominante porque proporciona interessantes oportunidades de concentração de poder social (crescimento econômico) com a dinâmica: "geração/anulação" de danos ao clima. Em palavras mais singelas, quanto mais "sujar", mais dinheiro será ganho para "limpar".

Supomos que a consciência emergente observaria os problemas climáticos com outras lentes. A extrema complexidade do tema parece extrapolar nossa capacidade fragmentada de conhecer. Os alertas contra os efeitos nocivos sobre a vida causados por artefatos derivados da ciência, especialmente armamentos, datam de séculos. Não é preciso ser especialista em algum campo científico, por exemplo, para saber que a fumaça de motores à explosão prejudicam a vida. Inclusive existe a versão de que torturadores do mais recente regime militar brasileiro (1964-1985) colocavam a boca dos torturados no cano de descarga de um automóvel e o colocavam em funcionamento, matando a pessoa depois de algum tempo.[69] É dispensável, então, sofisticados estudos para concluir que a vida (como a conhecemos hoje) será prejudicada com a concentração de gases provenientes do uso massificado de motores à explosão. Só a frota de automóveis, que não é o item mais significativo para o agravamento dos problemas climáticos, supera a marca de 900 milhões de unidades, promovendo a concentração de gases tóxicos na atmosfera. Qual seria a recomendação da sabedoria popular para esse caso específico? Supomos que seria a seguinte: as pessoas devem começar a refletir sobre como viver uma boa vida sem o uso de automóveis e colocar as propostas em prática. Isso parece aplicável para tudo aquilo que prejudica a vida (especialmente produtos químicos); se faz mal, como viver bem sem isso? Esta seria a pergunta orientadora que provavelmente nos guiaria para o equacionamento dos problemas climáticos, naquilo que for ainda possível para o homem. Tal procedimento parece harmônico com os movimentos da simplicidade voluntária, devagar, cidades em transição, entre outros, e com as características e aspirações da consciência emergente.

Os defensores do avanço ilimitado da ciência poderiam alegar que seria necessário muito esforço de investigação para encontrar, por exemplo, um substituto limpo para o combustível dos motores à explosão. Mas isso seria a busca de uma alternativa para seguir com o estilo de vida destrutivo que materializamos. Nossa proposta é mais radical. A ilustração explorada não sugere a substituição do combustível ou mesmo do próprio motor por outro artefato tecnológico. A proposta seria refletir sobre como viver bem sem os automóveis e outros itens prejudiciais à vida, no momento presente. A humanidade viveu milênios sem eles.

Os problemas climáticos, considerando os relatórios publicados sobre o tema, parecem ser emergenciais, inviabilizando a espera por desenvolvimento, teste e transição para tecnologias substitutas confiáveis mais harmônicas com a natureza. Ademais, isso não alteraria substancialmente o comportamento da humanidade

---

69 Ver Arns (2011).

que gerou tamanha desigualdade e desequilíbrio ambiental. A máxima para nos orientar poderia ser a seguinte: é mais fácil e rápido deixar de fazer do que encontrar uma forma diferente de continuar fazendo o mesmo.

A pergunta irônica que costuma surgir quando se apresenta argumentos dessa natureza é a seguinte: *"então a solução é voltar para as cavernas?!?!"* É possível que tal ironia consiga encerrar o debate para várias pessoas, soterrando os argumentos apresentados. Para aquelas que ainda insistem em continuar a reflexão, é comum contra-argumentar que não se trata de abandonar tudo que a humanidade construiu, mas selecionar aquilo que é interessante e descartar o restante. Isso parece válido porque desviar do precipício para o qual nos aproximamos velozmente não precisa ser a mesma coisa que voltar ao ponto inicial da trajetória humana. Contudo, devido à suposta dramaticidade da nossa situação atual, caberia outra pergunta provocativa: "o que seria preferível: a volta para as cavernas ou a extinção da raça humana?" O tema colocado nesses termos parece indicar que até a impensável alternativa de voltar para as cavernas seria mais interessante do que seguir com o estilo de vida que estamos manifestando atualmente. Esperamos que esta partilha represente um estímulo à saída da inércia, bem como à imaginação de uma forma de viver mais interessante, aqui e agora, que favoreça o equacionamento dos problemas climáticos por uma via acessível para todos, bem como independente de novos conhecimentos científicos e posicionamentos governamentais.

Conforme argumentado antes (capítulo 10), o trabalho utilitário desprovido de sentido tem promovido os problemas socioambientais que enfrentamos, inclusive os climáticos. Sua dramaticidade não seria tão intensa sem a ajuda da ciência e da tecnologia. Elas têm expandido a força de transformação do trabalho humano de forma inacreditável. Depositar esperanças nelas para mitigar os problemas climáticos seria equivalente a designar a "raposa para guardar o galinheiro". Mais insano ainda seria seguir com o lobo como guarda, mesmo constatando que o plantel de galinhas está sendo dizimado rapidamente. O lógico seria impedir o acesso do lobo às galinhas, ou seja, suspender o avanço da ciência e tecnologia dominante. A moratória científica se harmoniza com esse entendimento.

Qualidade de vida

A qualidade de vida é outro argumento frequentemente usado para defender o avanço ininterrupto da ciência e tecnologia. Conforto e comodidade são os termos que representam o significado dominante de qualidade de vida. É inegável que a ciência e tecnologia têm proporcionado artefatos que exigem cada vez menos esforço humano. Porém, isso estimula o sedentarismo que é a principal causa de muitas enfermidades do nosso tempo. Sobre esse tema, Ribeiro (2004: 129) oferece a seguinte contribuição:

Somos o Universo e o Universo está em movimento. Mas a certa altura do caminho pelo planeta o homem tomou um atalho. Fugiu da essência do seu ser buscando mais conforto e comodidade – e acabou chegando a essa desconfortável sociedade aloprada de virada de século.

Assim, esse ser que caminhou por milhões de anos tornou-se, de repente, absolutamente sedentário, enfurnado em casa, locomovendo-se sobre rodas, subindo escadas rolantes, usando elevadores. E toda essa tecnologia que teve por finalidade a busca de mais conforto e comodidade acabou colocando o homem num nível de enorme solicitação mental e extrema competitividade, que ultrapassa suas possibilidades e causa desconforto. Ele não dá mais conta do que lhe é exigido, embora se sinta constantemente incomodado por tantas exigências. Resultado: o organismo humano atrofiou, vive cercado de doenças, mentalmente frágil e fisiologicamente desequilibrado.

As pessoas são capazes de ir a banca de revistas a três quarteirões de sua casa, pasmem, de carro! Nos *shoppings* evitam de subir as largas escadas normais para se entulhar em escadas rolantes que embarcam seu corpo num andar para soltá-lo noutro como se fosse um embrulho. Deixam de lado a oportunidade valiosa de fazer seu coraçãozinho trabalhar e sorrir agradecido. E, para agravar ainda mais a tendência à atrofia geral, não se movimentam para nada, sequer para abrir os vidros do carro... Nem as marchas querem mais trocar – o que trocam, sim, é sua saúde por um carro totalmente automático.

O exposto evidencia que a busca pelo menor esforço através dos artefatos tecnológicos nos atrofiou e nos deixou susceptíveis a várias doenças graves. No afã de aumentar nossa qualidade de vida, a estamos deteriorando. A ciência e a tecnologia influenciam sobremaneira nosso atual estilo de vida, mas é esse mesmo estilo de vida que precisamos transformar radical e urgentemente, conforme argumentado antes (capítulo 1), pois ele concretiza a perspectiva dominante que destrói as pessoas e a natureza. A relação entre tecnologia, qualidade de vida e estilo de vida é destacada na obra de Ribeiro (2004: 67-68) da seguinte forma:

> Estamos numa transição espantosa em que a tecnologia assusta e confunde. Hoje se fala em genoma humano. E pensa-se que se pode conseguir tudo pela mudança genética – alcançar a longevidade, a saúde perene sem doenças. Realmente, a genética é maravilhosa. É tudo em nossa vida. É ela que oferece a espantosa programação de como somos exatamente, desde o menor detalhe, como a cor da pele, o tipo de cabelo, até a altura a que podemos chegar. Precisamos entender que ela somente oferece as nossas possibilidades, porém, tudo está conectado ao meio ambiente e à maneira como interagimos com a vida.
>
> Podemos ser projetados para ter 1,82 m de altura, e, no entanto, isso ficar apenas em nosso potencial, quando na verdade chegamos a 1,68 m ou 1,72 m sem atingir o pico de nosso potencial de estatura. Tudo vai depender de como interagirmos com o meio ambiente, com atividade física adequada, correta alimentação etc.

Da mesma maneira, as programações desastradas de seus genes no sentido de fazê-lo mais susceptível a determinadas doenças vão depender de sua forma de viver. O que sempre vai importar é o meio ambiente, o meio social, suas emoções na interação com tudo isso, seu estilo de vida, seus hábitos, a maneira como você administra sua vida... A forma como você vive a vida é que determina tudo.

Os textos citados evidenciam que a qualidade de vida depende muito mais do estilo de vida que do avanço tecnológico. A perspectiva dominante que orienta o avanço científico estimula a expressão das menos elogiáveis características humanas (egoísmo, ganância, inveja etc.), como argumentado antes (capítulo 2), aspecto que prejudica nossas emoções e, por extensão, nossa qualidade de vida. A busca de melhor qualidade de vida através da tecnologia dominante, nesses termos, seria incoerente.

Um exemplo da relação entre avanço tecnológico e as piores características humanas pode ser inferido do evento da venda de mais de um milhão de unidades no dia do lançamento do I-Phone 6. Partimos das seguintes premissas para especular sobre esse evento: (a) quem estava ansioso para comprar o I-Phone 6 no dia do seu lançamento era aficionado por tecnologia e, por isso, já possuía um I-Phone 5; e (b) era sabido que as diferenças tecnológicas entre os modelos 5 e 6 do I-Phone não eram tão expressivas. Com base nessas premissas parece válido supor que um milhão de pessoas compraram o I-Phone 6 no dia do seu lançamento para mostrar para os outros que elas estavam na vanguarda do consumo tecnológico. Esse comportamento seria depositar indevidamente a autoestima em bens materiais e parece estar sustentado pela vaidade, inveja e referenciais externos à própria pessoa, causadores de emoções aflitivas que prejudicam a qualidade de vida individual e coletiva.

Outra ilustração interessante da apropriação da tecnologia para a expressão das características humanas menos elogiáveis era a estratégia de sortear um automóvel de luxo por um programa de televisão nos EUA. A análise desatenta desse evento poderia sugerir que o sorteio era realizado apenas para aumentar a audiência do programa. Todavia, na parte submersa do iceberg, o evento era respaldado em pesquisa realizada que identificara que as vendas de automóveis de luxo aumentavam na região do contemplado. Por que isso ocorria? Provavelmente pelo efeito demonstração, ou seja, os vizinhos, ao observarem o morador com um carro de luxo, sentem inveja e se movimentam para substituir seus carros por versões mais novas e luxuosas. A aquisição não se dá por necessidade, conforto ou comodidade, mas por inveja. Tal comportamento pode afetar negativamente as finanças, prejudicando a satisfação das necessidades genuínas da família, aspecto que reduz a qualidade de vida individual e coletiva.

Os dois últimos parágrafos permitem identificar o pernicioso vínculo entre a tecnologia e a propaganda (capítulo 11). Esta pretende fomentar o consumo a qualquer custo e aquela fornece motivos (mudanças tecnológicas), muitas vezes ilusórios, para novas aquisições e descartes prematuros. Um conceito oriundo desse casamento insidioso é "obsolescência programada", que resulta no descarte de artefatos que ainda estão em perfeito estado para atendimento de necessidades. Isso aumenta a extração de recursos e a quantidade de resíduos que a Terra terá que incorporar, reduzindo a qualidade de vida de todos.

A argumentação apresentada desqualifica o argumento de que o avanço científico é indispensável para a elevação da qualidade de vida das pessoas. Pelo contrário, ela evidencia que a perspectiva dominante tem se apropriado da ciência e tecnologia para intensificar a desigualdade e a destruição ambiental. Esse resultado se harmoniza com a teoria econômica predominante porque expande a escassez, fato que eleva a ciência e tecnologia ao *status* de principal atividade humana promotora de crescimento econômico. Isso fundamenta o entendimento de que não é por acaso que o principal financiador e consumidor dos produtos da ciência e tecnologia é o setor de armamentos, maior segmento da economia global. Assim, a moratória científica talvez acarrete, dentre muitos outros desdobramentos interessantes, a redução do crescimento do poder destrutivo das guerras, eventos inigualáveis para a deterioração da nossa qualidade de vida.

Pelo exposto, os temas doenças, fome, problemas climáticos e busca pela qualidade de vida, usualmente destacados para justificar os avanços científicos, não resistem a uma análise criteriosa. Óbvio que a simples paralisação da atividade científica por algum tempo não será suficiente para reorientar a humanidade. Isso seria apenas "um bom começo". Supomos que a maior contribuição que ela ofereceria seria provocar a desilusão em relação às soluções milagrosas que poderiam ser descobertas pela ciência. A desilusão é o melhor remédio para quem está iludido. A ausência de expectativas irrealistas abre espaço para os encaminhamentos que estão disponíveis aqui e agora, aspecto considerado fundamental para equacionar os urgentes e graves problemas socioambientais que a humanidade enfrenta.

Movimento Ciência Devagar

Menos radical que a moratória científica, o Movimento Ciência Devagar (*Slow Science*) rejeita o rumo seguido por uma parcela cada vez mais significativa da comunidade científica global. Influenciados pelo modelo americano de estimular a produção científica, pesquisadores do mundo inteiro estão focados na divulgação rápida de achados científicos nos meios de comunicação especializada – orientação também chamada de "McDonaldização da ciência". Costa (2011) caracteriza esse modelo da seguinte forma:

> De acordo com o *padrão norte-americano hegemônico*, quem publica em revistas científicas muito lidas e mencionadas por outros cientistas consegue mais recursos para pesquisa. Por isso, os cientistas acabam centrando seu trabalho nos resultados imediatos:

publicações. Vale-tudo: múltiplos (e falsos) autores, troca de favores, patotas, exclusivismo, sedução de editores, etc. O carreirismo predomina sobre o amadurecimento intelectual.

Esta citação indica que parte significativa e crescente da comunidade científica está se submetendo à pressão para a busca quantitativa de publicações questionavelmente consideradas relevantes. O efeito inexorável dessa orientação é o empobrecimento da utilidade da investigação científica. Sobre esse tema Costa (2011) afirma que: "Quando docentes são pressionados a se dedicar, em simultâneo, à massificação do ensino superior e à produção seriada de papers, evidentemente, predomina a quantidade e não a qualidade do trabalho." Percebemos, então, mais uma expressão da apropriação da ciência pela teoria econômica predominante que a desvia do seu nobre objetivo de buscar criteriosamente o conhecimento.

Alguns cientistas conscientes de sua responsabilidade social se mobilizaram para rejeitar essa nefasta orientação. O movimento foi batizado de "Movimento Ciência Lenta (*Slow Science*)", uma ramificação do Movimento Devagar (*Slow Movement*), em evidente contraste com a tendência acelerada que domina nosso tempo, cujo símbolo mais significativo é o *fast food*. O manifesto divulgado pela articulação do Movimento Ciência Lenta contém a sua justificativa, descrita a seguir – Costa (2011).

> Ciência precisa de tempo para pensar. Ciência precisa de tempo para ler, e tempo para falhar. A ciência nem sempre sabe o que pode estar certo apenas agora. Ciência se desenvolve de maneira vacilante, com movimentos bruscos e saltos imprevisíveis para a frente. Ao mesmo tempo, no entanto, arrasta-se por aproximação em escala muito lenta, para a qual deve haver tolerância de maneira que seu resultado seja justo.
>
> Ciência lenta foi praticamente a única ciência concebível por centenas de anos; hoje, argumentamos, essa lentidão merece renascer e ter necessidade de proteção. A sociedade deve dar aos cientistas o tempo necessário, mas, mais importante, os cientistas devem adequar seu tempo.
>
> Precisamos de tempo para pensar. Precisamos de tempo para digerir. Precisamos de tempo para entender bem uns aos outros, especialmente, para a promoção do diálogo perdido entre humanidades e ciências naturais. Nós não podemos dizer, continuamente, o que nossa ciência significa, o que será bom para ela, porque nós simplesmente ainda não sabemos. Ciência precisa de tempo.

O manifesto do Movimento Ciência Lenta descortina um dos vários descaminhos trilhados pelas pessoas envolvidas com a produção de conhecimentos científicos: a irresponsável divulgação prematura de resultados de investigações científicas. A visão compartimentada característica da ciência desenvolvida nos últimos séculos, mesmo que "lenta", costuma produzir conhecimentos parciais.

Schumacher (1983: 30) alerta que o uso intenso de conhecimento parcial é altamente destrutivo. A versão "rápida" mais recente da ciência só intensifica a manifestação do seu poder destrutivo.

Embora o Movimento Ciência Lenta (até onde o conhecemos) não destaque vários outros problemas da investigação científica contemporânea, enfatizados na proposta de moratória científica, ele propõe um ritmo mais lento para o processo científico. Apesar de ser considerado menos efetivo que a moratória científica, seu objetivo de perseguir a redução do poder destrutivo da ciência dominante se harmoniza com os anseios da suposta consciência emergente. O amplo debate sobre suas propostas pode evoluir para a crítica abrangente sobre a contribuição da ciência e tecnologia para o bem-estar da humanidade. Isso poderia se constituir numa interessante oportunidade para reorientar o esforço científico no sentido de proporcionar abundância para todos os seres que habitam a Terra.

Ciência, tecnologia e competitividade – uma síntese

A ciência e a tecnologia são manifestações humanas que têm sido fundamentais para o sucesso dos grandes empreendimentos que competem pela concentração de poder social. O seu resultado visível é a inédita oferta de bens econômicos variados, fato que contribuiu sobremaneira para o estrondoso sucesso da teoria econômica predominante. Por esse motivo, os avanços da ciência e da tecnologia foram elevados ao patamar de prioridades absolutas e inquestionáveis, apesar das relevantes controvérsias envolvidas. Como corolários dessa conquista constatam-se igualmente inéditas desigualdade e destruição ambiental, aspectos que colocam em risco a existência da raça humana.

A suposta rejeição da concentração de poder social pela consciência emergente desacredita os conceitos de grandes empreendimentos e competitividade, sugerindo uma radical reformulação da ciência e da tecnologia dominantes. As principais características dessa orientação alternativa seriam: (a) fácil acesso; (b) pequena escala; e (c) estímulo à criatividade. A abordagem quântica de ciência parece estar ensaiando essa transformação e sua apropriação construtiva pela sociedade parece ser decisiva. Essa tarefa não deveria depender exclusivamente dos cientistas e técnicos porque isso representaria a imprópria delegação do nosso poder pessoal para a comunidade científica, alienação.

Participamos ativamente do processo de transformação do conhecimento científico prestando atenção aos nossos comportamentos cotidianos, ou seja, ampliando a exploração do nosso universo interior, buscando o autoconhecimento, estimulando a cooperação e evitando a aquisição de bens e serviços derivados de tecnologia violenta e excludente. A observação atenta do nosso prato de comida, por exemplo, pode descortinar arenas relevantes para a prática de valores morais capazes de impactar o avanço científico – transgênicos, agrotóxicos, conservantes, corantes, aromatizantes, embalagens, resíduos etc. Assim, poderíamos contribuir sobremaneira para a reorientação do avanço científico e para a ampliação da abundância.

Considerando a hipótese de que a humanidade está vivenciando um período de transição e os riscos a que estamos sujeitos, seria interessante reduzir o crescente impacto da ciência dominante sobre a sociedade e o ambiente natural. O Movimento Ciência Devagar e a moratória científica são exemplos de propostas que objetivam reduzir o ritmo do avanço tecnológico, favorecendo a percepção da sua falibilidade, bem como a necessidade de criar um espaço na agenda global para a reflexão sobre uma direção diferente da atual para que a ciência adquira uma fisionomia humana.

14. Tributos

> *"Imposto: se fosse bom, não teria esse nome."*
> *Autor desconhecido.*

O presente capítulo aborda nossa contraditória relação com os tributos. Apesar de serem geralmente considerados instrumentos relevantes de inclusão e bem-estar social, resistimos heroicamente para pagá-los. Tentamos iluminar este aspecto demonstrando historicamente sua origem e evolução com o objetivo de identificar a principal função dos tributos e qual seria o comportamento harmônico com a consciência emergente.

Tributos para a consciência dominante

Os tributos têm direta relação com os tópicos: Estado e Escala dos Empreendimentos (capítulos 7 e 12, respectivamente). Eles se consubstanciam em transferências de poder pessoal para os representantes do conceito de Estado. Isso caracteriza os tributos como um instrumento de concentração de poder social e de intensificação da desigualdade, harmonizando-se com o objetivo maior da consciência dominante. Pellizzari (1990: 17) confirma este entendimento ao esclarecer a origem histórica e evolução dos tributos:

> A origem do tributo é muito antiga, e a variação no tempo e no espaço foi relativa a quem cobrou, quem pagou, como pagou e quanto pagou. Os primeiros tributos foram cobrados na Antiguidade, quando os vencidos de guerra eram forçados a entregar parte ou a totalidade de seus bens aos vencedores. Após essa época, começou a cobrança pelos chefes de estado de parte da produção dos súditos, por conta de tributos. Surgindo, portanto, o embrião do entendimento de que tributo é a contribuição dos particulares para a manutenção do Estado.
> Na Idade Média os tributos eram cobrados como se fossem uma dádiva dos servos para atendimento das despesas governamentais. Com a evolução das concepções de Estado e a criação das cartas constitucionais, passaram a ser definidos como a contribuição dos administrados para a manutenção deste Estado, a fim de que se promova o bem-estar social.
> Hoje, com uma base teórica mais elaborada, e amparado por leis, o sistema tributário brasileiro atual não inova em essência: a classe dominante cobra tributo dos dominados

pelo poder que tem, com o objetivo de ter mais poder e se manter sempre dominante, mesmo que para isso use da justificativa de que o que cobra destina-se às despesas do Estado na realização do bem comum. Este é, na prática, o bem comum da classe dominante, e não de toda a população.

Esta citação confirma que os tributos são um relevante instrumento de concentração de poder social e de intensificação das desigualdades. Sua origem está diretamente vinculada à violência (tomados dos vencidos nas guerras). Machado (2017: 474), baseando-se nas contribuições de Robert Kurz, G. Parker, Anselm Jappe e Serge Latouche, ratifica o vínculo dos tributos com a guerra da seguinte forma:

> Gostaria de sugerir, na sequência de Robert Kurz (1998), que os fatores referidos – cálculo econômico racional, surgimento do indivíduo, mercado e ideologia econômica – podem ser enquadrados num contexto embrionário comum: a chamada '[...] revolução militar' (Parker, 2013), no século XVI, que inaugurou a era moderna no mundo ocidental. Segundo Jappe, será legítimo afirmar que foi '[...] a revolução das armas de fogo que permitiu superar um certo limiar qualitativo no que se refere à emergência da economia, da sociedade capitalista na Europa' (Latouche; Jappe, 2011, p. 15).
>
> A guerra converte-se num empreendimento bastante dispendioso. Os canhões e as fortalezas já não podiam ser construídos de modo artesanal, pelo que foram impulsionadas as primeiras manufaturas (Latouche; Jappe, 2011, p. 16). Anselm Jappe explica que os príncipes precisavam obter dinheiro para remunerar [...] os engenheiros e os operários que fabricavam as armas de fogo e construíam as novas fortalezas. Os soberanos tinham, doravante, necessidade de somas avultadas de dinheiro, sendo nesta época que os Estados começam a cobrar impostos cada vez mais elevados sob a forma monetária igualmente para pagar aos novos especialistas desta guerra fora das relações de vassalagem: os soldados, que, segundo a etimologia, são aqueles indivíduos que recebem um soldo para fazer a guerra. O soldado é o primeiro assalariado do mundo moderno, que não deve ser pago em espécie, mas em dinheiro. Soldado que abandona o seu trabalho se não for pago. Encontramos [...] no mercenário e [...] no *condottiere* que organiza os soldados o modelo do trabalho assalariado capitalista [...]. Para financiar esta nova forma de guerra, os Estados começam, portanto, a cobrar os impostos principalmente sob a forma monetária, pressionando os camponeses e os artesãos no sentido de se tornarem trabalhadores para poderem pagar impostos cada vez mais elevados (Latouche; Jappe, 2011, p. 16).

A gênese da economia e do trabalho deve, pois, ser procurada na revolução militar que deu início a um processo bipartido de monetarização das relações sociais:

1. cobrança de impostos em dinheiro para financiar a nova forma de fazer a guerra; e
2. pressão para que os seres humanos exercessem atividades assalariadas, de modo a conseguirem pagar esses mesmos impostos.

Este texto argumenta com propriedade que a evolução dos tributos (além da teoria econômica predominante e do trabalho desprovido de sentido) está diretamente vinculada à guerra e à consciência dominante. O desenvolvimento de algumas sociedades exigiu, além de violência, uma justificativa de fachada para reduzir as resistências dos contribuintes. Daí surgiu a falaciosa associação entre tributos e promoção do bem-estar social pelos representantes dos Estados. Apesar dessa associação espúria frequentar nossos discursos, a resistência que geralmente sentimos para pagar os tributos denuncia que, ainda que inconscientemente, sabemos sobre a sua sinistra natureza. Tolstói (1994: 128), ao descrever a atividade do cobrador de tributos, ratifica sinteticamente esta afirmação da seguinte forma: "[...] vivo e sou pago para recolher impostos dos trabalhadores carentes e empregá-los para o bem-estar dos ociosos e dos ricos [...].

Embora a idealização de que os tributos existem para reduzir as desigualdades sociais seja aceita por muitos, ela também traz em si o problema da escala dos empreendimentos, ou seja, muitas pessoas se alienam das suas responsabilidades comunitárias, delegando-as para os representantes do governo. Esse comportamento geralmente concentra poder social numa proporção que dificulta o controle das ações dos representantes do Estado pelo cidadão. A combinação de alienação e dificuldade de controle gera ações com grande capacidade destrutiva e propicia a expressão das características menos elogiáveis dos envolvidos, conforme discutido antes (capítulo 12). Isso ocorre com empresas capitalistas, associações, cooperativas e também com o Estado sustentado pelos tributos. Assim, o argumento de que os tributos existem para reduzir as desigualdades sociais não passa de uma justificativa de fachada para convencer as pessoas a pagá-los. Schumacher (1983: 240) entende que grande parte dos tributos beneficia os representantes das empresas privadas, intensificando a desigualdade. Segundo ele:

> [...] grandes somas de fundos públicos foram e estão sendo despendidos no que é geralmente denominado de 'infraestrutura' e os benefícios vão em grande parte para a empresa privada gratuitamente. Isto é bem conhecido por todos que já se engajaram em iniciar ou dirigir uma firma numa sociedade pobre onde a 'infraestrutura' está insuficientemente expandida ou falta totalmente. Ela não pode depender de transporte ou outros serviços públicos baratos; talvez tenha que providenciar à sua própria custa muitas coisas que obteria de graça ou com pequena despesa em uma sociedade com infraestrutura altamente desenvolvida; não pode contar com a possibilidade de recrutar gente treinada; terá que treinar pessoalmente, e assim por diante. Todas as instituições educacionais, médicas e

de pesquisa em qualquer sociedade, seja rica ou pobre, outorgam incalculáveis benefícios à empresa privada – benefícios pelos quais esta não paga diretamente como seria de esperar, mas só indiretamente através dos impostos, que, segundo já mencionado, são alvo de resistências, ressentimentos, campanhas contrárias, e muitas vezes habilmente evitados [...].

Esta citação ratifica que os tributos, de fato, concentram poder social e, por isso, são harmônicos com a consciência dominante. Os casos de uso inadequado da propriedade governamental (capítulo 6) e o conflito comercial e diplomático entre o Brasil e o Canadá (capítulo 7) também reforçam esta argumentação. Além disso também destaca outra forma de intensificação das desigualdades: a habilidade para evitar os tributos. Schumacher (1983: 239-240) faz o seguinte esclarecimento sobre esse tema:

[...] As autoridades públicas não têm renda própria e estão reduzidas a extrair dos bolsos dos cidadãos dinheiros que estes considerem corretamente como seus. Não é de surpreender que isso conduza a uma batalha interminável de argúcia entre cobradores de impostos e cidadãos, na qual os ricos, com a ajuda de bem pagos especialistas em tributação, normalmente saem-se bem melhor do que os pobres. Num esforço para tapar 'buracos', a legislação tributária torna-se cada vez mais complicada e a demanda de consultores de impostos – e, portanto sua renda – torna-se cada vez maior. [...]

Este texto destaca que a sonegação de tributos geralmente beneficia aqueles que concentram poder social, além de esclarecer o autoritarismo e a tensão inerentes à política tributária, características marcantes da consciência dominante. Alguns anos atrás um importante empresário, presidente da Federação de Indústrias do Estado de São Paulo (Fiesp), declarou para todas as redes de televisão, em horário nobre, que: "quem não sonega impostos acaba falido". Como ele era um empresário de sucesso, subentende-se que sonegava tributos. Isso se estenderia, se tal generalização fosse válida, aos demais empresários brasileiros prósperos.

Outra evidência de que a sonegação é prática comum nas empresas se consubstancia nas ocasionais ameaças de "devassa fiscal" anunciadas na imprensa pelo governo contra as corporações que resistem em colaborar com as medidas econômicas. Isso representa o reconhecimento público de que as autoridades governamentais têm conhecimento e compactuam com a sonegação dos tributos pelas empresas. Como os seus gestores são integrantes da classe dominante, deduz-se que a sonegação estimula a concentração de poder social.

A falta de transparência decorrente da sonegação gera uma grande dificuldade para se encontrar as soluções adequadas para os problemas coletivos, uma vez que impede a sua perfeita identificação. Vejamos a complexidade inerente à seguinte pergunta: a carga tributária brasileira é excessiva? Uma análise da legislação tributária provavelmente concluiria que ela é insuportavelmente elevada. Todavia, a enorme sonegação existente exige uma análise mais profunda. Como se estima que o Brasil possui uma economia informal superior à formal, seria cabível responder que a carga tributária não é tão pesada, uma vez que ela deveria ser dividida por dois (talvez mais), já que a parcela informal da economia geralmente não é tributada. Contudo, esta resposta seria adequada se todos participassem equitativamente da economia informal, mas isso não ocorre. Então o entendimento adequado seria: a carga tributária brasileira é leve para quem tem poder para sonegar e pesada para os demais. Isso estimula a concentração de poder social e a deterioração dos valores morais, aspectos desejados pela consciência dominante.

Tributos para a consciência emergente

A argumentação apresentada no tópico anterior indica que os tributos se originaram e evoluíram até hoje para viabilizar o projeto civilizacional harmônico com a consciência dominante, pois representam um instrumento efetivo de concentração de poder social. Por esse motivo eles são desarmônicos com objetivo de vida plena inerente à consciência emergente. Isso implica o entendimento de que alinhar-se à suposta perspectiva nascente exige a rejeição aos tributos.

Tal prescrição parece aplicável porque quando implementamos um estilo de vida que recupera o nosso poder pessoal, resistimos em repassá-lo para terceiros. Isso sugere que deveríamos participar ativamente dos serviços que afetam a todos (normalmente delegados para os representantes dos Estados), bem como evitar o pagamento dos tributos e o usufruto dos benefícios por eles gerados.

Uma análise superficial do parágrafo anterior poderia concluir que estamos sugerindo a sonegação dos tributos. Esse não é nosso intento. A sonegação dos tributos, como argumentado antes, geralmente intensifica as desigualdades e deteriora os valores morais, incompatibilizando-se com as aspirações da consciência emergente.

Cabe, então, a seguinte pergunta: se a sonegação não é recomendada, como deveríamos evitar o pagamento de tributos? Entendemos que a resposta mais harmônica com a nova consciência seria: adotando um estilo de vida mais simples. As suas contribuições para a redução da transferência de poder pessoal para os representantes do Estado seriam as seguintes:

a) diminuição da base de incidência dos tributos;
b) aumento da participação comunitária; e
c) redução da dependência em relação ao Estado.

No tocante à diminuição da base de incidência dos tributos (item a), a simplicidade voluntária elimina as aquisições de bens e serviços desnecessários para o alcance do objetivo pessoal de vida plena, possibilitando uma redução do consumo, da acumulação de bens e da renda sem a perda de qualidade de vida. Como a incidência dos tributos geralmente recai sobre a renda, patrimônio e consumo, tal procedimento provavelmente reduziria o total das contribuições tributárias.

Quanto à participação comunitária (item b), conforme comentado anteriormente (capítulos 3 e 5), ela é um dos principais fatores de aproximação do bem-estar duradouro porque propicia experiências interiormente significativas, principalmente pelo resgate do poder pessoal delegado aos representantes governamentais. A atuação voluntária sobre os problemas do ambiente próximo (vida pessoal, lar, edifício, rua, bairro etc.) elimina várias necessidades de bens e serviços (educação, conservação, saúde, entretenimento, segurança etc.), cujo atendimento profissional acarreta a expansão da escassez e da base de incidência tributária. Portanto, esse comportamento também é uma forma de resistir ao pagamento de tributos consistente com as características da consciência emergente.

A redução da dependência dos serviços prestados pelos representantes do Estado também é um fator de grande relevância para a diminuição da transferência de poder pessoal, via tributos. É incoerente evitar a tributação e desejar vários serviços públicos. Muito relacionado com os comentários efetuados nos parágrafos anteriores, o conceito de Estado é um dos instrumentos que são gradualmente dispensados quando a simplicidade voluntária e a participação comunitária são estimuladas. Estas reduzem nossas necessidades e nos tornam mais autossuficientes, enfraquecendo as justificativas falaciosas para a arrecadação de tributos. Por exemplo, não jogar lixo no chão, dar destinação adequada às fezes de cães de estimação e reduzir o uso de embalagens evitam serviços de limpeza urbana. Logo, a redução da dependência dos benefícios governamentais é também uma forma de resistir ao pagamento de tributos consistente com a visão de mundo emergente.

O conjunto das ações sugeridas talvez tornasse o conceito de Estado menos necessário, impactante, opressor e alienante. Angariando menos atenção das pessoas, os chamados representantes dos Estados perderiam a capacidade de produzir desigualdades sociais e desastres ambientais. Porém, para que não deságuássemos na anarquia, deveríamos participar ativamente da solução dos problemas comunitários, assim como evitar a transferência do nosso poder pessoal para qualquer empreendimento que exceda a capacidade individual de acompanhamento e controle. Isso exige muita coragem e atenção, mas a entrada nesse processo está ao alcance de todos, aqui e agora.

Tributos – uma síntese

A argumentação apresentada indica que os tributos são um instrumento relevante para a concentração de poder social que teve sua origem e evolução diretamente vinculadas às guerras. O rumo seguido por algumas sociedades tornou conveniente a adoção de uma fachada falaciosa para diminuir as resistências à arrecadação dos tributos, ou seja, a promoção do bem-estar social. Algumas sociedades disfarçam melhor que outras. Isso acarretou a instalação de uma conduta contraditória em muitas pessoas: "tributos são benéficos, mas devo resistir ao seu pagamento". Tais características são harmônicas com a consciência dominante.

Supomos que a consciência emergente deveria rejeitar os tributos porque eles não se harmonizam com o seu objetivo de vida plena. Eles intensificam as desigualdades e a destruição ambiental devido ao incentivo à grande escala. Essa rejeição não deveria ser manifestada através da sonegação porque essa prática é concentradora de poder social e estimuladora de valores morais indesejáveis. A recomendação seria a adoção de um estilo de vida mais simples, comportamento que tenderia a reduzir as bases para a incidência dos tributos – renda, consumo e acumulação. Outra maneira de reduzir o poder destrutivo dos tributos seria envolver-se nas atividades geralmente delegadas aos representantes do conceito de Estado e evitar o usufruto de benefícios a eles associados. Ao evitar o recolhimento de tributos e a dependência estaremos diminuindo o poder concentrado pelos representantes governamentais e seu caráter destrutivo, favorecendo a expansão da abundância.

15. População

População:
se crescer, o bicho pega;
se diminuir, o bicho come.

O presente capítulo é uma novidade desta segunda edição. Ele trata de um dos mais complexos temas. As análises demográficas contemporâneas desembocam num impasse porque é possível observar sociedades com sérios problemas decorrentes tanto do crescimento quanto do decrescimento populacional. O esgotamento dessa via parece exigir outra direção. Argumentamos que uma abordagem alternativa poderia enfatizar o estilo de vida adotado pelas pessoas.

População: abordagem quantitativa

A abordagem quantitativa dos fenômenos demográficos buscava previsões sobre a evolução do número de seres humanos na Terra e, com base nelas, traçava cenários. Malthus foi o mais destacado representante desta abordagem. Suas previsões se baseavam nas premissas de que a população cresceria em ritmo exponencial e a produção de recursos, em especial alimentos, progrediria apenas aritmeticamente. O cenário decorrente seria sombrio porque a expansão da escassez de recursos inviabilizaria a continuidade da trajetória da humanidade na Terra. A sugestão para evitar que o pior acontecesse era reduzir o crescimento populacional.

O passar do tempo demonstrou que a população cresceu exponencialmente, mas não sucumbimos. As previsões de Malthus não se confirmaram por vários fatores. Supomos que o principal deles tenha sido o avanço tecnológico. A ciência e a tecnologia expandiram inimaginavelmente a capacidade do ser humano explorar a natureza e sobreviver. Contudo, conforme abordado antes (capítulo 13), todo esse poder concentrado pela humanidade talvez tenha servido apenas para adiar o referido cenário catastrófico porque nós nos encontramos numa encruzilhada civilizacional (capítulo 1).

O confronto das previsões e cenários obtidos pela abordagem quantitativa com a efetiva manifestação da humanidade demonstrou que considerar apenas o número de habitantes humanos na Terra era insuficiente. Partiu-se, então, para a complementação dos processos quantitativos de análise dos fenômenos populacionais com aspectos qualitativos.

População: abordagem quantitativa e qualitativa

A evolução dos estudos sobre população caminhou no sentido de aperfeiçoar as previsões e cenários através da combinação de aspectos quantitativos e qualitativos. Hogan (1993), ao analisar as relações entre população, meio ambiente e desenvolvimento, faz o seguinte comentário:

> Os planejadores e estudiosos de população, no entanto, demoraram para traduzir tal consenso [recursos naturais reconhecidos como mais do que um simples ponto de partida na equação do desenvolvimento] em modelos de população, recursos, desenvolvimento e meio ambiente, capazes de orientar as intervenções governamentais. De uma parte, o fantasma de Malthus limitou a discussão a uma questão de pressão quantitativa sobre os recursos naturais e inibiu a pesquisa e a ação por parte daqueles que não aceitam uma formulação tão simplista. De outra parte, a análise ambiental exige uma perspectiva interdisciplinar ou transdisciplinar que também demorou a aparecer. Não é suficiente adicionar um ecologista à equipe de ministérios de planejamento, ou aos centros de estudos populacionais. O que é necessário é nada menos do que uma reorientação completa do pensamento sobre o desenvolvimento. Entre outras demandas, isto implica a absorção dos conceitos ecológicos básicos por todas as diferentes disciplinas que direcionam sua atenção aos problemas de desenvolvimento. Considerando a abrangência deste desafio, não é surpreendente que a integração da dimensão população/meio ambiente no planejamento do desenvolvimento ainda esteja em estágios iniciais.

Pena (2018a), enfatizando os aspectos sociais, atualiza e complementa a citação anterior com a seguinte afirmação:

> Atualmente, a população mundial ultrapassou a marca dos sete bilhões de habitantes. Entretanto, as maiores preocupações e desafios demográficos existentes não se referem ao quantitativo populacional, mas à distribuição de recursos alimentares, às questões étnico-sociais, aos movimentos migratórios, à idade média da população, entre outros.
>
> Diante dessas preocupações, podemos enumerar abaixo os principais desafios demográficos do mundo para o século XXI:
>
> 1. Questões alimentares: fome e obesidade;
> 2. Migrações em massa;
> 3. Racismo, machismo, homofobia e preconceitos de toda forma;
> 4. Envelhecimento da população.

As citações anteriores evidenciam a impropriedade da análise meramente quantitativa dos fenômenos populacionais. Os aspectos qualitativos introduzidos consideram as formas de expressão das pessoas: hábitos, condições de vida, relacionamentos interpessoais e com os outros seres que compartilham conosco o Planeta. O agregado dessas manifestações individuais impactam decisivamente as oportunidades e ameaças de um dado contingente de humanos. Portanto, o refinamento das análises demográficas exige significativa atenção para esses aspectos.

A introdução de elementos qualitativos nas análises dos fenômenos populacionais se reflete no discurso acadêmico. As palavras de Alves (2018) confirmam esse entendimento:

> Evidentemente, a redução do consumo é a tarefa mais urgente para reduzir a pegada ecológica. Mesmo com a rápida queda da taxa de fecundidade a população mundial vai crescer nos próximos anos. Porém, seguindo a trajetória baixa da projeção da ONU, a população mundial não ultrapassaria 9 bilhões de habitantes até 2050 e diminuiria rapidamente na segunda metade do século XXI, podendo chegar em 2100 com um volume populacional menor do que o atual.
>
> Seria um risco para todas as formas de vida do Planeta aumentar a população mundial em 4 bilhões de habitantes e aumentar a economia e a exploração da natureza. A humanidade, ao longo da história, já prejudicou bastante a saúde dos ecossistemas e vai ter que enfrentar grandes desafios nas próximas décadas, tais como: aquecimento global e ondas letais de calor, aumento do nível do mar e naufrágio das áreas litorâneas, aumento dos furacões, acidificação dos oceanos, erosão dos solos, poluição das águas, crescimento das mortes por poluição do ar, redução da biodiversidade, insegurança alimentar, etc.
>
> Menos gente significará menos sofrimento humano e não humano. Com a novidade da redução demoeconômica ficaria mais viável a recomposição dos ecossistemas e a recuperação da biodiversidade. O colapso ambiental poderá ser evitado se houver um esforço conjunto dos diversos países do mundo para colocar a humanidade em um espaço seguro, onde a redução das atividades antrópicas possa coexistir com a convivência harmoniosa com a natureza. A lição sabemos de cor, só nos resta colocá-la em prática: Sem ECOlogia saudável não há demografia viável ou ECOnomia sustentável.

Esta citação evidencia que o discurso acadêmico contemporâneo sobre população destaca aspectos comportamentais (qualitativos) que afetam a vida de todos, notadamente consumo e devastação da natureza. A sugestão não é apenas reduzir a população, mas, junto com isso, diminuir a economia (decréscimo demoeconômico).

Apesar do relevante refinamento decorrente da inclusão de elementos qualitativos na análise dos fenômenos populacionais, suspeitamos que o texto citado ainda enfatiza demasiadamente a abordagem quantitativa. Isso porque uma redução populacional não necessariamente aliviará as tensões socioambientais (conforme será ilustrado adiante). O mesmo pode ser dito sobre decréscimos de consumo e da economia. Supomos que tais variações precisam ser qualificadas para o maior aprimoramento das análises.

Conforme demonstrado anteriormente (capítulo 2), a economia dominante é destrutiva porque se fundamenta no conceito da escassez. Sua redução, se viável para a visão de mundo dominante, só vai diminuir seu poder destrutivo. Isso é menos pior que crescimento econômico (expansão da escassez), mas não nos encaminha para o equacionamento dos problemas socioambientais que enfrentamos. Para tanto seria necessário uma transformação de perspectiva de desenvolvimento sugerida em citações anteriores e proposta nesta obra.

Uma análise qualitativa mais intensa sobre a variação (aumento ou redução) do consumo pode proporcionar uma "ressignificação" conceitual. Ilustrativamente, uma redução de consumo em que gastos com armamentos e artigos de luxo se mantenham constantes e serviços de educação e tratamento da saúde decresçam, acarretando restrição de acesso às pessoas, provavelmente não resultaria em alívio das tensões socioambientas. Estas discussões estão presentes no discurso acadêmico sobre população, mas ainda exigem mais aprofundamento por parte dos estudiosos. Um exemplo seria o comentário de Alves (2016), transcrito a seguir:

> A situação atual é insustentável. Por um lado, os países ricos (com cerca de 1,2 bilhão de habitantes) consomem além do necessário para uma vida decente e digna. De outro lado, muitos países pobres e em desenvolvimento consomem aquém das necessidades para obter uma vida decente e digna, mas possuem populações enormes (como Índia, Paquistão, Nigéria, etc.) e, mesmo com baixo consumo per capita, possuem alto consumo agregado e incapaz de ser atendido pela biocapacidade nacional.
>
> Tudo isto mostra que a escala das atividades antrópicas já ultrapassou os limites fundamentais da sustentabilidade e há, por exemplo, uma crise hídrica pela frente. O mundo já ultrapassou a capacidade de carga do Planeta, gerando uma sobrecarga ecológica. Já ultrapassou também as fronteiras planetárias [...], inclusive o aquecimento global que é uma ameaça concreta e crescente. Para evitar o colapso ambiental é preciso reduzir a pegada ecológica e para evitar as injustiças sociais é preciso reduzir os níveis de desigualdade. Porém, a solução não pode ser o crescimento econômico ilimitado com crescente extração de recursos do meio ambiente. Crescimento econômico ilimitado é impossível diante do fluxo metabólico entrópico. Ao contrário, será necessário não só o decrescimento da população mundial, mas também o decrescimento do padrão de consumo médio das pessoas, com equidade social.

Esta citação, embora insista no decrescimento quantitativo de população e da economia, evidencia que o discurso acadêmico sobre população inclui a desigualdade existente e a equidade desejada. O impasse surge quando consideramos que quase todos nós, inclusive o enorme contingente que supostamente não possui uma vida decente e digna, tem como norte o entendimento que levou as pessoas com vidas decentes e dignas a alcançar esse patamar, ou seja, qualidade de vida é função direta da propriedade de bens econômicos. Supomos que, a partir dessa orientação, será impossível reduzir o consumo e promover a equidade social. O alcance desse objetivo através do uso da força nos parece uma contradição em termos.

A perspectiva econômica proposta nesta obra efetua a ressignificação dos conceitos de riqueza e pobreza, na medida em que migra do paradigma da escassez para o da abundância. Isso permite questionar se as populações dos chanados "países ricos" levam uma vida decente e digna, bem como se as populações dos chamados "países pobres" não têm acesso a essa condição. O discurso do filme *O Ponto de Mutação*[70] oferece uma relevante ilustração para este argumento. Nele, o personagem que representa um político norte-americano reconhece que a população dos EUA, apesar de representar apenas 6% da humanidade e consumir 40% dos recursos econômicos do Planeta, é também a que mais consome drogas ilegais e possui elevados índices de tentativas de suicídio na adolescência. Considerando adequadas essas informações, caberia a seguinte questão: pessoas que vivem digna e decentemente são grandes consumidoras de drogas ilegais e fortes candidatas à tentativa de suicídio na adolescência? Supomos que não. Essas manifestações, juntamente com consumismo, obesidade etc., parecem mais características de pessoas que levam vidas desprovidas de sentido.

Esta perspectiva também pode enriquecer a análise da queda da taxa de fecundidade da população mundial. A interpretação convencional desse fenômeno é a seguinte, segundo Alves (2018):

> A fecundidade da população mundial caiu bastante nos 50 anos compreendidos entre 1965 e 2015. A taxa de fecundidade total (TFT) estava em torno de 5 filhos por mulher entre 1950 e 1965 e caiu para 2,5 filhos por mulher no quinquênio 2010-15. Houve uma diminuição de 2,5 filhos na TFT em meio século. Foi a maior redução já ocorrida na história da humanidade e representa um dos maiores e mais significativos fenômenos sociais de mudança de comportamento de massa já ocorridos na sociedade.
>
> A autolimitação do tamanho da prole ocorreu de forma racional e em meio ao aumento do bem-estar médio global. Isto significa que as famílias optaram por investir na qualidade dos filhos e não na quantidade de novos membros da família. A redução da TFT não ocorreu em função da escassez de recursos, ao contrário, foram os casais com maiores níveis de educação e renda e com maior acesso à informação que lideraram a transição da fecundidade nos diversos países.

---

70 *O Ponto de Mutação*, direção de Bernt Capra, Versátil Home Vídeo, EUA, 1990. (www.dvdversatil.com.br)

A relevante queda da taxa de fecundidade da humanidade, pela interpretação convencional, teria sido intencionalmente buscada e estaria vinculada à elevação dos níveis de educação, renda e informação. Porém, é esse mesmo perfil de pessoas que mais consome drogas ilegais e tenta suicídio na adolescência, como mencionado antes, supostamente por levarem uma vida desprovida de sentido. Estaria, então, a queda na taxa de fecundidade da humanidade ocorrida nos últimos 50 anos ligada ao alcance de melhores níveis de educação, renda e informação ou, pelo menos em parte, pela expansão de um tipo de existência desprovido de sentido decorrente da busca de qualidade de vida em termos de bens econômicos? Entendemos que esta seria uma questão digna de investigação criteriosa por parte dos estudiosos dos fenômenos populacionais e se harmonizaria com a perspectiva econômica proposta nesta obra.

A complementação da abordagem quantitativa com aspectos qualitativos parece ter refinado bastante o conhecimento sobre os fenômenos populacionais, mas, como pode ser verificado nas últimas citações, levou-nos a um impasse: ultrapassamos os limites Terra, mas, para atenuar a intensa desigualdade, teremos que avançar ainda mais sobre os recursos do Planeta. A superação desse impasse parece exigir, como argumentado antes, outra perspectiva que aprofunde a ênfase nos aspectos qualitativos, notadamente no estilo de vida adotado pelas pessoas.

A atual abordagem dos fenômenos populacionais também desenvolveu indicadores de desempenho que, embora interessantes, engenhosos e sofisticados, podem engendrar graves equívocos. Dois deles são: Pegada Ecológica e Biocapacidade. Resumindo grosseiramente, o primeiro indicador tenta dimensionar a área necessária para proporcionar os recursos exigidos por um dado conjunto de atividades e o segundo tenta medir a capacidade do patrimônio natural de uma área assimilar ou compensar os impactos ambientais das atividades desenvolvidas ou planejadas. Alves (2016) faz as seguintes análises com base nesses indicadores:

> Os EUA possuem atualmente uma Pegada Ecológica per capita de 8,2 hectares globais (gha) e biocapacidade per capita de 3,8 gha. A Pegada total está em torno de 2,610 bilhões de gha para uma biocapacidade total de 1,1938 [bilhões de] gha. Assim, a Pegada americana é 2,2 vezes maior que a biocapacidade, representando um déficit de 220%. Evidentemente, o modelo americano é insustentável e só sobrecarrega o resto do mundo.
>
> Mas os países pobres e populosos também possuem alto déficit ecológico. A Pegada Ecológica total da Índia está em torno de 1,435 bilhão de gha, para uma biocapacidade de 560 milhões de gha, então a Índia apresentou grande déficit ambiental. A Pegada Ecológica total da Índia era mais do dobro da biocapacidade total e o déficit ambiental está crescendo e tende a aumentar com o crescimento demoeconômico do país. A Índia já é o terceiro maior emissor de gases de efeito estufa (GEE) do mundo e tem resistido muito em colocar em prática as metas de descarbonização do Acordo de Paris da COP-21,

embora tenha prometido ratificar o Acordo de Paris no dia 02 de outubro, aniversário de nascimento de Mahatma Gandhi.

Dos 7 países em questão, apenas o Brasil possui atualmente superávit ambiental, com pegada per capita de 3,1 gha e biocapacidade per capita de 9,1 gha. A Indonésia tem pegada de 1,6 gha e biocapacidade de 1,3 gha. O Paquistão tem pegada de 0,8 gha e biocapacidade de 0,4 gha e a Nigéria tem pegada ecológica per capita de 1,2 gha e biocapacidade per capita de 0,7 gha. Portanto, só o Brasil está no verde e os demais países estão no vermelho do déficit ecológico. E o quadro vai ficar muito pior em 2050 quando o tamanho da população e da economia forem muito maiores.

De fato, o mundo está em uma encruzilhada, pois existem muitos países ricos que continuam consumindo além da conta e muitos países pobres, com populações crescentes, que precisariam de mais recursos para reduzir a pobreza e melhorar o padrão de consumo. Evidentemente, a redução das desigualdades de renda e riqueza (patrimônio) poderia aliviar as condições de subnutrição e subconsumo. Porém, mesmo numa situação hipotética de perfeita distribuição de renda a pegada ecológica média do mundo já é maior do que a biocapacidade média. O mundo tinha, em 2012, uma biocapacidade total de 12,2 bilhões de hectares globais, mas tinha uma pegada ecológica de 20,1 bilhões de hectares globais. Portanto, a pegada ecológica ultrapassava a biocapacidade em 64%. A humanidade já consome 1,64 Planeta e já se encontra no "cheque especial", dilapidando a herança deixada pela Mãe Natureza.

A refinada análise efetuada neste texto citado alerta para o efeito destrutivo dos nossos comportamentos cotidianos. Ela dimensiona que ultrapassamos os limites do patrimônio natural para sustentar a vida em 64%, bem como destaca a inviabilidade do rumo que estamos seguindo. Esta contribuição é inestimável.

Porém, na análise descrita, além do impasse caracterizado antes (ultrapassagem dos limites da Terra e necessidade de intensificá-la para reduzir a desigualdade), também identificamos aspectos que podem implicar em graves distorções. A afirmação de que o Brasil possui um superávit ambiental merece destaque. As informações que temos recebido e as observações que realizamos, em que pese a incerteza sobre sua representatividade, sugerem que os comportamentos das pessoas que vivem na parte do globo que se convencionou chamar de Brasil são destrutivos e insustentáveis. A catástrofe socioambiental de Mariana (MG), causada pelos comportamentos de várias pessoas, muitas delas vinculadas à "ilusão" Samarco S/A, considerada um dos maiores desastres ambientais da história, parece ser uma relevante confirmação da insustentabilidade dos comportamentos praticados na região.

Cabe, então, a seguinte pergunta: por que uma região onde os comportamentos das pessoas são supostamente insustentáveis possui um superávit ambiental? Talvez a resposta a esta pergunta esteja vinculada à limitação do indicador de biocapacidade utilizado na análise descrita. Ele parte de uma abstração jurídica: Estado (capítulo 7). A ilusão (em que quase todos acreditam) denominada território brasileiro inclui regiões do Planeta que prestam serviços ambientais incomensuráveis, notadamente a Amazônia. Esse devaneio induz o incauto a acreditar que os comportamentos insustentáveis praticados no local são compensados pelos benefícios gerados por esses biomas extraordinários. Assim, orientados por esses limitados indicadores, poderíamos supor que a ocorrência de mais dois ou três desastres como o de Mariana (MG) ainda nos manteria em situação de superávit ambiental, ou seja, a prática de comportamentos destrutivos ainda seria justificável no Brasil. Ademais, essas análises representariam um convite aberto para que os destruidores do mundo todo se instalassem no chamado Brasil. Consideramos que este uso inadequado do referido indicador de biocapacidade desvia a humanidade do adequado equacionamento dos problemas socioambientais contemporâneos.

Uma sociedade é mais (ou menos) sustentável na medida em que os comportamentos dos seus integrantes sejam mais (ou menos) sustentáveis. O agregado dos comportamentos das pessoas é o que adjetiva uma sociedade. É evidente que o caráter sustentável de um comportamento se vincula às características do local onde ele ocorre, mas nos parece inadequado vincular esse local ao conceito de território nacional. Ademais, os benefícios gerados por um dado bioma, por mais relevante que seja, pode (se for capaz) levar várias gerações para restaurar outro que foi severamente danificado. O sofrimento dessas gerações não parece ser justificável pelo mencionado superávit ambiental de um país.

A argumentação apresentada sugere que o adequado encaminhamento para o dilema populacional contemporâneo deveria enfatizar a qualidade dos comportamentos das pessoas, o estilo de vida adotado. O alcance dessa proposta inclui os chamados Estados, empresas e todas as outras instituições, porque essas ficções jurídicas são, de fato, aglomerados de pessoas em ação. Tornar as instituições sustentáveis socioambientalmente representa refinar social e ambientalmente os comportamentos das pessoas a elas vinculadas. Esta orientação parece aplicável para qualquer "país", independentemente do patrimônio ambiental que seja incluído no seu conceito de "território nacional". Assim, a humanidade seria mais sustentável se os seres humanos adotassem estilos de vida mais sustentáveis. Tal atitude, em maior ou menor grau, parece estar ao alcance de todos.

Redução populacional

Os tópicos anteriores mencionaram repetidamente que a redução de seres humanos na Terra seria uma indispensável contribuição para a solução dos problemas populacionais contemporâneos. A abordagem quantitativa complementada por aspectos qualitativos difere da exclusivamente quantitativa porque prescreve também a redução da atividade econômica (decrescimento demoeconômico). O decrescimento econômico, como comentado antes, pode não contribuir para o arrefecimento das tensões socioambientais, exigindo uma qualificação e uma visão econômica diferente da dominante para superar a inédita desigualdade que experimentamos. A redução populacional, por sua vez, também esbarra em relevantes obstáculos, notadamente os seguintes:

1. controvérsias em torno das medidas para controle populacional; e
2. consequências das reduções populacionais em curso.

Controle populacional

A redução do número de seres humanos na Terra se inscreve num tema mais abrangente: controle populacional. Ambos compartilham características que envolvem intensa complexidade e controvérsia, notadamente preconceitos (UNFPA, 2017). Pena (2018a) faz o seguinte comentário sobre esse aspecto:

> Outro problema demográfico do mundo atual relaciona-se aos casos de racismo e outras formas de intolerância a grupos como os homossexuais, mulheres e outros.
>
> O racismo está fundamentado em discursos historicamente construídos sobre a superioridade de algumas etnias – erroneamente chamadas de raças – sobre outras. Na maioria dos casos, tais discursos foram previamente elaborados para justificar o domínio de alguns povos sobre outros, isto é, de um Estado sobre outro.
>
> Além disso, o racismo é fruto da hostilidade em relação às pessoas que destoam do padrão de uma dada sociedade, por não se enquadrarem em uma determinada homogeneidade étnica que daria a um determinado Estado o status também de nação, ou Estado-Nação, isto é, quando um território é formado basicamente por uma única etnia.
>
> Outros casos de intolerância também se revelam a partir de discursos históricos. O machismo advém da herança da cultura da submissão feminina nas sociedades do período moderno da história (e até mesmo antes). Casos de homofobia também são frutos desse processo, que coloca no topo da hierarquia social o homem branco heterossexual.

Esta citação é relevante porque destaca alguns dos mais variados tipos de preconceitos que fundamentam as políticas de controle populacional. Supomos que esta observação tem como origem a necessidade de imposição de restrições à liberdade de escolha. Como as pessoas que concentram poder social costumam evitar restrições à sua própria liberdade, é comum que tais restrições recaiam sobre os menos favorecidos e/ou sobre as minorias.

Um exemplo que parece interessante para suportar esta argumentação seria a política de filho único adotada pelos representantes do povo chinês. Ela determina que os casais só podem ter um filho. A China não possui um sistema impessoal consolidado de cuidado com o idoso, recaindo sobre a família a prestação desse relevante serviço social. Uma característica cultural local, que pode ser classificada como machismo, consiste em que a família do filho homem tem o dever de cuidar dos seus pais, ou seja, os pais da esposa tenderiam a ficar desamparados na velhice. Assim, como se pode concluir, conceber uma filha mulher sob a política de filho único seria uma sentença de privação futura para seus pais. Existem informações de que esta situação acarretou a prática corrente de assassinato das filhas recém-nascidas, com o intuito de garantir outra oportunidade de conceber um filho homem numa próxima gravidez (Pena, 2018b). Supomos que práticas dessa natureza não se harmonizam com a consciência emergente e, por isso, deveriam ser evitadas.

Outro preconceito muito frequente nos debates sobre controle populacional é o relacionado com o nível econômico. As pessoas consideradas mais pobres costumam ter mais filhos. Tal fato é frequentemente atribuído à falta de informação, escolaridade e de acesso aos serviços essenciais, notadamente saúde. Contudo, como abordado antes, devido à inédita desigualdade, são estas mesmas pessoas que menos impactam o Planeta com o seu consumo. Fontana, Silva, Costa et al. (2015: 120) fazem o seguinte comentário a esse respeito:

> O aumento da população mundial tem sido frequentemente responsabilizado pela destruição do meio ambiente. E os países subdesenvolvidos têm sido responsabilizados por esta problemática, por motivo do acelerado crescimento populacional. Assim, o controle das taxas de natalidade nesses países passou a ser, para muitas pessoas, prioritário para um mundo mais sustentável.
>
> Todavia, é importante enfatizar que num mundo em que o consumo tornou-se meta para a construção da sociedade, e a aspiração e o acesso aos objetos de serviços do mundo moderno se transformaram em modo de vida, a dilapidação dos recursos naturais têm sido inevitável. O avanço tecnológico e científico, ao mesmo tempo em que possibilita a popularização do consumo, torna produtos obsoletos num espaço de tempo cada vez menor.
>
> Mas as verdadeiras sociedades de consumo estão situadas nos países desenvolvidos do planeta. A apropriação dos recursos da natureza ocorre justamente na parte menos populosa do mundo, nos países desenvolvidos. Os Estados Unidos, que possuem cerca de 6% da população mundial, são os responsáveis por cerca de 1/4 de todos os produtos consumidos no mundo e lançaram na atmosfera cerca de 25% dos gases poluentes responsáveis pelo efeito estufa [...].

Esta citação destaca a controvérsia inerente à garantia da sustentabilidade planetária através da redução da população com base em critérios econômicos. Uma pessoa de alto nível econômico pode impactar negativamente a sustentabilidade da vida o equivalente a milhares de pessoas de baixo nível econômico. A pergunta cabível seria a seguinte: devemos elevar a sustentabilidade planetária através da redução populacional da classe pobre que se multiplica com maior velocidade ou da classe rica que impacta mais intensa e negativamente a capacidade da Terra de sustentar a vida? Esta e muitas outras indagações podem ser formuladas sobre as políticas de controle populacional, fato que as torna um tema demasiadamente controvertido e de difícil aplicação prática e pacífica.

Reduções populacionais observadas

Outro fato que demonstra a dificuldade de implantação da proposta de decrescimento demoeconômico é o conjunto de consequências verificadas em sociedades em que a população está diminuindo. Esta situação é colocada da seguinte forma por Chamie (2016):

> Muitos dos Estados com crescimento demográfico em queda já passaram do ponto em que o número de maiores de 65 anos supera o de menores de 15. A idade média de sua população é de pouco mais de 40. **Japão, Alemanha** e **Itália** são os que têm a maior idade média populacional, de 46 anos. A proporção de idosos aumenta e estes vivem cada vez mais, frequentemente muitos anos após se aposentarem, o que preocupa os governos dos países em declínio populacional, por causa do aumento do custo da assistência social, das pensões, da saúde, e dos cuidados que esse setor da população necessita.

Fontana, Silva, Costa et al. (2015: 119) detalham esse fenômeno:

> [...] nos países desenvolvidos, as taxas de natalidade começaram a diminuir a partir do final do século XIX. Tal fato decorre da melhoria das condições de saneamento básico e a descoberta de vacinas e antibióticos, as taxas de mortalidade nesses países diminuíram. Mais tarde, os métodos anticoncepcionais, a urbanização e a participação cada vez maior das mulheres no mercado de trabalho contribuíram para a redução das taxas de natalidade. A diminuição do crescimento demográfico nos países desenvolvidos trouxe um problema que eles tentam resolver: o elevado número de idosos, hoje, representa um aumento dos encargos para com a previdência social [...].

> É importante enfatizar que, nos países desenvolvidos, o crescimento da população que não trabalha decorre principalmente do aumento da população idosa, pois as baixas taxas de fecundidade não têm contribuído para a formação de um grupo etário jovem numeroso. Enquanto a média mundial de fecundidade da mulher encontra-se em torno de 2,6 filhos, nos países desenvolvidos é de 1,5 e nos países subdesenvolvidos, de 2,8 filhos. Para que um país possa manter a sua população em volume constante, é necessário que a taxa seja de aproximadamente dois filhos para cada mulher. Esse aumento dos idosos no conjunto total da população é denominado envelhecimento da população [...].

> O número de idosos tem aumentado e o de nascimentos, diminuído, a ponto de alguns países desenvolvidos, oferecerem ajuda financeira aos casais que resolvam ter filhos.

> Projeções da ONU indicam que o número de pessoas no mundo com mais de 60 anos triplicará, passando dos atuais 606 milhões para 2 bilhões, na metade do século XXI. O número de pessoas com mais de 80 anos subirá de 69 milhões para 379 milhões. A Itália, que é o primeiro país com maior número de pessoas acima de 60 anos, deverá ser ultrapassada pela Espanha, em 2050 [...].

As informações contidas nas citações anteriores evidenciam o dilema populacional para o qual a visão dominante nos encaminhou. Percebemos que o que seria a solução primária para o problema decorrente da elevada quantidade de humanos na Terra, a redução demográfica, acarreta problemas graves ao ponto dos administradores públicos praticarem medidas incentivadoras do crescimento populacional. Conforme demonstrado anteriormente (capítulo 2), a economia dominante, critério hegemônico de categorização dos países, cresce com a expansão da escassez. A redução do contingente de seres humanos orientados para o consumo e acumulação (numerosos nos países considerados desenvolvidos) diminui significativamente o conjunto de necessidades e, por via de consequência, a escassez e a economia dominante. Este entendimento é harmônico com as seguintes palavras de Alves (2018):

> O aumento da população alimenta (por meio da oferta de trabalho e a demanda por consumo) o aumento da economia. O superconsumo só se sustenta porque existem pessoas consumindo. A parcela da população mundial com consumo muito elevado está em torno de 20%. Mas existe uma grande classe média (em torno de 40% da população mundial) que quer mimetizar o consumo dos ricos. E os 40% da população muito pobres também querem (e merecem) aumentar o consumo de alimentos, educação, saúde, lazer, etc.
>
> O aumento da população funciona como um fermento para o aumento do consumo. A obsessão pelo crescimento demoeconômico contínuo fez a humanidade ultrapassar a capacidade de carga do Planeta. Dados de 2013 mostram que a Pegada Ecológica global está 68% acima da biocapacidade. E o déficit ecológico continua aumentando. Em breve consumiremos 2 planetas.

O exposto evidencia o esgotamento da visão e teoria econômica predominantes. Não existe saída por esta orientação. Se a população orientada para o consumo e acumulação cresce, a ultrapassagem dos limites planetários para sustentar a vida se intensifica e eleva o risco de extinção da humanidade. Ao contrário, se a população orientada para o consumo e acumulação diminui, manifestação bastante interessante para a sustentabilidade da vida, o colapso econômico se instala, também colocando em risco a existência humana. Adaptando o dito popular: "se a população cresce, o bicho pega; se diminui o bicho come". Como citado antes, a análise dos fenômenos populacionais parece carecer de uma orientação diferente da dominante, onde os aspectos qualitativos, em vez dos quantitativos, sejam privilegiados.

Previdência social: um elefante branco global

As citações efetuadas no tópico anterior mencionam os efeitos do decrescimento demográfico decorrente da redução da taxa de fecundidade total sobre os sistemas de previdência social. Esses efeitos são considerados prejudiciais, tornando-se parte relevante do dilema contemporâneo das análises dos eventos populacionais, pois o envelhecimento populacional eleva a demanda por benefícios previdenciários e diminui o volume total de contribuições para a manutenção do sistema. Porém, esse entendimento só é aplicável para uma dada concepção de sistema previdenciário, aspecto aparentemente pouco debatido pelos estudiosos que se debruçam sobre o assunto.

Os sistemas previdenciários institucionais surgiram em resposta aos receios associados ao envelhecimento. A origem desses receios se perde no tempo. As sociedades menos institucionalmente complexas costumam suprir essas necessidades de cuidados especiais dos idosos através de relacionamentos afetivos, notadamente familiares. É comum que os idosos ajudem a cuidar dos muito jovens e os adultos economicamente ativos se encarreguem de prover as condições de vida para todos (alimento, abrigo, vestuário, segurança etc.). Nesse contexto é compreensível a propensão para uma elevada natalidade que garanta um número satisfatório de adultos economicamente ativos para sustentar todos os membros da sociedade. Supomos que esse entendimento se consubstancia numa relevante motivação para a elevada taxa de fecundidade total observada nos chamados países pobres ou em desenvolvimento. Sua redução pode representar um futuro de privações para toda a comunidade, como o caso do povo chinês, mencionado antes.

A evolução dos chamados países desenvolvidos, fortemente influenciada pela teoria econômica predominante (Revolução Industrial), impactou significativamente a coesão social, notadamente os laços familiares. Isso gerou a oportunidade de concentrar poder social através da prestação profissional de serviços de assistência ao idoso, seja pela iniciativa privada, governamental ou ambas. Uma das instituições originadas desse processo histórico foi a previdência social. A despersonalização da satisfação da necessidade de cuidados especiais dos idosos promovida pela previdência social institucionalizada provavelmente contribuiu para a inibição da histórica propensão à elevada taxa de fecundidade total porque os filhos deixaram de ser um fator relevante para redução do risco de privações na velhice. Supomos que esta análise heterodoxa dos eventos populacionais proporciona uma complementação importante para o fenômeno da redução populacional ocorrido nos chamados países desenvolvidos que possuem sistemas previdenciários consolidados.

Efetuada a contextualização do surgimento das instituições de previdência e seu vínculo com os eventos populacionais, consideramos interessante tecer alguns comentários sobre seu funcionamento. Os sistemas previdenciários podem ser concebidos de várias formas. As duas possibilidades mais comuns são as seguintes:

- sistema de contribuição individualizada; e
- sistema de contribuição universal.

Os sistemas previdenciários com contribuições individualizadas vinculam contribuições e benefícios aos participantes específicos. Em outras palavras, as contribuições de um dado participante formam um fundo a ele vinculado que será a base para a apuração dos seus benefícios. Esta modalidade é a bastante utilizada pelas entidades de previdência privada.

Os sistemas previdenciários com contribuições universais não vinculam contribuições e benefícios aos participantes específicos. Neste caso inexiste um fundo vinculado ao participante específico. As contribuições servem para sustentar o sistema previdenciário como um todo. Esta modalidade é a utilizada pelos representantes do governo brasileiro e também de vários outros países.

As modalidades de contribuição individualizada e de contribuição universal oferecem fortes estímulos para a expressão das piores facetas da natureza humana porque concentram poder social na medida em que as pessoas vinculadas à gestão das entidades previdenciárias se apoderam de significativas somas de recursos financeiros nos primeiros anos (geralmente décadas) e os benefícios correspondentes são exigidos muito tempo depois. A história da modalidade de contribuição individualizada evidencia mais claramente essa apropriação espúria dos sistemas previdenciários porque existem vários casos em que as entidades privadas, que mais usam esta modalidade, após décadas de operação, decretaram falência quando chegaram os períodos mais intensos de pagamento dos benefícios, ludibriando os participantes. A história brasileira registra vários fatos dessa natureza, sendo um dos mais famosos o caso Montepio da Família Militar.[71] Após esses ruidosos casos várias medidas foram tomadas para evitar esses reprováveis eventos. Os atuais fundos de previdência privada brasileiros, geralmente vinculados a grandes instituições financeiras, estão operando sob essas novas regras. Existe um entendimento geral de que elas estão garantindo a credibilidade necessária para o funcionamento do sistema previdenciário privado brasileiro, embora ainda seja muito cedo para afirmações conclusivas.

O problema mais grave, no entanto, costuma ocorrer no sistema previdenciário com contribuição universal. Esta modalidade geralmente intensifica as

---

71 <https://www.sul21.com.br/colunas/paulo-muzell/2014/08/os-montepios-e-a-previdencia-privada-ii/>.

características inerentes à consciência dominante (concentração de poder social), notadamente o autoritarismo e a grande escala dos empreendimentos (capítulo 12). O autoritarismo se manifesta através do caráter compulsório da previdência social governamental e a grande escala é garantida pela grande quantidade de pessoas obrigadas a aderir ao empreendimento, a maioria dos trabalhadores formais do país. A origem da previdência social oficial do Brasil é emblemática porque foi instaurada num período de exceção política (Ditadura Militar Varguista – 1930 a 1945) e foi imposta a todos os trabalhadores registrados brasileiros.

O sistema previdenciário oficial autoritário, intensamente concentrador de poder social e com contribuições desvinculadas dos participantes cria o ambiente favorável para a manifestação das piores características humanas por parte dos envolvidos na gestão do empreendimento. O imenso volume de recursos financeiros compulsoriamente arrecadados da classe trabalhadora nas primeiras décadas de funcionamento do sistema deveria ter sido preservado e expandido para suportar as futuras solicitações de benefícios pelos participantes. Porém, infelizmente, esse volume descomunal de recursos desvinculados dos seus contribuintes costuma não durar as décadas necessárias para suportar os pagamentos dos benefícios prometidos. Ele costuma ser drenado para várias direções, desde infraestrutura (estradas, centrais de geração de energia, fornecimento de água e saneamento, telecomunicações etc.) até apropriação indébita (corrupção).

O Poder Judiciário Brasileiro agrava a situação porque entende que as efetivas contribuições pagas pelos participantes só geram direitos após o cumprimento das exigências vinculadas ao recebimento dos benefícios, fato que costuma levar décadas para se concretizar. Até que isso ocorra, o Poder Judiciário Brasileiro considera que as efetivas contribuições pecuniárias obrigatórias dos participantes geram apenas "expectativas de direitos", dificultando sobremaneira o controle do sistema previdenciário oficial e estimulando a alienação dos participantes.

Alguns anos atrás, tivemos acesso a um artigo de jornal sobre o processo de privatização de empresas estatais em curso na ocasião. O autor afirmava que uma parcela significativa da poupança formada pela implantação da previdência social oficial brasileira fora destinada para a criação das empresas estatais brasileiras (Petrobrás, Eletrobrás, Telebrás, entre outras). Assim sendo, ele defendia que os dividendos e outros benefícios distribuídos por essas entidades para o seu sócio majoritário (governo federal brasileiro) deveriam ser destinados para o sistema previdenciário oficial, bem como os recursos auferidos com as privatizações. Dessa forma seria possível preservar o fundo de recursos gerado pelas contribuições compulsórias dos trabalhadores brasileiros e remediar o chamado déficit previdenciário que, segundo o discurso das autoridades, exigia elevação das contribuições, bem como adiamentos e reduções dos pagamentos dos benefícios. Esse posicionamento se harmoniza com os comentários efetuados sobre a necessidade de preservação e expansão do fundo previdenciário para evitar dificuldades para o atendimento das solicitações futuras de benefícios pelos participantes.

Considerando que os benefícios previdenciários devem ser suportados pelo patrimônio formado pelas contribuições anteriores dos participantes, a primeira questão que deve ser formulada na ocasião do pagamento dos benefícios é a seguinte: "onde está o patrimônio formado pelas contribuições pagas nos anos anteriores?" Todavia, em virtude dos longos períodos de tempo envolvidos, da alienação dos participantes, do posicionamento do Poder Judiciário Brasileiro, da consciência dominante, entre outros aspectos, esta pergunta é sempre habilmente evitada. A consequência disso seria previsível: o patrimônio da previdência social formado por décadas de contribuições obrigatórias dos participantes não alcançou o período de intensificação das solicitações de benefícios, fenômeno desastroso.

As pessoas envolvidas com a gestão do sistema previdenciário, manifestando a visão de mundo dominante, não privilegiaram a transparência e, na ausência do fundo formado pelas contribuições anteriores, começaram a usar com desenvoltura as contribuições recolhidas na ocasião para atender os benefícios conquistados pelos contribuintes do passado. Tal procedimento é perverso porque o participante passa a contribuir para os beneficiários atuais, em vez de para o seu benefício futuro, colocando em sério risco a sua "expectativa de direito". Esta situação, de fato, se consubstancia no verdadeiro déficit da previdência, geralmente ignorado na oportunidade devida. Ele denota que o sistema está em crise porque o cumprimento da sua missão (assistir as pessoas na fase de envelhecimento) se torna vulnerável a várias ocorrências relacionadas com os contribuintes atuais e futuros que inexistiriam com a preservação e expansão do fundo previdenciário formado pelas contribuições anteriores.

A principal vulnerabilidade que acomete um sistema previdenciário oficial que não preserva e expande seu fundo formado com as contribuições passadas é decorrente da perda de relação direta entre contribuições para a manutenção do sistema e atendimento de solicitações de benefícios, uma vez que as contribuições atuais são destinadas para o atendimento dos benefícios conquistados pelos contribuintes do passado. Variações negativas no total das contribuições atuais acarretam dificuldades para o sistema honrar os direitos adquiridos pelos contribuintes do passado que, em teoria, independem dos eventos que causaram a redução da arrecadação do sistema previdenciário na atualidade. Dois dos vários eventos que oferecem visibilidade a tal vulnerabilidade são:

a) queda generalizada do nível salarial; e
b) redução da população economicamente ativa.

A queda generalizada do nível salarial é um instrumento bastante empregado pela consciência dominante para alcançar seu objetivo de concentração de poder social através da expansão da desigualdade. A elevação da taxa de desemprego costuma agravar o problema. Sua ocorrência reduz a principal fonte de recursos atuais para o sistema previdenciário oficial que, na ausência de um fundo formado pelas contribuições passadas, são exigidos para o pagamento dos benefícios adquiridos e que não são reduzidos pela presente queda do nível salarial. No limite, esse evento pode gerar uma situação impensavelmente absurda: o sistema não consegue honrar o pagamento dos benefícios adquiridos pelos contribuintes do passado nem mesmo com destinação total das contribuições dos contribuintes atuais (aspirantes a beneficiários) para essa finalidade. Esta condição é geralmente definida como o déficit da previdência que precisa ser equilibrado. As pessoas, de fato, usam este artifício para evitar a percepção de que o sistema está seriamente comprometido.

Entretanto, o evento que proporciona visibilidade para o uso indevido dos sistemas previdenciários oficiais que mais diretamente se relaciona com o conteúdo deste capítulo é a redução da população economicamente ativa. Esse fenômeno reduz a arrecadação presente. Como é esta arrecadação, na ausência de um fundo previdenciário formado com as contribuições passadas, que sustenta os pagamentos dos benefícios do presente, adquiridos pelos contribuintes do passado, mais numerosos que os contribuintes atuais, o impensável também ocorre aqui, ou seja, o sistema não consegue honrar o pagamento dos benefícios adquiridos pelos contribuintes do passado nem mesmo com a destinação total das contribuições dos contribuintes atuais para essa finalidade. É importante reiterar que este problema inexistiria se os benefícios atuais (que não diminuem com a redução da população economicamente ativa) estivessem sendo honrados com recursos acumulados das contribuições passadas, formados por um contingente populacional economicamente ativo maior que o atual. A conclusão cabível, com base no exposto, é que o chamado indevidamente de *déficit da previdência oficial* é causado pela gestão inadequada das contribuições passadas, em vez de pelo decréscimo da população economicamente ativa.

Os gestores "responsáveis" pelos sistemas previdenciários seriamente comprometidos, como é o caso do brasileiro, são opacos em relação às verdadeiras causas das dificuldades para honrar os benefícios atuais. Insistem em retardar o anúncio do sério comprometimento das instituições através de três medidas protelatórias: aumentar os valores das contribuições, adiar a aquisição do direito aos benefícios e impor a incidência de contribuição compulsória sobre eventos desvinculados dos benefícios futuros do sistema. No momento em que escrevemos este texto, os chamados representantes do governo federal brasileiro tentam impor medidas impopulares que em nada inovam. Com relação a essas medidas, existem, como sempre, opositores (maciça maioria da população brasileira que arcará com a conta) e defensores (minoria, quase toda formada por gestores e profissionais que se sustentam com a manutenção do sistema previdenciário, mesmo que seriamente comprometido, prejudicando a evolução adequada das relações sociais). O problema é que essas medidas protelatórias tendem a agravar e cristalizar seus efeitos nefastos. Além disso, apesar da alienação de muitos, medidas dessa natureza possuem limites porque a contribuição não deve ultrapassar 100% da remuneração dos contribuintes, a idade mínima para usufruto dos benefícios não deve superar 120 anos e o encargo de pagar benefícios para terceiros não se harmoniza com o sistema de contribuição previdenciária (constitui-se num imposto, descaracterizando a instituição).

O uso espúrio dos sistemas previdenciários oficiais leva a um impasse civilizacional: incentivo à redução populacional (desnecessidade de filhos) e esta encaminha o sistema para o colapso (diminuição da arrecadação pela redução da população economicamente ativa). Consideramos relevantes os argumentos apresentados porque este impasse desafia a solução proposta pela vanguarda dos estudiosos dos fenômenos populacionais, ou seja, o decréscimo demoeconômico. O adequado reconhecimento do sério comprometimento dos sistemas previdenciários oficiais devido à gestão indevida das contribuições efetuadas no passado desvincula a redução da população economicamente ativa do conjunto de causas dos problemas observados nos chamados países desenvolvidos. Ademais, torna transparente a impropriedade das medidas de incentivo ao aumento da taxa de fecundidade total para equacionar tais problemas. Supomos que o viés interpretativo oferecido possui interessante capacidade de enriquecer os estudos dos fenômenos populacionais.

Os dilemas relacionados com os sistemas previdenciários oficiais seriamente comprometidos, devido ao longo período de usos indevidos dos recursos, se tornaram praticamente insuperáveis, um verdadeiro elefante branco global. Supomos que a consciência emergente deveria dar a devida transparência a esse aspecto e buscar um amplo acordo para evitar que a sociedade siga refém de um instrumento que tem perdido a capacidade de cumprir sua missão, ou seja, aplacar os receios em relação ao sustento na velhice.[72]

População: Abordagem Qualitativa – Estilo de Vida

As considerações efetuadas nos tópicos anteriores evidenciam a dificuldade inerente à implantação da proposta formulada pela abordagem quantitativa complementada por aspectos qualitativos, ou seja, o decrescimento demoeconômico. No tocante ao decréscimo demográfico, embora reconheçamos que a redução

---

72 Informações interessantes, especialmente sobre a destinação indevida das contribuições previdenciárias, podem ser obtidas no relatório da CPI da Previdência, embora sua abordagem seja diferente daquela aqui adotada (http://www.senadorpaim.com.br/admin/assets/repositorio/e2e797e435b6b8542391c-95f6e3a4e91.pdf).

voluntária da quantidade de seres humanos na Terra poderia trazer benefícios interessantes para todos, verificamos que as medidas de controle populacional geralmente são autoritárias e produzem injustiças por causa do seu fundamento em preconceitos. Tais características tornam esse encaminhamento para o dilema populacional desarmônico com as aspirações da consciência emergente, aspecto que sugere a busca de alternativas.

Supomos que uma via interessante seria intensificar a abordagem qualitativa dos fenômenos populacionais, em detrimento da ênfase quantitativa. Recorremos a uma singela abstração para ilustrar os benefícios desta orientação alternativa. Ela se iniciaria com a formulação da seguinte pergunta: a Terra seria capaz de acolher 20 bilhões de seres humanos? Considerando as análises anteriores, a resposta seria negativa porque os limites de sustentação da vida no Planeta já foram ultrapassados em 68% com uma população inferior a 8 bilhões de pessoas, muitas destas precisando aumentar o seu consumo e acumulação para experimentarem uma vida supostamente decente e digna.

Consideremos, porém, a hipótese de que estes 20 bilhões de indivíduos optem por um estilo de vida modesto de um monge franciscano ou budista. Neste caso hipotético, totalmente inverossímil para o momento, a Terra talvez tivesse perfeitas condições para acolher uma população humana de 20 bilhões (ou mais) e ainda se refazer gradualmente dos milênios de exploração impiedosa.

Complementando esta abstração, reflitamos agora sobre outra questão: a Terra teria condições de acolher 3 bilhões de seres humanos? Uma vez que os limites do Planeta foram ultrapassados em 68% por uma população inferior a 8 bilhões de pessoas, seria razoável supor que sua resposta seria afirmativa. Contudo, se os quase 5 bilhões de pessoas suprimidas da população humana atual fossem aqueles praticantes de estilos de vida mais modestos e todos os que permanecessem praticassem consumo e acumulação equivalentes aos da parcela que compreende os 10% mais ricos da atualidade, a razoabilidade de uma resposta afirmativa à última pergunta formulada deixaria de existir. Só para oferecer uma ilustração grosseira, o número de veículos automotores da atualidade provavelmente seria multiplicado por 9! Talvez mais! Tal especulação parece sinalizar que a Terra não teria condições de se regenerar gradualmente e acolher uma população humana de 3 bilhões de pessoas que pratiquem o estilo de vida dos 10% considerados mais abastados da atualidade.

Cabe, então, a decisiva indagação: qual seria a contribuição da singela e inverossímil abstração descrita nos parágrafos anteriores para a superação do dilema demográfico contemporâneo? Esperamos que ela se constitua num estímulo ao entendimento de que o estilo de vida (aspecto qualitativo) adotado pelas pessoas impacta muito mais decisivamente a vida (ambiente natural e as relações sociais) do que o tamanho da população humana no Planeta (aspecto quantitativo). Isso porque, considerando válidas as respostas propostas para as perguntas orientadoras formuladas, a Terra teria condições de gradualmente se regenerar e acolher 20 bilhões (ou mais) de "monges franciscanos e budistas", porém, o mesmo seria impossível com uma população de 3 bilhões de "ricos". Se esta digressão fizer algum sentido, descortinamos um amplo horizonte para lidar com o dilema populacional contemporâneo, descartando as questionáveis medidas de controle demográfico.

Ademais, seria plausível supor que poderíamos retirar nossa atenção também dos indicadores econômicos dominantes porque, além de inadequados para a consciência emergente (capítulo 12), a busca pela plenitude por parte de pessoas com estilo de vida exteriormente simples e interiormente rico (simplicidade voluntária) muito provavelmente será mais amigável com a vida (natural e humana) que a dominante, ainda que em patamares quantitativos superiores. Ilustrativamente, a produção e manutenção da frota atual de veículos exige uma gigantesca área do Planeta. Sua destinação alternativa para a agricultura orgânica para alimentação humana provavelmente elevaria a produção de alimentos muitas vezes, impactando positivamente a situação socioambiental. Ainda que o suposto crescimento da produção de alimentos supere quantitativamente o decréscimo da produção e manutenção da frota de veículos, tal substituição seria provavelmente benéfica para a vida no Planeta. Portanto, em conformidade com a argumentação apresentada, um crescimento quantitativo de bens disponíveis para as pessoas pode ser benéfico ou maléfico, assim como a sua redução. Se reduzir ou aumentar a quantidade de bens disponíveis pode ser interessante ou desinteressante, o monitoramento da evolução da quantidade de bens disponíveis mostra-se menos relevante para o equacionamento dos problemas socioambientais que enfrentamos. O mais importante seria a adoção de filtros individuais voluntários para as necessidades e o monitoramento do seu nível de satisfação (lista das necessidades – capítulo 12).

A orientação qualitativa aqui proposta para superar o dilema populacional contemporâneo, portanto, prescreveria o mesmo procedimento descrito nos capítulos anteriores, ou seja, estimular o autoconhecimento e, a partir dele, buscar, individual e coletivamente, a satisfação das necessidades e desejos considerados subjetivamente essenciais, descartando os demais. Supomos que este protocolo seria capaz de superar as privações inaceitáveis, a concentração de poder social e a destruição ambiental.

Entendemos que Alves (2016) ofereceu a bússola que pode nos orientar para a superação do dilema populacional contemporâneo (e os demais) através das seguintes palavras:

> O ser humano não tem uma relação simbiótica com a natureza. As abelhas, por exemplo, sugam a seiva das flores, mas não as destroem. Ao contrário, elas são polinizadoras. Quanto mais abelhas tirarem sua subsistência das flores, mais flores nascerão do processo

de polinização. Mas o ser humano tem uma relação parasitária com a natureza, pois para se multiplicar causa prejuízo a outras espécies e aos ecossistemas hospedeiros. A espécie humana é do gênero ectoparasita.

Harmonizando esta extraordinária passagem com a percepção plástica de natureza humana abordada antes (capítulo 3), a maioria dos humanos tem adotado estilos de vida caracterizados como ectoparasita. Complementaríamos com o termo "antropofágico" porque vidas dos seres da própria espécie também fazem parte dos seus "hábitos alimentares". Porém, resistimos em acreditar que os humanos sejam tão obtusos ao ponto de tornar impossível conseguir inspiração junto às abelhas (e tantos outros seres que compartilham a Terra conosco) para transformar seu estilo de vida ectoparasita-antropofágico.

O caso do major Manuel Gomes Archer e seis escravos que, sob ordens de D. Pedro II, iniciaram a transformação de uma grande área de plantação de café no atual Parque Nacional da Tijuca, uma das maiores florestas urbanas do mundo, parece ser emblemático. A produção de café comprometera severamente o abastecimento da Capital do Brasil Imperial. A ação das sete pessoas iniciou um processo que recuperou os mananciais e normalizou o abastecimento de água até que o crescimento populacional exigiu a expansão do sistema.[73] Outros episódios mais impressionantes ainda são o indiano Jadav "Molai" Payeng[74] e o africano Yacouba Sawadogo[75] que transformaram grandes áreas desérticas em florestas sem seguir ordens e sem apoio de ninguém. Esses exemplos (e certamente muitos outros) parecem ser evidências relevantes de que um estilo de vida gerador de abundância está disponível para as pessoas, caracterizando uma escolha vinculada à nossa responsabilidade socioambiental individual.

Caso esta transformação de estilo de vida fosse materializada pela humanidade, pouco importaria a quantidade de habitantes da Terra, pois eles, a exemplo das abelhas, contribuiriam para a expansão da abundância, em vez da escassez, como atualmente. Consideramos que este entendimento ratifica a validade da proposta de abordagem qualitativa para a superação do dilema populacional contemporâneo, isto é, o prioritário seria o estilo de vida que adotamos. Como apontado antes, esta é uma orientação que descortina um vasto horizonte para lidar com a desigualdade e a degradação ambiental, aqui e agora.

População – uma síntese

O capítulo que ora se encerra tentou demonstrar a complexidade que envolve o estudo dos fenômenos populacionais. A abordagem quantitativa parece ter sido o

---

[73] <http://www.parquedatijuca.com.br/historia.php>.
[74] <https://www.youtube.com/watch?v=gGz8gI-ondE>.
[75] <https://www.youtube.com/watch?v=wNRGM58XiVc>.

primeiro estágio desses estudos. Ela, grosso modo, antevia um colapso decorrente do aumento mais intenso da população humana do que da produção de alimentos. Sua prescrição era a adoção de medidas de controle demográfico. Entretanto, seu legado foi desacreditado porque suas previsões e prescrições não passaram pelo rigoroso crivo do tempo.

A evolução do estudo sobre demografia seguiu o rumo de incorporar aspectos qualitativos à abordagem quantitativa com o objetivo de superar as evidentes limitações verificadas. As principais considerações qualitativas incorporadas foram cultura, consumo e acumulação de recursos, preconceitos (de etnia, gênero, orientação sexual, constituição física, etária, nível econômico, entre outros) e sustentabilidade ambiental. Tais refinamentos aprimoraram sobremaneira a análise dos fenômenos populacionais. O diagnóstico da situação atual e as previsões decorrentes desse movimento são sombrios. Considera-se que o contingente humano atual tenha ultrapassado os limites de sustentação da vida no Planeta em 68%. Esta situação desastrosa é agravada pelo fato de que parte relevante da população precisaria elevar seu consumo e acumulação para alcançar a chamada vida decente e digna, elevando sobremaneira a pressão potencial sobre os já deprimidos limites planetários para a sustentação da vida (humana e não humana). Diante desse quadro tenebroso, a prescrição da abordagem quantitativa complementada por aspectos qualitativos parece consistir no decrescimento demoeconômico.

Apesar dos refinamentos introduzidos pela consideração de aspectos qualitativos, verificável pela análise das prescrições oferecidas, os próprios estudiosos dos fenômenos populacionais contemporâneos apontam as fragilidades inerentes às medidas de controle populacional, geralmente autoritárias e fundamentadas em preconceitos. Tais medidas, devido a essas características, são ilegítimas e desarmônicas com a suposta consciência emergente. A argumentação apresentada também sugere que o decréscimo econômico precisaria ser qualificado porque uma redução (assim como uma expansão) quantitativa dos bens econômicos pode contribuir ou prejudicar a superação do dilema socioambiental que enfrentamos. Este entendimento, se apropriado, gera um irremediável ceticismo sobre o monitoramento dos principais indicadores de desempenho econômico da atualidade. As reservas evidenciadas indicam que a abordagem quantitativa complementada por aspectos qualitativos ainda exige aprimoramentos para lidar com a elevada complexidade do tema.

Embora exista o reconhecimento da contribuição potencial para a superação do dilema demográfico inerente ao decrescimento demoeconômico, a argumentação desenvolvida sugere uma abordagem qualitativa mais intensa para o tema, ou seja, ênfase sobre a parcela comportamental do impasse civilizacional em que nos encontramos, em detrimento da parcela quantitativa, notadamente o decréscimo demográfico. Essa proposta colocaria em evidência o estilo de vida que as pessoas adotam. Supomos que a Terra possui a capacidade de se regenerar e acolher um número de humanos significativamente superior ao atual, desde que as pessoas adotem um estilo de vida frugal, diferente do dominante, harmônico com a Economia Baseada na Abundância (EBA!). Esta orientação prescreve que a nossa atenção dirigida para vários movimentos mundiais que privilegiam uma vida mais simples, significativa e menos dependente de ilusões ofereceria uma contribuição mais efetiva para o equacionamento dos problemas socioambientais, dentre eles os populacionais, do que controles demográficos ou decréscimos econômicos medidos pelos indicadores de desempenho fundamentados na teoria econômica predominante.

16. Cultura brasileira

> *Um economista morreu e foi condenado a passar a eternidade no inferno. Lá chegando, um demônio lhe pergunta se ele deseja o inferno brasileiro ou o norte-americano. Ele, então, pergunta sobre as diferenças. O demônio responde que no primeiro se come um balde de excrementos diariamente, enquanto que no segundo apenas um pires. Baseando-se na racionalidade econômica, escolhe o segundo e é encaminhado para um lugar silencioso, triste e com pessoas comendo e vomitando. Um demônio lhe entrega o seu pires e ele segue para o final do cômodo. Lá chegando, ouviu samba e gargalhadas vindas do inferno brasileiro. Subiu até uma abertura para olhar o que ocorria do outro lado. Quando a música deu uma breve parada, ele perguntou:– Hei! Por que estão cantando e felizes, se vocês têm que comer um balde de excrementos por dia? E o pessoal do inferno brasileiro respondeu: – Aqui é inferno brasileiro, mano! Nada funciona: um dia falta balde, no outro falta o excremento, no outro os demônios entram em greve e assim por diante. Enquanto isso, a gente canta, dança, ri e faz tudo de bom.*
> *Vamos sambar, geeennnte!*
> Anedota de autoria desconhecida.

O Brasil é um país de intensos contrastes e desenvolveu uma cultura peculiar para lidar com eles. Isso tem despertado o interesse de vários estudiosos das alternativas à consciência e à economia dominantes. O objetivo deste capítulo é efetuar o confronto entre alguns destes estudiosos estrangeiros e a obra *Raízes do Brasil* (Holanda, 1988) para, com isso, identificar possíveis contribuições para o desenvolvimento da consciência emergente e da Economia Baseada na Abundância (EBA!).

Raízes do Brasil

Analisar a cultura brasileira, especialmente sendo estrangeiro, é uma tarefa complexa porque uma das suas características marcantes é a dissimulação. Registros evidenciam sua manifestação desde o período colonial e a associam à influência portuguesa. Sobre esse aspecto, Holanda (1988: 119) esclarece que:

> [...] subordinando indiscriminadamente clérigos e leigos ao mesmo poder [da Primeira República] por vezes caprichoso e despótico, essa situação estava longe de ser propícia à influência da Igreja e, até certo ponto, das virtudes cristãs na formação da sociedade brasileira. Os maus padres, isto é, negligentes, gananciosos e dissolutos, nunca representaram exceções em nosso meio colonial. E os que pretendiam reagir contra o relaxamento geral dificilmente encontrariam meios para tanto. Destes, a maior parte pensaria como nosso primeiro bispo, que em terra tão nova 'muitas mais coisas se ão de dissimular que castigar'.

Tal característica estimula o afastamento entre o conteúdo e a aparência dos comportamentos sociais, bem como o privilégio à última. Holanda (1988: 113), ao analisar os primeiros movimentos daquilo que hoje chamamos de Brasil, relata algumas expressões deste marcante traço cultural:

> [...] A nova nobreza parece-lhe [a Diogo do Couto], e com razão, uma simples caricatura da nobreza autêntica, que é, em essência, conservadora. O que prezam acima de tudo os fidalgos quinhentistas são as aparências ou exterioridades por onde se possam distinguir da gente humilde.
> [...]
> E se ainda não ousavam trocar a milícia pela mercancia, que é profissão baixa, trocavam-na pela toga e também pelos postos na administração civil e empregos literários, de modo que conseguiam resguardar a própria dignidade, resguardando, ao mesmo tempo, a própria comodidade. O resultado era que, até em terras cercadas de inimigos, como a Índia, onde cumpre andar sempre de espada em punho, se metiam 'varas em lugar de lanças, leis em lugar de arneses, escrivães em lugar de soldados', e tornavam-se correntes, mesmo entre iletrados, expressões antes desusadas, como *libelo, contrariedade, réplica, tréplica, dilações, suspeições* e outras do mesmo gosto e qualidade.

E complementa, na página 160, da seguinte forma:

> [...] A democracia no Brasil foi sempre um lamentável mal-entendido. Uma aristocracia rural e semifeudal importou-a e tratou de acomodá-la, onde fosse possível, aos seus direitos ou privilégios, os mesmos privilégios que tinham sido, no Velho Mundo, o alvo da luta da burguesia contra os aristocratas. E assim puderam incorporar à situação tradicional,

ao menos como fachada ou declaração externa, alguns lemas que pareciam os mais acertados para a época e eram exaltados nos livros e discursos.

A expressão popular: "para inglês ver" parece refletir com propriedade esta característica. Por isso a análise da cultura brasileira exige cautela e humildade para reconhecer o alto risco de equívocos inerente. Henderson (2003: 9-10), talvez parcialmente envolvida pelas declarações externas (discursos políticos e intelectuais distantes da prática corrente, legislações que são aplicadas de forma destorcida ou descumpridas, estatísticas precárias etc.), inicia sua obra com o seguinte comentário:

> Desde a entrada deste novo século, o debate sobre a globalização econômica evoluiu para um debate bem mais amplo sobre o futuro da família humana em nosso pequeno planeta ameaçado. O ponto crítico deste novo e mais sofisticado debate emana do Brasil. A elegante cidade de Porto Alegre não é apenas uma entrada para o histórico e lindo estado do Rio Grande do Sul. Esta cidade, que acolheu imigrantes durante 300 anos, hoje é sede do Fórum Social Mundial (World Social Forum), onde milhares de líderes da sociedade cívica mundial encontram-se anualmente para reexaminar novas formas de globalização mais humanas, mais favoráveis à ecologia e mais sustentáveis. A cidade de Davos é sede do Fórum Econômico Mundial (World Economic Forum), onde chefes de Estado se encontram com os presidentes (CEOs) das maiores corporações transnacionais com o objetivo de expandir o crescimento econômico pelo crescimento das exportações, do comércio mundial, dos mercados abertos, das privatizações e da desregulamentação, tudo em conformidade com os textos ortodoxos sobre economia e com o agora famoso 'Consenso de Washington' (Washington Consensus).
>
> Porto Alegre, por outro lado, é o berço do lema 'Outro mundo é possível' e dos grupos cada vez maiores de pensadores criativos e de gente que faz. Esses globalistas arraigados estão determinados a reformular a atual globalização econômica para fazer frente às necessidades de 2 bilhões de pessoas excluídas do crescimento econômico. Essa coalizão cada vez mais forte de cidadãos globais representa organizações cívicas que trabalham em prol dos direitos humanos, justiça social, reforma agrária, concessão de direitos de cidadania, igualdade para as mulheres, minorias, populações indígenas, participação política, democracia, acesso a crédito, investimentos e apoio a empreendimentos locais e desenvolvimento econômico interno. Essas questões são tidas como essenciais e sinérgicas para a criação de comunidades e modos de vida ecologicamente sustentáveis, com metrópoles e cidades planejadas em função das pessoas e não dos veículos, com produtos e serviços ecologicamente corretos, com o uso de recursos e de energia renováveis, a prática da reciclagem e de uma agricultura e alimentos livres de pesticidas.

Apesar da valorização das aparências característica da cultura brasileira, o fato do país acolher eventos como o Fórum Social Mundial, Rio Eco 92, Rio +20, entre outros, notadamente mais consistentes com as alternativas à visão de mundo corrente, sugere uma resistência à teoria econômica predominante, bem como uma permeabilidade em relação às aspirações de uma nova consciência. Holanda (1988: 112) indica que esse fenômeno teria origens históricas, através das seguintes palavras:

> A relativa infixidez das classes sociais fazia com que essa ascensão não encontrasse, em Portugal, forte estorvo, ao oposto do que sucedia ordinariamente em terras onde a tradição feudal criara raízes fundas e onde, em consequência disso, era a estratificação mais rigorosa. Como nem sempre fosse vedado a netos de mecânicos alçarem-se à situação dos nobres de linhagem e misturarem-se a eles, todos aspiravam à condição de fidalgos.
>
> O resultado foi que os valores sociais e espirituais, tradicionalmente vinculados a essa condição, também se tornariam apanágio da burguesia em ascensão. Por outro lado, não foi possível consolidarem-se ou cristalizarem-se padrões éticos muito diferentes dos que já preexistiam para a nobreza, e não se pôde completar a transição que acompanha de ordinário as revoluções burguesas para o predomínio de valores novos.
>
> À medida que subiam na escala social, as camadas populares deixavam de ser portadoras de sua primitiva mentalidade de classe para aderirem à dos antigos grupos dominantes. Nenhuma das 'virtudes econômicas' tradicionalmente ligadas à burguesia pôde, por isso, conquistar bom crédito, e é característico dessa circunstância o sentido depreciativo que se associou em português a palavras tais como *traficante* e sobretudo *tratante*, que a princípio, e ainda hoje em castelhano, designam simplesmente, e sem qualquer labéu, o homem de negócios. Bom para genoveses, aquelas virtudes – diligência, pertinaz, parcimônia, exatidão, pontualidade, solidariedade social... – nunca se acomodaram perfeitamente ao gosto da gente lusitana.
>
> A "nobreza nova" do Quinhentos era-lhes particularmente adversa. Não só por indignas de seu estado como por evocarem, talvez, uma condição social, a dos mercadores citadinos, a que ela se achava ligada de algum modo pela origem, não pelo orgulho. De onde seu afã constante de romper os laços com o passado, na medida em que o passado lhe representava aquela origem, e, ao mesmo tempo, de robustecer em si mesma, com todo ardor dos neófitos, o que parecesse atributo inseparável da nobreza genuína.

E complementa, na página 137, da seguinte forma:

> Em realidade não é pela maior temperança no gosto das riquezas que se separam espanhóis ou portugueses de outros povos, entre os quais viria a florescer essa criação tipicamente burguesa que é a chamada mentalidade capitalista. Não o é sequer por sua menor parvificência, pecado que os moralistas medievais apresentavam como uma das modalidades mais funestas da avareza. O que principalmente os distingue é, isto sim, certa incapacidade, que se diria congênita, de fazer prevalecer qualquer forma de ordenação

impessoal e mecânica sobre as relações de caráter orgânico e comunal, como o são as que se fundam no parentesco, na vizinhança e na amizade.

Pelo exposto, razões históricas (privilégio para as aparências e resistência aos valores morais burgueses) talvez sustentem a ocorrência no Brasil de eventos com temática harmônica com a consciência emergente. Outra explicação plausível seria a necessidade de aparentar adesão aos princípios considerados de vanguarda. Sobre esse aspecto, Holanda (1988: 177-179) compartilha que:

> Não ambicionamos o prestígio de país conquistador e detestamos notoriamente as soluções violentas. Desejamos ser o povo mais brando e o mais comportado do mundo. Pugnamos constantemente pelos princípios tidos universalmente como os mais moderados e os mais racionais. [...] Modelamos a norma de nossa conduta entre os povos pela que seguem ou parecem seguir os países mais cultos, e então nos envaidecemos da ótima companhia. Tudo isso são feições bem características do nosso aparelhamento político, que se empenha em desarmar todas as expressões menos harmônicas de nossa sociedade, em negar toda espontaneidade nacional.
>
> O desequilíbrio singular que gera essa anomalia é patente e não tem escapado aos observadores. Um publicista ilustre fixou, há cerca de 20 anos, o paradoxo de tal situação. 'A separação da política e da vida social', dizia, 'atingiu, em nossa pátria, o máximo de distância. À força de alheação da realidade a política chegou ao cúmulo do absurdo, constituindo em meio de nossa nacionalidade nova, onde todos os elementos se propunham a impulsionar e fomentar um surto social robusto e progressivo, uma classe artificial, verdadeira superfetação, ingênua e francamente estranha a todos os interesses, onde, quase sempre com a maior boa-fé, o brilho das fórmulas e o calor das imagens não passam de pretextos para as lutas de conquista e a conservação das posições'.
>
> [...]
>
> Foi essa crença [acreditar sinceramente que da sabedoria e sobretudo da coerência das leis depende diretamente a perfeição dos povos e dos governos], inspirada em parte pelos ideais da Revolução Francesa, que presidiu toda a história das nações ibero-americanas desde que se fizeram independentes. Emancipando-se da tutela das metrópoles europeias, cuidaram de adotar, como base de suas cartas políticas, os princípios que se achavam então na ordem do dia. As palavras mágicas Liberdade, Igualdade e Fraternidade sofreram a interpretação que pareceu ajustar-se melhor aos nossos velhos padrões patriarcais e coloniais, e as mudanças que inspiraram foram antes de aparato do que de substância. Ainda assim, enganados por essas exterioridades, não hesitamos, muitas vezes, em tentar levar às suas consequências radicais alguns daqueles princípios. [...]

Portanto, devemos ser cautelosos ao considerarmos a ocorrência de eventos mundiais com temáticas harmônicas com a consciência emergente como evidência de refinamento da cultura brasileira porque eles podem estar apenas atendendo à nossa necessidade de aparentar alinhamento com a vanguarda do pensamento global. Quando lembramos que somos um dos maiores usuários mundiais de produtos químicos na agricultura, possuímos uma indústria bélica considerável, nosso trânsito mata e fere mais que muitos conflitos armados etc., torna-se difícil sustentar o argumento de que a ocorrência aqui de tais eventos traduza um anseio genuíno das pessoas que concretizam a cultura brasileira.

Apesar das reservas apresentadas, essa necessidade histórica de aparente alinhamento com a vanguarda do pensamento global pode também ter criado condições para a construção de uma infraestrutura cultural favorável às mudanças radicais indispensáveis para o recrudescimento da consciência emergente e da Economia Baseada na Abundância (EBA!). Sobre esse aspecto, Henderson (2003: 14-15) afirma que:

> [...] Hoje, o Brasil e toda a América Latina têm a oportunidade histórica de abrir um novo caminho para o desenvolvimento humano equitativo e sustentável e de liderar a ofensiva para a transformação da industrialização primitiva dando um salto sobre os modelos insustentáveis do passado. A China agora também está aprendendo com os erros da antiga revolução industrial e adaptando o que é pertinente nas antigas ideologias europeias sobre capitalismo e comunismo, a fim de forjar um modelo chinês de desenvolvimento com base na sua herança cultural de 6.000 anos. Da mesma forma, muitos outros países em desenvolvimento estão reavaliando suas culturas e experiências. Este 'DNA cultural' constitui a verdadeira riqueza das nações: os valores de coesão social, a solidariedade humana, o respeito pela vida, que é o cerne da criatividade, tolerância, iniciativa e inovação em todas as culturas [...].

Esta citação destaca a oportunidade histórica disponível para o povo brasileiro (e outros) para superar a consciência dominante através da afirmação de sua cultura. Portanto, apesar das ambiguidades inerentes, as pessoas que concretizam a cultura brasileira podem optar deliberadamente pelos fundamentos culturais que estimulam sua integração ao movimento de consolidação de uma perspectiva alternativa. Sobre esse assunto, De Masi (2000: 335-336), ao ser perguntado sobre onde a ética do ócio criativo teria melhor infraestrutura cultural para florescer, afirma que:

> No Brasil. Em Salvador, nas ruas calçadas do Pelourinho, avermelhadas pelo sangue antigo dos escravos. No Rio, na floresta encantada da Tijuca. Em Ouro Preto, nas frescuras das suas igrejas. Em São Paulo, no desespero de suas favelas. Nas praias de Angra e nas pousadas de Paraty. No Plano Piloto de Brasília, entre os honestos edifícios projetados por Niemeyer e os exóticos jardins esculpidos por Burle Marx.

Jorge Amado seria nosso guia: 'Escutas? É a chamada insistente dos atabaques na noite misteriosa. Se vieres, soarão ainda mais forte, na batida potente da chamada do santo, e os deuses negros chegarão vindos das florestas da África para dançar em tua honra. Com os seus vestidos mais bonitos, dançarão as suas danças inesquecíveis... Os ventos de Iemanjá serão só uma doce brisa na noite estrelada. Com ela não verás somente a casca amarela e luminosa da laranja. Verás também os gomos apodrecidos que dão nojo na boca. Porque assim é a Bahia, mistura de beleza e sofrimento, de abundância e fome, de riso alegre e lágrimas ardentes'.

Em nenhum outro país do mundo a sensualidade, a oralidade, a alegria e a 'inclusividade' conseguem conviver numa síntese tão incandescente. 'Um povo mestiço, cordial, civilizado, pobre e sensível habita esta paisagem de sonho', insiste Jorge Amado.

A sensualidade é vivida pelos brasileiros com uma intensidade serena. Por 'oralidade' eu entendo a capacidade de expressar os próprios sentimentos, de falar. Aquela atitude que no Japão, na China, nos países nórdicos, da Inglaterra até a Suécia, é substituída pela incomunicabilidade recíproca e, nos casos extremos, pela solidão desesperada. Por 'inclusividade' entendo a disponibilidade de acolher todos os diversos, de fazer conviver pacificamente, sincreticamente, todas as raças da Terra e todos os deuses do céu.

Todas essas coisas se tornam leves graças a uma disponibilidade perene e uma alegria natural, expressa através do corpo, da musicalidade e da dança.

Oscar Niemeyer, que dedicou noventa e dois anos de sua vida à arquitetura, escreveu na parede do seu estúdio uma linda frase que, creio, diz assim: 'Mais do que a arquitetura, contam os amigos, a vida e este mundo injusto que devemos resgatar'.

É este o lugar: é no Brasil, neste país tão puro e tão contaminado, que eu gostaria de alimentar o meu ócio criativo.

Esta citação parece sintetizar as características (principalmente a inclusão) da cultura brasileira que talvez venham a contribuir para o recrudescimento da consciência emergente e da Economia Baseada na Abundância (EBA!). Holanda (1988: 38) parece confirmá-la da seguinte forma:

[...] as nações ibéricas [inclui as ex-colônias de Espanha e Portugal] colocam-se ainda largamente no ponto de vista da Antiguidade clássica. O que entre elas predomina é a concepção antiga de que o ócio importa mais que o negócio e de que a atividade produtora é, em si, menos valiosa que a contemplação e o amor.

Este traço cultural brasileiro de valorização do ócio, contemplação e amor pode se transformar num indispensável fertilizante para o desenvolvimento da consciência emergente. Ele tem, conforme abordado antes (capítulo 10), direta relação com a manifestação do conceito de trabalho. Holanda (1988) oferece as seguintes contribuições sobre este aspecto:

Um fato que não se pode deixar de tomar em consideração no exame da psicologia desses povos [português e espanhol] é a invencível repulsa que sempre lhes inspirou toda moral fundada no culto ao trabalho. Sua atitude normal é precisamente o inverso da que, em teoria, corresponde ao sistema artesanato medieval, onde se encarece o trabalho físico, denegrindo o lucro, o 'lucro torpe'. Só muito recentemente, com o prestígio maior das instituições dos povos do Norte, é que essa ética do trabalho chegou a conquistar algum terreno entre eles. Mas as resistências que encontrou e ainda encontra têm sido tão vivas e perseverantes, que é lícito duvidar de seu êxito completo. (p. 38)

No trabalho não buscamos senão a própria satisfação, ele tem o seu fim em nós mesmos e não na obra [...]. As atividades profissionais são, aqui, meros acidentes na vida dos indivíduos, ao oposto do que sucede entre outros povos, onde as próprias palavras que indicam semelhantes atividades podem adquirir acento quase religioso. (pp.155-156)

[...] Essas limitações [reservas sobre o pensamento de Max Weber sobre a ética protestante e o capitalismo] não invalidam, entretanto, a afirmação de que os povos protestantes vieram a ser portadores de uma ética do trabalho que contrasta singularmente com a das predominantemente católicas. Entre estas, conforme notou Weber, falta às palavras que indicam atividade profissional o timbre distintamente religioso que lhes corresponde, sem exceção, nas línguas germânicas. [...] Circunstância que reflete bem, no caso protestante, essa moral puritana admiravelmente exposta por Tawney, para a qual o trabalho não é simplesmente uma imposição da natureza ou um castigo divino, mas antes uma espécie de disciplina ascética, 'mais rigorosa do que as de quaisquer ordens mendicantes – disciplina imposta pela vontade de Deus e que devemos seguir, não solitariamente, mas pela fiel e pontual execução dos deveres seculares'. 'Não se trata apenas de meios econômicos que possam ser abandonados, uma vez satisfeitas as exigências físicas. Trata-se de um fim espiritual, pois somente nele a alma pode estar sã, e que deve ser executado como dever moral, ainda quando tenha cessado de ser uma necessidade material'. O verdadeiro cristão há de confiar-se ao círculo dos seus negócios e fugir a toda ociosidade, porque os que são pródigos com o tempo desdenham a própria alma. Há de preferir a ação à contemplação, que é uma espécie de indulgência para consigo mesmo. O rico não tem maiores escusas para deixar de trabalhar de que o pobre, embora deva empregar sua riqueza em alguma ocupação útil à coletividade. A cobiça é perigosa para a alma; mais perigosa, porém, é a preguiça. O luxo, a ostentação, o prazer irrestrito não têm cabimento na conduta de um cristão. [...]. (pp. 206-207)

Estas citações oferecem uma oportunidade ímpar para ilustrar o conteúdo do capítulo sobre Trabalho, ócio criativo e obra-prima (capítulo 10). A inclinação da cultura brasileira para a experiência do ócio, contemplação e amor é harmônica com os conteúdos apresentados antes. A manifestação de uma nova perspectiva exige o entendimento de que a vida de uma pessoa transborda sua ocupação laboral para a produção de bens econômicos e para obter os recursos para a satisfação das necessidades e desejos. Meditação, oração, voluntariado, contato respeitoso com a natureza preservada e várias outras atividades que não produzem bens econômicos são relevantes para o desenvolvimento da consciência emergente. A dedicação a estas refinadas atividades exige a renúncia parcial e deliberada do envolvimento com o trabalho economicamente utilitário. A cultura brasileira é construtiva quando se considera esta faceta.

Entretanto, este mesmo traço cultural pode conflitar com o conteúdo de obra-prima. Conforme destacado, o ócio resultante da redução do trabalho economicamente utilitário pode ser destinado para atividades pouco edificantes, tais como: ostentação, alcoolismo, entorpecentes, sedentarismo etc. Ademais, devido à conexão entre tudo, a busca por um resultado admirável em qualquer atividade, inclusive no que se refere ao trabalho economicamente utilitário, é também indispensável para o recrudescimento da consciência emergente. Negligenciar a excelência das tarefas produtivas ou executá-las para o alcance de fins destrutivos (alimentos tóxicos, artefatos que atentam contra a vida, serviços que promovem a desigualdade etc.) são comportamentos que afastam todos do bem-estar duradouro. Considerando esta outra faceta, a cultura brasileira não pode ser considerada construtiva.

A ambiguidade inerente à cultura brasileira pode ser observada em vários outros conceitos, não apenas no de trabalho. Estado é outro conceito abordado (capítulo 7) que também oferece relevantes contribuições para nossas reflexões. Holanda (1988), sobre esse assunto, esclarece que:

> Efetivamente, as teorias negadoras do livre-arbítrio foram sempre encaradas com desconfiança e antipatia pelos espanhóis e portugueses. Nunca eles se sentiram muito à vontade em um mundo onde o mérito e a responsabilidade individuais não encontrassem pleno reconhecimento.
>
> Foi essa mentalidade, justamente, que se tornou o maior óbice, entre eles, ao espírito de organização espontânea, tão característica de povos protestantes, e sobretudo de calvinistas. Porque, na verdade, as doutrinas que apregoam o livre-arbítrio e a responsabilidade pessoal são tudo, menos favorecedoras da associação entre os homens. Nas nações ibéricas, à falta dessa racionalização da vida, que tão cedo experimentaram algumas terras protestantes, o princípio unificador foi sempre representado pelos governos. Neles predominou, incessantemente, o tipo de organização política artificialmente mantida por uma força exterior, que, nos tempos modernos, encontrou uma das suas formas características nas ditaduras militares. (pp.37/38)
>
> A bem dizer, essa solidariedade, entre eles [espanhóis e portugueses], existe somente onde há vinculação de sentimentos mais do que relações de interesse – no recinto doméstico ou entre amigos. Círculos forçosamente restritos, particularistas e antes inimigos que favorecedores de associações estabelecidas sobre plano mais vasto, gremial ou nacional. (p.39)

Se no terreno político e social os princípios do liberalismo têm sido uma inútil e onerosa superfetação, não será pela experiência de outras elaborações engenhosas que nos encontraremos um dia com a nossa realidade. Poderemos ensaiar a organização de nossa desordem segundo esquemas sábios e de virtude provada, mas há de restar um mundo de essências mais íntimas que, esse, permanecerá sempre intato, irredutível e desdenhoso das invenções humanas. Querer ignorar esse mundo será renunciar ao nosso próprio ritmo espontâneo, à lei do fluxo e do refluxo, por um compasso mecânico e uma harmonia falsa. Já temos visto que o Estado, criatura espiritual, opõe-se à ordem natural e a transcende. Mas também é verdade que essa oposição deve resolver-se em um contraponto para que o quadro social seja coerente consigo. Há uma única economia possível e superior aos nossos cálculos para compor um todo perfeito de partes tão antagônicas. [...]. (pp.187/188)

Estas citações sugerem que raízes históricas sustentam certa aversão ao conceito de Estado pelo povo brasileiro. Como abordado anteriormente, Estado é uma ilusão (só existe porque muitos acreditam nele e se comportam como se realmente existisse) que tem separado as pessoas e, com isso, gerado toda sorte de atrocidades. Considerando esta faceta, a cultura brasileira pode ser considerada construtiva, uma vez que tende a facilitar o entendimento de que somos parte de uma grande irmandade planetária e, consequentemente, estimular comportamentos pacíficos, conciliadores, cooperativos e solidários. Susan Andrews, em entrevista para Helvécia (2004: 79), parece confirmar tal suposição, com as seguintes palavras:

[...] Antropóloga graduada em Harvard, é mestre em psicologia e sociologia pela Universidade de Ateneo (Filipinas) e especializada em psicologia transpessoal pela Universidade de Greenwhich (EUA). Por que essa cidadã do mundo, que viveu 30 anos na Índia e no sudeste da Ásia, trocou o oriente por uma roça em Porangaba?

'Porque o Brasil é a esperança do Planeta', responde Dídi [como é conhecida a antropóloga], que fala 11 línguas, incluindo chinês, bengali e sânscrito, e tem mais de uma dezena de livros publicados mundo afora. 'Viajei por mais de 40 países, morei em muitos. Posso dizer que aqui está a base para a formação de uma nova consciência. Brasileiros têm o chacra do coração aberto. É o país do coração, e esse é o fator essencial para o desenvolvimento de um nova civilização, já ascendente, baseada na cooperação e na espiritualidade'.

Em que pese a histórica resistência à impessoalidade inerente ao conceito de Estado e a inclinação para o acolhimento dos diferentes, a rejeição do Estado não é plena e isso também parece ter vínculos históricos. Várias pessoas de culturas diferentes (brancos, negros, vermelhos e amarelos), com crenças distintas (católicos, judeus, muçulmanos, protestantes, espíritas, ateus etc.), se viram na condição de convivência involuntária e subordinadas a autoridades que desejavam apenas explorar as riquezas incomensuráveis da região, sem nenhuma preocupação com as condições de vida. Qualquer tipo de sectarismo só resultaria em maiores privações. As sucessivas formas de governo (colônia, império e república) repetiram a mesma fórmula. As condições desfavoráveis existentes exigiram alianças para a sobrevivência, muitas vezes espúrias com as próprias autoridades opressoras. Daí pode ter surgido a "síntese tão incandescente", a dissimulação, bem como a convicção de que o Estado é o nosso maior inimigo, apesar de desejarmos extrair dele todos os benefícios possíveis e imaginários. A expressão: "Quero levar vantagem em tudo", batizada como a "Lei de Gerson", oriunda da propaganda de uma marca de cigarros, talvez seja uma manifestação dessa experiência. Isso parece válido até hoje e é possível que fundamente a nossa aversão visceral ao cumprimento das leis, recorrendo a elas somente quando nos favorecem, como fica patente no dito popular: "para os amigos, tudo; para os inimigos, a letra da lei". Sobre esse assunto, Holanda (1988: 134) oferece a seguinte contribuição:

> Assim, raramente se tem podido chegar, na esfera dos negócios a uma adequada racionalização; o freguês ou cliente há de assumir de preferência a posição de amigo. Não há dúvida que, desse comportamento social, em que o sistema de relações se edifica essencialmente sobre laços diretos, de pessoa a pessoa, procedam os principais obstáculos que na Espanha, e em todos os países hispânicos – Portugal e Brasil inclusive –, se erigirem contra a rígida aplicação das normas de justiça e de quaisquer prescrições legais.

Pelo exposto, as pessoas que se apresentam como representantes do conceito de Estado recolhem recursos de todos para gerar benefícios para si e para os amigos que os sustentam no poder. Migalhas precisam ser distribuídas para o povo para disfarçar essa conduta. Algumas culturas estimulam o esmero na construção de tal disfarce, mas esse não parece ser o caso da brasileira. Nesse contexto, quando recorremos a esses supostos representantes (confundidos com o conceito de Estado) para a obtenção de vantagens pessoais, contribuímos para a legitimação dessa ilusão, bem como da concentração de poder que ela estimula. Sob esse enfoque, a cultura brasileira não pode ser considerada construtiva.

Cultura brasileira e a consciência emergente

As citações selecionadas indicam que as pessoas que concretizam a chamada cultura brasileira estão diante da oportunidade de consolidar uma nova consciência na Terra, requisito indispensável para o desenvolvimento da Economia Baseada na Abundância (EBA!). Porém, também destacam manifestações que indicam o contrário. As suas características, favoráveis e desfavoráveis, são também sugeridas por Holanda (1988: 146-147):

> Já se disse, numa expressão feliz, que a contribuição brasileira para a civilização será de cordialidade – daremos ao mundo o 'homem cordial'. A lhaneza no trato, a hospitalidade, a generosidade, virtudes tão gabadas por estrangeiros que nos visitam, representam, com efeito, um traço definido do caráter brasileiro, na medida, ao menos, em que permanece ativa e fecunda a influência ancestral dos padrões de convívio humano, informados no meio rural e patriarcal. Seria engano supor que essas virtudes possam significar 'boas maneiras', civilidade. São antes de tudo expressões legítimas de um fundo emotivo extremamente rico e transbordante. Na civilidade há qualquer coisa de coercitivo [...].

O fornecimento de contribuições efetivas para a consolidação da consciência emergente pelo povo brasileiro exige o enfrentamento do desafio de expressar as facetas construtivas e neutralizar as demais. Talvez seja válido associar tal orientação ao conceito de responsabilidade socioambiental individual. Isso porque a sociedade somente poderá ser organizada de forma construtiva se as pessoas que a formam possuírem genuinamente uma aspiração social condizente. Textos legais não são suficientes para consolidar relacionamentos refinados em comunidades formadas por pessoas que só concebem relações rudimentares. Sobre esse aspecto, Holanda (1988: 188) indica que:

> [...] O espírito não é força normativa, salvo onde pode servir à ordem social e onde lhe corresponde. As formas superiores da sociedade devem ser como um contorno congênito a ela e dela inseparável: emergem continuamente das suas necessidades específicas e jamais das escolhas caprichosas. Há, porém, um demônio pérfido e pretensioso, que se ocupa em obscurecer aos nossos olhos estas verdades singelas. Inspirados por ele, os homens se veem diversos do que são e criam novas preferências e repugnâncias. É raro que sejam das boas.

Tais considerações destacam a relevância do processo de autoconhecimento. Se a ordem social deve corresponder às aspirações coletivas, ela será tão refinada quanto o refinamento do agregado de nossas preferências e repugnâncias, solidamente ancoradas nos nossos genuínos seres singulares. Para refiná-las nessa orientação precisamos, em primeiro lugar, percebê-las. Em seguida devemos verificar sua coerência com o que desejamos manifestar. A fase final seria a busca pela harmonização de sentimentos, pensamentos, palavras e atitudes. A partir disso a ordem social poderá favorecer a sanidade das pessoas e o recrudescimento da consciência emergente.

Cultura brasileira – uma síntese

O confronto efetuado entre alguns autores estrangeiros e a obra clássica *Raízes do Brasil* não forneceu elementos conclusivos sobre a harmonia da cultura brasileira com as aspirações da consciência emergente. As características culturais identificadas podem ser dirigidas para a expansão da abundância ou da escassez. As citações apresentadas parecem demonstrar que a cultura brasileira está servindo a ambas.

A concentração de poder social é elevada e está causando danos talvez irreversíveis para a sustentação da vida na região e na Terra. É possível que muitas pessoas estejam se encaminhando para um estado de esquizofrenia, devido às fortes exigências contraditórias contemporâneas, ou seja, temos que ser solidários e competitivos, pacíficos e brigar pela sobrevivência, amorosos e profissionais bem sucedidos, gentis e agressivos, filósofos e pragmáticos, experimentar o ócio criativo e realizar empreendimentos grandiosos, viver com simplicidade e nos destacar dos demais etc. Talvez a energia inerente a esse estado de extrema tensão se transforme no combustível que irá favorecer a superação da consciência dominante. Talvez não. Porém, a oportunidade parece disponível.

Supomos que a principal característica construtiva da cultura brasileira seja a capacidade de "síntese incandescente" das diferenças, que alguns chamam de inclusão, amor, criatividade. As pessoas que concretizam a cultura brasileira, a partir da fixação deliberada do objetivo de integrar a consciência emergente, poderiam sintetizar as características marcantes de outras culturas igualmente construtivas (por exemplo, vivenciar o ócio e perseguir a excelência em todas as atividades, inclusive as economicamente utilitárias) e alcançar uma expressão integrada e coerente dessas diversificadas facetas. Se este desafio for superado com sucesso, o exemplo de vida poderia influenciar outras pessoas para a prática dos valores inerentes a uma nova perspectiva. A suposta generalização dessa manifestação favoreceria sobremaneira a consolidação da Economia Baseada na Abundância (EBA!).

17. Limitações da economia baseada na abundância

Este capítulo é o mais desconfortável para um autor porque o obriga a observar os limites, fragilidades, restrições e inadequações de sua proposta. Porém, esta tarefa é de crucial importância para estimular sua aplicação num contexto apropriado. Uma chave de fenda é inadequada para serrar uma tábua, mas isso não invalida sua eficácia para introduzir, apertar, afrouxar ou retirar parafusos com fendas. Portanto, se tivermos sucesso em caracterizar o escopo da Economia Baseada na Abundância (EBA!), ela sairá fortalecida e, supomos, mais resistente à apropriação indevida pela consciência dominante.

Como lidar com a multifacetada natureza humana?

Esperamos ter oferecido argumentação suficiente e competente para justificar que a orientação econômica que seguimos, por se basear na escassez, nos transforma em agentes de destruição das relações sociais e do meio ambiente para materializar a concentração de poder social, objetivo central da consciência dominante. A expansão da escassez exige a intensificação da desigualdade e da destruição do patrimônio natural que satisfaz generosamente nossas necessidades. É fácil concluir que esse norte nos encaminhou para a crise civilizatória contemporânea (capítulo 1), bem como que a insistência nesse rumo intensificará sofrimento desnecessário e provavelmente abreviará a trajetória humana na Terra.

A alternativa à teoria econômica predominante proposta, a Economia Baseada na Abundância (EBA!), é dirigida para a suposta consciência emergente que, em tese, estaria disposta a expressar as características humanas mais nobres. Entretanto, como abordado antes (capítulo 3), a natureza humana é multifacetada e inclui aspectos tétricos, fartamente ilustrados na história da humanidade. Partimos da premissa de que estamos experimentando um período de transição da consciência dominante para a emergente. É previsível que manifestações pouco elogiáveis da natureza humana continuem ocorrendo nesse período transitório (e mesmo depois da consolidação da consciência emergente, caso isso efetivamente ocorra).

Supomos que a Economia Baseada na Abundância (EBA!), por estimular a responsabilidade socioambiental individual, a liberdade e a subjetividade, seria frágil para lidar com as situações em que as pessoas envolvidas expressassem deliberadamente as facetas destrutivas da natureza humana, aspecto que se consubstanciaria numa relevante limitação de escopo, um difícil desafio.

Um atenuante para tal limitação é o reconhecimento de que a visão de mundo dominante, além de estimular a expressão das facetas menos nobres da natureza humana, emprega intensa violência para manter o sistema funcionando. Ademais, ela também não consegue lidar com o lado destrutivo das pessoas que concentram exagerado poder social, capazes de, na maioria das vezes, burlar os controles sociais estabelecidos. As provas cabais disso são as inéditas desigualdades e destruições ambientais verificadas na atualidade. Portanto, apesar dos riscos inerentes, supomos que seria mais interessante investir numa orientação frágil que nos direciona para um mundo melhor do que seguir reto e veloz para o abismo.

Como lidar com Golias?

Diretamente relacionada com a limitação abordada no tópico anterior, a milenar manifestação da consciência dominante gerou monstros ilusórios gigantescos, notadamente Estados e empresas, que desafiam a integração de uma perspectiva construtiva para reverter o quadro dramático que experimentamos. Esses empreendimentos megalomaníacos estimulam a expressão das mais perversas facetas da natureza humana (capítulos 3 e 12). Esperar soluções construtivas desse contexto parece uma quimera. Porém, como lidar com as pessoas iludidas por essas construções mentais que as tornam capazes de interferir na nossa liberdade e sobrevivência?

A solução para esse dilema, harmônica com a consciência dominante, geralmente consiste em criar outros monstros ilusórios, preferencialmente mais gigantescos, para lutar contra os opressores (partidos políticos, forças militares, ONGs, entre outras instituições). O sucesso desta iniciativa costuma demonstrar mais as semelhanças do que as diferenças entre os adversários. Por isso supomos que essa orientação se desarmoniza com a consciência emergente que prescreve o resgate do poder pessoal, a responsabilidade socioambiental individual.

O exposto, no entanto, nos leva a reconhecer, apesar da suposta coerência da argumentação apresentada, aquilo que supomos ser a mais relevante limitação da Economia Baseada na Abundância (EBA!): *o pequeno costuma ser facilmente destruído pelo grande*. A história da humanidade está repleta de eventos que confirmam esse entendimento. Certa ocasião, um professor, colega de trabalho, fez um comentário irônico sobre a obra de Schumacher (1983). Nosso diálogo foi o seguinte:

Professor: – Li um livro chamado: *Small is beautiful*. O autor advoga que os países em desenvolvimento devem criar uma tecnologia simples e continuar pequenos. Você sabe por que eles querem isso?
Respondemos: – Não. Por quê?
Professor: – Para que sejamos facilmente dominados pelos países ricos.

Este diálogo ficou registrado na memória. Já conhecia a obra criticada e ela me emocionara profundamente. Todavia, considerando a consciência dominante, não pude deixar de reconhecer o fundamento das palavras do professor. Os conflitos internacionais contemporâneos parecem evidenciar que a concentração de poder social é uma ameaça para aqueles que não possuem força equivalente. A Economia Baseada na Abundância (EBA!) contribui para o resgate do poder individual, mas exige coragem para evitar o apoio de grandes instituições (empresas, forças armadas, previdência social, políticos profissionais, governos etc.). Isso não é uma tarefa trivial porque a desilusão com essas instituições não ocorre simultaneamente para todos e muitos se desestruturam emocionalmente quando tal desilusão acontece, situação que oferece pouca contribuição para o refinamento do nível coletivo de consciência.

Contudo, parece que os extremos de concentração e diluição do poder se aproximam. A força do pequeno, advogada por Schumacher (1983), também existe e pode ser confirmada pelo relato de Heloisa Primavera, na obra de Cattani (2003: 195-197), citado antes (capítulo 12). Neste último texto observamos que somente os grupos pequenos de redes de troca argentinos, que não foram contaminados pela alienação gerada pela grande escala, continuaram existindo após a derrocada do sistema. O pequeno, por não concentrar poder social, não transmite o sentimento de medo e ameaça. Isso pode ser constatado na citação de Dieguez (2001: 40-41), transcrita no capítulo 7, sobre o conflito comercial e diplomático entre o Brasil e o Canadá. Algumas vezes um empreendimento menor é deixado à sua própria sorte, fato que pode favorecer a sua continuidade.

Uma análise mais profunda da concentração de poder social talvez gere outras formas de entendimento. Propomos a seguinte questão: a população dos EUA (país belicamente mais poderoso do Planeta) se sente segura? Existem vários indícios de que a resposta é negativa. O forte esquema de vigilância das suas fronteiras, muitas vezes causador de constrangimento para o visitante estrangeiro, é um deles. A perda de mercado verificada pelas empresas aéreas norte-americanas, devido ao medo de atentados terroristas, é outro. O filme *Farenheith – 11 de setembro*[76] também fornece evidências contundentes sobre o medo que paira sobre a população norte-americana. Esta lista poderia se estender bastante e não se resume aos EUA. Será que os habitantes da Índia, Paquistão e Israel (todos possuidores de bombas

---

76 *Filme: Farenheith – 11 de setembro*, direção: Michael Moore, EUA, 2004.

atômicas) se sentem seguros? Quantos países do mundo, apesar de possuírem forças armadas, resistiriam a um conflito armado contra os EUA? Estas são questões que tornam relativos os argumentos de que o grande é invulnerável.

O exposto nos remete ao entendimento de que a concentração e a diluição do poder social são opções que envolvem riscos que afetam diferenciadamente a sensação de segurança das pessoas. Se a consciência emergente se tornasse hegemônica, supomos que a sensação de segurança se expandiria, gerando uma interessante aproximação do bem-estar duradouro. Todavia, durante o atual estágio de transição, a adoção do paradigma da abundância exigiria muita coragem dos pioneiros, constituindo-se num relevante desafio para sua integração. Talvez esta seja a grande contribuição que possamos oferecer às futuras gerações.

Como lidar com o outro "de carne e osso"?

Desenvolvemos a sensação de que a expressão das nossas ideias, apesar de exigir coragem e perseverança, representa a parte mais fácil do processo. Em vários momentos, confrontamos a argumentação com o nosso próprio cotidiano e observamos que é difícil ampliar continuamente nosso compromisso com a consciência emergente. Realizamos avanços significativos: estimulamos o ócio criativo há vários anos, direcionamos nossa atuação profissional para a responsabilidade socioambiental, vivemos com um nível de consumo e acumulação de recursos abaixo da maioria das pessoas com potencial econômico compatível (simplicidade voluntária), somos ovolactovegetarianos, priorizamos a aquisição de produtos orgânicos, locais e artesanais, preservamos uma área ambientalmente relevante da cidade em que residimos, integramos grupos de difusão cultural, educação ambiental, ecoturismo etc. Isso proporciona alento.

Entretanto, quando observamos nosso comportamento em relação ao outro, principalmente quando ele está próximo, constatamos que ainda temos uma longa estrada para percorrer. Idealizar o outro é relativamente simples e talvez se constitua numa forma de fuga da realidade. O presente trabalho provavelmente se originou nesses momentos de fantasia. Lidar cotidianamente com o outro "de carne e osso" tem sido uma tarefa complicada. Alguns terapeutas de várias correntes afirmam que isso é a dificuldade de integrar todas as facetas da própria personalidade. Então, como experimentar o bem-estar duradouro vivendo um conflito interior e com um elevado nível de inconsciência? Este parece ser o desafio que deveríamos priorizar.

Apesar desta limitação, a elaboração da presente obra está sendo relevante para o nosso processo de autoconhecimento. Constatar isso é gratificante. É um texto dirigido para o próprio autor, embora isso não estivesse claro na época da redação das suas primeiras linhas. É possível que algumas pessoas, também inconformadas com as injustiças sociais e ambientais do nosso tempo, encontrem valiosas inspirações para a prática pacífica e independente de um estilo de vida diferente do corrente. Se essa contribuição para os outros "de carne e osso" se materializar, nosso regozijo será ainda maior.

Limitações da Economia Baseada na Abundância – uma síntese
Em que pese a dificuldade inerente, tentamos estabelecer os limites da Economia Baseada na Abundância (EBA!). Esta tarefa é desconfortável, mas necessária para inibir sua apropriação pela consciência dominante. Os principais desafios se referem a como lidar com o lado destrutivo da natureza humana, especialmente num contexto de intensa concentração de poder social. O relevante atenuante destas limitações é que a consciência dominante também não consegue lidar adequadamente com estas questões, além de estimular a expressão das nossas piores características, agravando o problema socioambiental. A superação destes desafios exige elevada dose de coragem e talvez represente o mais valioso legado que podemos oferecer à vida.

18. Considerações finais

> *"Mas eu acho que se você levar a mecânica quântica a sério, verá que ela coloca a responsabilidade nas nossas mãos e não dá respostas claras e reconfortantes".*
> Filme: Quem somos nós?[77]

> *"A lição sabemos de cor, só nos resta aprender."*
> Beto Guedes e Ronaldo Bastos

Esta obra que se encerra forneceu uma análise sobre os impactos da teoria econômica predominante sobre a capacidade de sustentação da vida na Terra. Esta perspectiva econômica tem se mostrado um instrumento eficaz para a concentração de poder social na medida em que estimula os nossos comportamentos destrutivos que expandem a escassez. O relatório de UNFPA (2017: 62), Fundo das Nações Unidas para População, expressa adequadamente o resultado dessa opção civilizacional:

> Apesar do avanço recente na redução da pobreza no mundo todo, a desigualdade econômica emergente contradiz as alegações de prosperidade compartilhada ou que a vida tem melhorado para todas as pessoas. A crescente desigualdade econômica impede a confiança e a coesão social, ameaça a saúde pública e marginaliza a influência política dos pobres e da classe média. Sua persistência evidencia que os direitos humanos ainda não são universais. Se não for administrada, pode ficar descontrolada e acabar com a governança e a paz.

O nível inédito de produção econômica alcançado pela humanidade não produziu a prosperidade geral apregoada. Ao contrário, ele resultou em desigualdade e destruição ambiental também inéditas, como seria previsível para um arcabouço

---

77 Tradução livre de um diálogo do filme: *Quem somos nós?*, direção: William Arntz, Betsy Chasse e Mark Vicente, EUA, 2004 – contribuição de Icleia P. de Nazareth e Cristina Esteves.

teórico baseado na escassez. A tolerância à escassez possui um limite que, se ultrapassado, pode levar o ser vivo ao óbito. A profunda crise socioambiental que a humanidade experimenta é uma evidência de que a expansão da escassez provocada pelos nossos comportamentos cotidianos já superou limites importantes e colocou nossa existência em risco.

A prática da teoria econômica predominante nos últimos séculos comprovou a inexistência de uma "mão invisível" capaz de transformar vícios privados em bem público. Séculos de comportamentos preponderantemente egoístas tornaram a sociedade preponderantemente egoísta. Entendemos, portanto, que é indispensável e urgente a superação da teoria econômica predominante, bem como da perspectiva que a concebeu e por ela se orienta. Este desafio depende exclusivamente de nós. A espera por um líder que nos guie ou que todos os outros façam seus "deveres de casa" antes que comecemos a transformação radical dos nossos estilos de vida, tarefa pessoal e intransferível, provavelmente acarretará a perda da oportunidade contemporânea de elevação do nível de consciência humana na Terra, com consequências ainda desconhecidas.

A partir desta compreensão e da identificação de vários indícios de que a humanidade está mudando sua visão de mundo, a obra também proporcionou uma base conceitual alternativa à dominante que se harmoniza com a suposta mentalidade que está em processo de consolidação. A proposta apresentada é orientada para o bem-estar duradouro dos seres que habitam o Planeta, para busca da abundância para todos, para a prática cotidiana das virtudes, para o resgate do poder pessoal, bem como para a manifestação de um estilo de vida interiormente rico e exteriormente simples (simplicidade voluntária ou sobriedade feliz). Um dos seus aspectos mais interessantes é que ela pode ser aplicada por qualquer pessoa, de acordo com o nível de compromisso individual, independentemente de associações, reformas, revoluções, golpes, guerras ou qualquer outro tipo de evento externo. É bem provável que todos nós já tenhamos iniciado o processo pessoal de transição; uns mais conscientes, outros menos.

Como praticar a Economia Baseada na Abundância (EBA!)?

A questão recorrente nos doze anos de divulgação da primeira edição desta obra foi a seguinte: bela proposta, mas como colocá-la em prática? Tal manifestação talvez se fundamente numa descrença generalizada a respeito do impacto das ações pessoais sobre a mentalidade da humanidade e da capacidade das pessoas se orientarem pelas virtudes. É provável que milênios de manifestação da consciência dominante, cuja principal busca consiste em concentrar poder sobre os outros, tenha prejudicado severamente a confiança na capacidade humana de expressão prioritária dos seus comportamentos mais nobres.

No tocante ao impacto das nossas atitudes cotidianas, recorremos às palavras de Harman (1994:7):

> Através da História, as mudanças realmente fundamentais das sociedades nasceram, não de decretos governamentais, nem como resultado de batalhas, mas devido à mudança de mentalidade – ainda que, às vezes, muito pequena – num grande número de pessoas.
>
> Algumas dessas mudanças redundaram em profundas transformações – por exemplo, a transição do Império Romano para a Europa Medieval, ou da Idade Média para os tempos modernos. Outras mudanças foram mais específicas, como a constituição dos Estados democráticos da Inglaterra e da América, ou o término da escravidão como instituição aceita. Nestes últimos exemplos, o importante é as pessoas se conscientizarem de que por mais forte que seja uma organização política, econômica ou militar, ela só subsistirá porque tem legitimidade e essa legitimidade procede da opinião do povo. Ao povo cabe outorgar e revogar a legitimidade. O desafio à legitimidade talvez seja a maior força de transformação encontrada na História.

Se esta citação procede, as grandes mudanças ocorrem pela conscientização das pessoas. Então, se desejamos um mundo melhor, devemos agir em harmonia com esse ideal sempre que possível. Como diria Gandhi: "seja você a mudança que deseja para o mundo". A expansão da abrangência e profundidade desse movimento individual provavelmente atenuaria as dificuldades e sofrimentos inerentes ao processo de transição para outra perspectiva civilizacional. Essa via nos parece menos improvável porque, dentro de determinados limites mutáveis, está ao nosso alcance – dar atenção para o nosso prato de comida, nossos armários, nossos corpos, nossas relações e para todas as nossas atitudes cotidianas.

Quanto à exequibilidade da mudança de perspectiva, Schumacher (1983: 261) se manifesta da seguinte forma:

> [...] Em toda parte as pessoas perguntam: 'O que posso de fato fazer?' A resposta é tão simples quanto desconcertante: podemos, cada um de nós, pôr nossa própria casa interior em ordem. A orientação de que carecemos para esse trabalho não pode ser encontrada na ciência ou na tecnologia, cujo valor depende profundamente dos fins a que servem; mas ainda pode ser encontrada na tradicional sabedoria da humanidade.

Essa orientação é harmônica com o conteúdo desta obra porque também destaca que a tarefa que devemos nos ocupar tem um forte vínculo com nosso mundo íntimo, embora estejamos imersos no ambiente (cultura e biosfera). Rousseau (2017: 113-14) chega até a afirmar que o afastamento em relação aos nossos referenciais internos seria o fundamento da desigualdade entre os humanos. Segundo ele:

> [...] O homem selvagem e o homem civilizado diferem de tal modo pelo fundo do coração e das inclinações, que o que faz a felicidade suprema de um reduziria o outro ao desespero. O primeiro aspira somente ao repouso e à liberdade, só quer viver e permanecer

desocupado [...]. Ao contrário, o cidadão sempre ativo agita-se e atormenta-se sem parar, buscando ocupações ainda mais laboriosas: trabalha até a morte, corre mesmo em direção a ela para ter condições de viver, ou renuncia à vida para adquirir a imortalidade. Corteja os poderosos que odeia e os ricos que despreza, nada poupa para obter a honra de servi-los; orgulha-se de sua baixeza e da proteção deles e, envaidecido dessa escravidão, fala com desdém dos que não têm a honra de partilhá-la. Que espetáculo não seria para um caraíba os trabalhos penosos e invejados de um ministro europeu! Quantas mortes cruéis não preferiria esse indolente selvagem ao horror de semelhante vida, muitas vezes nem suavizada pelo prazer de agir bem! No entanto, para compreender o motivo de tantas preocupações, bastaria que ele visse um sentido nas palavras *poder* e *reputação*, que descobrisse que há homens que valorizam os olhares do resto do universo, que sabem ficar felizes e contentes consigo mesmos mais pelo testemunho de outrem do que pelo seu próprio. Tal é, de fato, a verdadeira causa de todas essas diferenças: o selvagem vive nele mesmo, enquanto o homem sociável, sempre fora de si, só sabe viver na opinião dos outros, e é somente do julgamento deles, por assim dizer, que obtém o sentimento da sua própria existência. Não faz parte do meu tema mostrar de que maneira nasce, de uma tal disposição, tanta indiferença em relação ao bem e ao mal, com tão belos discursos sobre moral; de que maneira, reduzindo-se tudo às aparências, tudo se torna artificial e fingido – honra, amizade, virtude e até os vícios, nos quais se descobre enfim o segredo de se glorificar; de que maneira, em suma, perguntando sempre aos outros o que somos e nunca ousando nos interrogar sobre isso, em meio a tanta filosofia, humanidade, polidez e máximas sublimes, não temos senão um exterior enganador e frívolo, honra sem virtude, razão sem sabedoria, prazer sem felicidade [...].

Se a inédita desigualdade existente se fundamenta na falta de intimidade com nosso mundo interior, o caminho adequado para a sua superação seria o autoconhecimento. Caso sejamos bem-sucedidos nesta tarefa, talvez chegue o tempo em que os dilemas civilizacionais contemporâneos deixem de existir simplesmente pela desconcertante percepção de que somos todos seres vivos interdependentes. Tal entendimento traz para o nosso alcance o equacionamento dos complexos problemas socioambientais que enfrentamos, configurando-se num relevante antídoto para a alienação e sentimento de impotência, aspectos formadores de um poderoso substrato que se alimenta da depressão, enfermidade atualmente em movimento epidêmico. Existe grande espaço para a contribuição individual; mais para alguns e menos para outros, porém, disponível para todos. "Ninguém é tão rico que não precise de ajuda e nem tão pobre que não possa ajudar".

Abramovay (2012: 196) oferece uma contribuição muito interessante ao compartilhar sua opinião sobre o que a sociedade deve fazer no presente porque sugere que nossa tarefa talvez seja menos difícil do que parece. Segundo ele:

[...] as sociedades contemporâneas vivem, para usar a expressão empregada com frequência por Marina Silva, uma crise de excesso, bem mais do que de falta. Claro que faltam alimentos aos famintos, saúde aos doentes, habitação aos sem-teto e cidadania aos que são tratados de forma humilhante pelos outros e pelo próprio Estado. Porém, para que esses bens, esses serviços, essas utilidades sociais sejam oferecidas e cheguem a quem delas realmente precisa, é necessário fazer bem menos do que se faz hoje: menos carros ineficientes energeticamente e destruidores da paisagem e da coesão social das cidades, menos alimentos que provocam a obesidade, menos emissões de gases de efeito estufa, menos consumo de materiais e de energia.

Parece óbvio que "deixar de fazer" é mais acessível do que "fazer", num momento de excesso de solicitações. Esta orientação se harmoniza com as propostas aqui compartilhadas – rejeição das necessidades supérfluas ou nocivas, redução da dedicação de tempo ao trabalho utilitário, adoção de um estilo de vida exteriormente simples e interiormente rico, entre outras. Esta radical mudança de ponto de vista, apesar de benfazeja, parece atemorizar a muitos. Sobre este aspecto, Kundtz (1999: 178-179) oferece a seguinte contribuição:

> É óbvio que Parar desafia o padrão fortemente enraizado em nossa cultura e consequentemente em nós mesmos: o dinamismo, a pressa, o trabalho excessivo, a ginástica violenta, o olhar sempre voltado para frente. O que eu recomendo nesse caso são as Pausas Breves: tirar uns tantos minutos por dia, alguns segundos de cada vez, de forma a não ter a sensação de estar desperdiçando tempo. Entretanto, desconfio que quando se diz que Parar é uma coisa frívola, talvez se esteja usando este argumento para esconder o medo ou a dificuldade de olhar para a sua própria vida interior. Então insisto: se você tem dificuldade, comece bem devagar, com apenas algumas Pausas Breves por dia, durante alguns meses. Vá se acostumando vagarosamente com o ato de olhar para dentro. Procure aos poucos desenvolver os três processos: observar, nomear e contar. Especialmente observar.

Supomos que a prática da "arte de parar", como prescrita na citação anterior, é capaz de promover transformações significativas nas nossas vidas e, por extensão, na sociedade. Sua intensificação poderá até gerar tempo para desempenhar atividades construtivas. Caso isso ocorra, podemos realizar ações simples e efetivas, como a recomendada por E. F. Schumacher, em conversa com Capra (2002b: 179-180):

> Antes de me acompanhar de volta à estação de trem, Schumacher levou-me para dar uma volta em seu belíssimo jardim quase selvagem, retomando o que parecia ser um de seus assuntos prediletos: a horticultura orgânica. Num tom cheio de paixão, disse que a plantação de árvores seria a medida mais eficaz possível para resolver o problema da fome no mundo. 'As árvores são muito mais fáceis de cultivar que as plantações', explicou.

'Elas sustentam os hábitats de incontáveis espécies, produzem oxigênio vital para nós e alimentam animais e seres humanos.

'Você sabia que as árvores são capazes de produzir nozes e sementes de alto teor proteico?', perguntou Schumacher empolgado. Disse-me que plantara recentemente várias dúzias dessas árvores produtoras de proteínas e que estava trabalhando para difundir a ideia por toda a Grã-Bretanha.

As vozes que aqui ecoam destacam que a expressão de uma diferente maneira de agir, mais construtiva para todos, seria mais fácil, simples, refinada e rica de sentido. É muito mais fácil manter as árvores existentes e plantar outras do que construir um laboratório em Marte. Apesar disso, estamos dizimando nossas florestas, plantando poucas árvores e investindo relevantes recursos para a construção de um laboratório em Marte. Migrar do complicado para o simples e fácil, sem desprezar a subjetividade, a diversidade e a complexidade, parece ser a principal orientação para a prática da Economia Baseada na Abundância (EBA!), bem como para a travessia da atual fase de transição para outro patamar de conscientização da humanidade.

Esperamos que a argumentação desenvolvida permita a integração de uma diferente perspectiva que evite dúvidas paralisantes, tais como: que acontecerá com a taxa de desemprego se todos consumirem e acumularem menos? É provável que um ambiente estimulador das virtudes permita responder melhor a esta e tantas outras questões similares. Não é porque somos incapazes de imaginar o mundo se movendo neste momento em harmonia com as virtudes humanas que não possamos dar passos nessa direção em nossa vida pessoal. Podemos ao menos mudar o nosso mundo particular. Avanços dessa natureza contribuem para o processo de legitimação de outras formas de viver. Talvez esta seja a mais relevante contribuição que possamos oferecer para o Todo.

Transcrevemos, para finalizar, a carta atribuída a um índio norte-americano (Cacique Seathl, Chefe dos Duwamish) para o presidente dos EUA (Franklin Pierce), após a efetivação da "Conquista do Oeste" (final do século XIX). Acreditamos que ela contém a síntese da Economia Baseada na Abundância (EBA!).

O grande chefe de Washington mandou dizer que deseja comprar a nossa terra. O grande chefe assegurou-nos também de sua amizade e sua benevolência. Isto é gentil de sua parte, pois sabemos que ele não necessita da nossa amizade. Porém, vamos pensar em tua oferta, pois sabemos que se não o fizermos, o homem branco virá com armas e tomará nossa terra. O grande chefe em Washington pode confiar no que o chefe Seatht diz, com a mesma certeza com que os nossos irmãos brancos podem confiar na alteração das estações do ano. Minha palavra é como as estrelas – não empalidecem. Como podes comprar ou vender o céu, o calor da terra? Tal ideia nos é estranha. Nós não somos donos da pureza do ar nem do resplendor da água. Como podes então comprá-las de nós? Decidimos apenas sobre o nosso tempo. Toda esta terra é sagrada para o meu povo. Cada folha reluzente, todas as praias arenosas, cada véu de neblina nas florestas escuras, cada clareira e todos os insetos a zumbir são sagrados nas tradições e na consciência do meu povo.

Sabemos que o homem branco não compreende nosso modo de viver. Para ele um torrão de terra é igual ao outro. Porque ele é um estranho que vem de noite e rouba da terra tudo quanto necessita. A terra não é sua irmã, mas sim sua inimiga, e depois de a exaurir, ele vai embora. Deixa para trás o túmulo do seu pai, sem remorsos de consciência. Rouba a terra dos seus filhos. Nada respeita. Esquece as sepulturas dos antepassados e o direito dos filhos. Sua ganância empobrecerá a terra e deixará atrás de si os desertos. A vista de tuas cidades é um tormento para os olhos do homem vermelho. Mas talvez seja assim por ser o homem vermelho um selvagem que nada compreende.

Não se pode encontrar paz nas cidades do homem branco. Nem um lugar onde se possa ouvir o desabrochar da folhagem na primavera ou o tinir das asas de insetos. Talvez por ser um selvagem que nada entende, o barulho das cidades é para mim uma afronta aos ouvidos. E que espécie de vida é aquela em que o homem não pode ouvir a voz do corvo noturno ou a conversa dos sapos no brejo, à noite? Um índio prefere o suave sussurro do vento sobre o espelho d'água e o próprio cheiro do vento, purificado pela chuva ao meio-dia e com o aroma de pinho. O ar é precioso para o homem vermelho. Porque todos os seres vivos respiram o mesmo ar – animais, árvores, homens. Não parece que o homem branco se importe com o ar que respira. Como um moribundo ele é insensível ao ar fétido.

Se eu me decidir a aceitar, imporei uma condição. O homem branco deve tratar os animais como se fossem seus irmãos. Sou um selvagem e não compreendo como pode ser certo de outra forma. Vi milhares de bisões apodrecendo nas pradarias abandonadas pelo homem branco que os abatia a tiros disparados do trem. Sou um selvagem e não compreendo como um fumegante cavalo de ferro possa ser mais valioso que um bisão que nós – os índios – matamos apenas para sustentar a nossa própria vida. O que é o homem sem os animais? Se todos os animais acabassem, os homens morreriam de solidão espiritual, porque tudo quanto acontece aos animais pode também afetar os homens. Tudo está relacionado entre si. Tudo quanto fere a terra fere também os filhos da terra.

Os nossos filhos viram seus pais humilhados na derrota. Os nossos guerreiros sucumbem sob o peso da vergonha. E depois da derrota passam o tempo em ócio, e envenenam seu corpo com alimentos adocicados e bebidas ardentes. Não tem grande importância onde passaremos os nossos últimos dias. Eles não são muitos. Mais algumas horas, até mesmo uns invernos, e nenhum dos filhos das grandes tribos que viveram nesta terra ou que têm vagueado em pequenos bandos nos bosques, sobrará para chorar sobre os túmulos; um povo que um dia foi tão poderoso e cheio de confiança como o nosso.

De uma coisa sabemos, e o homem branco talvez a descobrirá um dia: o nosso Deus é o mesmo Deus. Julgas, talvez, que O podes possuir da mesma maneira como desejas possuir a nossa terra. Mas não podes. Ele é Deus da humanidade inteira. E quer bem igualmente ao homem vermelho como ao branco. A terra é amada por Ele. E causar dano à terra é demonstrar desprezo pelo seu Criador. O homem branco vai desaparecer, talvez mais depressa que as outras raças. Continua poluindo a sua própria cama! E hás de acordar à noite sufocado em teus próprios dejetos! Depois de abatido o último bisão e domados todos os cavalos selvagens, quando as matas misteriosas federem a gente, e quando as colinas escarpadas se encherem de fios que falam – onde ficarão os sertões? Terão acabado. E as águias? Terão ido embora. Restará dar adeus à andorinha e à caça, o fim da vida e o começo da luta para sobreviver.

Talvez compreendêssemos se conhecêssemos com que sonha o homem branco, se soubéssemos que esperanças transmite a seus filhos nas longas noites de inverno, que visões o futuro oferece às suas mentes para que possam formar os desejos para o dia de amanhã. Mas nós somos selvagens. Os sonhos do homem branco são ocultos para nós. E por serem ocultos, temos que escolher o nosso próprio caminho. Se consentirmos, é para garantir as reservas que nos prometeste. Lá talvez possamos viver os nossos últimos dias conforme desejamos. Depois que o último homem vermelho tiver partido e a sua lembrança não passar de sombra de uma nuvem a pairar acima das pradarias, a alma do meu povo continuará a viver nestas florestas e praias, porque nós as amamos como um recém-nascido ama o bater do coração de sua mãe. Se te vendermos a nossa terra, ama-a como nós a amávamos. Protege-a como nós a protegemos. Nunca esqueças como era a terra quando dela tomaste posse. E com toda a tua força, o teu poder, e todo o teu coração, conserve-a para teus filhos, e ama-a como Deus nos ama a todos. Uma coisa sabemos: o nosso Deus é o mesmo Deus. Esta terra é querida por Ele. Nem mesmo o homem pode evitar o nosso destino comum.

Bibliografia

ABRAMOVAY, Ricardo. *Muito além da economia verde*. São Paulo: Abril, 2012.

ALVES, José Eustáquio Dinis. A contribuição do decrescimento populacional para o meio ambiente no século XXI, *EcoDebate*, ISSN 2446-9394, 16/04/2018. (https://www.ecodebate.com.br/2018/04/16/a-contribuicao-do-decrescimento-populacional-para-o-meio-ambiente-no-seculo-xxi-artigo-de-jose-eustaquio-diniz-alves/) (Acesso: 04/06/2018)

_____. O mundo com 10 bilhões de habitantes em 2053. *EcoDebate*, ISSN 2446-9394, 28/09/2016. (https://www.ecodebate.com.br/2016/09/28/o-mundo-com-10-bilhoes-de-habitantes-em-2053-artigo-de-jose-eustaquio-diniz-alves/) (Acesso: 04/06/2018)

ARNS, Paulo Evaristo. *Brasil: nunca mais*. 41 ed. Petrópolis: Vozes, 2011.

BAKER, Mark W. *Jesus. O maior psicólogo que já existiu*. Rio de Janeiro: Sextante, 2005.

BOFF, Leonardo. *Saber cuidar: ética do humano – compaixão pela Terra*. 10 ed. Petrópolis: Vozes, 2004.

_____. *O despertar da águia: o dia-bólico e o sim-bólico na construção da realidade*. 5 ed. Petrópolis: Vozes, 1998.

BURGIERMAN, Denis Russo. Deveríamos parar de comer carne?. *Superinteressante*. São Paulo: Abril, n. 175, p. 42-50, abr. 2002.

CAPRA, Fritjof. *O ponto de mutação: a ciência, a sociedade e a cultura emergente*. 25 ed. São Paulo: Cultrix, 2005.

_____. *As conexões ocultas: ciência para uma vida sustentável*. São Paulo: Cultrix, 2002a.

_____. *Sabedoria incomum: conversas com pessoas notáveis*. 8 ed. São Paulo: Cultrix, 2002b.

CATTANI, Antonio David (org.). *A outra economia*. Porto Alegre: Veraz, 2003.

CAVE, Janet; HICKS, Jim (Direção Editorial). *Conexões cósmicas*. São Paulo: Editora Abril, 1994. (Coleção Time-Life – Mistérios do Desconhecido)

CHAMIE, Joseph. Diferenças demográficas preocupam: pouquíssimos países com crescimento demográfico em queda estão preparados para aceitar um grande número de imigrantes, especialmente procedentes dos Estados em duplicação, como estratégia para enfrentar a escassez de mão de obra e os problemas de envelhecimento de sua própria população. *Envolverde*, 26 set. 2016. (http://

envolverde.cartacapital.com.br/diferencas-demograficas-preocupam/) (Acesso 04/06/2018)

CLASTRES, Pierre. *A sociedade contra o Estado*. Rio de Janeiro: Francisco Alves, 1978.

COHEN, David. Os dilemas da ética. *Exame*. São Paulo: Editora Abril, n. 792, p. 35-43, 14 maio 2003.

COSTA, Daiane. Henrique Villa Ferreira: 'Não há como alcançar avanços sem combater o descontrole fiscal'. *O Globo*, p. 37, ed. 09 jul. 2017. (Caderno Economia)

COSTA, Fernando Nogueira da. Manifesto da Slow Science. *Cultura & Cidadania*, 11/ago./2011. (https://fernandonogueiracosta.wordpress.com/2011/08/11/manifesto-da-slow-science/) (Acesso: 10/07/2018)

DALLABRIDA, Valdir R. Economia, cultura e desenvolvimento: uma primeira aproximação sobre as origens teóricas da abordagem do tema. *Revista Brasileira de Gestão e Desenvolvimento Regional*, v. 7, n. 2, p. 282-299, mai./ago. 2011.

DALAI LAMA. *Uma ética para o novo milênio*. 7 ed. Rio de Janeiro: Sextante, 2000.

D'ANGELO, André Cauduro. *Por uma vida mais simples: histórias, personagens e trajetória da simplicidade voluntária no Brasil*. São Paulo: Cultrix, 2015.

_____. *Precisar, não precisa: um olhar sobre o consumo de luxo no Brasil*. São Paulo: Lazuli, 2006.

DE MASI, Domenico. *O ócio criativo*. Rio de Janeiro: Sextante, 2000.

DETHLEFSEN, Thorwald; DAHLKE, Rüdiger. *A doença como caminho: uma visão nova da cura como ponto de mutação em que um mal se deixa transformar em bem*. 6 ed. São Paulo: Cultrix, 1998.

DIEGUEZ, Consuelo. Não é vaca que está louca. *Veja*. São Paulo: Editora Abril, ed. 1687, p. 34-41, 14 fev. 2001.

DINIZ, Ana. Entrevista: Maude Barlow e Tony Clarke – "o alarme já soou". *JB Ecológico*. Rio de Janeiro: Jornal do Brasil, n. 14, p. 8-11, 18 mar. 2003. (Edição especial de aniversário).

ELGIN, Duane. *Simplicidade voluntária: em busca de um estilo de vida exteriormente simples, mas interiormente rico*. São Paulo: Cultrix, 1993.

FERREIRA, Aurélio Buarque de Holanda. *Miniaurélio século XXI: minidicionário da língua portuguesa*. 4. ed. Rio de Janeiro: Nova Fronteira, 2000.

FLORIDO, Janice (coordenação editorial). *Sócrates – vida e obra*. São Paulo: Nova Cultural, 2000.

FONTANA, Raphael Luiz Macêdo; COSTA, Silvania Santana; SILVA, José Adailton Barros da; RODRIGUES, Auro de Jesus. Teorias demográficas e o crescimento populacional no mundo. *Cadernos de Graduação: Ciências humanas e Sociais*.

v. 2, n.3, Aracaju: UNIT – Universidade Tiradentes, p. 113-124. Mar. 2015. (ISSN eletrônico 2316-3143) (periodicos.set.edu.br)

FOUCAULT, Michel. *Microfísica do Poder*. Rio de Janeiro: Graal, 1979.

GIANNOTTI, José Arthur. *Universidade em ritmo de barbárie*. 3 ed. São Paulo: Brasiliense, 1987.

GLEISER, Marcelo. *A dança do universo; dos mitos de criação ao big bang*. São Paulo: Companhia das Letras, 1997.

GONÇALVES, Reinaldo; BAUMANN, Renato; PRADO, Luiz Carlos D.; CANUTO, Otaviano. *A nova economia internacional: uma perspectiva brasileira*. Rio de Janeiro: Campus, 1998.

GRYZINSKI, Vilma. Perigo real e imediato. *Veja*. São Paulo: Editora Abril, ed. 1926, p. 84-87, 12 out. 2005.

HAPPÉ, Robert. *Consciência é a resposta*. São Paulo: Talento, 1997.

HARMAN, Willis. *Uma total mudança de mentalidade: as promessas dos últimos anos do século XX*. São Paulo: Cultrix/Pensamento, 1994.

HEILBRONER, Robert L. *O capitalismo do século XXI*. Rio de Janeiro: Jorge Zahar, 1994.

HELVÉCIA, Heloísa. Ecovila: isso é vida. *Marie Claire*. São Paulo: Editora Globo, n. 161, p. 78-81, ago 2004. (colaboradora Letícia Baroni)

_____. Consumo consciente. *Vida Simples*. São Paulo: Editora Abril, n. 4, p. 30-37, maio 2003.

HENDERSON, Hazel. *Além da globalização: modelando uma economia global sustentável*. São Paulo: Cultrix, 2003.

_____. *Construindo um mundo onde todos ganhem: a vida depois da guerra da economia global*. São Paulo: Cultrix, 1996.

HOGAN, Daniel Joseph. Crescimento populacional e desenvolvimento sustentável. *Lua Nova: Revista de Cultura e Política*. São Paulo, n. 31, dec. 1993 (http://dx.doi.org/10.1590/S0102-64451993000300004)

HOU, Wee Chow; SHEANG, Lee Khai; HIDAJAT, Bambang Walujo. *Sun Tzu: a arte da guerra e do gerenciamento*. Rio de Janeiro: Record, 1999.

KAMENETZKY, Mario. *The invisible player: consciousness as the soul of economic, social and political life*. Rochester, Vermont: Park Street Press, 1999.

KNELLER, George F. *A ciência como atividade humana*. Rio de Janeiro: Zahar; São Paulo: Universidade de São Paulo, 1980.

KUNDTZ, David J. *A essencial arte de parar: o método revolucionário (e simples) para a paz e o encontro consigo mesmo*. Rio de Janeiro: Sextante, 1999.

LAFARGUE, Paul. *O direito à preguiça*. São Paulo: Hucitec; Unesp, 1999.

LAKATOS, Eva Maria; MARCONI, Marina de Andrade. *Fundamentos de metodologia científica*. São Paulo: Atlas, 1985.

LEBOURG, Carolina Honse. *A literatura básica econômica e a sua contribuição para a sustentabilidade do meio ambiente: uma análise de Mankiw*. Monografia (Graduação em Economia) – Faculdade de Economia. Niterói: Universidade Federal Fluminense, 2005.

LELOUP, Jean-Yves. *A arte da atenção*. Campinas: Verus, 2002.

LOVEJOY, Thomas. A fronteira final. *Veja*. São Paulo: Editora Abril, ed. 22, p. 68-70, dez. 2002. (Edição especial: Ecologia)

LUFT, Lya. *Perdas e ganhos*. 28 ed. Rio de Janeiro: Record, 2004.

MACHADO, Nuno Miguel Cardoso. A "invenção do trabalho": historicidade de um conceito nas obras de André Gorz, Dominique Méda, Françoise Gollain e Serge Latouche. *Caderno CRH*. Salvador, v. 30, n. 81, pp. 453-478, set./dez. 2017.

MALTHUS, Thomas Robert. *Princípios de economia política*. São Paulo: Abril Cultural, 1983. (Coleção Os Economistas)

MARIS, Bernard. *Carta aberta aos gurus da economia que nos julgam imbecis*. Rio de Janeiro: Bertrand Brasil, 2000.

MARTINS, Eliseu. *Avaliação de empresas: da mensuração contábil à econômica*. São Paulo: Atlas, 2001.

MARX, Karl (1818 – 1883). *O capital: crítica da economia política*. São Paulo: Abril Cultural, 1983.

MATTOS, Márcia. *O livro das atitudes: astrologicamente corretas*. Rio de Janeiro: Campus, 2001.

MONNERAT, Rosane Mauro. *A publicidade pelo avesso: propaganda e publicidade, ideologias e mitos e a expressão de ideias – o processo de críticas da palavra publicitária*. Niterói: Eduff, 2003.

MORCILLO, Francisco Mochón; TROSTER, Roberto Luis. *Introdução à economia*. São Paulo: Makron Books, 1994.

MULLAINATHAN, Sendhil; SHAFIR, Eldar. *Escassez: uma nova forma de pensar a falta de recursos na vida das pessoas e nas organizações*. Rio de Janeiro: Best Business, 2016.

OLIVEIRA, Marcus Eduardo de. *Economia destrutiva: a utopia da mudança de paradigma; ensaio sobre o crescimento econômico e os consequentes impactos ambientais*. Curitiba: CRV, 2017.

PELLIZZARI, Deoni. *A grande farsa da tributação e da sonegação*. Petrópolis: Vozes, 1990.

PENA, Rodolfo F. Alves. Desafios Demográficos do Século XXI. *Mundo Educação*. BOL-UOL, 2018a. (https://mundoeducacao.bol.uol.com.br/geografia/desafios-demograficos-seculo-xxi.htm) (Acesso: 04/06/2018)

_____. População da China. *Alunos on Line*. UOL, 2018b. (https://alunosonline.uol.com.br/geografia/populacao-china.html) (Acesso: 04/06/2018)

PINHO, Diva Benevides; VASCONCELLOS, Marco Antonio S. (org). *Manual de economia*. 3 ed. São Paulo: Saraiva, 1998.

PRIMAVESI, Ana. *A biocenose do solo na produção vegetal & deficiências minerais em culturas, nutrição e produção vegetal*. São Paulo: Expressão Popular, 2018.

RIBEIRO, Nuno Cobra. *A semente da vitória*. 71 ed. São Paulo: Senac São Paulo, 2004.

RODRIGUES, Luciana; VASCONCELLOS, Carlos. Distância sem fim: mais rico e mais desigual; Economia cresce no mundo, mas ONU diz que aumenta disparidade entre países e pessoas. *O Globo*. Rio de Janeiro, 26 ago. 2005 (2 ed.), Caderno Economia, p. 23.

ROSSETTI, José Paschoal. *Introdução à economia*. 18 ed. São Paulo: Atlas, 2000.

ROUSSEAU, Jean-Jacques. *Discurso sobre a origem e os fundamentos da desigualdade entre os homens*. Porto Alegre: L&PM, 2017. (Coleção L&PM pocket, v. 704)

SALGADO, Eduardo. Entrevista: Jeremy Rifkin – a era pós-petróleo. *Veja*. São Paulo: Editora Abril, ed. 1784, p. 9-13, 8 jan. 2003.

SAMPAIO, Jader R. O Maslow desconhecido: uma revisão de seus principais trabalhos sobre motivação. *Revista de Administração*. São Paulo, v. 44, n.1, p.5-16, jan./fev./mar. 2009.

SAMS, Jamie. *As cartas do caminho sagrado: a descoberta do ser através dos ensinamentos dos índios norte-americanos*. 6 ed. Rio de Janeiro: Rocco, 1993. (Coleção Arco do Tempo)

SAMTEN, Padma; CARUSO Jr., Vitor. *O lama e o economista – diálogos sobre budismo, economia e ecologia*. São Carlos: RiMa, 2004.

SCHUMACHER, E. F. *O negócio é ser pequeno: small is beautiful*. Rio de Janeiro: Zahar, 1983.

SEN, Amartya Kumar. *Desenvolvimento como liberdade*. São Paulo: Companhia das Letras, 2000.

_____. *Sobre economia e ética*. São Paulo: Companhia das Letras, 1999.

SILVA, Paulo Roberto da. *Reflexão sobre o reconhecimento dos eventos relacionados com o meio ambiente, Contabilidad y Auditoría – investigaciones en teoría contable*, n. 46, pp. 37-70, dic/2017. (Buenos Aires: Universidad de Buenos Aires; Facultad de Ciencias Económicas – Sección de Investigaciones Contables)

_____. *Reflexões sobre a divulgação do balanço socioambiental no Brasil, Contabilidad y Auditoría – investigaciones en teoría contable*, n. 34, pp. 141-168, dic/2011. (Buenos Aires: Universidad de Buenos Aires; Facultad de Ciencias Económicas – Sección de Investigaciones Contables)

_____. *Contribuição para o entendimento dos indicadores de valor baseados no mercado: uma proposta alternativa para o market value added (MVA)*. Tese (Doutorado em Contabilidade) – Faculdade de Economia, Administração e Contabilidade. São Paulo: Universidade de São Paulo, 2001.

_____. Justiça esquecida. *Jornal do Brasil.* Rio de Janeiro, 11 jul. 1989. (Cartas dos Leitores)

SINGER, Paul. *Curso de introdução à economia política.* Rio de Janeiro: Forense Universitária, 1975.

SOFFIATI, Arthur. *De um outro lugar; devaneios filosóficos sobre o ecologismo.* Niterói: Eduff, 1995.

SOUZA, Sebastião Barbosa de. *Brasil: o país da impunidade.* São Paulo: Siciliano, 1991.

SROUR, Robert Henry. *Ética empresarial.* Rio de Janeiro: Campus, 2000.

STEINER, Achim; PACHAURI, Rajendra; LOPES, Carlos et alii. *Novo contrato social: propostas para esta geração e para as futuras.* São Paulo: Planeta Sustentável/Instituto Ethos, 2013.

STEWART, G. Bennett. *The quest for value: a guide for senior managers.* New York: Harper Business, 1999.

STONE, Michael K.; BARLOW, Zenobia (Orgs.). *Alfabetização ecológica: a educação das crianças para um mundo sustentável.* São Paulo: Cultrix, 2006.

TAPSCOTT, Don; TICOLL, David. *A empresa transparente.* São Paulo: M. Books do Brasil, 2005.

TOLLE, Eckhart. *O poder do agora: um guia para a iluminação espiritual.* Rio de Janeiro: Sextante, 2002.

TOLSTÓI, Leon. *O reino de Deus está em vós.* 2. ed. Rio de Janeiro: Rosa dos Tempos, 1994.

TRAUMANN, Thomas. O valor do verde. *Veja.* São Paulo: Editora Abril, ed. 1498, p. 80-81, 4 jun. 1997.

TREIGER, Jayme. *Restauração da qualidade de vida.* Niterói: Jayme Treiger, 1982.

UNFPA Fundo de População das Nações Unidas. Situação da população mundial 2017. Nova York: *UNFPA,* 2017. (http://unfpa.org.br/swop2017/swop2017.pdf)

VARIAN, Hal R. *Microeconomia; princípios básicos.* Rio de Janeiro: Campus, 2000.

VASCONCELLOS, Marcos Antonio S.; GARCIA, Manuel E. *Fundamentos de economia.* São Paulo: Saraiva, 2000.

VEIGA, José Eli da, Há Maddofs que vêm para bem. *Valor.* 23 dez. 2008.

WATTS, Ross L.; ZIMMERMAN, Jerold L. *Positive accounting theory.* New Jersey: Prentice-Hall, 1986.

WEIL, Pierre. *Os mutantes: uma nova humanidade para um novo milênio.* Campinas: Verus, 2003.

WERLHOF, Claudia Von; BEHMANN, Mathias. *Teoría crítica del patriarcado.* Frankfurt am Main: Peter Lang, 2010.

WHITMONT, Edward C. *O retorno da Deusa.* São Paulo: Summus, 1991.

A imagem da capa é um recorte da famosa pintura de Jacques-Louis David, *A Morte de Sócrates*, que possui inúmeros simbolismos que vão ao encontro deste livro. O primeiro deles é que Sócrates, retratado por David, é considerado um símbolo do compromisso com uma ideia, quando ele aceita sua execução e não abre mão de seus ideais. O recorte escolhido dá ênfase ao cálice com a cicuta, uma forma de representar o subtítulo do livro, sendo a cicuta uma alegoria para os agentes da destruição que se envenenam, enquanto o cálice é símbolo antigo de fertilidade, vida e abundância, ou seja, a regeneração. A consciência está presente, pois Sócrates sabia quais seriam os efeitos daquilo que consumiria e de seu ato, e também a abundância, pois por conta disso, suas ideias perseveraram, tornaram-se base para as ciências modernas e se desenvolveram.

Este impresso em papel off-set 75g/m^2, utilizando a fonte Minion Pro, pela Rotaplan Gráfica, no Outono de 2019.